suhrkamp taschenbuch 1050

Spectaculum

16 bis 25

Moderne Theaterstücke

Reprint

Khalid
85

Suhrkamp

suhrkamp taschenbuch 1050
Erste Auflage 1984

Reprint der Originalausgabe
Rechtevermerke, soweit sie von den Angaben im Reprint
abweichen, am Schluß des Bandes 25/III
Druck: Ebner Ulm
Printed in Germany

1 2 3 4 5 6 – 89 88 87 86 85 84

SPECTACULUM 24

Fünf moderne Theaterstücke

Thomas Bernhard – Bertolt Brecht – Mark Medoff
Sean O'Casey – Peter Weiss

SUHRKAMP VERLAG

Erste Auflage 1976
 · Druck: MZ-Verlagsdruckerei GmbH, Memmingen

Thomas Bernhard
Der Präsident

Nach dieser Zeit der Erniedrigung kamen
Jahrhunderte der Grausamkeit und der
Anarchie . . . alle Bürger wurden Mörder oder
Ermordete, Henker oder Gehenkte, Erpresser
oder Sklaven im Namen Gottes oder auf
der Suche nach dem Heiland . . .

Voltaire

Der Präsident

Personen: Präsident · Präsidentin · Oberst · Schauspielerin · Frau Frölich · Masseur · Dienstmädchen · Kellner · Botschafter · Leichendiener · Offiziere · Mitglieder der Regierung · Diplomaten · Volk

Die erste, zweite und fünfte Szene ist im Präsidentenpalast
Die dritte und vierte Szene ist in Estoril

Erste Szene

Schlafzimmer, neun Uhr früh.
Zwei Toilettetische.
Neben dem rechten Toilettetisch ein leerer Hundekorb.
Zwei Kleiderständer, Sessel, Fauteuils.
Die Tür zum Badezimmer ist offen.
Plätschern des Badewassers.
Präsidentin im Négligé am rechten Toilettetisch.
Frau Frölich schwarz gekleidet mit einem Haufen schwarzer Kleider für den Präsidenten, der im Bad ist, herein; sie legt die Kleider auf den Sessel neben dem linken Kleiderständer, hängt einen Zylinder auf den Kleiderständer, wieder ab.

PRÄSIDENT *ihr nachschauend:*
Ehrgeiz
Haß
sonst nichts
Frau Frölich mit einem Haufen schwarzer Kleider für die Präsidentin herein, die sie auf dem Sessel neben dem rechten Kleiderständer ablegt, hängt einen schwarzen Schleier auf den Kleiderständer.
Präsidentin aufspringend, ein schwarzes Kleid an sich reißend.
Das hochgeschlossene
das hochgeschlossene
Hält das Kleid an ihrem Körper fest, schaut in den Spiegel.
Es ist aus der Mode gekommen
es ist aus der Mode gekommen Frau Frölich
Wirft das Kleid auf den Boden, kommandiert.
Heben Sie es auf
Aufheben
Frau Frölich hebt das Kleid auf.
Präsidentin schaut auf den Schleier.
Es ist aus der Mode gekommen

kein hochgeschlossenes Kleid
Schaut in den leeren Hundekorb.
Kein hochgeschlossenes Kleid Frau Frölich
Plätschern des Badewassers.
Präsident hustet.
Frau Frölich und Präsidentin schauen auf die Badezimmertür.

FRAU FRÖLICH Aber es ist Ihr Lieblingskleid Frau Präsident

PRÄSIDENTIN Es hätte ein Kopfschuß sein können
Nimmt der Frölich das Kleid aus den Händen.
Es hätte ein Kopfschuß sein können
ein Kopfschuß Frau Frölich
aus dem Hinterhalt
tödlich
ein Kopfschuß Frau Frölich
Das Kleid an den Körper drückend.
Es ist mein Lieblingskleid
aber es ist aus der Mode gekommen
Kopfschuß
Kopfschuß Frau Frölich
In Paris habe ich es gekauft
mit meinem Sohn zusammen
Drückt das Kleid fester an den Körper.
Im Printemps
Frau Frölich
Zum Begräbnis meines Bruders
seines Onkels
vor drei Jahren
Damals ist Carmen gespielt worden
Die Lieblingsoper meines Mannes
Schaut auf die Badezimmertür.
Die Anarchisten
sind überall
Frau Frölich
und sie schrecken vor nichts zurück
vor nichts zurück Frau Frölich
Wirft das Kleid auf den Boden.
Sie gehen jetzt
systematisch vor
sagt der Kaplan
daß es sich um Wahnsinnige handelt
Sie hassen meinen Mann Frau Frölich
Haben Sie gelesen
Der Präsident muß weg
haben sie geschrieben
der Präsident muß weg

Plätschern des Badewassers.
Niemals hat dieses Land
einen solchen Präsidenten gehabt
einen so guten Präsidenten wie meinen Mann
hat es in diesem Land
niemals gegeben
Frau Frölich hebt das Kleid auf.
Es ist gänzlich aus der Mode gekommen
Bringen Sie das mit den vier Knöpfen
Frau Frölich zögert.
Gehen Sie
Auf was warten Sie
gehen Sie
Frau Frölich mit dem hochgeschlossenen Kleid ab.
Präsidentin ruft ihr nach.
Das mit den vier Knöpfen
hören Sie
Plätschern des Badewassers.
Das Vierknöpfekleid
Frau Frölich
Wenn es läutet
ist es der neue Oberst
Zu sich selbst.
Ein Unglück
ein solches Unglück
Ruft.
Und vergessen Sie die Badetücher nicht
Und lassen Sie den Masseur herauf
Aber nur mit Passierschein
nur mit Passierschein Frau Frölich
Plätschern des Badewassers.
Präsidentin setzt sich, schaut in den Spiegel.
Kopfschuß
es hätte ein Kopfschuß sein können
Wir hätten nicht zum Denkmal des Unbekannten Soldaten
gehen sollen
nicht mehr zum Denkmal des Unbekannten Soldaten
Ruft ins Bad hinein.
Nicht mehr zum Denkmal des Unbekannten Soldaten hörst du
Plätschern des Badewassers.
Einmal treffen sie
Schaut in den Spiegel.
er war es nicht
Unser Sohn war es nicht
Ruft ins Badezimmer hinein.

Blutet die Wunde noch
Ob die Wunde noch blutet
Plätschern des Badewassers.
Es ist ganz natürlich
daß sich ihr Sohn
den Anarchisten
angeschlossen hat
Ruft ins Badezimmer hinein.
Der neue Oberst hat dir aufgesetzt
was du am Grab redest
hörst du
etwas Kurzes für den alten Oberst
Zu sich.
Nicht zum Denkmal des Unbekannten Soldaten
Daß er sich eines Tages
von einem Augenblick auf den andern
den Anarchisten anschließt
hat der Kaplan schon vor Jahren gesagt
Streckt die Zunge heraus, zu sich im Spiegel.
Nach dem Begräbnis
sperrst du dich ein
und lernst deine Rolle
verstehst du
du spielst
wie du immer gespielt hast
Ruft ins Badezimmer hinein.
Die Karten für die Weihnachtsvorstellung
sind ausgeschickt
vierhundertfünfzig Karten
Das Reinerträgnis fließt
den Mongoloiden zu
Schaut in den Spiegel.
Er war es nicht
Es geht gegen die Köpfe
sagt der Kaplan
gegen die
die Macht haben
Du hast Macht
hörst du
Macht
Schaut in den Spiegel.
Macht
Nimmt einen Kamm aus der Tischlade und kämmt sich.
Wenn er doch im Ausland ist
Plätschern des Badewassers.

Mein Kind
in Rom
Ruft ins Badezimmer hinein.
Im Ausland
hörst du
er studiert die Archäologie
Schaut in den Spiegel und streckt die Zunge heraus, dann.
Ausgrabungen
Jahrtausendealte Gegenstände
Kunstwerke
Skelette
Streckt die Zunge heraus, dann.
Weggehen
einfach weggehen in der Nacht
wortlos
mit nichts
Er hat sich den Anarchisten angeschlossen
Ruft ins Badezimmer hinein.
Es gibt keinen Beweis
daß er sich den Anarchisten angeschlossen hat
In den Spiegel schauend.
Archäologe
Naturwissenschaftler
und Archäologe
Plätschern des Badewassers.
Mitten in der Nacht weg
wortlos
weg
Er hat alles liegen
und stehen lassen
Wirft den Kamm weg.
Ruft ins Badezimmer hinein.
wie kann er auf uns schießen
wenn er in Rom ist
erinnerst du dich
wie wir ihm in Rom
den Tacitus gekauft haben
Schaut in den Spiegel.
Schliemann
Kämmt sich wieder.
Das Kind
Ruft ins Badezimmer hinein.
Wie er die Bekanntschaft
mit dem Schriftsteller gemacht hat
diesem Menschen plötzlich

verfallen ist
Ich habe diesem Menschen
immer mißtraut
Schaut in den Spiegel.
Hier
aus dem Gebüsch
vor dem Denkmal des Unbekannten Soldaten
wenn er in Rom ist
Wirft den Kamm weg, schaut in den Spiegel.
Die Intellektuellen
nützen die begabten Unerfahrenen aus
sagt der Kaplan
hetzen sie auf
selbst gegen die Eltern
Frau Frölich mit einem schwarzen Kleid mit vier großen Knöpfen herein.
Kein Tag ohne Leichenbegängnis
In zwei Wochen acht Begräbnisse
Frau Frölich
Masseur ist hinter der Frau Frölich eingetreten und stehengeblieben.
Präsidentin zum Masseur.
Mein Mann wartet schon auf Sie
gehen Sie hinein
Masseur geht, sich einmal kurz vor der Präsidentin verneigend, ins Bad.
Präsidentin zur Frau Frölich.
Zeigen Sie her
Geben Sie her
Kontrolliert das Kleid mit den vier Knöpfen.
Haben Sie
die Abnäher gemacht
Legen Sie es hin
da auf den Sessel
auf den Sessel da
da
Frau Frölich legt das Kleid auf den Sessel.
haben Sie
die Abnäher gemacht
Zwei Abnäher
Frau Frölich gibt ihr das Kleid.
Präsidentin kontrolliert das Kleid.
Zwei Abnäher
Zieht am Saum.
Man muß ziehen am Saum
am Saum ziehen Frau Frölich
ziehen
ganz sanft ziehen

ziehen
ziehen
Plötzlich.
Ist Ihr Sohn
auch ein Anarchist
hören Sie Frau Frölich
ob er Anarchist ist
Sagen Sie doch
ob Ihr Sohn
Anarchist ist
sagen Sie doch
Gibt ihr das Kleid.
Frau Frölich legt das Kleid sorgfältig auf den Sessel.
Vor solchen unfertigen Menschen
die nichts als die Vernichtung im Kopf haben
muß man Angst haben Frau Frölich
Angst
verstehen Sie
Nach einer Pause.
Eines Tages habe ich Sie eingeholt
dann ist mein Gesicht
so grau und so alt
wie Ihr Gesicht
Aber Sie haben dieses graue alte Gesicht
schon seit zwanzig Jahren
Sie haben sich die ganze Zeit
nicht verändert
Wenn man immer so ein graues und altes Gesicht hat
geht die Zeit spurlos
vorüber
über ein solches Gesicht geht sie spurlos
Dann habe ich Sie eingeholt
Das geht jetzt rasch Frau Frölich
Jetzt schlagen sie zu
jetzt vernichten sie uns
Dann sind unsere beiden Gesichter
gleich grau
Der Oberst hat sterben müssen
Weil sie meinen Mann nicht getroffen haben
Und hätten Sie meinen Mann getroffen
und der Oberst wäre davongekommen
aber der Oberst ist tot
Der Oberst bekommt ein Staatsbegräbnis
alle öffentlichen Gebäude sind beflaggt
Frau Frölich

Mit Kanonenschüssen Frau Frölich
Frau Frölich ab.
Präsidentin ruft ihr nach.
Ihr Sohn ist immer
sehr intelligent gewesen
Frau Frölich
Schaut in den Spiegel.
Plätschern des Badewassers.
Schminkt ihr linkes Augenlid.
So
Schminkt ihr rechtes Augenlid.
So
Aufwachen
aufstehen
Frau Präsident werden
Frau Präsident
Kämmt sich.
Frau Präsident
Dann sind unsere Gesichter
gleich grau
Trägt Schminke auf.
In die Rolle der Frau Präsident
schlüpfen
Seufzen und Stöhnen des Präsidenten aus dem Badezimmer heraus.
Präsidentin ins Badezimmer hinein.
Mein Mann
hat einen Schock erlitten
einen Schock
Der dritte Attentatsversuch
innerhalb von vier Wochen
Aber er liebt es
zum Denkmal des Unbekannten Soldaten zu gehn
Schaut in den Spiegel.
Frau Präsident
Lehnt sich zurück und bricht in Gelächter aus.
Frau Präsident
Verstummt plötzlich und schaut in den leeren Hundekorb.
Mit dem Hund sprechend.
Siehst du
Schminkt sich.
Ein Rot
Ein Grau
Ein Schwarz
Wieder ein Rot
Ein Grau

Wir machen jeden Tag das gleiche
mein Liebling
Wir stehen auf
Wir waschen uns
Wir ziehen uns an
Dann frühstücken wir
Schaut in den leeren Hundekorb.
Ein Rot noch
ein Schwarz noch
Schaut in den leeren Hundekorb.
Wir haben einen Fehler gemacht
wir hätten nicht
zum Denkmal des Unbekannten Soldaten gehen sollen
Diese fürchterlichen Menschen
Und dann bekommst du
was du dir wünschst
nicht wahr
Schminkt sich, kämmt sich.
Was du dir wünschst

PRÄSIDENT *aus dem Badezimmer heraus:*
Mit wem redest du denn da

PRÄSIDENTIN *als ob sie etwas unter dem Schminktisch suchte:*
Mit ihm
mit ihm
In den leeren Hundekorb hinein.
Mit dir

PRÄSIDENT *zum Masseur:*
Sie redet mit dem Hund
hören Sie
meine Frau
redet mit ihrem Hund
der gar nicht mehr da ist
Gut so
Ahhhh
Lacht auf.

PRÄSIDENTIN *in den leeren Hundekorb schauend:*
Verrückt
Ein Rot noch
Ein Schwarz
In den leeren Hundekorb schauend.
Ein unschuldiges Lebewesen
umbringen
umbringen
Mit dem Gesicht ganz an den Spiegel heran.
Ein unschuldiges Lebewesen

umbringen
Schaut in den leeren Hundekorb hinein.
Dich
Schaut in den Spiegel, plötzlich.
Wenn er es war
Schaut auf die Badezimmertür.
unser Sohn
Frau Frölich mit mehreren Badetüchern für den Präsidenten herein.
Etwas Neues
steht etwas Neues
in den Zeitungen
über das Attentat
Frau Frölich mit den Badetüchern ins Bad.
Präsidentin in den Spiegel schauend.
Sie sind nicht gefaßt
sie haben sie nicht
sie haben sie noch nicht
Eine Polizei
die nicht fähig ist
den Präsidenten zu schützen
Präsident hustet.
Präsidentin plötzlich ins Badezimmer rufend.
Weg
du mußt weg
ein paar Wochen mußt du weg
Frau Frölich aus dem Bad heraus.
Wie ist der Wetterbericht
Frau Frölich
Frau Frölich will etwas sagen.
Nein
nichts
Es bleibt so
grau
düster
Schaut in den Spiegel.
Leichenbegängnisse
In einem jeden ist ein Anarchist
Frau Frölich
Präsident hustet.
Auf Ihren Sohn
ist der Verdacht gefallen
der Verdacht gefallen
Frau Frölich
Frau Frölich ab.
Präsidentin ihr nachschauend.

Der Verdacht gefallen
Schaut in den Spiegel.
Als ob wir nur noch
Feinde hätten
Präsident hustet.
Jeder Kopf
ist ein anarchistischer Kopf
sagt der Kaplan
jeder Kopf ist ein Anarchist
Präsident hustet.
Wenn er es war
er war es nicht
Kämmt sich.
Frau Frölich mit einem Paar schwarzer Schuhe herein, die sie am Toilettetisch abstellt.
Es gibt
keinen Beweis
Nicht einen Beweis Frau Frölich
Frau Frölich ab.
Präsidentin zu sich.
Ganz deutlich
habe ich ihn gesehen
sein Gesicht
im Gebüsch
im Traum
Pudert sich das Gesicht.
Ruft ins Badezimmer hinein.
Unser Sohn ein Anarchist
lächerlich
Frau Frölich bringt schwarze Strümpfe herein.
Präsidentin läßt sich den linken Strumpf anziehen.
Unter Aufsicht
Weil wir ihn verhätschelt haben
Frau Frölich
weil er alles gehabt hat
Weil wir uns unterdrücken haben lassen
Aber der Kaplan sagt
er ist kein verkommener Mensch
Streckt das linke Bein ganz aus, daß ihr die Frau Frölich den linken Strumpf leichter anziehen kann.
Ganz deutlich
sein Gesicht Frau Frölich
immer wieder
sein Gesicht
und das Denkmal des Unbekannten Soldaten

Und dann der Schuß
Stellen Sie sich vor
mein Mann wäre tot
Frau Frölich
Frau Frölich zieht ihr den rechten Strumpf an.
Präsidentin streckt das rechte Bein ganz aus, daß ihr die Frölich den rechten Strumpf leichter anziehen kann.
Unser Sohn ein Anarchist
lächerlich
Weil in unserem Haus
jahrzehntelang die zwielichtigen
die chaotischen Köpfe
ein und aus gegangen sind Frau Frölich
sagt der Kaplan
Hier haben immer nur die gefährlichsten Köpfe verkehrt
Schaut in den leeren Hundekorb.
Wenn er es war
aber er war es nicht
Präsident hustet.
Präsidentin zur Frölich.
Kämmen Sie mich
Frau Frölich kämmt sie.
Präsidentin schaut in den leeren Hundekorb.
Das arme Tier
was kann das arme Tier
dafür
Anarchisten sind Verrückte
sagt der Kaplan
Ruft ins Badezimmer hinein.
Was ist das für eine Leibwache
was ist das für eine Leibwache
Zieht ihr rechtes Bein zurück.
Frau Frölich steht auf.
Präsidentin in den leeren Hundekorb hineinschauend.
Und dich
armes Tier
wo ich mich vollkommen an dich gewöhnt habe
Siebzehn Jahre
war das arme Tier
in dem Korb Frau Frölich
mein Kleines
mein kleines Geschöpf
Die Anarchisten nehmen uns
alles weg
alles

Plötzlich
aus dem Hinterhalt Frau Frölich
töten
Präsident hustet.
Präsidentin in den leeren Hundekorb hinein.
Töten
dich
In den Spiegel schauend.
Was ist das für eine Polizei
die mit solchen Elementen nicht fertig wird
Plötzliches Brauserauschen aus dem Badezimmer.
Mörder
Der Frölich ins Gesicht.
Mörder
Mörder
Frau Frölich ab.
Präsidentin in den leeren Hundekorb hineinschauend.
Weil du ein so schwaches Herz
gehabt hast
ein so schwaches Herz
Präsident hustet.
Präsidentin in den Spiegel hinein.
Diese Zustände
Ganz nahe an den Spiegel heran.
Zustände
Zustände
Frau Frölich tritt mit einem großen Hundebildnis ein.
Stellen Sie es da hin
Zeigt auf den Toilettetisch.
Dahin
Frau Frölich stellt das Hundebildnis auf den Toilettetisch.
Präsidentin schaut in den leeren Hundekorb, nimmt das Hundebildnis.
Das schöne Tier
Diese Augen
Frau Frölich
Sie haben ihn ganz gemein
erschossen
aus dem Hinterhalt
Dreht sich nach der Frölich um.
Die Kugel
die zweite Kugel Frau Frölich
war für mich bestimmt
Wie kommt das Tier dazu
Entdeckt, daß die Frölich schwarz gekleidet ist.
Schwarz

Sie sind schwarz gekleidet
Frau Frölich
Ziehen Sie sofort Ihr schwarzes Kleid aus
Sie nicht
Sie nicht Frau Frölich
Sie nicht in Schwarz
Sie haben kein Recht
schwarz gekleidet zu sein
ziehen Sie sofort Ihr schwarzes Kleid aus
Präsident hustet.
Sie haben kein Recht dazu
Frau Frölich ab.
Präsidentin ruft ihr nach.
Sie nicht Frau Frölich
Schaut in den Spiegel.
Ich trage Schwarz
Wir tragen Schwarz
Sie nicht

PRÄSIDENT Nein nein
der Oberst hat nicht gelitten
der erste Schuß hat den Oberst
tödlich getroffen

MASSEUR Und jetzt die andere Seite
Herr Präsident
so
sehen Sie Herr Präsident

PRÄSIDENTIN Der Oberst hat nicht gelitten
Ich fahre weg
weg
weg
ins Gebirge
ins Hochgebirge

PRÄSIDENT *zum Masseur:*
Meine Frau fährt
ins Hochgebirge
Ich selbst fahre ein paar Tage
nach Portugal
nach Estoril

PRÄSIDENTIN *schaut in den leeren Hundekorb:*
Wer weiß
was die Anarchisten im Kopf haben
Das unschuldige Leben
töten
Voll Abscheu.
Töten

Präsident hustet.
Präsidentin kämmt sich, schaut in den Spiegel.
Gleich nach dem Begräbnis
studiere ich
mit dem Kaplan
das Drama

PRÄSIDENT *zum Masseur:*
Meine Frau
hat sich bereit erklärt
in dem Weihnachtsspiel des Kaplans
die Hauptrolle zu spielen
Sie ist aufrichtig an der Schauspielkunst
interessiert
Dieses Drama
lenkt sie ab
von dem Attentat
überhaupt ist dieses Drama geeignet
meine Frau abzulenken
von dieser düsteren Jahreszeit

PRÄSIDENTIN *sich im Spiegel anstarrend:*
Daß ich Angst habe
Angst
Streckt die Zunge heraus.
Retten
retten
Schaut in den leeren Hundekorb hinein.
Der dritte Tag
Was wir lieben
wird uns weggenommen
erschossen
erschlagen

PRÄSIDENT *zum Masseur:*
Um Verrückte
es handelt sich um Verrückte
Meine Frau hat im Traum gesehen
daß unser Sohn
auf uns geschossen hat
stellen Sie sich vor
unser eigener Sohn
auf uns
aus dem Hinterhalt
dieser unglaublich sensible Mensch

PRÄSIDENTIN *hörend, was ihr Mann sagt:*
dieser unglaublich sensible Mensch

PRÄSIDENT Dieser hochgebildete Charakter

PRÄSIDENTIN hochgebildete Charakter
Plötzlich ins Bad hinein schreiend.
Der Korb muß weg
Schaut in den leeren Hundekorb.
Der Hundekorb muß weg
Ich will den Hundekorb nicht mehr sehen
hinaus mit dem Hundekorb
Frau Frölich in einem roten Kleid herein.
Präsidentin zu ihr.
Der Korb muß weg
weg der Hundekorb
den Hundekorb weg
bringen Sie ihn weg
hinaus
weg
weg
Frau Frölich will den Hundekorb wegnehmen
Nein nicht
nicht
nicht weg
Ich bin verrückt
verrückt
Lassen Sie den Korb
den Korb da
da
nicht weg
Frau Frölich läßt den Hundekorb.
Solange der Korb da ist
Plötzlich zur Frölich.
Betten Sie ihn auf
betten Sie ihn doch auf
aufbetten
hören Sie
aufbetten
aufbetten
Frau Frölich bettet den leeren Hundekorb auf.
Präsidentin die Szene anstarrend.
Aufbetten
aufbetten
Präsident hustet.
Präsidentin zur Frölich.
Jeden Tag aufbetten
den Hundekorb
täglich
tagtäglich aufbetten hören Sie

weich
die Polster weich
Frau Frölich
weichrütteln
Frau Frölich rüttelt die Polster weich.
die Polster weichrütteln
So
Jetzt
Frau Frölich tritt zurück.
Präsident hustet.
Locker
aufgebettet
Er liebte es so
locker
weich
locker Frau Frölich
Bedeutet der Frölich, sie kann gehen.
Frau Frölich will gehen.
Nein
bleiben Sie da
Das ist ja noch eine Falte
Zeigt in den Hundekorb.
eine Falte ist da
eine Falte Frau Frölich
Frau Frölich glättet die Falte im Hundekorb.
Glatt
schön glatt muß es sein
Er hat es gern schön glatt
Frau Frölich steht auf, will gehen.
Präsidentin ihr ins Gesicht.
Sprechen Sie nie wieder
von ihm
nie mehr
nichts
kein Wort
Präsident hustet.
Präsidentin schaut auf die Badezimmertür, dann.
Kein Wort
aufbetten ja
aber kein Wort
nichts
verstehen Sie
Wir lassen den Korb da
verstehen Sie
wir betten ihn auf

wir lassen ihn da
Sieht plötzlich, daß die Frölich ein rotes Kleid anhat.
Rot
Ein rotes Kleid
Lacht auf.
Ein rotes Kleid
Der Frölich ins Gesicht.
Das ist niederträchtig
Schminkt sich wieder.
Frau Frölich ab.
Präsident hustet.
Kein Mensch versteht
sie verstehen nicht
Über die Frölich.
Diese Menschen
verstehen nichts
als die Niedertracht
Ehrgeiz
Haß
sonst nichts
Schaut in den leeren Hundekorb.
Ich kann dich sehen
Beugt sich zum leeren Hundekorb hinunter
sehen kann ich dich
mein Liebling
Plötzlich leise.
Wir bleiben zusammen
für immer
verstehst du
für immer
Steht auf und richtet die Hundetuchent im Hundekorb.
So
so ist es richtig
Setzt sich wieder an den Toilettetisch, um gleich wieder in den leeren Hundekorb hineinzuschauen.
Du und der Oberst
Mit den Anarchisten wird jetzt
kurzer Prozeß gemacht
Präsident hustet.
kurzer Prozeß
Präsident und Masseur lachen laut auf.
Präsidentin schaut auf die Badezimmertür.
kurzer Prozeß
Präsident und Masseur lachen auf.
Das muß gesühnt werden

Frau Frölich kommt mit einem Haufen Post herein und legt die ganze Post auf den Toilettetisch.
Sind auch alle
diese Briefe kontrolliert
ist alles geöffnet
Frau Frölich
von Ihnen aufgemacht
und kontrolliert
Die Anarchisten verschicken
explodierende Briefe Frau Frölich
Der einen solchen Brief aufmacht
dem werden die Hände abgerissen
oder der ganze Mensch wird zerrissen
Frau Frölich
Die Briefe anstarrend, fragend.
Alle Briefe

FRAU FRÖLICH Alle Briefe

PRÄSIDENTIN Die ganze Post

FRAU FRÖLICH Die ganze Post
Präsident und Masseur lachen laut auf.
Präsidentin und Frau Frölich schauen auf die Badezimmertür.

PRÄSIDENTIN In aller Heimlichkeit
wenn er meinen Mann massiert
erzählt der Masseur ihm
Witze
Witze
Präsident und Masseur lachen laut auf.
Präsidentin nimmt einen Brief.
Ein Mann wie mein Mann
ist in jedem Augenblick
darauf gefaßt
daß auf ihn ein Attentat verübt wird
Präsident und Masseur lachen laut auf.
Der Masseur
massiert meinen Mann
seit einundzwanzig Jahren
Der Masseur war schon da
da waren Sie noch nicht da
Wirft den Brief weg.
Heuchelei
nichts als Heuchelei Frau Frölich
Nimmt einen zweiten Brief und wirft ihn weg.
Der Finanzminister
der sich an meinen Mann herangemacht hat
ihn ausgenützt hat

Nimmt einen dritten Brief, liest.
Die Leute schreiben von Armut
aber sie wissen nicht
was Armut ist
ich weiß was Armut ist
mein Mann weiß es auch
Der Präsident weiß auch
was Armut ist
Präsident und Masseur lachen auf.
Präsidentin wirft den Brief weg.
Wir wissen
was Armut ist
Mein Mann
kommt von ganz unten
herauf Frau Frölich
alle diese Bittschriften
und Bettelbriefe
gehören auf den Misthaufen
Nimmt einen vierten Brief, liest.
Präsident lacht auf.
Die Frau Oberst
bittet
für ihre Kinder
sie will alle fünf Söhne
auf die Militärakademie schicken
Legt den Brief auf den Toilettetisch, plötzlich zur Frölich.
Wo haben Sie denn die Binde
Haben Sie die Binde gebügelt
Frau Frölich geht und holt eine schwarze Binde herein.
Zu den Begräbnissen
kann mein Mann
nur mit einer schwarzen Binde gehn
Frau Frölich hängt die schwarze Binde über die Sessellehne links und bleibt stehen.
Ein Zentimeter
und der Präsident wäre
mit Sicherheit
tot gewesen
Kämmen Sie mich doch
Frau Frölich kämmt die Präsidentin.
Wenn wir dastehen
und hinunterstarren
und nichts empfinden
weil wir so oft dastehen
und hinunterstarren

plötzlich
wenn es sich um einen
uns Nahestehenden handelt
Der Tod komplettiert
das Leben
sagt der Kaplan
Schaut in den leeren Hundekorb hinein.
Verscharren
oder verbrennen
verscharren
oder verbrennen
Ruft plötzlich ins Badezimmer hinein.
Daß ihm das Blut nicht zu Kopf steigt
Herr Masseur
Zu sich selbst.
Herr Masseur

MASSEUR Ich massiere
den Herrn Präsidenten
ganz vorsichtig
Der Kopf
des Herrn Präsidenten
blutet nicht mehr

PRÄSIDENTIN Blutet nicht mehr

MASSEUR Nur eine ganz vorsichtige Massage

PRÄSIDENTIN *den Kopf beinahe auf dem Toilettetisch, zur Frölich:*
Sehen Sie
in dieser Stellung
wenn ich den Kopf
beinahe auf dem Toilettetisch habe
schmerzt es mich
Richtet sich auf.
Weil ich stundenlang
mit gesenktem Kopf
am Grab stehe
Frau Frölich massiert die Präsidentin an Hals und Schultern.
Ganz leicht
vom Hals weg
in die Schultern hinein Frau Frölich
mein Sohn
haßt seinen Vater
Trainieren wir den Kopf nicht
stirbt er ab
sagt der Kaplan
Er ist ein Abtrünniger
beinahe schon

exkommuniziert
Frau Frölich
Zuerst war es
der Innenminister
dann war es der Außenminister
dann der Kanzler
dann der Vorsitzende des Vereins
der Inlandspresse
dann der Korrespondent des Corriere della Sera
Lassen Sie mich nachdenken
der Operndirektor
schließlich haben sie den Bankdirektor Merz erschossen
und nach Merz Honsig
und nach Honsig Taus
und nach Taus Müllner
und nach Müllner Helmreich
und nach Helmreich Friedrich
und nach Friedrich Wallner
und nach Wallner Peter
Sie haben neunzehn Leute umgebracht Frau Frölich
und vor dem Oberst
wen haben sie vor dem Oberst erschossen
sagen Sie
vor dem Oberst
Präsident hustet.
Präsident und Masseur lachen laut auf.
Wen haben sie vor dem Oberst erschossen
Sie haben zwei Tage vor dem Oberst
den Generaldirektor der Eisenbahn erschossen
Den Generaldirektor der Eisenbahn
Schaut in den leeren Hundekorb.
U n d d i c h
mein Liebes
Das alles
hat sich schon viele Jahre vorbereitet
sagt der Kaplan
es ist von den Universitäten ausgegangen
die Hochschulen sind die Keimzelle Frau Frölich
Plötzlich sind ein paar hundert Studenten
verhaftet worden
dann wieder ein paar hundert
sie haben aufbegehrt
aufbegehrt Frau Frölich
sind gegen den Präsidentenpalast gezogen
Sie tun mir ja weh

passen Sie auf
gezogen
zum Palast
Deutet auf das Fenster.
von diesem Fenster habe ich gesehen
wie sie hergezogen sind
Hunderte zuerst
dann Tausende
Zehntausende Frau Frölich
Dann ist Gewalt angewendet worden
Gewalt angewendet
Und unter den Verhafteten
war unser Sohn
Der Kaplan hat mit ihm gesprochen
er ist nach Amerika
wir haben ihn in ein Flugzeug
nach Amerika
von Amerika ist er wieder nach Europa zurück
schon nach sechs Wochen
In Paris ist er gesehen worden
Präsident und Masseur lachen laut auf.
Dann nach Rom
Weil er doch Archäologe ist Frau Frölich
Er schreibt ein Buch
er ist gescheiter als sein Lehrer
er ist heute so weit wie sein Lehrer
niemals gekommen ist
in der Archäologie
Schaut in den leeren Hundekorb, dann zum Fenster.
Die Massen
Die Massen sind hermarschiert
auf den Palast zu
Hinter den Vorhängen habe ich beobachtet
wie die Massen hermarschiert sind
Mit Steinen haben sie uns die Fenster eingeschlagen
Viele sind hingerichtet worden Frau Frölich
hingerichtet
Dann war Ruhe
Lange Zeit war Ruhe
aber seit einem Jahr
fangen sie wieder an
sie marschieren nicht Frau Frölich
aber sie sprengen Gebäude in die Luft
und sie bringen wichtige Menschen um
die wichtigsten für den Staat bringen sie um

die Fachleute die die in ihrem Fach die ersten sind
Frau Frölich
rücksichtslos
Es wird noch eine Zeit dauern sagt der Kaplan
dann schlägt der Präsident wieder zu
Schaut auf die Badezimmertür.
Mein Mann schlägt zu
Frau Frölich kämmt die Präsidentin.
Dann kennt er keine Gnade
Frau Frölich
Dann gibt es an jedem Tag Hunderte Exekutionen
Frau Frölich
Diese Unmenschen Frau Frölich
die dieses schöne ruhige Land vernichten
es mutwillig zerstören
mutwillig
mutwillig
Schaut in den leeren Hundekorb.
Und das unschuldige Leben töten
töten
hinmorden
Aber vielleicht
beruhigen sich die Terroristen
aber die Terroristen beruhigen sich nicht
Der Kaplan sagt
daß alles noch viel schlimmer wird
Die Rücksichtslosigkeit des Terrorismus nimmt zu
nimmt zu Frau Frölich
das Elend nimmt zu
die Angst
Haben Sie denn nicht Angst vor den Terroristen
Daß Ihnen ein Anarchist auflauert
Sie glauben sie machen ein Buch auf um zu lesen
und werden in Stücke gerissen
haben Sie nicht Angst davor
Alle haben Angst
alle
alle
in diesem Staat herrscht nurmehr noch die Angst
Die Kirche beschwichtigt
sie beschwichtigt
aber sie ist unfähig
die Kirche hat keinen Kontakt mehr
zu niemandem
nicht zu den einen

nicht zu den andern
die Kirche ist parasitär
parasitär Frau Frölich
Ich weiß alles über die Kirche
Der Kaplan verheimlicht mir nichts
In der Kirche selbst herrscht das Chaos Frau Frölich
Die Korruption
Ehrgeiz
Haß Frau Frölich
sonst nichts
Schaut auf die schwarzen Kleider.
Daß wir alle schon so lange Zeit nurmehr noch
in Schwarz gehen
Aber Sie selbst haben noch keinen Verwandten verloren
nicht einen
Sie haben nichts zu trauern Frau Frölich
einerseits wie infam
andererseits steht Ihnen was Sie anhaben gut
sehr gut
Rot sehr gut
Rot und lang
Schaut auf ihre Knöchel.
Bis zu Ihren Knöcheln hinunter
rot
Wenn ich nicht wüßte
daß dieses Kleid einmal mir gehört hat
mir Frau Frölich
stellen Sie sich vor
mir hat dieses lange rote Kleid gehört
ich habe es oft getragen
wenn ich das nicht wüßte
müßte ich glauben Sie erlaubten sich eine Ungeheuerlichkeit
indem Sie sich ein solches Kleid anziehen
von oben bis unten rot Frau Frölich
eine Ungeheuerlichkeit
eine Unverschämtheit
aber ich selbst habe Ihnen das Kleid geschenkt
ich habe es Ihnen aufgezwungen
denn sagen Sie ich habe es Ihnen aufgezwungen
aufgezwungen
Ihnen befohlen es anzuziehn
Und Sie haben es angezogen
Unter Qualen allerdings
unter den größten Qualen
Damals waren Sie noch jung

Sie hatten noch nicht diese graue Gesichtsfarbe
Die graue Gesichtsfarbe haben Sie zwanzig Jahre
also habe ich Ihnen das Kleid vor zwanzig Jahren geschenkt
Erinnern Sie sich
aufgezwungen
aus dem Kasten herausgenommen
und auf den Boden geworfen
Deutet auf den Boden.
Dahin Frau Frölich
Sehen Sie
Und Sie haben es aufgehoben
und angezogen
widerspruchslos
Präsident und Masseur lachen laut auf.
In Wahrheit hat mein Mann Angst
die größte Angst Frau Frölich
aber er zeigt es nicht
während wir unsere Angst zeigen
auch Sie haben Angst
und zeigen sie
obwohl Sie wie Sie wissen
keine Angst haben brauchen
er zeigt sie nicht
allerdings läßt er sich ablenken
durch das strikte Einhalten der Masseurstunde beispielsweise
durch Hinundhergehen im Palast
währenddessen ihm die Gedanken kommen
oder er liest in seinem Metternich
nichts als Metternich
Metternich
Metternich Frau Frölich
oder er sitzt mit dem Oberst und spielt Schach
Lacht auf.
Mit dem Oberst
Dem Oberst tut nichts mehr weh
Zur Frölich intim.
Glauben Sie mir
der Tod des Oberst geht ihm am nächsten
die beiden waren aneinandergekettet
nicht nur im Schachspiel
nicht nur im Schachspiel
Die Zeit nimmt was man liebt Frau Frölich
es wird einem das Liebste
aus dem Herzen gerissen
Schaut in den leeren Hundekorb.

Rücksichtslos
erbarmungslos
Nach dem Begräbnis
gleich nach dem Begräbnis
bevor ich mich mit der Rolle beschäftige
meinen Text lerne Frau Frölich
lasse ich mich
ins Gerichtsmedizinische Institut bringen
Schaut in den leeren Hundekorb.
Ich will ihn noch einmal sehen
Dann muß ich mich entschließen
ob verbrennen oder nicht
verscharren oder nicht
Schaut der Frölich ins Gesicht.
Präsident und Masseur lachen laut auf.
Was sagen Sie
sagen Sie etwas
sagen Sie doch etwas
Frau Frölich tritt einen Schritt zurück.
Sie peinigen mich
Sie sind nur da
um mich zu peinigen
die einzige Aufgabe solcher Leute wie Sie ist
andere zu peinigen
ein jeder von dieser Ihrer Art hat einen
den er peinigt
Sie peinigen mich
Sagen Sie doch etwas
so sagen Sie
sagen Sie
Frau Frölich
ich befehle Ihnen
Schaut in den Hundekorb.
Verbrennen
ich werde ihn verbrennen lassen
Der Frölich ins Gesicht.
Ich muß ihn noch einmal sehen
Sie haben das Tier gehaßt
Sie haben es immer gehaßt
tief Frau Frölich
sehr tief
am tiefsten
und Sie wissen warum
Sie waren eifersüchtig
und jetzt

wo er tot ist
wo das arme Tier weg ist tot ist
hassen Sie es noch immer
Ihr Haß
Ehrgeiz
Haß
sonst nichts
Wenn Sie ihm zu essen gegeben haben
haben Sie ihn gehaßt
Wenn Sie ihn hinuntergeführt haben
haben Sie ihn gehaßt
Wenn Sie ihm den Riemen festgemacht haben
gehaßt
Wenn Sie ihm aufbetten haben müssen
gehaßt
Ehrgeiz
Haß
sonst nichts
Präsident und Masseur lachen laut auf.
Auch mein Mann
hat das Tier gehaßt
aber es war ein anderer Haß
ein anderer Haß
als Ihr Haß
Und jetzt wo er tot ist
beschäftigt er sich nicht mehr mit ihm
Das wundert ihn
daß ich mit ihm noch immer spreche
Schaut in den leeren Hundekorb.
während er gar nicht mehr da ist
weg ist
tot ist
das wundert meinen Mann
Präsident lacht laut auf.
Die Selbstgespräche
habe ich mir angewöhnt
habe ich von ihm
aber ich führe keine Selbstgespräche Frau Frölich
ich spreche mit ihm
alles bespreche ich mit ihm
Haben wir nicht alles zusammen besprochen
Zuerst habe ich i h n gefragt
War etwas zu tun
ihn gefragt
zuerst

meine allerhöchste Instanz
Schaut in den leeren Hundekorb.
Ich habe nichts getan
ohne ihn zu fragen
habe ich ihn nicht gefragt
ein Unglück Frau Frölich
Mein Mann hat immer den Oberst gefragt
ich habe ihn gefragt
mein Mann hatte den Oberst
ich hatte ihn
die erste Instanz meines Mannes war der Oberst
Schaut in den leeren Hundekorb.
meine erste und letzte Instanz
war mein Hund
Schaut auf die Badezimmertür.
Und jetzt haben sie uns beide weggenommen
Niedergeschossen
Der Frölich ins Gesicht.
Plötzlich habe ich in seinen Augen gesehen
daß er tot ist
Herzschlag Frau Frölich
Herzschlag
Das Tier hatte bei dem Schuß auf den Oberst
der Herzschlag getroffen
Diese starren fragenden Augen Frau Frölich
da habe ich ihn weggeworfen
weggeworfen
fallen lassen Frau Frölich
auf den Boden
da fiel er auf den Boden
Schaut in den Spiegel.
ich begriff nicht
Da war mein Mann längst weg
Da waren die Terroristen
Die Anarchisten Frau Frölich weg
ganz allein war ich dagestanden
hatte mich zu ihm hinuntergebeugt
Aber mein Mann wollte zum Denkmal des Unbekannten Soldaten gehen
es war sein tagtäglicher Spaziergang
mit mir
mit uns
aber nicht zweimal denselben Weg gehen
sagt der Kaplan
nicht zweimal
jeden Tag

immer um die gleiche Zeit
wir hatten die Gefahr nicht erkannt
Und da wie er
mein Mann
die Schwalbe gesehen hat auf dem Denkmal des Unbekannten Soldaten
zeigte er mir die Schwalbe
indem er den Stock hob
den Stock hob Frau Frölich
das hat ihm das Leben gerettet
Denn hätte er den Stock nicht gegen das Denkmal des Unbekannten Soldaten gehoben
wäre er das Opfer gewesen
so war der Oberst das Opfer
Sekundenschnelle Frau Frölich
Sekundenschnelle
Und der zweite Schuß in die Luft
wahrscheinlich hatten die Anarchisten Angst
weil sie den Präsidenten nicht mit dem ersten Schuß getroffen hatten
Schaut in den leeren Hundekorb.
Der Verdacht
ist auf Ihren Sohn gefallen
Frau Frölich
Der Frölich ins Gesicht.
Ihr Sohn ist doch an der Universität inskribiert
nicht wahr
nicht wahr Frau Frölich
Präsident und Masseur lachen laut auf.
Ein Staat
voller Angst Frau Frölich
Schaut auf die Badezimmertür.
Ehrgeiz
Haß
sonst nichts

Vorhang

Zweite Szene

Präsidentin mit dem Schleier über dem Kopf am Toilettetisch sitzend, Frau Frölich hinter ihr.

PRÄSIDENTIN Ich sehe
aber ich werde nicht gesehen

Ich kann alles sehen
ich sehe mich selbst
mich selbst Frau Frölich
im Spiegel
selbst
Ich sehe auch Sie
Sie stehen mit ihrem immer gleichen grauen Gesicht
hinter mir
Bald habe ich Sie eingeholt
Dann sind wir gleich Frau Frölich
Dreht sich nach dem Badezimmer um.
Präsident und Masseur lachen laut auf.
Dieses Lachen
hat mich schon immer abgestoßen
In sich hinein.
wie mich an diesem Menschen schon immer alles
abgestoßen hat
alles
Verstehen Sie Frau Frölich
alles
Weil ich ihn gehaßt habe
weil er mich abgestoßen hat
Ehrgeiz
Haß
sonst nichts
Auf ihn haben es die Anarchisten abgesehen
aber sie haben niemals getroffen
noch nicht
hören Sie Frau Frölich
Präsident und Masseur lachen laut auf.
noch nicht
Dann stehe ich da
Dann bin ich die Präsidentenwitwe
Ich frage mich ja
wer ist der nächste
ist es der Präsident des Verfassungsgerichtshofs
ist es der Außenminister
ist es vielleicht der neue Außenminister
oder der neue Innenminister
Bald gibt es in diesem Staat
keinen klaren Kopf mehr
keinen klaren und keinen außerordentlichen Kopf mehr
sagt der Kaplan
hören Sie Frau Frölich
der Erzbischof wird von einer eigenen bewaffneten Leibwache geschützt

Der Erzbischof hat seinen Spaziergang
im erzbischöflichen Palais eingestellt
er geht nicht mehr aus seinem Zimmer heraus
er hat auch Angst
Sie haben alle Angst
alle Angst hören Sie
zuerst hatten sie keine Angst
aber jetzt haben auch alle kirchlichen Würdenträger Angst
Vielleicht ist der Erzbischof der nächste
Die Anarchisten gehen nach einem genauen Plan vor
und werden die einen liquidiert Frau Frölich
schlagen die andern wieder zu
bis sie ihr Ziel erreicht haben
Der Frölich ins Gesicht.
Auf ihren Sohn ist der Verdacht gefallen
Die Philosophiestudenten
sind die gefährlichsten
sagt der Kaplan
und die Theologen
die Philosophie und die Theologie
sind das Gift
vergiften den Staat
bringen ihn um
indem sie uns umbringen
Präsident und Masseur lachen laut auf.
Die Freiheit
ist zu groß gewesen
sagt der Kaplan
die Zügel lockern
bedeutet Anarchie Frau Frölich
Schaut in den Spiegel, mit dem Gesicht ganz an den Spiegel.
Ich sehe
aber die andern sehen mich nicht Frau Frölich
Die Künstler
die ich immer unterstützt habe
die Maler die Bildhauer
die Dichter Frau Frölich
die Konzertmusiker
sie danken es nicht
Mäzenatentum ist ein Unsinn
eine Dummheit
einen Künstler zu unterstützen
Die Künstler gehören mit Füßen getreten
sagt der Kaplan
Mit Füßen getreten

die Künstler die Künste
mit Füßen getreten Frau Frölich
Nach einer Pause.
so
hätte mich der Professor malen sollen
so
so Frau Frölich
Reißt sich den Schleier vom Kopf.
nicht so
Der Frölich ins Gesicht.
nicht so
Wirft den Schleier auf den Boden.
Präsident lacht laut auf.
Präsidentin kommandiert der Frölich.
Heben Sie ihn auf
heben Sie den Schleier
auf
Frau Frölich hebt den Schleier auf.
Nehmen Sie den Schleier
nehmen Sie den Schleier
Frau Frölich wirft sich den Schleier über.
Präsidentin lacht laut auf, ruft plötzlich.
Sie haben kein Recht
den Schleier zu tragen
Sie haben kein Recht dazu
kein Recht
Nehmen Sie den Schleier herunter
herunter den Schleier
herunter
ab
Frau Frölich nimmt den Schleier ab.
Sie müssen Ihr wahres Gesicht tragen Frau Frölich
Deutet auf den Kleiderständer.
Dahin
hängen Sie den Schleier dahin
Frau Frölich hängt den Schleier auf den Kleiderständer.
Präsidentin kommandiert.
Kämmen Sie mich
Präsident und Masseur lachen laut auf.
Präsidentin schaut auf die Badezimmertür.
Dieses Lachen
daß dieser Mensch
immer lacht
immer lacht er
Schaut in den leeren Hundekorb.

wir haben ihn gehaßt
er hat uns gehaßt
wir haben ihn gehaßt
Ehrgeiz
und Haß
sonst nichts
Frau Frölich kämmt sie.
Ihr Geruch
ist dieser Geruch
der mich an die Armut erinnert
aber Sie atmen vertrauenerweckend Frau Frölich
gleichmäßig
und vertrauenerweckend
dann wieder völlig ungleichmäßig
gehetzt
und ich weiß nicht
was in Ihnen vorgeht
Körper und Kopf beherrschen
sagt der Kaplan
Körperdisziplin
Kopfdisziplin
zur Philosophie machen
verstehen Sie
Pathetisch.
Ich bin von der Kopfdisziplin
des Kaplans fasziniert
Die Köpfe in der Kirche
sind anarchistische Köpfe
hat der Kaplan gesagt
Mein Mann mißtraut
der Kirche
Einen solchen fortwährend alles denkenden Kopf
aufhaben
sagt der Kaplan
einen solchen alles sezierenden Kopf
aufhaben
Er ist ein Abtrünniger
beinahe schon
exkommuniziert
Ursprünglich habe ich gegen den Kaplan
nichts als Abneigung empfunden
Nur seine Kenntnisse der französischen Sprache
bewundert
Wie er mir Zola vorgelesen hat Flaubert
Schaut in den leeren Hundekorb.

daß es selbst ihn gefesselt hat
dieses aufmerksame Wesen
neben mir
und Goethe hören Sie
und Marcel Proust
und schließlich Voltaire
immer wieder Voltaire
Voltaire
Voltaire
Wenn er
Voltaire
seinen Esel an der Gartenpforte antraf
auf seinem Landsitz in Ferney Frau Frölich
den Esel an der Gartenpforte antraf
sagte er
Ich bitte Sie haben den Vortritt Herr Präsident
Frau Frölich lacht laut auf.
Präsidentin sie anherrschend.
Sind Sie ruhig
Sie haben kein Recht
darüber zu lachen
Sie nicht
Ich bitte Sie
sagte Voltaire zu seinem Esel
wenn er ihn an der Gartenpforte antraf
Sie haben den Vortritt mein Herr Präsident
Die Aussprache des Kaplans
gerade wenn er Voltaire las
exzellent
exzellent
Er hat einen Lehrstuhl an der Sorbonne ausgeschlagen
für mich Frau Frölich
Frau Frölich massiert die Präsidentin am Hals.
Die Wärme steigt
ganz leicht
nach dem medizinischen Gesetz
in den Kopf
ganz leicht
Plötzlich über den Kaplan.
Stellen Sie sich vor
seine Mutter hat ihn
wie er drei Jahre alt gewesen war
verstoßen
verstoßen
In Rotterdam auf einem Fischkutter

ist er in einer Hängematte gelegen
bei Pflegeeltern
in die ärmlichsten Verhältnisse hinein
hat ihn seine Mutter gestoßen
aber nur so
von ganz unten herauf
wird etwas aus einem Menschen
Aus der Armut heraus wachsen dann diese Köpfe
die die hervorragendsten Köpfe sind
Eine solche grauenhafte Kindheit
die auf einmal zum Genie wird Frau Frölich
Wie der Kaplan Marcel Proust sagt
ist genial
Die fürchterlichste Kindheit
ist das größte Kapital Frau Frölich
Das ist auch von ihm
jeden Tag sagt er wenigstens
einen bedeutenden Satz
Aber wenn er alle diese Sätze
die die bedeutendsten Sätze sind
nicht aufschreibt
gehen sie verloren
Was der Geschichte verlorengeht
Frau Frölich
wenn der Kaplan nichts aufschreibt
Zu einem späteren Zeitpunkt sagt er
schreibt er dann alles auf
was ihm bedeutend genug erscheint
aufgeschrieben zu werden
zu einem späteren Zeitpunkt
Der Zeitpunkt ist noch nicht gekommen
Und ich mache mir Mühe
Notizen zu machen über das
was er sagt
aber ich verliere diese Notizen
Das Genie sagt der Kaplan
kommt von ganz unten herauf
Und Pascal sagt
es genügt zu sein
Plötzlich kommandierend.
Jetzt die Beine
massieren Sie mir die Beine
Streckt das rechte Bein aus.
Frau Frölich massiert ihr rechtes Bein.
Man muß schon so weit gekommen sein

wie der Kaplan
der alle Erdteile kennt
alle Erdteile Frau Frölich
um in dieser bedeutenden Weise
denken zu können
Die äußeren Erdteile
wie die inneren Erdteile
Das was außen ist
und das was innen ist
die ganze äußere Geographie kennen
und die ganze innere
Und denken wie ein Chirurg
verstehen Sie
Eine Professur aufgeben an der Sorbonne
um mir Zola vorzulesen
und Flaubert
und Marcel Proust
Mein Mann haßt ihn
Auch von Geschichte
versteht er am meisten
Das ist kein hinausgeworfenes Geld
sich einen solchen bedeutenden Geist zu engagieren
Schaut in den leeren Hundekorb.
Und ihn liebte er
über alles
Er brachte ihm immer etwas mit
Selbst Schinken
selbst Schinken Frau Frölich
Erdnüsse
Bananen
Sandwiches Frau Frölich
Sandwiches
nach und nach
hat er ihm einmal
Streckt ihr linkes Bein zum Massieren aus.
Frau Frölich massiert ihr linkes Bein.
die zwölf Sandwiches
die kostbarsten Sandwiches
die ich jemals gemacht habe
ihm in den Mund gesteckt
ihm
Schaut in den leeren Hundekorb.
ihm
nach und nach
ganz musikalisch Frau Frölich

ganz nach dem musikalischen Gesetz
daß ich gestaunt habe
Was der Kaplan über Pascal sagt
trifft auf ihn selbst zu
Seine eigenen Gedanken
haben die Qualität der Pensées
Aber was rede ich für Zeug mit Ihnen
Ich rede mit Ihnen
und Sie verstehen nicht
was ich mit Ihnen rede
Präsident und Masseur lachen.
Soviel Sicherheit
andererseits Unsicherheit
ist in der Nähe
eines Genies
Ein denkender Kopf wie der Kopf des Kaplans
beruhigt einerseits
beunruhigt andererseits
Das ist das Schöpferische
Zieht das linke Bein ein.
Frau Frölich steht auf.
Und dazu ist ein solcher Mensch auch noch vornehm
Wenn Menschen
oder besser wie er sagt Köpfe Frau Frölich
nur antippen brauchen an ein Thema
und sie begreifen
Präsident und Masseur lachen laut auf.
Ich habe überlegt
ob ich die Zuwendungen an die Künstler
streiche
weil die Künstler auch Keimzelle der Anarchie sind
wie mein Mann sagt
und der Kaplan bestreitet das nicht
aber ich streiche die Zuwendungen nicht
Die Zuwendungen an die Künstler
werden nicht gestrichen
Wo haben Sie denn die Rede
die der neue Oberst für meinen Mann aufgesetzt hat
Frau Frölich ab und kommt mit der Rede herein.
Präsidentin nimmt die Rede, liest.
und daß dieses Verbrechen gesühnt werden muß
wo wir jetzt hier
am offenen Grabe stehen
Ein guter Freund
ein treuer Bürger

Zur Frölich.
Ist es nicht grotesk
daß der neue Oberst
die Grabrede für seinen Vorgänger schreiben muß
hat das nicht tragische Züge an sich
Frau Frölich
Liest vor.
stehen wir am offenen Grabe
dieses uneigennützigen Menschen
dieses tapferen Offiziers
der für sein Vaterland
Vaterland
Vaterland
Vaterland
Legt die Rede auf den Toilettetisch, streckt die Zunge heraus.
Vaterland
Zur Frölich.
Wenn Sie meinem Mann den Hustensaft geben
geben Sie mir auch von dem Hustensaft
merken Sie sich
zwei Löffel für meinen Mann
zwei Löffel für mich
vielleicht hilft es mir
im Erlernen der Rolle
für die Kindervorstellung
Wie Sie wissen spiele ich seit zwanzig Jahren
die Hauptrolle
widerwillig in den letzten Jahren
widerwillig
aber man bestürmt mich
und ich spiele wieder
Ich frage mich
ob es sich schickt
daß ich jetzt
in dieser fürchterlichen Zeit
in welcher soviel Leid geschieht
mitspiele
Was sagen Sie
Daß ich mitspiele
wo wir doch eine solche grauenhafte Zeit haben
In einem Theaterstück spiele
während ich jeden Tag auf den Friedhof gehen muß
um am Grabe eines teuren ermordeten Menschen zu stehn
Es fällt mir schwer
am offenen Grabe zu stehen Frau Frölich

und stehe ich am offenen Grabe
sehe ich selbst mich nicht am offenen Grabe
sondern auf der Guckkastenbühne
und ich spreche meinen Text
diesen lustigen Kindertext Frau Frölich
Und ich frage mich
wann ich die Beherrschung verliere
Und wie leicht ist es möglich
daß ich auf einmal am offenen Grabe
anstatt in Trauer versunken zu sein
meinen Text spreche
diesen lustigen Text Frau Frölich
diesen lustigen Text
Präsident und Masseur lachen laut auf.
Ich frage mich
warum ich Sie
in die Kunst der Massage eingeweiht habe
Frau Frölich massiert die Präsidentin wieder am Hals.
Von innen nach außen
Frau Frölich
Immer an Drainage denken
Und so zaghaft wie selbstsicher
Die Krankheitserreger aus einem Körper
wie dem meinigen
hinausmassieren
Diese Bilder
diese Ideen die ich habe
wenn Sie mich massieren
Ich frage mich
was sehen Sie
was denken Sie
wenn ich Sie massiere
Plötzlich wird soviel Verschüttetes freigelegt
Präsident und Masseur lachen.
Natürlich
Sie brauchen keinerlei Angst zu haben
Die Anarchisten tun
Ihnen nichts
Aber es könnte ja sein
irrtümlich
irrtümlich
wenn Sie irrtümlich
Schaut in den leeren Hundekorb.
Wie er getötet worden ist
tot

Wenn ich denke wie er den Kopf
auf den Korbrand gelegt hat
Das treue Tier
hat mich stundenlang beobachtet
wenn ich Flaubert gelesen habe
oder Zola
oder Albert Camus verstehen Sie
die großen Franzosen
von welchen für mich immer
die größte Faszination ausgegangen ist
Was in einem solchen
unschuldigen Geschöpf
vor sich geht
wir wissen es nicht
Er hat sein Geheimnis
mit ins Grab genommen
Schaut auf die Badezimmertür.
Ihn hätten sie töten wollen
Ihn zu töten
ist ihre Absicht gewesen
Schaut in den leeren Hundekorb.
Das arme Tier
haben sie getötet
Der Kaplan sagt
es handelt sich
um Verrückte
junge Menschen
die in einer ausweglosen Situation sind
in ihrem Kopf
Frau Frölich
Das Proletariat ist es nicht
Frau Frölich
die Intellektuellen sind es
Präsident lacht laut auf.
Mein Mann
hat auch Angst
aber er zeigt es nicht
er darf die Angst nicht zeigen
Ich darf die Angst zeigen
wir ja
Und wie
Der Frau Frölich ins Gesicht.
Und wie Sie Ihre Angst zeigen
die Sie gar nicht haben brauchen
Sie brauchen keine Angst haben

Ich muß Angst haben
Sie nicht
Es ist alles darauf angelegt
daß ich Angst haben muß
sagt der Kaplan
und in Ihnen
alles
daß Sie nicht die geringste Angst
haben müssen
Ihr ins Gesicht.
Nur irrtümlich
Frau Frölich
Meine Strümpfe sind locker
Streckt das rechte Bein aus und die Frölich zieht an ihrem rechten Strumpf und streckt das linke Bein aus und die Frölich zieht an ihrem linken Strumpf.
Aber daß mir die Anarchisten
mein Liebstes genommen haben
Aber die Welt versteht nicht
sie will nicht verstehen
sie kann nicht verstehen
Frau Frölich steht auf, nachdem die Präsidentin ihre Beine zurückgezogen hat.
Wie viele Leichenreden
der alte Oberst geschrieben hat
in letzter Zeit
nicht fehlerfrei Frau Frölich
nicht ohne Phrase
nur seine eigne nicht
Er hätte seine eigne schreiben können
seine eigne Frau Frölich
Nimmt die Rede vom Toilettetisch, liest vor.
Und diesen treuen Menschen
übergeben wir der Heimaterde
die wir um ihn herumstehen
und trauern fragen uns
wofür dieser treue Diener des Staates
sein Opfer gebracht hat
aber wir wissen wofür
er sein Opfer gebracht hat
Wirft die Rede auf den Toilettetisch.
Zur Frölich.
Wissen Sie wofür
der Oberst sich selbst geopfert hat
Wissen Sie es

Ich frage Sie
wissen Sie es
sich selbst geopfert
hat der Oberst sich selbst geopfert
Schaut auf die Badezimmertür.
Präsident lacht.
Sie denken seit mehreren Jahren
an nichts anderes
als ihn zu beseitigen
Plötzlich laut.
Schonungslos gegen die Anarchisten vorgehen
schonungslos
kurzen Prozeß machen
den kürzesten Prozeß
sagt der Kaplan
andererseits
Sucht etwas.
Wo habe ich nur die Haarnadel
die lange Haarnadel Frau Frölich
Präsident dreht die Brause auf.
Die Haarnadel
Frau Frölich
Frau Frölich bückt sich und sucht die Haarnadel.
Der Kaplan ist für den kürzesten Prozeß
einerseits
andererseits
Aber der Kaplan ist nicht die Kirche
Präsident hustet.
Frau Frölich hat die Haarnadel gefunden, steht auf.
Präsidentin nimmt die Haarnadel in den Mund.
Frau Frölich zieht ihr die Haarnadel aus dem Mund.
Sie haben recht
erinnern Sie mich nur immer wieder
an diese Unart
Die Haarnadel in den Mund stecken
eine solche Unart
eine solche weitverbreitete entsetzliche Unart
die Haarnadel in den Mund stecken
Der Frölich direkt ins Gesicht.
diese Unart
Dann muß ich
gleich nach dem Begräbnis
in die Firma Frau Frölich
erinnern Sie mich
Frau Frölich will etwas sagen.

Sagen Sie nichts
Gleichzeitig muß ich
in die Firma
und in das Gerichtsmedizinische Institut
Schaut in den leeren Hundekorb.
und meine Rolle lernen
meinen Text
für die Kindervorstellung
Plötzlich.
Wo ist der Oberst eigentlich aufgebahrt

FRAU FRÖLICH Im Heeresmuseum

PRÄSIDENTIN Im Heeresmuseum
von dort
der Kondukt
auf den Zentralfriedhof

FRAU FRÖLICH Auf den Zentralfriedhof

PRÄSIDENTIN Das wird eine gewaltige Demonstration
gegen den Anarchismus Frau Frölich
sagt der Kaplan

PRÄSIDENT *zum Masseur:*
Reiben Sie mich gut ab
gut abreiben
gut
so
Lacht.

PRÄSIDENTIN Wenn die Firma so groß ist
wie meine Firma
die ich so wie sie ist
in die Ehe mitgebracht habe Frau Frölich
verliert man den Überblick
zeitweise Frau Frölich
Kursschwankungen
Pensionierungen
Ehrungen
Und die Diebstahlsaffairen Frau Frölich
Frau Frölich bückt sich.
Präsidentin schaut zu Boden.
Da muß sie sein
da
da
Frau Frölich steht mit einer Haarnadel auf.
Und nicht in den Mund stecken
nicht in den Mund stecken
Eine solche Firma wie die unsrige
verführt die Leute naturgemäß zum Diebstahl

Wenn Sie wüßten wieviel Angestellte
schon beim Diebstahl ertappt worden sind
Oft kommen wir erst nach Jahren darauf
aber wir kommen auf diese Diebstähle
Daß sie gefaßt werden die Diebe
Schaut in den leeren Hundekorb.
Was hast du mit allen diesen weltpolitischen Unsinnigkeiten zu tun
Neigt sich zum Hundekorb hinunter.
Du
mein Liebes
was hast du damit zu tun
Zur Frölich.
Daß Sie mir das Halsband
nicht mit verbrennen
Sie müssen das Halsband zurückbringen
Das Halsband
das schöne Halsband
mit den zwei Goldknöpfen
In den leeren Hundekorb hinein.
Sie haben dich mir weggenommen
mir weggenommen
die Anarchisten
dich
Zur Frölich.
Haben Sie gehört
Das Halsband
und nehmen Sie es ihm vorsichtig ab
Mit gesenktem Kopf.
Mir graut vor dem
was ich in den Gerichtsmedizinischen Instituten
gesehen habe
Der Frölich ins Gesicht.
Stellen Sie sich vor
den Oberst haben sie
Schaut in den leeren Hundekorb.
mit ihm
zusammen
ins Gerichtsmedizinische Institut gebracht
Präsident kommt aus dem Bad herein, hinter ihm der Masseur.

PRÄSIDENTIN *plötzlich, so, daß es alle deutlich sehen, die Frölich am Handgelenk pakkend und das Handgelenk der Frölich fest drückend, zu ihrem Mann:*
Wenn ich sie nicht hätte
Läßt das Handgelenk der Frölich aus.
Präsident hat nur ein Handtuch um den Bauch gewickelt.
Frau Frölich mit einer langen Unterhose zum Präsidenten.

MASSEUR *verneigt sich vor dem Präsidenten und sagt:*
Ich danke Herr Präsident
auf Wiedersehen Herr Präsident
Verneigt sich vor der Präsidentin.
Auf Wiedersehen Frau Präsident
Ab.

PRÄSIDENT *ruft ihm nach, während die Frölich dem Präsidenten in die lange Unterhose hinein hilft:*
Vergessen Sie nicht
den Melissensaft mitzubringen morgen
Den Melissensaft
Präsident setzt sich an den Toilettetisch.

PRÄSIDENTIN *zur Frölich:*
Zeigen Sie meinem Mann
die Rede
Nimmt die Trauerrede, die der neue Oberst geschrieben hat, vom Toilettetisch, gibt sie der Frölich, die gibt sie dem Präsidenten.
Ein guter Stil
glaube ich
was der neue Oberst schreibt
dein neuer Beschützer
Adjutant
nur die alten
die kurz vor der Pensionierung stehen
werden zu dir abkommandiert
zum Präsidenten

PRÄSIDENT *liest die Rede durch:*
Hoffentlich erschöpft sich die Arbeit
des neuen Obersten nicht
im Abfassen von Grabreden
Frau Frölich zieht dem Präsidenten, während er die Rede liest, zuerst den linken, dann den rechten Strumpf an.

PRÄSIDENTIN Die Frölich hat dir die schwarze Binde gebügelt
Blutet die Wunde noch
Präsident greift sich an den Kopf.
Präsidentin steht auf und geht zu ihm hin.
Die Wunde blutet nicht mehr
Ein Streifschuß
kaum ein Streifschuß
Küßt ihn auf die Stirn.
Zeigt auf den Redetext.
Da siehst du
gesühnt werden
muß gesühnt werden
Lacht laut auf und geht zum Toilettetisch zurück, setzt sich.

Gesühnt werden
sagt der Kaplan
ist eine ganz und gar
dumme Formulierung

PRÄSIDENT *nachdem ihm die Frölich beide Strümpfe angezogen hat:*
Die Umstände haben es nicht gestattet
daß ich mich meiner Lieblingsbeschäftigung gewidmet habe
der Naturwissenschaft
mein Sohn widmet sich
nein
nein nein

PRÄSIDENTIN Sag doch zur Frölich
daß du im Jahre vierunddreißig
die Wahl gehabt hast zwischen zwei Gesandtschaftsposten
es interessiert sie nicht
nicht mehr
wie es mich nicht mehr interessiert
Weil du im entscheidenden Moment
in die Hauptstadt gegangen bist
und alles in die Hand genommen hast
Frau Frölich kämmt dem Präsidenten das nasse Haar.
Eine zufällige Bekanntschaft
eine einflußreiche Persönlichkeit
nach dem unglücklichen Ausgang des Krieges
Kopiert ihren Mann.
Dann habe ich angefangen
mich nurmehr noch mit Metternich zu beschäftigen
und nurmehr noch Metternich zu lesen
Über den dynastischen Charakter
Über den slawischen Bundesstaat etcetera
Über Doppelmächte
Über Wesen mit zwei Köpfen
wovon einer immer
der aktivere Teil ist etcetera
Über den Geschichtseinschnitt
Identität etcetera
Ich halte dafür
daß man die Leute ruhig reden lassen solle
was sie wollen
solange sie uns machen lassen
was wir wollen etcetera
vorsichtig und
pessimistisch
Zur Frölich.
Hören Sie meinen Mann

er sagt immer das gleiche
ich höre was er sagt
immer höre ich was er sagt
seit dreißig Jahren höre ich
immer das gleiche
Herrschaftsvölker
Reichshälften
Konzessionen
und dann
Die verhängnisvollste Tat etcetera
und dann
gegen vier Uhr nachmittag
während er vorgibt
sich mit mir zu unterhalten
mich zu unterhalten
über den Staatskanzler Kaunitz
Frau Frölich zieht dem Präsidenten das Unterhemd an, dann das Überhemd, bürstet den Cut aus, während der Präsident sein Überhemd zuknöpft.
Präsidentin sich schminkend, in den Spiegel schauend.
Bald haben sie alle
guten und klaren Köpfe
umgebracht

PRÄSIDENT Der neue Oberst
ist ein hervorragender Offizier

PRÄSIDENTIN wie der alte Oberst
der unfähig gewesen war
dich zu schützen
Er hätte dich warnen müssen
Er hätte sagen müssen
nicht mehr zum Denkmal des Unbekannten Soldaten
denn er hätte sich ausrechnen müssen
daß die Anarchisten
zuschlagen
In den leeren Hundekorb hineinschauend.
Bald haben sie alle guten
und klaren Köpfe umgebracht
sagt der Kaplan
Blickt zum Fenster.
Hinunterschauen
und Angst haben
In den Spiegel schauend.
Das letztemal
daß ich in der Kindervorstellung mitspiele
Plötzlich ist mein Kopf leer

ich weiß kein Wort
da stehe ich
und weiß kein Wort
nichts
und die Schauspieler starren mich fragend an

PRÄSIDENT Mir hat immer gefallen
wenn du in dem Kinderstück aufgetreten bist
Du hast dein Talent
nicht entwickelt
Du hättest es zu einer großen Schauspielerin bringen können
Wohlgemerkt
Frau Frölich zieht dem Präsidenten die Cuthose an.
Mich haben die Frauen
mit schauspielerischem Talent
immer angezogen
die von Shakespeare begeistert sind
von Molière
Mich selbst interessiert nur die Oper
Ruft aus.
Schauspiele

PRÄSIDENTIN Wo triffst du sie

PRÄSIDENT In Madrid

PRÄSIDENTIN In Madrid
Ist das nicht umständlich
sie in Madrid zu treffen
Du könntest sie gleich mitnehmen

PRÄSIDENT Kein Aufsehen mein Kind
nur kein Aufsehen
Streckt das rechte Bein aus und läßt sich von der Frölich den rechten Schuh anziehen.
Nur kein Aufsehen
Streckt das linke Bein aus.
Frau Frölich zieht ihm den linken Schuh an.
Sie ist schon in Madrid
Wenn ich nicht auf das Begräbnis müßte
wäre ich auch schon dort
eine elegante Stadt
Zur Fröhlich.
Da sollten Sie einmal hinfahren
und sich ein Paar Schuhe kaufen
Frau Frölich
die elegantesten Schuhe
bekommen Sie in Madrid
und in Lissabon
Frau Frölich richtet dem Präsidenten das Überhemd.

Präsident zur Frölich.
Sie tragen noch immer
die Schuhe
Ihrer verstorbenen Mutter
Frau Frölich
Schaut auf ihre Schuhe.
Die sind schon ganz aus der Mode gekommen
Da fahren Sie einmal hin
nach Madrid

PRÄSIDENTIN *in den Spiegel schauend:*
Einmal noch
dann nicht mehr
niemehr
das letztemal
daß ich mitwirke
mitwirke
das letztemal
In den leeren Hundekorb schauend.
Aber wenn man einmal angefangen hat
sich in eine solche Sache einzulassen
kann man nicht mehr heraus

PRÄSIDENT Hast du gewußt
daß das Drama
auf einer Idee des Erzbischofs beruht
Die erste Skizze dazu
war vom Erzbischof

PRÄSIDENTIN *in den leeren Hundekorb schauend:*
Mein kleiner Theaterkritiker du
mein armes Kleines
Immer hast du zugeschaut
wenn ich
vor dem Spiegel
die Rolle einstudierte
hast zugeschaut
und zugehört
er hatte ein so feines Gehör
Zum Präsidenten.
dann sah ich sofort
es ist etwas falsch
Der Tonfall
oder die Ausdrucksweise
In einer solchen Rolle
ist alles Psychologie
sagt der Kaplan
Schaut in den leeren Hundekorb.

Weil du so ein schwaches Herz hattest
Die Anarchisten
haben dich getötet
Die Staatsfeinde
Wenn sie i h n getroffen hätten
d i c h haben sie getroffen
den Oberst und
weil du ein so schwaches Herz hattest
dich
aus dem Hinterhalt
Ehrgeiz
Haß
sonst nichts
Zur Frölich.
Wickeln Sie die Binde vorsichtig
um den Kopf meines Mannes
vorsichtig

PRÄSIDENT Sehr vorsichtig
Frau Frölich

PRÄSIDENTIN Sofort tot
Der Schuß
und er war tot
Das arme Tier
ich habe gar nicht gesehen
daß der Oberst getroffen war
ich glaubte
das Tier sei erschossen worden
Herzschlag
Schaut in den leeren Hundekorb.
mein Liebes
in meinem Arm
Dreht sich um und zeigt es.
so
habe ich ihn fallen lassen
so
auf den Boden
das Tier ist tot
habe ich bemerkt
und habe das Tier fallen lassen
Zur Frölich.
Verstehen Sie
zu Boden geworfen
wie er tot war
leblos
Zeigt noch einmal den Vorgang.

So
so
Schaut wieder in den Spiegel.
Er war noch ganz warm
Wir sind mit dem Schrecken davongekommen

DIENSTMÄDCHEN *tritt ein:*
Der Herr Oberst

PRÄSIDENTIN Der Herr Oberst soll hereinkommen
Schaut auf die Uhr.
Gleich zehn
Dienstmädchen ab.
Wann ist das Begräbnis Frau Frölich

FRAU FRÖLICH Um elf
Frau Präsident

PRÄSIDENT Alle Begräbnisse
sind um elf
jedes Staatsbegräbnis
Oberst tritt mit einer Aktenmappe ein, verneigt sich vor der Präsidentin, dann vor dem Präsidenten.
Kommen Sie Herr Oberst
Kommen Sie

PRÄSIDENTIN *zum Oberst:*
Haben Sie die Attentäter

OBERST Nicht Frau Präsident

PRÄSIDENTIN Nicht
nicht

PRÄSIDENT Noch nicht
Präsident bedeutet dem Oberst, er solle die Akte zeigen.

OBERST Begnadigungen
Herr Präsident
Drei Begnadigungen
Der Kanzler hat die Begnadigungen
schon unterzeichnet

PRÄSIDENTIN *sich schminkend:*
Der Kanzler hat unterzeichnet
Der Kanzler hat unterzeichnet
aber der Präsident unterzeichnet nicht
mein Mann unterzeichnet nicht
Zum Präsidenten heftig.
Keine Begnadigung
Keine Begnadigung
Frau Frölich mit dem schwarzen Kleid vor der Präsidentin.
Keine Begnadigung
Was sind das für Leute

OBERST *während der Präsident die Akten durchsieht:*

Sogenannte Lebenslängliche
Frau Präsident
sogenannte Lebenslängliche

PRÄSIDENTIN Also schwere Fälle

OBERST Sehr schwere Fälle

PRÄSIDENTIN Diese Weihnachtsamnestien
sind mir immer verhaßt gewesen
Kaum ist es November
kommen diese Begnadigungsvorschläge
Zum Präsidenten.
Unterstehe dich
und unterschreibe
Niemand wird begnadigt
Keine Begnadigung
Oberst klappt die Aktenmappe zu.
Das ist nicht der richtige Zeitpunkt
für Begnadigungen
keine Gnade
keine Gnade
Zur Frölich.
Was stehen Sie da
ziehen Sie mir doch das Kleid über
Frau Frölich zieht der Präsidentin das Kleid über, währenddessen Präsidentin:
Die Begnadigungen habe ich immer gehaßt
Jetzt nicht
nicht jetzt
In den Spiegel hinein.
Niemals
Hat sie das Kleid an, dreht sie sich zum Präsidenten um.
Keine Begnadigung
Unglaublich
Dreht sich nach dem leeren Hundekorb um und schaut hinein.
Wo man mir
mein Liebstes genommen hat
Zum Oberst.
Sie können gehen
Gehen Sie
Und übrigens
Ihre Rede ist ein Meisterwerk
die Rede auf Ihren Herrn Vorgänger
ein Meisterwerk
Oberst geht, während er sich immer wieder verneigt, ab.
Präsidentin ihm nachrufend:
Ein Meisterwerk

ein Meisterwerk
In den Hundekorb hinein.
ein Meisterwerk
Zum Präsidenten.
Diese Begnadigungen sind ein Anachronismus
ein Anachronismus
ein Anachronismus
Streckt das rechte Bein aus.
Frau Frölich zieht ihr den rechten Schuh an.
Ein Anachronismus
Streckt das linke Bein aus.
Frau Frölich zieht ihr den linken Schuh an.
Wir hätten nicht
zum Denkmal des Unbekannten Soldaten gehen sollen
Zum Präsidenten direkt.
Dich aufzufordern
Lebenslängliche zu begnadigen
zu diesem Zeitpunkt
Schaut in den leeren Hundekorb.
ist eine Geschmacklosigkeit
Präsident strafft sich die Hosenträger über die Schultern.
Weil mir
der Einfall gekommen ist
zum Denkmal des Unbekannten Soldaten zu gehn
hinunter
Schaut zum Fenster hinüber.
während ich doch eigentlich
die Absicht gehabt habe
mir einen neuen Hut zu kaufen
Zur Frölich.
Keinen schwarzen Hut Frau Frölich
glauben Sie nicht
einen schwarzen Hut
nichts Schwarzes
In die Stadt zu gehen
in das Hutgeschäft
aber anstatt in das Hutgeschäft
bin ich in die Präsidentschaftskanzlei
Zum Präsidenten.
und habe dich in den Park mitgenommen
zum Denkmal des Unbekannten Soldaten
Schaut in den leeren Hundekorb.
Wie sich das Tier gefreut hat
ausgelaufen ist er
gleich ausgelaufen weit

um das Denkmal herum
Plötzlich der Schuß
Ich habe das Tier weggeworfen
Zeigt es.
so habe ich das Tier weggeworfen
so

PRÄSIDENT Der Oberst ist
auf der Stelle
tot gewesen
nur zwanzig Schritte von dem Punkt
an welchem vor zwanzig Jahren
der Kanzlermord geschehen ist

PRÄSIDENTIN Der Zeitpunkt ist da
in welchem alles umgedreht wird
sagt der Kaplan
In einem jeden Menschen
ist ein Anarchist
ist der Kopf ein klarer Kopf
ist er ein anarchistischer Kopf
Vielleicht
sagt der Kaplan
ist es schon die Revolution
Zur Frölich.
Überziehen Sie das Bett meines Mannes
es muß täglich frisch überzogen sein
er macht alles blutig
In der Nacht
ohne Binde
Zum Präsidenten.
Nur eine leichte Schramme
am Kopf
so leicht
daß man sie gar nicht mehr sehen kann
aber
Präsident feilt sich die Fingernägel und schmiert sich dann das Gesicht mit einer Hautcreme ein.
Frau Frölich kämmt die Präsidentin.
Sie haben mich beobachtet
wie ich mit dem Fleischhauer
Das haben Sie gesehen
auf einmal reden Sie
zu dem richtigen Zeitpunkt reden Sie
bis jetzt
aber dann
mein Mann weiß von dieser Geschichte

und um ganz ehrlich zu sein
es ist die Idee des Kaplans gewesen
Wenn sich mein Mann
mit drittklassigen Schauspielerinnen herumtreibt
in der Nacht
Er weiß was ich tue
wir haben keine Geheimnisse
hüten Sie sich aber meinem Mann
auch nur die geringste Andeutung zu machen
Wie gut Sie in diesem Kleid aussehen
Wie ein Kind der Revolution
Was ich ablege
steht Ihnen ausgezeichnet
Sie tragen meine abgelegten Kleider so gut
Zum Präsidenten.
Findest du nicht
daß sie in meinen abgelegten Kleidern
ganz ausgezeichnet aussieht
Zur Frölich.
Es ist Ihr Los
in abgelegten Herrschaftskleidern
aufzublühen Frau Frölich
Was für eine ungeheure Differenz zwischen uns
Schaut in den leeren Hundekorb, dann.
Keinen Hund mehr
kein Hund mehr
Sie haben so feine Hände Frau Frölich
Packt die Frölich plötzlich an der Hand und tut ihr weh.
Präsident dreht sich nach der Szene um.
Präsidentin läßt die Frölich wieder los.
Ein so hartes Gesicht
und so feine Hände
Wie eine Herrschaft
Aber es ist etwas Abstoßendes in der Art
wie Sie mich kämmen
wie Sie mir beim Anziehen behilflich sind
Wie Sie bei der Tür hereinkommen
Wenn Sie hereinkommen
denke ich jedesmal
Warum kommt sie jetzt herein
Sie erklären aber nichts
zwanzig Jahre
haben Sie nichts erklärt
Nimmt immer wieder Schmuckstücke und legt sie zurück auf den Toilettetisch.

Sie quälen mich
wie ich Sie quäle
Dreht sich nach dem Präsidenten um.
und beide quälen wir ihn
Sie tun es unbewußt
ich bewußt
nach einem ganz bestimmten Plan
Und er quält alle
Nimmt das Hundebildnis und stellt es wieder auf den Toilettetisch.
alle verstehn Sie
er hat die Macht
alle zu quälen
Alles Qual
Ehrgeiz
Haß
sonst nichts
Der Kaplan sagt
es ist nichts
als die Absurdität
zwischen den Menschen

PRÄSIDENT Der Oberst
bekommt ein Ehrengrab

PRÄSIDENTIN Wie sonst nur Künstler
Dichter Tonsetzer
weltberühmte Künstler
Streckt die Zunge heraus.
Präsident hustet.
Die Straßen
durch die der Kondukt geht
sind abgesperrt
und aus allen öffentlichen Gebäuden
hängen die schwarzen Fahnen
Und es ist schulfrei
Frau Frölich

PRÄSIDENT Um ein Haar

PRÄSIDENTIN Um ein Haar
und der Präsident wäre tot gewesen
Theatralisch
pathetisch
politisch
Zur Frölich.
Ich bin ermattet
ermattet
Die Rücksichtslosigkeit des Protokolls
Es ist nicht leicht

die Frau des Präsidenten zu sein
Und erst der Präsident selbst
Präsident hebt seinen Kragen vom Boden auf und befestigt ihn am Hemd.
Seit Mitte Oktober
haben wir nurmehr noch schwarze Kleider an
und jeden zweiten Tag sind die Hauptstraßen
für einen Staatskondukt gesperrt
Und bald sterben sie zu Hunderten
sagt der Kaplan
die weltlichen
und die kirchlichen Würdenträger
Weil die Natur ihr Recht fordert
Erntezeit
sagt der Kaplan
Erntezeit
Richtet sich vor dem Spiegel auf:
Aber Schwarz steht mir gut
gut
sehr gut

FRAU FRÖLICH Schwarz steht Ihnen
Frau Präsident

PRÄSIDENTIN Sie wissen genau
was ich hören will
Das sind Sie
daß Sie mir immer sagen
was ich hören will
und daß Sie mich quälen
Packt eine Hand der Frau Frölich und hält sie fest.
man kann
Läßt die Hand der Frölich los.
aber nicht immer
in Trauerkleidung herumrennen

PRÄSIDENT Der Oberst war ein feiner Mann
alle fünf Söhne
hat er zu mir gesagt
schickt er auf die Militärakademie

PRÄSIDENTIN *nimmt eine Eintrittskarte vom Toilettetisch:*
Die Gesellschaft der Musikfreunde
schickt mir immer noch Karten
für die Philharmonischen Konzerte
Die Kunst der Fuge Frau Frölich
Johann Sebastian Bach
Gibt der Frölich die Karte.
Die Proletarierin
die auf dem Präsidentenplatz sitzt

Aber verlieren Sie die Karte nicht
Eine Ihrer Kolleginnen
hat einmal ein Karte verloren
Frau Frölich steckt die Karte in ihr Kleid.
Die Leute kommen
vom Land
in die Stadt
weil sie sich eine Erfrischung erhoffen
aber die Stadt erfrischt nicht
sie erfrischt nicht
Zum Präsidenten.
sie erfrischt nicht die Stadt
Zur Frölich.
Sie sehen ja selbst
wie traurig es jetzt
in den Städten ist
Und bald herrscht tatsächlich
Anarchie
sagt der Kaplan
Sie erinnern sich
es hat eine Zeit gegeben
da haben Sie abwechselnd
mich
und den Hund gekämmt
auf meinen Befehl

PRÄSIDENT Ein riesiges Papierkomplott
haben wir gegen uns
alle Zeitungen
einfach alle
ein ungeheures Papierkomplott
Frau Frölich bürstet den Zylinder des Präsidenten.

PRÄSIDENTIN *schaut in den leeren Hundekorb:*
Jetzt fehlst du mir
aber dein Geruch ist noch da
ich kann dich riechen
Zur Frölich.
Ihr Erzfeind
ist tot
tot
Schaut in den Spiegel.
meine Stimme ist schon wieder
ganz ausgetrocknet
Hustensaft
Hustensaft
Zur Frölich.

Wenn Sie meinem Mann Hustensaft geben
geben Sie mir auch Hustensaft
Zum Präsidenten.
Von den vielen Leichenreden
hast du die heisere Stimme
Zu sich in den Spiegel hinein.
Und dann
plötzlich
den Text verlieren
Wozu diese Kindervorstellungen
aber alle werden wir
alt
und weich
Zum Präsidenten.
Von dem Erlös werden vier Krankenstühle gekauft
fahrbare
Frau Frölich wickelt von jetzt an dem Präsidenten langsam die schwarze Kopfbinde um den Kopf.
aus Deutschland
In Deutschland sind die Krankenstühle
am allerentwickeltsten
Die Kinderlähmung
kommt wieder
und die Lungentuberkulose
plötzlich
Nimmt das Hundebildnis und stellt es wieder auf den Toilettetisch zurück.
werden sie wieder alle
von der Lungentuberkulose
und von der Kinderlähmung befallen
Die Heilstätten sind überfüllt
Deine Schauspielerin
das Fräulein Gerstner
hat habe ich gehört
eine Rolle bekommen
in einem klassischen Stück
eine Nebenrolle allerdings
Streckt die Zunge heraus, hängt sich eine Perlenkette um.
Jetzt ist wieder Lustspielzeit
Kaum werden die Tage düster
spielen die Theater Lustspiele
Aber man sollte ihnen verbieten Lustspiele zu spielen
in einer Zeit wie der jetzigen
Hätte der Oberst nicht in aller Stille begraben werden können
Ein Staatsbegräbnis
Weil es dem Staat so paßt

Der Kaplan sagt
es gibt nichts Peinlicheres als Staatsbegräbnisse
oder überhaupt solche pompösen Begräbnisse
wie sie die Prominenz veranstaltet
In aller Stille
Nimmt die Perlenkette wieder ab und legt sie auf den Toilettetisch.
Jetzt kenne ich bald
alle Friedhöfe
Und alle Reden
Die Rede des neuen Oberst
ist wie die Reden vom alten Oberst
Glaubst du nicht
die Anarchisten
sollen nur abwarten
untätig zusehen
weil die die Sie umbringen wollen
von selbst absterben
sterben ab
sterben ab
Hält die Perlenkette wieder an sich.
Reihenweise
stirbt die politische Prominenz
man braucht sie nicht mit Gewalt umbringen
sie stirbt von selbst
Legt die Perlenkette endgültig auf den Toilettetisch.
Frau Frölich hat dem Präsidenten die Weste und den Rock angezogen, der Präsident steht auf, die Frölich bürstet ihn von oben bis unten ab, setzt ihm den Zylinder auf.

PRÄSIDENT Wo ist die Rede
Frau Frölich
Frau Frölich gibt ihm die Rede, er steckt die Rede ein.

PRÄSIDENTIN *steht auf, nach einem Blick in den leeren Hundekorb:*
Reihenweise
stirbt die Prominenz
sie stirbt von selbst
Präsident und Präsidentin in die Mitte.
Frau Frölich holt den Schleier vom Kleiderständer und legt ihn über die Präsidentin.
Präsident und Präsidentin umarmen sich.
Mit einem großen Stein wird ein Fenster eingeworfen.
Alle erschrocken stehenbleibend. Die Tür wird aufgerissen.

OBERST *tritt ein und sagt:*
Der Kondukt wartet
Herr Präsident

Vorhang

Dritte Szene

Hotel Inglaterra.
Präsident und Schauspielerin an einem Tisch lachend.
Kellner tritt auf und serviert ab.
Präsident und Schauspielerin lachen auf.

PRÄSIDENT *wischt sich mit der Serviette den Mund ab:*
Wie du gelaufen bist
barfuß
über Stock und Stein
Unten im Tal hat der Oberst
auf uns gewartet
er glaubte ein Unglück
Erinnerst du dich
auf der Bank bei den Steinzwergen
hast du deine Rolle aufgesagt
aufgesagt
SCHAUSPIELERIN *schlägt mit der Hand auf die Tischplatte:*
Aufgesagt
aufgesagt
PRÄSIDENT *zigarrenrauchend:*
Memoriert
Meine Füße
du kannst dir nicht vorstellen
meine Füße
aber ich habe die Schuhe nicht ausgezogen
nicht
SCHAUSPIELERIN Wer immer Stiefel anhat
und Schuhe nicht gewohnt ist
den schmerzen die Schuhe
wenn er über Stock und Stein geht
PRÄSIDENT Gehen muß
muß
muß mein Kind
gehen muß
Präsident und Schauspielerin lachen auf.
Kellner öffnet eine Flasche Champagner, nachdem er mehrere solcher Flaschen unter den Tisch gestellt hat.
PRÄSIDENT Die Zeit mein Kind
kann man nicht zurückdrehen
Zitiert Voltaire.
Nichts ist länger
als die Zeit

denn sie ist das Maß
der Ewigkeit
Nichts ist kürzer
denn sie fehlt uns
bei allen unseren Unternehmungen
nichts vergeht langsamer für den
der wartet
und nichts schneller für denjenigen
der genießt
Kellner schenkt der Schauspielerin, dann dem Präsidenten ein.
sie kann sich bis ins unendlich Große ausdehnen
und läßt sich bis in das unendlich Kleine teilen
alle Menschen halten sie
für unwichtig
jedoch bedauern alle
ihren Verlust
nichts kann ohne sie geschehen
sie läßt alles in Vergessenheit versinken
was der Nachwelt nicht würdig ist
Mit hocherhobenem Kopf.
aber allem Großen
verleiht sie Unsterblichkeit
Zum Kellner.
Sie können gehen
Lassen Sie uns jetzt allein
allein
Kellner mit dem abgeräumten Geschirr ab.
Präsident küßt die Schauspielerin auf die Wange.
Erinnerst du dich
dann sind wir nach Estoril
zu Fuß
Der Oberst
hatte sofort an ein Unglück gedacht
Diese Leute denken sofort an ein Unglück
bin ich nicht pünktlich
denken sie
ein Unglück
darauf sind sie gedrillt
Der alte Oberst
hat sich in Oporto verliebt
der Alte
der neue Oberst war noch nie am Atlantik
Diese Leute die zum erstenmal
den Atlantik sehen
hier an der Südwestküste Portugals

sind sofort überwältigt
von dem Anblick
Hebt plötzlich das Tischtuch auf.
Es ist der gleiche Tisch
Hier
siehst du
es ist der gleiche Tisch
Zeigt der Schauspielerin eine Stelle der Tischplatte.
Hier habe ich
etwas eingeritzt
Unsere Initialen
das letztemal
Du warst betrunken mein Kind
da habe ich
dich beobachtend
wie du eingeschlafen warst
schlafend mein Kind
du warst eingeschlafen
vor Müdigkeit
wie wir von Sintra gekommen sind
unsere Initialen eingeritzt
tatsächlich
es ist der gleiche Tisch
Läßt das Tischtuch fallen.
Ich habe gesagt
es muß der gleiche Tisch sein
Sie hätten ja behaupten können
es sei der gleiche Tisch
ist aber nicht der gleiche Tisch
es ist der gleiche Tisch
Diese Hotels sind die vorzüglichsten
in ganz Europa
straff und streng geführt
Dieser Luxus mein Kind
Wozu leben wir
wenn wir diesen Luxus nicht
genießen können
immer wieder einmal mein Kind
einen solchen Luxus
ungestört
Beide trinken.
Ich wünschte mit dir
in dem gleichen Appartement
Lacht.
und an dem gleichen Tisch

mit dir zu essen
Die eingeritzten Buchstaben beweisen
es ist der gleiche Tisch
Ruft gegen die Tür.
Herr Oberst

OBERST *erscheint in der Tür:*
Herr Präsident

PRÄSIDENT Gehn Sie schlafen
Herr Oberst
Ich brauche Sie nicht mehr
wir brauchen Sie nicht mehr
Zur Schauspielerin.
Nicht wahr mein Kind
wir brauchen den Oberst nicht mehr
Gute Nacht Herr Oberst
Morgen um neun beim Präsidenten
hören Sie
klopfen Sie um halb acht
Sie werden staunen Herr Oberst
über das portugiesische Protokoll
gute Nacht Herr Oberst

OBERST *verneigt sich:*
Gute Nacht Herr Präsident
Ab.

PRÄSIDENT Und so etwas nennt sich
Leibwache
Leibwache
Schauspielerin lacht.
Und wie wir zum Stierkampf sind
nicht in die Stadtarena
aufs Dorf
Die töten den Stier nicht
in Portugal
und sie kämpfen vom Pferd herunter
nicht zu Fuß wie in Spanien
Ich habe dem Protokoll
ein Schnippchen geschlagen
der Präsident hat sehr gelacht mein Kind
wie ich ihm von meiner Eskapade
von unser beider Eskapade berichtet habe
der portugiesische Staatspräsident mein Kind
hat sehr darüber gelacht
Küßt sie auf die Wange.
Das Kind vom Land
das in die Stadt kommt

und den Präsidenten glücklich macht
das kleine Landkind
das Landkind das kleine
aus dem kalten finsteren Gebirgsdorf
Weil es Talent hat
und Energie
Wie ich auch Talent gehabt habe
und Energie
Das wichtigste ist
daß der Mensch im entscheidenden Augenblick
früher oder später
aber niemals zu spät
Talent hat
und daß er
das ist das wichtigste mein Kind
nicht über dem einundzwanzigsten Jahr erkennt
daß er Talent hat
und daß ihm bestätigt wird
daß er Talent hat
auch die Außenwelt muß das Talent sehen
mein Kind
daß ein solcher talentierter Mensch
ein ganz bestimmtes Talent hat
denn er hat sich
auf ein ganz bestimmtes Talent
zu konzentrieren
Und daß ein solcher Mensch
mit Energie alles daran setzt
um sein gerade erkanntes und bestätigtes Talent
zu verwirklichen
Auf die Verwirklichung kommt es an
Keine Prozeduren mein Kind
fortwährend nur darauf bedacht
das Talent zu verwirklichen
kommt ein solcher Mensch weiter
Nur nicht und niemals irritieren lassen
muß ein solcher sich sagen
der sein Talent erkannt hat
gar ein Menschenkind wie du
das als erstes zu erkennen hat ich muß weg
weg von den Eltern
weg aus dem Gebirge
weg in die Stadt
und möglicherweise gleich auf die Bühne
dahin wo sich ein solches Talent entwickeln kann

Die Schauspielkunst
ist eine Kunst
die sich nicht langsam entwickelt mein Kind
sie ist eine Kunst ohne Umschweife
Das Talent ist erkannt und verwirklicht
alles andere Unsinn mein Kind
Ich selbst komme
wie alle Welt weiß
von ganz unten herauf
wenn auch nicht vom Land
aber von ganz unten herauf
Wie du von ganz unten herauf
ich habe schon weit unter zwanzig erkannt
worin ich Talent habe
und nicht nur Talent mein Kind
politisches Talent mein Kind
ich bin noch keine zehn gewesen
da habe ich erkannt
ich bin eine politische Begabung
ein durch und durch politisches Talent
Während in dir schon das Künstlertum gewesen war
und du hast dieses Künstlertum in dir
rechtzeitig erkannt
Die Energie aufgebracht die Widerstände
aus dem Weg zu räumen
mit der dir angemessenen Methode
Zuerst muß der Kopf klar sein
Klarheit in den Kopf verstehst du
Und die Rücksichtslosigkeit die notwendig ist
um die Klarheit im Kopf haben zu können
vor allem die Rücksichtslosigkeit gegen sich selbst
Trennung von den Gewohnheiten
von dem Althergebrachten
es ist kein Tempelhüpfen
von allem was das Talent hindert
sich zu entfalten
zur Kunst zu werden
Kunst zu werden mein Kind
Denn das Talent darf von dem Augenblick
in welchem es erkannt ist
keine Zeit verlieren in der Entfaltung des Talents
Und der Mut
die Umwelt vor den Kopf zu stoßen
alles vor den Kopf zu stoßen
ist die unerläßliche Notwendigkeit

Du mußt auf einmal
wozu du vorher nicht imstande gewesen bist
über Leichen gehn
für dein Talent
für die Erschaffung deiner Kunst
Und keine Sentimentalität mein Kind
Und keine Ruhe mein Kind
Und keine Zauberei
Keine Zauberei
Trinkt das Glas leer und schenkt sich ein.
Und es muß einem solchen Menschen alles gleich sein
was sonst um ihn herum vorgeht
alles
verstehst du
alles
Und die Willenskraft
Wie ich auf einmal die Idee gehabt habe
politisch
ein politischer Mensch zu werden
und mit dieser Idee in die Menschen hinein gegangen bin
und mit nichts als mit dieser Idee allein unter die Menschen
Und du hast dir gesagt
ich werde Schauspielerin
naturgemäß eine große eine berühmte eine weltberühmte Schauspielerin
die Wege in der Politik sind die gleichen Wege
wie die Wege in der Kunst
sie sind mit Rücksichtslosigkeit
und mit Brutalität gepflastert
und du kommst an das größte und an das berühmteste und
an das angesehenste Theater mein Kind
Küßt ihre Wange.
Das Ziel kann nicht hoch genug gesteckt sein
immer das höchste Ziel
kein Ziel unter dem höchsten Ziel mein Kind
immer das höchste
Wenn Politiker
dann Präsident
Staatspräsident
Diktator
Wenn Schauspielerin
dann die größte
die größte
die größte
diese Faszination
die eine tödliche Faszination sein kann

diese Ungeheuerlichkeit für die Umwelt
diese Unbegreiflichkeit für die Umwelt
aber was sind Menschen
was ist Umwelt
muß ein solcher Mensch denken
was ist das alles gegen mein Talent
und gegen meine Willenskraft
was ist das alles was um mich herum ist
und sei es die ganze Welt
gegen mein Ziel
Trinkt das Glas aus, steht auf und öffnet eine Flasche.
Staatspräsident
mein Kind
Schenkt sich und der Schauspielerin ein.
Die eigene Fähigkeit feststellen
und sie gegen die eigene Unfähigkeit einsetzen
mit der eigenen Fähigkeit die eigene Unfähigkeit zerstören vernichten
und immer die Fähigkeit gegen die Unfähigkeit
Durch den politischen wie durch den künstlerischen Unrat gehen
immer durch den Unrat gehen
Die Welt ist ein Unrat
sonst nichts
Und durch diesen Unrat gehen wie durch eine große Bewußtlosigkeit
gehen und gehen und gehen mein Kind
Daß ich in so jungen Jahren
Minister geworden bin
Offizier
Minister
und diese wohlhabende Frau geheiratet habe
gefunden und geheiratet habe
und mit ihr ihre Gesellschaftskreise geheiratet habe
Das war nur eine Vorstufe
eine Vorstufe war das
und dann bekommt das Leben einen immer schwierigeren Schwierigkeitsgrad mein Kind
Ich selbst habe mit dem Kassieren von Mitgliedsbeiträgen
unserer Partei angefangen
wie du in der Operette angefangen hast
auf dem Provinztheater
auf welchem das Genie
sich erkennt
Und dann Metternich
Metternich
Metternich
Und du Shakespeare

und immer wieder Shakespeare
und Goethe
In einem ungeheizten Zimmer
immer das Ziel vor Augen
zehn Jahre Schlaflosigkeit
und gegen alle Welt mein Kind
Das Talent
oder gar das Genie
sei es ein politisches oder ein künstlerisches
hat immer die ganze Welt gegen sich
und es handelt immer gegen alle Vernunft
es hört was gesagt wird
aber es tut etwas anderes
es hört
und es sieht
und es geht immer
in die andere Richtung
Wie du selbst ja auch gegen alle Vernunft gehandelt hast
Küßt ihre Wange.
Alle haben dich gewarnt
wie sie mich fortwährend gewarnt haben
Trinkt sein Glas aus.
Wenn du auch nicht hundertprozentig anerkannt bist
für mich bist du die größte
Du bist die Duse unserer Zeit
Darauf trinken wir
darauf daß du die Duse unserer Zeit bist
Schenkt beiden ein.
Hebt sein Glas.
Austrinken
austrinken
austrinken mein Kind
Trinken ihre Gläser aus.
Schenkt beide Gläser ein.
Auf die Duse unserer Zeit
Und ich selbst darf mich ja auch
als einen nicht unbedeutenden Mann bezeichnen
Ich habe alle oder fast alle Orden die es gibt
Ich habe den päpstlichen Sylvesterorden
ich habe alle päpstlichen Orden

SCHAUSPIELERIN Du bist der größte
unter allen Staatsmännern
Politikern

PRÄSIDENT Staatsmännern
Politikern

SCHAUSPIELERIN Der größte
PRÄSIDENT Und du bist die größte Schauspielerin
unserer Zeit
Wenn dieses Land
nur größer wäre als es ist
dann wäre dieses Land
dann wäre dieser Staat
meiner Kapazität angemessen
Hebt sein Glas und trinkt.
SCHAUSPIELERIN Du hast alles erreicht
was auf deinem Gebiet zu erreichen ist
PRÄSIDENT Die Politik
ist die höchste Kunst mein Kind
sie ist höher als alle anderen Künste zusammen
man sieht sie nicht
aber sie verändert die Welt ununterbrochen
Gleich darauf kommt die Schauspielkunst
SCHAUSPIELERIN Und darauf
PRÄSIDENT Darauf kommt die Malerei
Rembrandt
Rubens
Delacroix
SCHAUSPIELERIN Und darauf
PRÄSIDENT Die Dichtung mein Kind
die Dichtung
Und die Musik
die Musik mein Kind
Aber ich habe
in den Künsten
keinerlei Kompetenz
Was mich betrifft
ist die höchste und größte Kunst
die politische Kunst
Caesar
Napoleon
Metternich mein Kind
Hebt sein Glas.
Metternich
auf Metternich
Schauspielerin hebt ihr Glas.
Auf Metternich
Trinken.
Und man muß mein Kind
immer und immer gleichzeitig
Praktiker und Theoretiker sein

Was mich betrifft
so hätte ich zweifellos
in eine ganz andere Epoche gehört
in eine Zeit
in welcher ich hätte verwirklichen können
wozu ich bestimmt bin
in dieser Zeit kann ich nicht verwirklichen
was in meinem Kopf ist

SCHAUSPIELERIN Du bist ein Diktator

PRÄSIDENT Ein Diktator
ein Diktator
Das Land ist mir zu klein
der Staat ist mir zu klein
alles ist mir zu eng und zu klein
da tritt eine Kapazität wie ich auf der Stelle
Alles in meinem Kopf
muß verkümmern

SCHAUSPIELERIN Diktator

PRÄSIDENT Dieses Land verdient meinen Mann gar nicht
hat meine Frau
zu dem mexikanischen Botschafter gesagt
Ich wünschte ich wäre
in ein ganz anderes Land hineingeboren
und in einem ganz anderen Land Präsident geworden
Trinkt.
Aber jetzt
plötzlich
Die Anarchisten mein Kind
Auf der Hut sein
Ich lebe lebensgefährlich
alle leben lebensgefährlich

SCHAUSPIELERIN Lebensgefährlich

PRÄSIDENT Weil ich die Zügel
zu locker gelassen habe
Die Kirche
Die Pfaffen
Das Gesindel
Das Volksgesindel mein Kind
Wie leicht hätte der Oberst davonkommen
ich aber das Opfer sein können
Viele Versuche mein Kind
mich zu beseitigen
Aber bevor sie mich beseitigen
werden noch viele von den Anarchisten beseitigt
Beseitigt

beseitigt
Trinkt aus, schenkt sich wieder ein.
Die Gesellschaft schreit förmlich
nach einem solchen Mann
der Ordnung macht
Ordnung mein Kind Ordnung
das ist es
nichts als Ordnung mein Kind
aus dieser ungeheueren Unordnung
die jetzt um sich greift
und alles vergiftet
alles vergiftet
Ordnung machen
Andererseits
sind wir glücklich
Küßt ihre Wange.
daß wir jetzt Ruhe haben
Hier haben wir Ruhe
Die atlantische Küste
und die atlantische Küstenluft
Plötzlich.
Sie haben die Attentäter noch immer nicht
Was ist das für eine Polizei

SCHAUSPIELERIN Immer mehr Terrorakte

PRÄSIDENT Verstehst du mein Kind
das ist eine Fatalität
Was ist das für ein Innenminister
Sind die Attentäter nicht bis morgen früh dingfest gemacht
dingfest mein Kind dingfest
werde ich den Innenminister und den Polizeipräsidenten
auswechseln lassen
auswechseln

SCHAUSPIELERIN Auswechseln

PRÄSIDENT Auswechseln
die ganze Regierung auswechseln
Eine andere Regierung
eine neue Regierung
Hebt sein Glas, fordert die Schauspielerin auf, ihr Glas zu heben, beide heben das Glas.
Um ein Haar mein Kind
und ich wäre jetzt nicht in Estoril
Das Attentat ist der Grund
warum ich da bin
Du hast einen Schock erlitten
hat meine Frau gesagt

fahr nach Estoril
hat sie gesagt
Und sie hat es nur gesagt
damit ich wegfahre
damit sie selbst in die Berge kann
mit ihrem Fleischhauer
Oder sie fährt mit dem Kaplan in die Berge
Mit dem Fleischhauer
oder mit dem Kaplan
es ist mir ganz gleich mit wem sie in die Berge fährt
die Hauptsache ich bin mit dir in Estoril mein Kind
Trinkt.
Zweitausend Polizisten allein zur Bewachung
meiner Person
Und du mein Kind
meine kleine Schauspielerin
mit dem Diplomatenpaß
und unter dem ausdrücklichen Schutz des Präsidenten
Übermorgen fahren wir nach Sintra
hochoffiziell
ergötzen uns
Wie ich dem Kellner in Sintra voriges Jahr
die Leviten gelesen habe
die Leviten
zuerst auf französisch
was er nicht verstanden hat
dann auf englisch
was er auch nicht verstanden hat
schließlich auf portugiesisch
In der Nacht schlafen wir
meine Frau und ich
nicht miteinander
seit zwanzig Jahren nicht
liegt sie in ihrem Bett
denkt sie an ihren Fleischhauer
an den Fleischhauer einerseits
an den Kaplan andererseits
die gehen beide in der Nacht durch ihren Kopf
und lassen sich in ihrem Kopf nicht vereinigen
aber sie kann auch nicht verrückt werden
in diesem Zustand
Und ist sie einmal mit mir zusammen
ist sie doch mit dem Fleischhauer
oder mit dem Kaplan zusammen
Das erklärt ihre zunehmende Nervosität

Darauf beruhen auch ihre Peinigungen
gegen die Dienerschaft
Ehrgeiz
Haß
Angst
sonst nichts
Auch der Hund ist in letzter Zeit
verstört gewesen
denn wenn sie in ihrem Kopf
den Fleischhauer und den Kaplan nicht mehr ausgehalten hat
ist sie zu ihrem Hund geflüchtet
dann sagte sie von den beiden Liebhabern
von dem Geistesliebhaber und von dem Körperliebhaber
ihr Hund sei ihr ein und alles
In diesem Alter mein Kind
ist es ein gefährliches Jonglieren mit der Perversität
und am ausgeprägtesten in einem solchen Menschen wie meiner Frau
Jetzt ist ihr der Hund genommen
Ich habe das nutzlose Tier
immer gehaßt
ich hasse nutzloses Leben
Ich bin auch kein Tierliebhaber
weder Menschenliebhaber noch Tierliebhaber
Diese Tierkörper
die schon das Bellen verlernt haben
und nurmehr noch als Ziergegenstände herumliegen
die man füttern muß
für nichts
Ruft aus.
Den Hund hat der Schlag getroffen
Der Herzschlag
wie der erste Schuß gegen mich
den Oberst getroffen hat
der gleich tot gewesen war
hat ihn der Herzschlag getroffen
Zwei unschuldige Opfer
den Oberst und den Hund
Ruft aus.
Sie ist ins Gerichtsmedizinische Institut gelaufen
zu ihrem Hund
den Oberst
der neben dem Hund auf dem Seziertisch gelegen ist
hat sie gar nicht beachtet
Dieser widerliche Geruch
den das Tier immer ausgeströmt hat

Das Schlafzimmer ist von diesem Hundegeruch verpestet gewesen
der ganze Palast
von dem Hundegeruch
Dieser üble Geruch
Klein und nutzlos
und ohne Stammbaum
diese widerliche Rasse
Aus dem Tierheim herausgenommen
und im Präsidentenwagen in den Palast gefahren
und tagelang und wochenlang und monatelang nur der Hund
Die ganze Küche traktiert
wegen der Hundemahlzeit
Ein Findelhund mein Kind
ein Findelhund hat zeitweise
im Präsidentenpalast geherrscht
Ihrem Mann machte sie die Hölle
aber ihren Hund verhätschelte sie
Der Tod des Oberst hat sie nicht getroffen
das erschütterte sie nicht
Wir alle müssen sterben ja
aber der Hund
Widerwillig ist sie auf das Oberstbegräbnis gegangen
in ihrem Kopf war nur die Feierlichkeit
der Hundebestattung
verbrennen
oder verscharren
ihr Problem
In dem Bewußtsein
alleingelassen zu sein unter allen Umständen
hatte sie sich mit der Zeit
ganz dem Hund
und dem Geld ausgeliefert
Und der Kaplan hat dazu Hilfestellung geleistet
mit seiner unsinnigen Philosophie
Der hat es notwendig immer
von unschuldigen Lebewesen zu sprechen
von Tragödie und Geistesgröße
und sie plappert es nach was er spricht
sie versteht nicht was er sagt
aber sie plappert es nach
sagt der Kaplan ein Hund ist ein unschuldiges Wesen
plappert sie es nach
sagt der Kaplan alle Menschen sind gleich
plappert sie es nach
sagt der Kaplan das Wort Geistesgröße

plappert sie es nach
alles was er über Sozialismus sagt
plappert sie nach
was er über Religion sagt
über Philosophie
Wissenschaft
Und steigt er auf die Berge und steht oben und schaut herunter
steigt sie mit ihm hinauf und schaut herunter
Aber zum Spion ist er zu dumm
ein kirchlicher Dummkopf
der die Weiber verrückt macht
Der Fleischhauer zieht sie mit seiner ganzen Gewöhnlichkeit an
ich habe ihn einmal gesehen
wie er durch die Hintertür
über die Diplomatenstiege hinaus ist
wie ich herein bin
um halbdrei Uhr früh
nach der Ballettvorstellung

SCHAUSPIELERIN Nach der Ballettvorstellung

PRÄSIDENT Schwanensee
Schwanensee
es war Schwanensee
Der hatte die Fleischerjacke an
in der Fleischerjacke war er
in den Präsidentenpalast gekommen
man stelle sich vor
ins Präsidentenpalais in der Fleischerjacke
Wenn sie so langsam ißt
und fortwährend über meinen Kopf weg auf Lucas Cranach
der hinter mir hängt schaut
denkt sie immer nur an den Fleischhauer
in der Fleischerjacke
In Gesellschaft ist sie geistesabwesend
weil sie fortwährend nur den Fleischer im Kopf hat

SCHAUSPIELERIN Oder den Kaplan

PRÄSIDENT Oder den Kaplan
Sie weiß ich hasse den Kaplan
darum sitzt der Kaplan alle Augenblicke bei uns zum Mittagessen
Komme ich zum Essen
sitzt der Kaplan schon da
immer ein Buch an der Brust
woraus er dann vorliest
und immer ist es eine Gemeinheit
eine kirchliche Frivolität
Dann gibt es das Ausgesuchteste Beste

Es macht sich gut
wenn am Ende der Tafel
der schwarze kirchliche Klecks sitzt
Ab und zu ist ganz unterhaltsam
was er sagt
über die Mission zum Beispiel
über den Nonnenmord in Äthiopien zum Beispiel
Ein ganz guter Überbrücker
wenn das Gespräch eingeschlafen ist
Er geht niemals
ohne von meiner Frau insgeheim einen Scheck
zugesteckt zu bekommen
Wenn ich ihm die Hand hinhalte
gebe ich ihm die Hand
knistert in seiner Brust ein Scheckpapier
Eine vier- oder fünf-
oder gegen Weihnachten sechsstellige Summe
Ein raffinierter Kerl
der noch immer mit der Armut der Kirche hausieren geht
Im Winter ist er in Sankt Moritz und mischt sich
in Zivil natürlich
penetrant unter die mondäne Welt
und meine Frau ist auch dort
und läßt sich von ihm die Skier wachsen
mit dem Kaplan einerseits
mit dem Fleischhauer andererseits
Zwischen meiner Frau und mir ist längst
alles erkaltet
Pathetisch.
Es ist die menschliche
die zwischenmenschliche Eiseskälte mein Kind
Alles nurmehr Fassade
und der Kaplan und der Fleischhauer
sind nichts
als Fassadenkletterer
Schauspielerin lacht laut auf.
Beide lachen und wiederholen
Fassadenkletterer

PRÄSIDENT *steht auf und öffnet eine Flasche Champagner und schenkt ein:*
Im Estoril ist alles erträglich
mein Kind
Den Kaplan verehrt sie
mit dem Fleischhauer legt sie sich ins Bett
Dem Kaplan hat sie
schon Hunderttausende hingeblättert
Hunderttausende

Selbst gibt sie
beinahe nichts aus
aber dem Kaplan Hunderttausende
Pathetisch.
Die Frau des Präsidenten der Republik
ist eine Hure
eine Hure
Nach einer Pause.
Eine Hure die jetzt nurmehr noch
in den leeren Hundekorb hineinstarrt
hineinstarrt verstehst du
starrt
hineinstarrt
in den leeren Hundekorb
Beide trinken ihre Gläser aus.
Es ist ein Spiel mein Kind
in welchem abwechselnd
die unmöglichsten Leute und Konstellationen auftreten
und möglicherweise
ist es schon die Revolution
wie der Kaplan sagt
nach vierzig Jahren
muß Revolution sein
muß sein mein Kind
Revolution
alles niedermachen
vernichten
Langgezogen.
vernichten
verstehst du
Ein Spiel
auf welchem gegen Abend immer
der Abschaum der Menschheit steht der sogenannte
der Abschaum
Wirft sein Glas um, hebt es wieder auf.
der Menschheit
Schenkt sich wieder ein, plötzlich.
Durchgreifen
Liquidieren
Unser Schicksal
ist ein ähnliches Schicksal
Wir wissen beide wie ein solches Leben gemacht wird
weil wir es uns selbst gemacht haben
selbst
stumpfsinnige niederträchtige Eltern einerseits
eine stumpfsinnige und niederträchtige Umwelt andererseits

Und absolute Lieblosigkeit
absolute Lieblosigkeit mein Kind
Nur ein einziges Paar Strümpfe in zwei Jahren
und jahrelang nicht das Geld
um dem Christkind schreiben zu können verstehst du
Und wie du selbst einmal gesagt hast
Hebt sein Glas.
Sie hebt ihr Glas.
wie du selbst einmal gesagt hast
an den Festtagen
an den geraden wie an den ungeraden
den Bratengeruch der Wohlhabenden
nur aus den Fenstern
Die Welt ist ein Sauhaufen
mein Kind
ein Sauhaufen
nichts als ein Sauhaufen
Schweinerei
nichts als Schweinerei
Der Mensch wird hart
und der Menschencharakter wird hart
der einen solchen Weg gegangen ist
wie wir beide gegangen sind
Und was hat der Theaterdirektor mit dir vor
eine Hauptrolle oder eine Nebenrolle
Auf die Hauptrolle kannst du verzichten mein Kind
die spielst du bei mir
spiel du im Theater nur deine Nebenrollen
Küßt sie auf die Wange.
bei mir spielst du die Hauptrolle
Plötzlich pathetisch, hebt das Glas.
Du bist die größte Schauspielerin
die ich kenne
und deshalb spielst du bei mir auch die Hauptrolle
du spielst die größte Rolle die jemals eine Schauspielerin
an irgendeinem unserer Theater gespielt hat
Duse
Duse du
Duse
Schüttet ihr sein Glas ins Gesicht.
Du Duse
Schauspielerin hebt ihr Glas noch höher und schüttet es ihm ins Gesicht.
Meine Duse
meine Duse du

Vorhang

Vierte Szene

Nebenzimmer des Casinos.
Präsident, portugiesische Offiziere, Botschafter am Tisch, der Oberst an der Tür, durch die der Spielbetrieb hörbar ist.

PRÄSIDENT *mit den andern trinkend, rauchend:*
Wenn Sie sich vorstellen
plötzlich neben mir
ist der Oberst weg
weg
weg
der Mensch ist weg
Aus dem Spielsaal Geräusche.
Nur weil ich den Stock gegen das Denkmal
des Unbekannten Soldaten gehoben habe
Um meiner Frau eine Schwalbe zu zeigen
die auf dem Denkmal des Unbekannten Soldaten gesessen ist
Eine Rarität in dieser Jahreszeit meine Herren
Da fällt der Schuß
in die Unsicherheit hinein
verstehen Sie
Südwind
starker Südwind
überall die Atemschwäche meine Herren
Und in dem Augenblick bricht der Oberst zusammen
mein Adjutant
den Sie von vielen Besuchen hier kennen
Ein grauer Tag meine Herren
Südwind
starker Südwind
Ein zweiter Schuß in die Luft
Die Anarchisten sind weg
Zieht an der Zigarre.
Weg
Der Schuß aus dem Gebüsch
Und der erste Schuß
der den Oberst getroffen
und der mir gegolten hat
tötet den Hund meiner Frau
das Tier ist vom Schlag getroffen
in ihren Armen
Sie läßt sofort das Tier fallen
es ist tot

ein totes Tier im Arm haben
Geräusche aus dem Spielsaal.
Augenblicklich drehe ich mich um
keine Spur von den Attentätern
Wir leben gefährlich
wir leben lebensgefährlich meine Herren
Da läuft meine Frau
und zerreißt sich im Laufen durch das Gebüsch
das Kostüm
Dann kommen die Wachen
Nur hundert Schritte vom Präsidentenpalast meine Herren
Der Oberst ist sofort tot gewesen
Herzschuß
Der Hund war vom Herzschlag getroffen
der Oberst ist mit einem Herzschuß zusammengebrochen
Der Attentäter muß aus dem Gebüsch geschossen haben

OFFIZIER Bei uns gibt es keine Anarchisten Herr Präsident

PRÄSIDENT Wie sie den Oberst hereingeschleppt haben in den Palast
seine blutende Leiche
man muß sich vorstellen alles voller Blut
habe ich gesehen
dem Mann ist die Brust durchschlagen
Zum Botschafter.
Die Brust durchschlagen diesem Mann
der einmal Ihr Attaché gewesen ist
in Ankara.

BOTSCHAFTER In Ankara Herr Präsident

PRÄSIDENT Sie erinnern sich
eine unbestechliche Persönlichkeit
Ein Verwandter des Erzbischofs von Trier

BOTSCHAFTER Und des Gurker Erzbischofs

PRÄSIDENT Und des Erzbischofs von Gurk
Die Kugel meine Herren
in den Körper hinein
und durch das Herz
und wieder aus dem Körper hinaus
Zieht an der Zigarre.
Ich habe viele sterben gesehen
aber
Dann haben sie auch den Hund
in den Präsidentenpalast getragen
und den toten Hund
neben den toten Oberst gelegt
bis die Gerichtsmediziner gekommen sind
Meine Frau hat einen Schock erlitten

Der Gerichtsmediziner
hat zuerst den Oberst
und dann den Hund untersucht
Aus dem Spielsaal Geräusche.
Meine Frau hat sich mehrere Stunden
in ihrem Zimmer eingesperrt
Nicht eine halbe Stunde nach dem Attentat
habe ich mit dem Kanzler verhandelt
Wie ich vom Kanzler weggegangen bin
waren die schwarzen Fahnen aufgezogen
Ich bestimmte ein Staatsbegräbnis für den Oberst
Aber bis zur Stunde sind die Attentäter nicht gefaßt

OFFIZIER Hier in Portugal gibt es keine Attentäter

ANDERER OFFIZIER Anarchisten und Attentäter
gibt es hier nicht

PRÄSIDENT Für meine Frau war das Attentat
naturgemäß ein Schock
Sie hatte die Idee
ich solle nach Estoril gehn
eine gute Idee nicht wahr meine Herren

BOTSCHAFTER Eine ausgezeichnete Idee Herr Präsident

PRÄSIDENT Du fährst nach Estoril
habe ich mir gesagt
ein paar Tage ins Inglaterra
meine Herren ich sage Ihnen
da können Sie hingehen wo Sie wollen
das Inglaterra ist das beste Hotel
auf der ganzen Welt
Wir haben jetzt
jeden zweiten Tag
das ist nicht übertrieben
ein Begräbnis
und jede Woche
ein Staatsbegräbnis
Um ein Haar
und es hätte mich erwischt
Und bring mir eine Flasche Portwein mit
hat meine Frau gesagt
Zum Botschafter.
Und der Herr Botschafter hat alles
zu meiner größten Zufriedenheit arrangiert
Zu den Offizieren.
Der Botschafter ist
einer unserer besten Männer
ich denke oft

einen solchen Mann
kann man nicht an der atlantischen Küste
verkommen lassen
Schauspielerin kommt aus dem Spielsaal herein.
Du hast doch nicht etwa verspielt
mein Kind
Zu den andern.
Sie gewinnt immer
Sie ist eine große Schauspielerin
eine Heroine meine Herren
Schauspielerin küßt den Präsidenten auf die Stirn
und eine große Schauspielerin
Alle lachen.
Nur der Direktor ihres Theaters
ein ziemlich ungebildeter
ein ziemlich beschränkter Geist
weiß davon nichts
daß sie ein so großes Talent hat
Immer spielt sie Rollen
die ihr nicht liegen
sie ist fortwährend
falsch besetzt
garantiert ist sie wenn sie der Direktor besetzt
falsch besetzt
Die Dramaturgie ist schuld sagt sie
Königinnen soll sie spielen
raffinierte schöne Königinnen
oder eine perverse Hure
eine perverse Hure
Lacht.
Alle lachen.
Eine Tragödin
meine Herren
in einer klassischen Tragödie
oder eine perverse Hure
in einer modernen Komödie
Holt die Brieftasche aus dem Rock und nimmt mehrere Geldscheine für Jetons heraus, die er ihr gibt.
Da mein Kind
nimm mein Kind
vielleicht hast du jetzt Glück
Zu den andern.
Ein Glückskind meine Herren
sie ist ein Glückskind
ein Findelkind aus den Alpen

Schauspielerin küßt dem Präsidenten die Stirn.
Präsident steckt die Brieftasche wieder ein.
Ein Alpenfindelkind
groß meine Herren
groß
in jeder Hinsicht groß
Zur Schauspielerin.
Wie schön du bist
je weiter die Zeit fortschreitet
um so schöner bist du
während die andern häßlicher werden
immer häßlicher und häßlicher
in vorgerückter Stunde immer häßlicher
wirst du immer schöner
ein schönes Gesicht
nicht wahr meine Herren
ein schönes Gesicht
ganz einfach eine schöne Natur
Schauspielerin drückt die Geldscheine an ihre Brust.
Autodidaktin
meine Herren
Autodidaktin
Sie hat die Schauspielkunst nicht studiert
aber wer von den großen Schauspielern
wer von den größten Darstellerinnen
hat die Schauspielkunst studiert
Zur Schauspielerin.
Du bist Autodidaktin
Autodidaktin bist du
Zu den andern.
alles an ihr ist Rhythmus
Musik
Tanz
Die Schauspielakademien ersticken die Talente im Keim
ein großes Talent wird in der kürzesten Zeit
in den Schauspielakademien erstickt
erstickt meine Herren
erstickt
Schauspielerin ab in den Spielsaal.
Präsident ihr nachschauend.
Ein Kunstgebilde
durchaus ein Kunstgebilde
ein sehr kunstvolles Stimminstrument meine Herren
mit einer absolut kunstvollen Technik
Voriges Jahr hat sie eine Gastspielreise nach England gemacht

und alle diese kalten und harten und tödlichen Städte
in ganz Großbritannien bezaubert
bezaubert ist das richtige Wort bezaubert
Eine Autodidaktin müssen Sie wissen
die aus den kleinsten Verhältnissen stammt
Ihr Großvater ist ein Ziegeleiarbeiter gewesen
und ihr Vater noch Ziegelei v o r arbeiter
Und ihre Mutter stammte
aus einer Kochlöffelschnitzerfamilie
Lacht.
Eine Kochlöffelschnitzerfamilie im Hochgebirge meine Herren
Heute ist sie
eine richtige Primadonna
Weil sie ihm einen Korb gegeben hat
hat sie der Direktor kaltgestellt
kaltgestellt meine Herren
kaltgestellt
Der Direktor unseres größten Theaters
des angesehensten Theaters in Europa hat sie kaltgestellt
kaltgestellt
Sie ist zur Untätigkeit verurteilt
weil der Direktor sie kaltgestellt hat
Nur weil der Direktor sich falsche Hoffnungen gemacht hat
auf ihren wie Sie sehen
bezaubernden Körper
Theaterkörper meine Herren
Theaterkörper
Für mich ist die Instinktlosigkeit des Direktors
ein Vorteil
spielt sie nicht auf dem Theater meine Herren
fährt sie doch mit dem Staatspräsidenten um die Welt
um die Welt meine Herren
um die Welt
Geräusche aus dem Spielsaal.
Jetzt nimmt sie
an meinen Vergnügungen teil
Wir sind ja nicht hierhergekommen
auf einen staatspolitischen Disput
außerdem gibt es zwischen unseren Ländern
keine offenen Fragen
Die frische Atlantikluft ist es
Ich darf nur hoffen
die Polizei ist in der Zwischenzeit nicht untätig gewesen
Meine Frau meine Herren
liebt das Hochgebirge

ich bin in den Atlantik vernarrt
sie liebt das klassische Lustspiel
ich ziehe die große Oper vor
Carmen
und stellen Sie sich vor
meine Frau
hat in selbstgestrickten Strümpfen
ihr Geld aufbewahrt
Zieht an der Zigarre.
Das war immer so
in ihrer Familie
die aus der Schweiz
eingewandert ist
Sie lebt jetzt
in ständiger
und wie ich glaube
inständiger Angst vor den Anarchisten
Mit Ärzten und Geistlichen
umgibt sie sich
und glaubt auf diese Weise
der Gefahr verrückt oder krank
oder krank und verrückt zu werden
zu entkommen
Geräusche aus dem Spielsaal.
als ob es etwas nützte
die Bekanntschaft mit Ärzten
und Geistlichen zu pflegen
in dieser Gesellschaft führt der Weg
um so schneller in die Hölle
radikaler und lächerlicher
in das Ende hinein
Mein Mißtrauen gegen die Ärzte
und gegen die Geistlichen
diese großen Spielverderber des Lebens
an welchem doch alles hängt meine Herren
ist immer das größte gewesen
Und gegen die Wissenschaft überhaupt
ganz zu schweigen von der Philosophie
falls es so etwas gibt
bin ich von Anfang an gewesen
noch dazu wenn es sich
wie das so oft und beinahe immer der Fall ist
um einen medizinischen Geistlichen
oder besser um einen Arzt als Geistlichen
und um einen Geistlichen als Arzt handelt

Zieht an der Zigarre.
denn tatsächlich behaupten die Ärzte
sie seien die eigentlichen Geistlichen
wie die Geistlichen behaupten
sie seien die wahren Ärzte
die Welt ist auf diese Verrücktheit gestellt
meine Herren
In Wahrheit sind diese beiden Kategorien
nichts anderes als die Zerstörer
der Körperlichkeit und der Geistigkeit
Geräusche aus dem Spielsaal.
vor nichts mehr in acht nehmen
als vor Ärzten und Geistlichen
meine Herren
und das Mißtrauen das größte Mißtrauen als Brücke
zu diesen Herrschaften
ist noch eine Dummheit
Die Frauen fallen
darauf herein
und setzen sich tagtäglich
einen Kaplan ins Zimmer
und suchen wöchentlich mindestens einmal
einen Arzt auf
und nicht von dem Arzt lassen sie sich
die eigne Person zu einer verrückten Heilanstalt machen
und nicht von einem Geistlichen die Religion eintrichtern
nein
sie nehmen die Medikamente
von den Geistlichen ein
und lassen sich Himmel und Hölle
von den Ärzten beschreiben
und von beiden haben sie nichts
als die fortwährende Angst vor dem Ende
Nichts Unerträglicheres als eine alternde Frau
die mit ihrem Alter nichts anfangen kann
und andauernd Zuflucht
bei Geistlichen und bei Ärzten sucht
deren Kopf mit Heilkräutern angestopft ist
und von medizinischen Litaneien
und geistlichen Spirituosen übergeht
und die die ganze Woche die Geistlichen und die Ärzte abrennt
in der Hoffnung
den Prozeß der Zerstörung
dem sie von Natur aus unterworfen ist
und der ihr auf einmal bewußt geworden ist

gegen die eigne Natur aufzuhalten
Deutet auf die Tür zum Spielsaal.
Da ist so ein junges Ding
oder ein solches Wesen wie dieses
das ich aus der Tiefe von ganz unten
zu mir heraufgezogen habe
erfrischend
eine Erfrischung meine Herren
eine Erfrischung
eine Erfrischung
Geräusche aus dem Spielsaal.
Höre ich etwas Unglaubliches
denke ich
es ist ein Hörfehler
aber es ist die Wahrheit
Ein solcher Mensch wie ich denkt oft
er wäre am liebsten der Unscheinbarste
er hätte nichts zu tun mit dem
mit dem er zu tun hat
mit dem was er ist
es geht ihn alles nichts an
daß er ist wovon alle sprechen
ist ihm das Fürchterlichste
aber in den Kopf zurückziehen
aus dem er einmal herausgegangen ist
kann ein solcher nurmehr noch
die allerkürzeste Zeit
er läuft gleich wieder
aus deinem eigenen Kopf davon
Zieht an der Zigarre.
Oder denken Sie an einen großen Künstler
oder an einen hervorragenden Wissenschaftler
auf den alle Augen gerichtet sind
aber wir haben uns
zu einem solchen gemacht
der auf dem Argwohn
und auf dem Gespött der Menge balanciert meine Herren
Da ich nicht länger
wenigstens nicht länger als auf die kürzeste Zeit
in meinem Kopf verschwinden kann
fahre ich ab und zu weg
weg
weg meine Herren
beispielsweise nach Portugal
das ich liebe

das kündigt sich schon wochenlang vorher an
Ein Gedanke ist es
weg
weg
dann auf einmal ganz vehement
an die atlantische Küste
in eine angenehme Umgebung
wenn alles das unangenehmste ist
wo es sich gefahrlos
ohne fortwährend mit dem Erschießen
rechnen zu müssen
gehen und essen läßt
gut essen und gut trinken
Trinkt.
und unter Umständen aus der Gegenwart
auch noch ein hochpersönliches Lustspiel zu ziehen ist
Was haben Sie hier noch
für unbeschwerte Landstriche meine Herren
von dem politischen Massenwahnsinn
ganze unbeschmutzte Stadtviertel
während ganz Mitteleuropa
auf den philosophisch-politischen Kopf gestellt ist
amüsieren Sie sich hier noch auf die Weise
wie man sich vor fünfzig Jahren auch noch in Mitteleuropa
amüsiert hat
meine Herren
Geräusche aus dem Spielsaal.
amüsiert meine Herren
amüsiert
da wo ich herkomme meine Herren
hat man vergessen
daß das Leben sehr wohl
mit der großen Oper zu tun hat
die Welt ist nicht philosophisch meine Herren
ich höre Stimmen von der Bühne herunter
ich sehe ganz große Auftritte
Chöre meine Herren
und einige wenige nennenswerte Solisten
und ich denke
der Hintergrund der Welt
ist ein durchaus widerstandsfähiger Schnürboden
Ein Mensch in einer solchen ganz ausschließlichen Geistesverfassung
ist für überhaupt nichts mehr
nurmehr für sich selbst meine Herren
der Politiker ist wie der Künstler

nurmehr für sich selbst
nur seinen eigenen Weg gegangen
wo er durchgegangen ist
weiß er nicht mehr
Geräusche aus dem Spielsaal.
Dem über seinen eigenen Weg Erschrockenen
ist nicht zu helfen
Er hat so viele mitgerissen
daß er es gar nicht sagen kann
mitgerissen meine Herren
mitgerissen
mitgerissen
Weil es in diesem Land
überhaupt keinen Krieg gegeben hat meine Herren
eruptionslos meine Herren
absolut eruptionslos
Und weil Sie hier alles
so gut in der Hand haben
Sie leisten sich keine Anarchisten meine Herren
Schauspielerin kommt aus dem Spielsaal herein, zeigt mit den Händen, daß sie alles verloren hat. Präsident zieht sofort die Brieftasche und nimmt ein Bündel Geldscheine heraus und hält sie in die Luft.
Ruft aus:
Mein ganzes Vermögen meine Herren
Schauspielerin zu ihm hin, nimmt ihm die Geldscheine ab, küßt ihn auf die Stirn, ab in den Spielsaal.
Sie leisten sich keine Anarchisten
meine Herren
Die große Anzahl Ihrer Gefängnisse
garantieren Ihnen
Ruhe und Ordnung
Geräusche aus dem Spielsaal.
Wenn es dem Volk zu gut geht
wird es größenwahnsinnig
und die Verrückten
zünden den Staat an
Das Volk wird größenwahnsinnig
und verliert den Verstand
Dann kann man es nicht mehr eindämmen meine Herren
und alles begünstigt das Chaos
Die Geschichte beweist alles
meine Herren
das muß dem dümmsten Dummkopf klarwerden
daß die Geschichte alles beweist
aber was beweist die Geschichte

Das Volk meine Herren
muß von der Geschichte abgelenkt werden
damit es keine Beweise in die Hände bekommt
Geräusche aus dem Spielsaal.
Ein Dilettant
der das nicht begreift
meine Herren
ein Dilettant
und dann hat sie
meine Frau
fortwährend Angst
ihr eigener Sohn
erschießt mich
oder er erschießt die eigene Mutter
Ja unser Sohn
ist unter die Anarchisten gegangen
und einer von den gefährlichsten
tatsächlich muß ich fürchten
daß mich mein eigener Sohn
eines Tages
zu einem bestimmten Zeitpunkt meine Herren
niederknallt
oder erschlägt meine Herren
In der Nacht spricht meine Frau davon
daß unser Sohn
unser Mörder ist
sein ganzes Leben war nichts anderes
als diese Drohung
Die Eltern machen einen Sohn
und ziehen ihn auf
und erkennen
sie haben ihren Mörder aufgezogen
Ein Mensch der solche exakte Kenntnisse
seiner Eltern hat
und der naturgemäß meine Herren
seine Erzeuger haßt
Unser Sohn ist prädestiniert
prädestiniert dazu
uns umzubringen
Zieht an der Zigarre.
Was ist in einem solchen Menschen
frage ich mich
daß er sich plötzlich vernichten will
daß er sich nicht entwickeln
sondern vernichten will

indem er weggeht
und es ist ihm gleich wohin
er bringt sich urplötzlich um
aus Angst
oder er bringt die Eltern um
aus Angst
oder er taucht unter
um vernichtet zu werden
denn in jedem Falle wird ein solcher vernichtet
dem nicht zu helfen ist
Wenn wir selbst die Kraft haben
unser Sohn hat sie nicht
wenn wir selbst Ordnung gemacht haben
unser Sohn hat sie nicht gemacht
wenn wir selbst glücklich gewesen sind
mit der Zeit
denke ich
unser Sohn ist es nicht geworden
Wenn wir selbst alles nach und nach in den eigenen
schmerzhaften Kopf genommen haben
unser Sohn hat es nicht getan
Wenn wir selbst aufgewacht sind
unser Sohn hat nichts dazu getan
wie ein solcher weggeht
und untergeht
denke ich in der Nacht
und wir wissen nicht wo
plötzlich ist er da
und vernichtet uns
und vernichtet sich selbst
in der Nacht denke ich
er wird es tun
er wird es tun
er wird es tun meine Herren
Steht auf und sagt.
Zurückgewinnen
In den Spielsaal meine Herren
Ruft aus.
zurückgewinnen
zurückgewinnen was ich verloren habe
Wirft sein volles Glas an die Wand und geht in den Spielsaal hinein, alle schauen ihm nach.

Vorhang

Fünfte Szene

Große Halle.
Trauermusik von Beethoven.
Der Präsident ist aufgebahrt.
Sein Gesicht ist in einem großen Sargfenster zu sehen.
Zwei Leichendiener unter Aufsicht eines Offiziers stellen zwei Leuchter am Katafalk ab.

EINER DER LEICHENDIENER *zieht noch am schwarzen Tuch:*
So
so

DER ANDERE So
so
Beide Leichendiener ab.

OFFIZIER *laut, pathetisch:*
Die Aufbahrung ist freigegeben
Die Tür wird aufgemacht.
Die Präsidentin, verschleiert, gestützt auf den Kaplan, kommt herein und bleibt vor dem Präsidenten stehen und schaut hin und geht nach links ab.
Nach der Präsidentin die Regierung.
Nach der Regierung die Diplomaten.
Nach den Diplomaten das Volk.

Ende

Bertolt Brecht
Trommeln in der Nacht

Komödie

Glosse für die Bühne:
Diese Komödie wurde in München nach den Angaben Caspar Nehers vor folgenden Kulissen gespielt: Hinter den etwa zwei Meter hohen Pappschirmen, die Zimmerwände darstellten, war die große Stadt in kindlicher Weise aufgemalt. Jeweils einige Sekunden vor dem Auftauchen Kraglers glühte der Mond rot auf. Die Geräusche wurden dünn angedeutet. Die Marseillaise wurde im letzten Akt durch ein Grammophon gespielt. Der dritte Akt kann, wenn er nicht fliegend und musikalisch wirkt und das Tempo beschwingt, ausgelassen werden. Es empfiehlt sich, im Zuschauerraum einige Plakate mit Sprüchen wie »Glotzt nicht so romantisch« aufzuhängen.

Trommeln in der Nacht

Personen: Andreas Kragler · Anna Balicke · Karl Balicke, *ihr Vater* · Amalie Balicke, *ihre Mutter* · Friedrich Murk, *ihr Verlobter* · Babusch, *Journalist* · Zwei Männer · Picadillybarmanke, *Kellner* · Zibebenmanke, *sein Bruder, Kellner* · Glubb, *der Schnapshändler* · Der besoffene Mensch · Bulltrotter, *ein Zeitungskolporteur* · Ein Arbeiter · Laar, *ein Bauer* · Auguste, Marie, *Prostituierte* · Ein Dienstmädchen · Eine Zeitungsfrau

Die Brüder Manke werden vom gleichen Schauspieler gespielt.

Erster Akt

(AFRIKA)

Bei Balicke

Dunkle Stube mit Mullgardinen. Es ist Abend.

BALICKE *rasiert sich am Fenster:* Jetzt sind es vier Jahre her, daß er vermißt wird. Jetzt kommt er nie wieder. Die Zeiten sind verflucht unsicher. Jeder Mann wiegt Gold. Ich hätte schon vor zwei Jahren meinen Segen gegeben. Eure verfluchte Sentimentalität hat mich damals über die Ohren gehauen. Jetzt ginge ich über Leichen.

FRAU BALICKE *vor der Wandfotografie Kraglers als Artillerist:* Es war ein so guter Mensch. Es war ein so kindlicher Mensch.

BALICKE Jetzt ist er verfault.

FRAU BALICKE Wenn er wiederkommt!

BALICKE Aus dem Himmel kommt keiner wieder.

FRAU BALICKE Bei allen himmlischen Heerscharen, die Anna ginge ins Wasser!

BALICKE Wenn sie das sagt, ist sie eine Gans, und ich habe noch keine Gans im Wasser gesehen.

FRAU BALICKE Sie speit sowieso in einem fort.

BALICKE Sie soll nicht soviel Brombeeren und Bismarckheringe hineinessen! Dieser Murk ist ein feiner Bursche, für den können wir Gott auf den Knien danken.

FRAU BALICKE Geld verdient er ja. Aber gegen den andern! Mir steht das Wasser in den Augen.

BALICKE Gegen den Leichnam? Ich sage dir: Jetzt oder nie! Wartet sie auf den Papst? Muß es ein Neger sein? Ich habe den Roman satt.

FRAU BALICKE Und w e n n er kommt, der Leichnam, der jetzt fault, wie du sagst, aus dem Himmel oder aus der Hölle – Mein Name ist Kragler –, wer sagt ihm dann, daß er eine Leiche ist und die Seine einem andern im Bett liegt?

BALICKE Ich sag es ihm! Und jetzt sagst du dem Ding, daß ich es satt habe und der Hochzeitsmarsch geblasen wird und daß der Murk es ist. Sag ich es, setzt sie uns unter Wasser. Also zünd mal jetzt gefälligst Licht an!

FRAU BALICKE Ich hole das Pflaster. Du schneidest dich immer ohne Licht.

BALICKE Schneiden kostet nichts, aber Licht. *Ruft hinaus.* Anna!

ANNA *in der Tür:* Was hast du denn, Vater?

BALICKE Hör mal gefälligst deiner Mutter zu, und daß du nicht heulst an deinem Ehrentag!

FRAU BALICKE Komm her, Anna! Vater meint, du siehst so blaß aus, als schläfst du keine Nacht mehr.

ANNA Ich schlafe doch.

FRAU BALICKE Schau, so kann es nicht ewig fortgehen. Jetzt kommt er doch nie mehr. *Zündet die Kerzen an.*

BALICKE Jetzt macht sie wieder Augen wie ein Krokodil!

FRAU BALICKE Es war ja nicht leicht für dich, und das war ein guter Mensch, aber jetzt ist er gestorben.

BALICKE Begraben und verfault!

FRAU BALICKE Karl! Und da ist der Murk, das ist ein tüchtiger Mensch, der auf einen grünen Zweig kommt!

BALICKE Na also!

FRAU BALICKE Und da sollst du halt in Gottes Namen Ja sagen.

BALICKE Also mach du nur keine Oper!

FRAU BALICKE Du sollst ihn halt in Gottes Namen nehmen!

BALICKE *wütend mit dem Heftpflaster beschäftigt:* Ja, zum Kreuzteufel, meinst du denn, die Burschen lassen mit sich Fußball spielen? Ja oder nein! Das Geschiele nach dem Himmel ist Blödsinn!

ANNA Jja, Papa!

BALICKE *empfindlich:* Na, jetzt heul nur gleich los, die Schleusen sind gezogen, ich leg nur noch den Schwimmgürtel um.

FRAU BALICKE Liebst du denn den Murk gar nicht?

BALICKE Also das ist einfach unsittlich!

FRAU BALICKE Karl! Also wie ist's dann mit dem Friedrich, Anna?

ANNA Doch! Aber ihr wißt doch, und mir ist so speiübel.

BALICKE Gar nichts weiß ich! Ich sage dir, der Kerl ist verfault und vermodert, von dem ist nicht mehr ein Knochen beim andern! Vier Jahre! Und kein Lebenszeichen! Und die ganze Batterie gesprengt! in die Luft! zu Fetzen! vermißt! Na, Kunststück, sagen, wo der hingekommen ist! Das ist nur deine verfluchte Angst vor Gespenstern! Schaff dir einen Mann an, und du brauchst Gespenster nachts nicht mehr zu fürchten. *Auf Anna zu, breit.* Bist du ein tapferes Weibsstück oder nicht?! Na, geh mal her!

Es schellt.

ANNA *erschrocken:* Das ist er!

BALICKE Halt ihn draußen auf und präparier ihn!

FRAU BALICKE *unter der Tür mit Waschkorb:* Hast du denn gar nichts für die Wäsche?

ANNA Ja. Nein. Nein, ich glaube, ich habe nichts . . .

FRAU BALICKE Aber es ist doch schon der achte.

ANNA Schon der achte?

FRAU BALICKE Natürlich der achte!

ANNA Und wenn es jetzt der achtzehnte wäre?

BALICKE Was ist das für ein Geschwätz unter der Tür! Komm herein.

FRAU BALICKE Also schau, daß du was in die Wäsche kriegst! *Ab.*

BALICKE *setzt sich, nimmt Anna auf die Knie:* Sieh, eine Frau ohne Mann, das ist eine gotteslästerliche Budike! Dir fehlt der Bursche, den sie zur großen Armee beförderten, zugegeben. Aber weißt du ihn überhaupt noch? Keine Idee, meine Liebe! Sein Tod hat aus ihm einen fürs Jahrmarktspanoptikum gemacht. Er hat sich drei Jahre lang verschönert; wäre er nicht mausetot, wäre er ganz anders, als du meinst! Übrigens ist er verfault und sieht nimmer gut aus! Er hat keine Nase mehr. Aber er fehlt dir! Also nimm einen andern Mann! Natur, siehst du! Du wirst aufwachen wie ein Hase im Krautacker! Du hast doch gesunde Glieder und Appetit! Das ist wahrhaftig nichts Gotteslästerliches, das!

ANNA Aber ich kann ihn nicht vergessen! Nie! Jetzt redet ihr in mich hinein, aber ich kann nicht!

BALICKE Nimm den Murk, der wird dir schon helfen von ihm!

ANNA Ich liebe ihn doch, und einmal werde ich nur mehr ihn lieben, aber jetzt ist es noch nicht.

BALICKE Na, er bringt dich schon rum, er braucht nur gewisse Vollmachten, so was wird am besten in der Ehe geschmissen. Ich kann dir das nicht so erklären, du bist zu jung dazu! *Kitzelt sie.* Also: es gilt?

ANNA *lacht schleckig:* Ich weiß gar nicht, ob der Friedrich will!

BALICKE Frau, Kopf rein!

FRAU BALICKE Bitte, kommen Sie in die Stube, treten Sie gefälligst ein, Herr Murk!

BALICKE Abend, Murk! Na, aussehen tun Sie wie eine Wasserleiche!

MURK Fräulein Anna!

BALICKE Was haben Sie denn? Sind Ihnen die Felle hinuntergeschwommen? Warum sind Sie so käsig im Gesicht, Mann? Ist es das Schießen in der Abendluft? *Stille.* Na, Anna, traktier ihn! *Breit ab mit der Frau.*

ANNA Was hast du denn, Friedrich? Du bist wirklich bleich!

MURK *schnuppernd:* Den Rotspon braucht er wohl für die Verlobung? *Stille.* War jemand hier? *Auf Anna zu.* War einer hier? Warum wirst du jetzt wie Leinewand? Wer war hier?

ANNA Niemand! Niemand war hier! Was hast du denn?

MURK Warum dann diese Eile? Macht mir nichts weis! Na, mag er! Aber in dieser Budike mache ich keine Verlobung!

ANNA Wer sagt denn was von Verlobung?

MURK Die Alte. Des Herrn Auge machet das Vieh fett! *Geht unruhig herum.* Na ja, und wenn?!

ANNA Überhaupt tust du, als wäre meinen Eltern was daran gelegen! Meinen Eltern ist weiß Gott nichts daran gelegen! Nicht was untern Nagel geht!

MURK Wann bist du eigentlich bei der Erstkommunion gewesen?

ANNA Ich meine nur, daß du dir etwas leicht tust.

MURK Ah so? Der andere?

ANNA Ich habe nichts von dem anderen gesagt.

MURK Aber da hängt er und da ist er und da geht er um!

ANNA Das war ganz anders. Das war, was du nie kapieren kannst, weil das eben geistig war.

MURK Und das zwischen uns, das ist fleischlich?

ANNA Das zwischen uns, das ist nichts!

MURK Aber jetzt! Jetzt ist es was!

ANNA Das weißt du nicht.

MURK Ah, jetzt wird es hier bald andere Töne geben!

ANNA Das glaube nur.

MURK Ich halte ja an!

ANNA Ist das deine Liebeserklärung?

MURK Nein, sie kommt noch.

ANNA Schließlich ist es eine Korbfabrik.

MURK Du bist doch'n Aas! Haben die gestern nacht wieder nichts gerochen!

ANNA O Friedrich! Sie schlafen wie Maulwürfe! *Schmiegt sich an ihn.*

MURK Wir nicht!

ANNA Filou!

MURK *reißt sie an sich, küßt sie aber mit Gelassenheit:* Aas!

ANNA Sei mal still! Da fährt ein Zug durch die Nacht! Hörst du? Ich habe manchmal Angst, er kommt. Das läuft kalt den Rücken hinunter.

MURK Die Mumie? Die nehm ich auf mich. Du, das sag ich dir: der muß raus aus dem Geschäft! Keinen kalten Mann im Bett zwischen uns! Ich dulde keinen zweiten neben mir!

ANNA Werd nicht böse! Komm, Friedrich, verzeih mir!

MURK Der heilige Andreas?! Hirngespinst! Das lebt nach unserer Hochzeit so wenig mehr wie nach seinem Begräbnis. Wetten? *Lacht.* Ich wette: ein Kind.

ANNA *verbirgt ihr Gesicht an ihm:* O du, sag so was nicht!

MURK *fidel:* Und ob! *Zur Tür.* Reinspaziert, Mutter! Tag, Vater!

FRAU BALICKE *dicht hinter der Tür:* O Kinder! *Schluchzt los.* So aus dem heitern Himmel!

BALICKE Schwere Geburt, was?
Allgemeine Umarmung mit Rührung.

MURK Zwillinge! Wann machen wir Hochzeit? Zeit ist Geld!

BALICKE In drei Wochen meinetwegen! Die zwei Betten sind in Ordnung. Mutter, Abendbrot!

FRAU BALICKE Gleich, gleich, Mann, laß mich nur erst verschnaufen. *Läuft hinaus.* So aus dem heitern Himmel!

MURK Erlaube, daß ich euch für heute abend zu einer Flasche in die Picadillybar einlade. Ich bin für sofortige Verlobung. Du nicht, Anna?

ANNA Wenn's sein muß!

BALICKE Aber hier doch! Wozu Picadillybar? Hast du Quark im Schädel?

MURK *unruhig:* Hier nicht. Hier absolut nicht!

BALICKE Nanu?!

ANNA Er ist so komisch! Dann kommt eben in die Picadillybar!

BALICKE In dieser Nacht! Man ist seines Lebens nicht sicher!

FRAU BALICKE *mit dem Dienstmädchen herein, auftragend:* Ja, Kinder! Unverhofft kommt oft! Zu Tische, meine Herren!
Fressen.

BALICKE *hebt sein Glas:* Das Wohl des Brautpaares! *Anstoßend.* Die Zeiten sind unsicher. Der Krieg ist zu Ende. Das Schweinefleisch ist zu fett, Amalie! Die Demobilisation schwemmt Unordnung, Gier, viehische Entmenschung in die Oasen friedlicher Arbeit.

MURK An Geschoßkörben, prost! Prost, Anna!

BALICKE Unsichere Existenzen mehren sich, dunkle Ehrenmänner. Die Regierung bekämpft zu lau die Aasgeier des Umsturzes. *Entfaltet ein Zeitungsblatt.* Die aufgepeitschten Massen sind ohne Ideale. Das Schlimmste aber, ich kann es hier sagen, die Frontsoldaten, verwilderte, verlotterte, der Arbeit entwöhnte Abenteurer, denen nichts mehr heilig ist. Wahrhaftig eine schwere Zeit, ein Mann ist da Goldes wert, Anna. Halt dich fest an ihn. Seht, daß ihr drüber hinauskommt, aber immer zu zweit, immer drüber hinaus, prost!
Er zieht ein Grammophon auf.

MURK *trocknet den Schweiß ab:* Bravo! Was ein Mann ist, kommt durch. Ellenbögen muß man haben, genagelte Stiefel muß man haben und ein Gesicht und nicht hinabschauen. Warum nicht, Anna! Ich bin auch von unten. Laufjunge, mechanische Werkstätte, hier ein Kniff, dort ein Kniff, hier was gelernt, dort was. Unser ganzes Deutschland ist so heraufgekommen! Nicht immer Handschuhe an den Händen, aber harte Arbeit immer, weiß Gott! Jetzt oben! Prost, Anna!
Das Grammophon spielt »Ich bete an die Macht der Liebe«.

BALICKE Bravo! Na, was is'n los, Anna?

ANNA *ist aufgestanden, steht halb gewendet:* Ich weiß nicht. Das geht so schnell. Das ist vielleicht nicht so gut, Mutter, wie?

FRAU BALICKE Was ist, Kind? So eine Gans! Freu dich doch! Was wird's nicht gut sein!

BALICKE Setzen! Oder dreh mal das Grammophon an, wenn du schon stehst!

Anna setzt sich.

Pause.

MURK Prost also! *Stößt mit Anna an.* Was hast du denn?

BALICKE Und das mit dem Geschäft, Fritz, mit den Geschoßkörben, das ist jetzt bald faule Sache. Höchstens noch ein paar Wochen Bürgerkrieg, dann Schluß! Ich habe vor, ohne Spaß, das beste: Kinderwägen. Die Fabrik ist in jeder Beziehung in der Höhe. *Er nimmt Murk beim Arm und zieht ihn hinter. Zieht die Vorhänge zurück.* Neubau zwei und Neubau drei. Alles dauerhaft und modern. Anna, zieh das Grammophon auf! Das ergreift mich immer wieder.

Das Grammophon spielt »Deutschland, Deutschland über alles«.

MURK Da steht ein Mann im Fabrikhof, ihr! Was ist das?!

ANNA Das ist so schauerlich, du. Ich glaube, er schaut rauf!

BALICKE Wahrscheinlich der Wächter! Was lachst du, Fritz? Hast du was im Hals? Das Frauenvolk verblaßt ja ganz!

MURK Mir kommt grad eine komische Idee, weißt du: Spartakus . . .

BALICKE Unsinn, gibt's bei uns ja gar nicht! *Wendet sich aber doch ab, unangenehm berührt.* Also, das ist die Fabrik! *Zum Tisch tretend, Anna zieht den Vorhang zu.* Der Krieg hat mich auf den berühmten grünen Zweig gebracht! Es lag ja auf der Straße, warum's nicht nehmen, wäre zu irrsinnig. Nähm's eben ein anderer. Der Sau Ende ist der Wurst Anfang! Richtig betrachtet, war der Krieg ein Glück für uns! Wir haben das Unsere in Sicherheit, rund, voll, behaglich. Wir können in aller Ruhe Kinderwägen machen. Ohne Hast! Einverstanden?

MURK Völlig, Papa! Prost!

BALICKE So wie ihr in aller Ruhe Kinder machen könnt. Ahahahaha.

DIENSTMÄDCHEN Der Herr Babusch, Herr Balicke!

BABUSCH *trottelt herein:* Kinder, ihr seid gut verschanzt vor dem roten Hexensabbat! Spartakus mobilisiert. Die Verhandlungen sind abgebrochen. In 24 Stunden Artilleriefeuer über Berlin!

BALICKE *die Serviette am Hals:* Ja, zum Teufel, sind die Kerls denn nicht zufrieden?

FRAU BALICKE Artillerie? O Gottogottogott! So eine Nacht! So eine Nacht! Ich geh in'n Keller, Balicke!

BABUSCH In den inneren Stadtvierteln ist noch alles ruhig. Aber es heißt: sie wollen die Zeitungen besetzen.

BALICKE Was! Wir machen Verlobung! Ausgerechnet an so einem Tag! Hirnverbrannt!

MURK Das gehört alles an die Wand!

BALICKE Was unzufrieden ist, an die Wand!

BABUSCH Verlobst du dich, Balicke?

MURK Babusch, meine Braut!

FRAU BALICKE Aus ganz heiterm Himmel. Aber wann schießen sie wohl?

BABUSCH *schüttelt Anna und Murk die Hände:* Spartakus hat enorm Waffen gehamstert. Lichtscheues Gesindel! Ja, die Anna! Laßt euch nicht abhalten! Hierher kommt nichts! Hier ist'n stiller Herd! Die Familie! Die deutsche Familie! My home is my castle.

FRAU BALICKE In so einer Zeit! In so einer Zeit! Und an deinem Ehrentag! Anna!

BABUSCH Es ist schon verflucht interessant, Kinder!

BALICKE Mir gar nicht! Ganz und gar nicht! *Fährt mit der Serviette über die Lippen.*

MURK Wissen Sie was! Gehen Sie mit uns in die Picadillybar! Verlobung!

BABUSCH Und Spartakus?

BALICKE Wartet, Babusch! Schießt andere in den Bauch, Babusch. Geh mit in die Picadillybar! Toilette, Frauenzimmer!

FRAU BALICKE Picadillybar? In der Nacht? *Setzt sich auf einen Stuhl.*

BALICKE Picadillybar hieß es früher. Jetzt heißt es Café Vaterland! Friedrich ladet uns ein! Was ist schon mit der Nacht! Wozu gibt's Droschken! Marsch, Toilette, Alte!

FRAU BALICKE Keinen Schritt geh ich aus meinen vier Wänden! Was hast du denn, Fritzi?

ANNA Des Menschen Wille ist sein Himmelreich! Friedrich will nun mal! *Alle sehen auf Murk.*

MURK Hier nicht. Hier auf keinen Fall. Ich, ich will Musik haben, und Licht! Es ist doch'n feines Lokal! Hier ist so dunkel. Ich habe mich eigens anständig angezogen. Also, wie ist es, Schwiegermutter?

FRAU BALICKE Begreifen tu ich das nicht. *Geht hinaus.*

ANNA Wart auf mich, Friedrich, ich bin gleich fertig!

BABUSCH Fabelhaft viel los. Das ganze Orchestrion fliegt in die Luft. Säuglinge, organisiert euch! Übrigens das Pfund Aprikosen, butterweich, fleischfarben, saftig, kostet zehn Mark. Faulenzer, laßt euch nicht provozieren! Überall dunkle Schwärme, pfeifen, zwei Finger im Maul, in die taghellen Cafés! Als Fahnen haben sie sogenannte faule Häute! Und in den Tanzlokalen tanzt die Hautevolee! Na, prost Hochzeit!

MURK Die Damen ziehen sich nicht um. Jetzt ist alles gleich. Man lenkt nur die Aufmerksamkeit auf sich mit den schillernden Häuten!

BALICKE Sehr richtig! In dieser ernsten Zeit. Das älteste Zeug ist genug für die Bande. Komm gleich runter, Anna!

MURK Wir gehen gleich voraus. Nicht umziehen!

ANNA Roh! *Ab.*

BALICKE Marsch ... Mit Tusch ab ins Himmelreich! Ich muß mal das Hemd wechseln.

MURK Du kommst mit Mutter nach. Und Babusch nehmen wir mit, als Anstandsdame, wie? *Singt.* Babusch, Babusch, Babusch trottet durch den Saal.

BABUSCH Dieser höchst elende Simpelvers eines verrückten Jünglings, können Sie das nie lassen? *Mit ihm per Arm ab.*

MURK *singt draußen noch:* Kinder, Finger aus dem Mund, jetzt geht's zum Bacchanal. Anna!

BALICKE *allein, zündet sich eine Zigarre an:* Gott sei Dank! Alles unter Dach und Fach. Verfluchte Schinderei! Die muß man ins Bett jagen! Mit der Affenliebe zu dem Leichnam! Ich hab das ganze frische Hemd durchgeschwitzt. Jetzt kann kommen, was will! Parole: Kinderwägen. *Hinaus.* Frau, ein Hemd!

ANNA *außen:* Friedrich! Friedrich! *Rasch herein.* Friedrich!

MURK *in der Tür:* Anna! *Trocken, unruhig, wie ein Orang, mit hängenden Armen.* Willst du mitkommen?

ANNA Was hast du denn? Wie schaust du denn aus?

MURK Ob du mitkommen willst? Ich weiß, was ich frage! Stell dich nicht! Klipp und klar!

ANNA Ja, aber ja doch! Neuigkeit!

MURK Gut, gut. Ich bin nicht so sicher. Ich bin zwanzig Jahre in Dachzimmern geflackt, gefroren bis auf die Knochen, habe jetzt Knopfstiefeln an, bitte, sieh sie dir an! Ich habe im Finstern geschwitzt, bei Gaslicht, es lief in die Augen, jetzt habe ich einen Schneider. Aber ich schwanke noch, der Wind geht unten, ein eisiges Lüftchen geht unten, die Füße werden einem kalt unten. *Auf Anna zu, faßt sie nicht, steht schwankend vor ihr.* Jetzt wächst das Fleischgewächs. Jetzt fließt der Rotspon. Jetzt bin ich da! In Schweiß gebadet, die Augen zu, Fäuste geballt, daß die Nägel ins Fleisch schneiden. Schluß! Sicherheit! Wärme! Kittel ausziehen! Ein Bett, das weiß ist, breit, weich! *Am Fenster vorbei, schaut er, fliegend, hinaus.* Her mit dir: Ich mache die Fäuste auf, ich sitze im Hemd in der Sonne, ich habe dich.

ANNA *auf ihn zufliegend:* Du!

MURK Betthäsin!

ANNA Jetzt hast du mich doch.

MURK Ist sie noch immer nicht gekommen?

BABUSCH *von außen:* Na, wird's bald! Ich bin Ehrendame, Kinder!

MURK *zieht das Grammophon auf. Es fängt wieder an, die Macht der Liebe anzubeten:* Ich bin der beste Mensch, wenn man mich machen läßt. *Beide aneinander ab.*

FRAU BALICKE *husch herein, in Schwarz, vor dem Spiegel, ordnet ihren Kapotthut:* Der Mond so groß und so rot . . . Und die Kinder, o Gott! Ach ja . . . Da kann man wieder richtig Dank beten heut nacht.

In diesem Augenblick tritt ein Mann in kotiger, dunkelblauer Artillerieuniform mit kleiner Tabakspfeife in die Tür.

DER MANN Mein Name ist Kragler.

FRAU BALICKE *stützt sich mit schwachen Knien auf den Spiegeltisch:* Herrje ...

KRAGLER Na, was schauen Sie denn so überirdisch? Auch Geld für Kränze hinausgeschmissen? Schade drum? Melde gehorsamst: habe mich in Algier als Gespenst etabliert. Aber jetzt hat der Leichnam mörderischen Appetit. Ich könnte Würmer fressen! Aber was haben Sie denn, Mutter Balicke? Blödsinniges Lied! *Stellt das Grammophon ab.*

Frau Balicke sagt noch immer nichts, starrt ihn nur an.

KRAGLER Fallen Sie nur nicht gleich um! Da ist'n Stuhl. Ein Glas Wasser kann beschafft werden. *Summend zum Schrank.* Kenne mich immer noch leidlich gut aus hier. *Schenkt Wein in ein Glas.* Wein! Nierensteiner! Also für ein Gespenst bin ich doch ziemlich lebhaft! *Bemüht sich um Frau Balicke.*

BALICKE *von außen:* Also komm, Alte! Marchons! Du bist schön, süßer Engel! *Kommt herein, steht entgeistert.* Nanu?!

KRAGLER Abend, Herr Balicke! Ihrer Frau ist nicht wohl! *Sucht ihr Wein einzuflößen, sie aber dreht entsetzt den Kopf weg.*

Balicke sieht eine Weile unruhig zu.

Nehmen Sie doch! Nein? Es wird sofort besser! Dachte nicht, daß ich noch so gut im Gedächtnis bin. Komme nämlich gerade aus Afrika! Spanien, Schwindel mit Paß und so. Aber jetzt: Wo ist Anna?

BALICKE So lassen Sie doch meine Frau um Gottes willen! Sie ersäufen sie ja noch.

KRAGLER Denn nicht!

FRAU BALICKE *flüchtet zu Balicke, der aufrecht steht:* Karl!

BALICKE *streng:* Herr Kragler, wenn Sie der sind, wie Sie behaupten, darf ich Sie bitten, mir Auskunft zu geben, was Sie hier suchen?

KRAGLER *sprachlos:* Hören Sie, ich war kriegsgefangen in Afrika.

BALICKE Teufel! *Geht zu einem Wandschränkchen, trinkt Schnaps.* Das ist gut. Das sieht Ihnen so gleich. Verfluchte Schweinerei. Was wollen Sie eigentlich? Was wollen Sie? Meine Tochter hat sich heute abend vor noch nicht 30 Minuten verlobt.

KRAGLER *schwankt, ein wenig unsicher:* Was heißt das?

BALICKE Sie sind vier Jahre fortgewesen. Sie hat vier Jahre gewartet. Wir haben vier Jahre gewartet. Jetzt ist's Schluß, und es ist gar keine Aussicht mehr da für Sie.

Kragler setzt sich.

BALICKE *nicht ganz fest, unsicher, aber mit Anstrengung, Haltung zu bewahren:* Herr Kragler, ich habe Verpflichtungen für heute abend.

KRAGLER *sieht auf:* Verpflichtungen ...? *Zerstreut.* Ja ... *Versinkt wieder.*

FRAU BALICKE Herr Kragler, nehmen Sie's nicht so schlimm. Es gibt so viele Mädchen. Es ist schon so. Lerne leiden, ohne zu klagen!

KRAGLER Anna ...

BALICKE *barsch:* Frau! *Sie zögernd zu ihm, er plötzlich fest.* Ach was, Sentimentalitäten, marchons! *Mit seiner Frau ab.*

Das Dienstmädchen erscheint unter der Tür.

KRAGLER Hm ... *Schüttelt den Kopf.*

DIENSTMÄDCHEN Die Herrschaften sind fortgegangen. *Stille.* Die Herrschaften sind in die Picadillybar zur Verlobung gegangen.

Stille. Wind.

KRAGLER *sieht sie von unten herauf an:* Hm! *Er steht langsam, schwerfällig auf, sieht sich das Zimmer an, geht stumm gebückt herum, schaut durchs Fenster, dreht sich um, trollt sich langsam hinaus, pfeifend, ohne Mütze.*

DIENSTMÄDCHEN Hier! Ihre Mütze! Sie haben Ihre Mütze liegenlassen!

Zweiter Akt

(PFEFFER)

Picadillybar

Hinten großes Fenster. Musik. Im Fenster roter Mond. Wenn die Tür aufgeht: Wind.

BABUSCH Immer herein in die Menagerie, Kinder! Mond gibt's genügend. Hoch Spartakus! Fauler Zauber! Rotwein!

MURK *mit Anna am Arm herein, sie legen ab:* Eine Nacht wie ein Roman. Das Geschrei in den Zeitungsvierteln, die Droschke mit den Verlobten!

ANNA Ich bring so ein ekles Gefühl heut nicht los. Mir fliegen alle Glieder.

BABUSCH Prost drauf, Friedrich!

MURK Hier bin ich zu Haus. Verdammt ungemütlich auf die Dauer, aber piekfein! Sehen Sie mal nach der vorigen Generation, Babusch!

BABUSCH Schön! *Trinkt.* Sehen Sie nach der nächsten! *Geht hinaus.*

ANNA Küß mich!

MURK Unsinn! Halb Berlin sieht hier zu!

ANNA Das ist doch gleich, mir ist alles gleich, wenn ich was will. Dir nicht?

MURK Ganz und gar nicht. Dir übrigens auch nicht.

ANNA Du bist ordinär.

MURK Bin ich!

ANNA Feig!

Murk schellt, Kellner tritt ein.

MURK Stillgestanden!

Er beugt sich über den Tisch, wobei er Gläser umreißt, und küßt Anna gewaltsam.

ANNA Du!

MURK Abtreten!

Kellner ab.

Bin ich ein Feigling? *Sieht untern Tisch.* Jetzt brauchst du mir nicht deine Füße zu reichen.

ANNA Was fällt dir ein?

MURK Und er soll dein Herr sein!

BALICKE *mit Babusch und Frau Balicke herein:* Da sind sie ja! Wirtschaft!

ANNA Wo seid ihr gewesen?

FRAU BALICKE Es ist ein so roter Mond da. Ich bin ganz verstört, weil er so rot ist. Und ein Geschrei ist wieder in den Zeitungsvierteln!

BABUSCH Wölfe!

FRAU BALICKE Schaut nur, daß ihr zusammenkommt!

BALICKE Ins Bett, Friedrich, wie?

ANNA Mutter, ist dir nicht gut?

FRAU BALICKE Wann wollt ihr eigentlich heiraten?

MURK In drei Wochen, Mama!

FRAU BALICKE Hätten wir nicht doch mehr Leute zur Verlobung laden sollen? Niemand weiß es so. Man soll es doch wissen.

BALICKE Quatsch. Also Quatsch. Wohl weil der Wolf heult? Laß ihn nur heulen! Bis ihm die Zunge rot zwischen die Knie hängt! Ich knalle ihn glatt nieder.

BABUSCH Murk, helfen Sie mir die Flasche entkorken! *Gedämpft zu ihm.* Er ist da, er ist mit dem Mond gekommen. Der Wolf mit dem Mond. Aus Afrika.

MURK Andree Kragler?

BABUSCH Der Wolf. Peinlich, was?

MURK Er ist glatt begraben. Ziehen Sie die Gardinen vor!

FRAU BALICKE Dein Vater ist alle zwei Häuser in eine andere Likörbude hineingefallen. Er hat einen Riesenaffen auf dem Buckel. Das ist ein Mann! So ein Mann! Er säuft sich noch zu Tod für seine Kinder, der Mann!

ANNA Ja, aber warum tut er denn das?

FRAU BALICKE Frag nicht, Kind. Frag nur mich nicht! Es steht alles auf dem Kopf. Es ist der Weltuntergang. Ich muß gleich Kirschwasser haben, Kind.

BALICKE Das macht nur die rote Zibebe, Mutter. Ziehen Sie die Gardine zu! *Kellner tut es.*

BABUSCH Sie haben es schon intus gehabt?

MURK Ich bin gerüstet bis auf den letzten Knopf. War er schon bei ihnen?

BABUSCH Ja, vorhin.

MURK Dann kommt er hierher.

BALICKE Komplott hinter den Rotweinflaschen? Hierher pflanzt euch! Verlobung gefeiert!

Alle sitzen um den Tisch herum.

Tempo! Ich habe keine Zeit, müde zu sein.

ANNA Huch, das Pferd! Wie das komisch war! Mitten auf dem Pflaster, da blieb es einfach stehen. Friedrich, steig heraus, das Pferd will nicht. Und mitten auf dem Pflaster da stand das Pferd. Und zitterte. Es hatte aber Augäpfel wie Stachelbeeren, ganz weiß, und Friedrich gickste es in die Augen mit einem Stocke, da hüpfte es. Es war wie im Zirkus.

BALICKE Zeit ist Geld. Es ist verflucht warm hier. Ich schwitze schon wieder. Habe heute schon ein Hemd durchgeschwitzt.

FRAU BALICKE Du bringst dich noch an den Bettelstab mit der Wäsche, wie du das treibst!

BABUSCH *frißt gedörrte Pflaumen aus der Tasche:* Jetzt kostet ein Pfund Aprikosen zehn Mark. Na ja. Ich werde einen Artikel über die Preise schreiben. Und dann kann ich mir die Aprikosen ja kaufen. Sollte die Welt untergehen, dann schreibe ich darüber. Aber was sollen die andern machen? Ich sitze wie der Dotter im Ei, wenn das Tiergartenviertel in die Luft fliegt. Aber ihr!

MURK Hemden, Aprikosen, Tiergartenviertel. Wann ist die Hochzeit?

BALICKE In drei Wochen. Hochzeit in drei Wochen. Hough. Der Himmel hat's gehört. Wir sind alle einig? Alle einig über die Hochzeit? Also dann los, Brautpaar!

Man stößt an. Die Tür ist aufgegangen. Kragler steht drin. Im Wind flackern die Kerzen trüber.

BALICKE Nanu, was zitterst du denn mit dem Glas? Wie deine Mutter, Anna?

Anna, die gegenüber der Tür sitzt, hat Kragler gesehen, sie ist zusammengesunken, sieht ihn starr an.

FRAU BALICKE Jesus, Maria, was klappst du denn so zusammen, Kind?

MURK Was ist das für ein Wind?

KRAGLER *heiser:* Anna!

Anna schreit leis auf. Jetzt schauen alle um, springen auf. Tumult. Gleichzeitig:

BALICKE Teufel! *Gießt Wein in die Gurgel.* Das Gespenst, Mutter!

FRAU BALICKE Jesus! Kra . . .

MURK Hinausschmeißen! Hinausschmeißen!

Kragler ist eine Zeitlang wiegend in der Tür gestanden: er sieht finster aus. Bei dem kleinen Tumult kommt er ziemlich schnell, aber schwerfällig auf Anna zu, die allein noch sitzt, das Glas zitternd vor dem Gesicht, und nimmt ihr das Glas ab, lehnt sich auf den Tisch, stiert sie an.

BALICKE Er ist ja besoffen.

MURK Kellner! Das ist ja Hausfriedensbruch! Hinausschmeißen! *Läuft an der Wand hin, reißt dabei die Gardine zurück. Mond.*

BABUSCH Achtung! Er hat noch rohes Fleisch unterm Hemd! Das beißt ihn! Langt ihn nicht an! *Haut mit dem Stock auf den Tisch.* Macht nur ja keinen Skandal jetzt! Geht ruhig raus! Geordnet raus!

ANNA *ist unterdessen vom Tisch gelaufen, umschlingt ihre Mutter:* Mutter! Hilfe!

Kragler geht um den Tisch herum, schwankend zu Anna hin.

FRAU BALICKE *alles ziemlich gleichzeitig:* Lassen Sie mein Kind am Leben! Sie kommen ins Zuchthaus! Jesus, er bringt sie um!

BALICKE *schwillt auf, weit weg:* Sind Sie besoffen? Habenichts! Anarchist! Frontsoldat! Sie Seeräuber! Sie Zibebengespenst! Wo haben Sie Ihr Bettlaken?

BABUSCH Wenn dich der Schlag rührt, heiratet er sie. Haltet euer Maul! Er ist der Leidtragende hier! Hinaus mit euch! Eine Rede muß er halten dürfen. Das Recht hat er. *Zu Frau Balicke.* Haben Sie kein Gemüt? Er war vier Jahre fort. Es ist eine Gemütsfrage.

FRAU BALICKE Sie hält sich ja kaum auf den Beinen, sie ist ja bleich wie Leinewand!

BABUSCH *zu Murk:* Sehen Sie doch sein Gesicht an! Sie hat's schon gesehen! Das war einmal wie Milch und Äpfel! Jetzt ist's eine verfaulte Dattel! Haben Sie doch keine Angst!

Sie gehen hinaus.

MURK *im Hinausgehen:* Wenn Sie das meinen, Eifersucht, das gibt's nicht bei mir. Ha!

BALICKE *steht noch zwischen Tisch und Tür, etwas betrunken, mit krummen Beinen, ein Glas in der Hand, und sagt während des Folgenden:* Diese Negerkutsche! Ein Gesicht wie ein, wie ein verkrachter Elefant! Total kaputt, das! Unverschämtheit. *Trollt sich, und jetzt steht nur mehr der Kellner vor der Tür rechts, ein Tablett in den Händen. Gounods »Ave Maria«. Das Licht verwest.*

KRAGLER *nach einer Weile:* Es ist alles wie weggewischt in meinem Kopf, ich habe nur mehr Schweiß drin, ich verstehe nicht mehr gut.

ANNA *nimmt eine Kerze auf, steht ohne Haltung, leuchtet ihm ins Gesicht:* Haben dich nicht die Fische gefressen?

KRAGLER Ich weiß nicht, was du meinst.

ANNA Bist du nicht in die Luft geflogen?

KRAGLER Ich kann dich nicht verstehen.

ANNA Haben sie dich nicht durchs Gesicht geschossen?

KRAGLER Warum siehst du mich so an? Seh ich so aus? *Stille. Er schaut zum Fenster.* Ich bin wie ein altes Tier zu dir gekommen. *Stille.* Ich habe eine Haut wie ein Hai, schwarz. *Stille.* Und ich bin gewesen wie Milch und Blut. *Stille.* Und dann blute ich immerfort, es läuft einfach fort von mir ...

ANNA Andree!

KRAGLER Ja.

ANNA *zögernd auf ihn zu:* O Andree, warum bist du so lang fortgewesen? Haben sie dich fortgehalten mit Kanonen und Säbeln? Und jetzt kann ich nicht mehr zu dir hin.

KRAGLER War ich überhaupt fort?

ANNA Du warst lang bei mir in der ersten Zeit, da war deine Stimme noch frisch. Wenn ich im Gang ging, streifte ich an dich, und auf der Wiese hast du mich hinter den Ahorn gerufen. Wiewohl sie schrieben, man hätte dich durchs Gesicht geschossen und eingegraben nach zwei Tagen. Aber einmal änderte es sich doch. Wenn ich im Gang ging, war er leer, und der Ahorn schwieg still. Wenn ich mich aufrichtete vom Wäschetrog, sah ich noch dein Gesicht, aber als ich sie auf die Wiese legte, sah ich es nicht mehr, und ich wußte alle die lange Zeit nicht, wie du aussiehst. Aber ich hätte warten sollen.

KRAGLER Du hättest eine Photographie gebraucht.

ANNA Ich fürchtete mich. Ich hätte warten sollen in der Furcht, aber ich bin schlecht. Laß meine Hand, es ist alles schlecht an mir.

KRAGLER *schaut aufs Fenster:* Ich weiß nicht, was du sagst. Aber vielleicht ist es der rote Mond. Ich muß mich besinnen, was es heißt. Ich habe geschwollene Hände, dran sind Schwimmhäute, ich bin nicht fein und die Gläser zerbreche ich beim Trinken. Ich kann nimmer gut reden mit dir. Ich habe eine Negersprache im Hals.

ANNA Ja.

KRAGLER Gibt mir deine Hand. Meinst du, ich bin ein Gespenst? Komm her zu mir, gib mir deine Hand. Willst du nicht herkommen?

ANNA Willst du sie?

KRAGLER Gib sie mir. Jetzt bin ich kein Gespenst mehr. Siehst du mein Gesicht wieder? Ist es wie eine Krokodilhaut? Ich sehe schlecht heraus. Ich bin im salzigen Wasser gewesen. Es ist nur der rote Mond!

ANNA Ja.

KRAGLER Nimm meine Hand auch. Warum drückst du sie nicht? Gib dein Gesicht her. Ist es schlimm?

ANNA Nein! nein!

KRAGLER *faßt sie:* Anna! Eine Negerkutsche, das bin ich! Dreck im Hals! Vier Jahre! Willst du mich haben? Anna! *Reißt sie herum und sieht den Kellner, den er feixend vorgebeugt anstarrt.*

KELLNER *aus der Fassung, läßt sein Tablett fallen, stammelt:* Die Hauptsache ist . . . ob sie . . . ihre Lilie . . . Lilie noch hat . . .

KRAGLER *Anna in den Händen, wiehert:* Was hat er gesagt, Lilie?
Der Kellner läuft hinaus.
Bleiben Sie doch, Sie Romanleser! Es ist ihm was ausgekommen! Lilie! Es ist ihm was passiert! Lilie! Hast du's gehört? So tief hat er's gefühlt!

ANNA Andree!

KRAGLER *sieht sie gebückt an, er hat sie losgelassen:* Sag das noch mal, das ist deine Stimme! *Er läuft nach rechts.* Kellner! Komm her, Mensch!

BABUSCH *unter der Tür:* Was haben Sie denn für ein fleischernes Gelächter? Für eine »fleischfarbene Lache«? Wie geht es Ihnen?

FRAU BALICKE *hinter ihm:* Anna, mein Kind! Machst du uns Sorgen!

Nebenan wird seit einiger Zeit »Die Peruanerin« gespielt.

BALICKE *etwas ernüchtert, läuft herein:* Setzen Sie sich! *Er zieht die Gardine zu, es gibt ein eisernes Geräusch.* Sie haben einen roten Mond bei sich und Gewehre hinter sich in Babs Zeitungsvierteln. Man muß mit ihnen rechnen. *Er zündet wieder alle Kerzen an.* Setzen Sie sich!

FRAU BALICKE Was hast du denn für ein Gesicht? Ich kriege schon wieder das Zittern in die Beine. Kellner! Kellner!

BALICKE Wo ist Murk?

BABUSCH Friedrich Murk schiebt Boston.

BALICKE *gedämpft:* Bring ihn bloß zum Sitzen! Sitzt er, ist er schon halb eingeseift. Im Sitzen gibt es kein Pathos. *Laut.* Setzt euch alle! Ruhe! Nimm dich zusammen, Amalie! *Zu Kragler.* Setzen Sie sich auch, in Gottes Namen!

FRAU BALICKE *nimmt dem Kellner von seinem Tablett eine Flasche Kirschwasser:* Ich muß Kirschwasser haben, sonst sterbe ich. *Sie kommt damit an den Tisch.*

Es haben sich gesetzt: Frau Balicke, Balicke, Anna. Babusch ist herumgeharpft und hat sie zum Sitzen gebracht. Jetzt drückt er Kragler, der hilflos dagestanden war, auf den Stuhl.

BABUSCH Setzen Sie sich, Ihre Knie sind nicht ganz sicher. Wollen Sie Kirschwasser? Warum haben Sie so ein Gelächter?

Kragler steht wieder auf. Babusch drückt ihn nieder. Er bleibt sitzen.

BALICKE Was wollen Sie, Andreas Kragler?

FRAU BALICKE Herr Kragler! Unser Kaiser hat gesagt: Lerne leiden, ohne zu klagen!

ANNA Bleib sitzen!

BALICKE Halt dein Maul! Laß ihn reden! Was wollen Sie?

BABUSCH *steht auf:* Wollen Sie vielleicht einen Schluck Kirschwasser? Reden Sie!

ANNA Denk nach, Andree! Sag nichts vorher!

FRAU BALICKE Du bringst mich noch auf den Gottesacker! Halt doch den Mund! Du verstehst rein gar nichts!

KRAGLER *will aufstehen, wird aber von Babusch niedergedrückt. In großem Ernst:* Wenn ihr mich fragt, so ist es nicht einfach. Und ich will kein Kirschwasser trinken. Denn es hängt zuviel davon ab.

BALICKE Machen Sie keine Flausen! Reden Sie, was Sie wollen. Und dann schmeiße ich Sie hinaus.

ANNA Nein! nein!

BABUSCH Sie sollten doch trinken! Sie sind so trocken. Es geht besser dann, glauben Sie mir!

In diesem Augenblick schiebt Friedrich Murk mit einer Prostituierten namens Marie links herein.

FRAU BALICKE Murk!

BABUSCH Genie muß seine Grenzen haben. Setzen Sie sich!

BALICKE Bravo, Fritz! Zeig mal dem Mann, was ein Mann ist. Fritz zittert nicht. Fritz amüsiert sich. *Klatscht.*

MURK *finster, er hat getrunken, läßt Marie stehen und kommt an den Tisch:* Ist die Hundekomödie noch nicht ausgefeilscht?

BALICKE *zieht ihn auf einen Stuhl:* Halt dein Maul!

BABUSCH Reden Sie weiter, Kragler! Lassen Sie sich nicht stören!

KRAGLER Er hat verkrüppelte Ohren.

ANNA Er ist Schmierjunge gewesen.

MURK Er hat ein Ei im Kopf.

KRAGLER Er soll hinausgehen!

MURK Und auf den Kopf haben sie ihn geschlagen.

KRAGLER Ich muß sehr aufmerken, was ich sage.

MURK Er hat also Eiertunke im Kopf.

KRAGLER Ja, man hat mich auf den Kopf geschlagen. Ich bin vier Jahre fortgewesen. Ich konnte keinen Brief schreiben. Ich hatte kein Ei im Gehirn. *Stille.* Es sind vier Jahre her, ich muß sehr aufmerken. Du hast mich nimmer erkannt, du schwankst noch und fühlst es noch nicht. Aber ich rede zuviel.

FRAU BALICKE Sein Gehirn ist ganz eingetrocknet. *Kopfschüttelnd.*

BALICKE Es ist Ihnen also schlecht gegangen? Sie haben für Kaiser und Reich gekämpft? Es tut mir leid um Sie. Wollen Sie was?

FRAU BALICKE Und der Kaiser hat gesagt: Stark sein im Schmerz. Trinken Sie davon! *Schiebt ihm Kirschwasser hin.*

BALICKE *trinkend, eindringlich:* Sie sind im Granatenhagel gestanden? Wie Eisen? Das ist brav. Unsere Armee hat Gewaltiges geleistet. Sie ist lachend in den Heldentod gezogen. Trinken Sie! Was wollen Sie? *Hält ihm die Zigarrenkiste hin.*

ANNA Andree! Hast du keine andere Montur gekriegt? Hast du immer noch die alte blaue an? Das trägt man nicht mehr!

FRAU BALICKE Es gibt doch so viele Frauen! Kellner, noch einen Kirsch! *Reicht ihm den Kirsch.*

BALICKE Wir waren auch nicht faul herin. Also, was wollen Sie? Sie haben keinen roten Heller? Sie liegen auf der Straße? Das Vaterland drückt Ihnen eine Drehorgel in die Hand? Das gibt es nicht. Diese Zustände dürfen nicht mehr vorkommen. Was wollen Sie?

FRAU BALICKE Keine Angst, Sie werden nicht mit der Drehorgel laufen!

ANNA »Stürmisch die Nacht und die See geht hoch«, huch!

KRAGLER *ist aufgestanden:* Da ich es fühle, daß ich hier kein Recht habe, bitte ich dich aus dem Grunde meines Herzens, mit mir zu gehen an meiner Seite.

BALICKE Was ist das für ein Geschwätz? Was sagt er da? Grund meines Herzens! An meiner Seite! Was sind das für Redensarten!

Die anderen lachen.

KRAGLER Weil kein Mensch ein Recht hat ... Weil ich ohne dich nicht leben kann ... Aus dem Grunde meines Herzens.

Großes Gelächter.

MURK *legt die Füße auf den Tisch. Kalt, bös, betrunken:* Völlig hinabgeschwommen. Aufgefischt. Mit Schlamm im Maul. Sehen Sie sich meine Stiefel an! Ich hatte einmal solche wie Sie! Kaufen Sie sich solche wie ich! Kommen Sie wieder! Wissen Sie, was Sie sind?

MARIE *plötzlich:* Waren Sie beim Militär?

KELLNER Waren Sie beim Militär?

MURK Macht die Klappe zu! *Zu Kragler.* Sie sind unter die Walze gekommen? Viele sind unter die Walze gekommen. Schön. Wir haben nicht walzen lassen. Haben Sie kein Gesicht mehr? He? Wollen Sie eins geschenkt? Sollen wir drei Sie ausstaffieren? Sind Sie für uns hinuntergekrochen? Wissen Sie noch nicht, was Sie sind?

BABUSCH Seien Sie doch ruhig!

KELLNER *tritt vor:* Waren Sie beim Militär?

MURK Nee. Ich gehöre zu den Leuten, die eure Heldentaten bezahlen sollen. Die Walze ist kaputtgegangen.

BABUSCH Reden Sie doch keine Oper! Das ist ja ekelhaft! Schließlich haben Sie doch verdient, nicht? Lassen Sie doch Ihre Stiefel aus dem Spiel!

BALICKE Sehen Sie, das ist es, worauf's ankommt. Hier liegt der Hase im Pfeffer. Das ist keine Oper. Das ist Realpolitik. Daran fehlt es uns in Deutschland. Es ist ganz einfach. Haben Sie Mittel, eine Frau zu unterhalten? Oder haben Sie Schwimmhäute zwischen den Fingern?

FRAU BALICKE Hörst du es, Anna? Er hat nichts!

MURK Ich will seine Mutter heiraten, wenn er hat. *Springt auf.* Er ist einfach ein ganz gewöhnlicher Heiratsschwindler.

KELLNER *zu Kragler:* Sagen Sie was! Reden Sie was!

KRAGLER *ist aufgestanden, zitternd, zu Anna:* Ich weiß nicht, was ich sagen soll. Als wir nur mehr Häute waren, und wir mußten immer Schnaps trinken, daß wir die Straßen pflastern konnten, hatten wir oft nur mehr den Abendhimmel, das ist sehr wichtig, denn da war ich im April in den Gesträuchern gelegen mit dir. Ich sagte es auch den andern. Aber die fielen zusammen wie die Fliegen.

ANNA Wie die Pferde, nicht?

KRAGLER Weil es so heiß war, und man soff immerzu. Aber was sage ich dir immer vom Abendhimmel, ich wollte das nicht, ich weiß nicht ...

ANNA Hast du immer an mich gedacht?

FRAU BALICKE Hörst du, wie er redet! Wie ein Kind! Man schämt sich für ihn, wenn man ihn anhört!

MURK Können Sie mir nicht Ihre Stiefel verkaufen? Ins Armeemuseum. Ich biete vierzig Mark.

BABUSCH Reden Sie weiter, Kragler. Es ist genau das Richtige.

KRAGLER Wir hatten auch keine Hemden mehr. Das war das Schlimmste, glaub es mir. Hältst du das für möglich, daß das das Schlimmste sein kann?

ANNA Andree, man hört dir zu!

MURK Dann biete ich sechzig Mark. Verkaufen Sie!

KRAGLER Ja, jetzt schämst du dich für mich? Weil sie an den Wänden stehen wie im Zirkus, und der Elefant läßt Wasser vor Angst? Und sie wissen doch nichts!

MURK Achtzig Mark!

KRAGLER Ich bin doch kein Seeräuber. Was geht mich der rote Mond an! Ich kann nur die Augen nicht aufbringen. Ich bin ein Stück Fleisch und ich habe ein frisches Hemd an. Ich bin doch kein Gespenst!

MURK *springt auf:* Also hundert Mark!

MARIE Schämen Sie sich in Ihre Seele hinein!

MURK Jetzt will mir das Schwein seine alten Stiefel nicht um hundert Mark ablassen!

KRAGLER Anna, da redet was. Was ist das für eine Stimme?

MURK Sie haben ja den Sonnenstich! Können Sie noch allein rausgehen?

KRAGLER Anna, es meint, man darf es nicht zertreten.

MURK Sieht man jetzt Ihr Gesicht?

KRAGLER Anna, der liebe Gott hat es gemacht!

MURK Sind Sie das? Was wollen Sie denn eigentlich? Sie sind ja ein Leichnam! Sie stinken ja schon! *Hält sich die Nase zu.* Haben Sie keinen Reinlichkeitssinn? Wollen Sie ins Tabernakel gestellt werden, weil Sie die afrikanische Sonne verschluckt haben? Ich habe gearbeitet! Ich habe geschuftet, bis mir das Blut in den Stiefeln gestanden ist! Sehen Sie sich meine Hände an! Sie haben die Sympathie, weil Sie sich haben hauen lassen, ich habe Sie nicht gehaut! Sie sind ein Held, und ich bin ein Arbeiter! Und das ist meine Braut.

BABUSCH Aber sitzend doch auch, Murk! Sitzend sind Sie auch ein Arbeiter! Kragler, die Weltgeschichte wäre anders, wenn die Menschheit mehr auf dem Hintern säße!

KRAGLER Ich kann ihm nichts ansehen. Er ist wie eine Abortwand! Mit Zoten verkritzelt! Sie kann nichts dafür! Anna liebst du den, liebst du den?

Anna lacht und trinkt.

BABUSCH Das heißt mit der Pulsader pariert, Kragler!

KRAGLER Das heißt ihm vor Ekel seine Warze abbeißen! Liebst du ihn? Mit

Mit dem grünen Gesicht wie eine unreife Nuß? Willst du mich wegen dem fortschicken? Er hat einen englischen Anzug und die Brust mit Papier ausgestopft und Blut in den Stiefeln. Und ich habe nur meinen alten Anzug, in dem die Motten sind. Sag, du kannst mich wegen meinem Anzug nicht heiraten, sag es! Es ist mir lieber!

BABUSCH Setzt euch doch! Zum Teufel! Jetzt geht es los!

MARIE *klatscht:* Das ist er! Und mit mir hat er getanzt, daß ich mich geschämt habe, wie er mir die Knie in den Bauch geschlagen hat!

MURK Halt deinen Rand! Siehst du so aus! Hast du kein Messer dabei, im Stiefelschaft, um mir den Hals abzuschneiden, weil du in Afrika Blasen ins Gehirn gekriegt hast? Zieh das Messer heraus, ich hab's jetzt satt bis zum Hals, schneid ihn ab!

FRAU BALICKE Anna, kannst du das anhören!

BALICKE Kellner, bringen Sie mir vier Gläser Kirsch! Mir ist schon alles gleichgültig.

MURK Geben Sie Obacht, daß Sie nicht das Messer ziehen! Nehmen Sie sich zusammen, daß Sie sich hier nicht als Held aufführen! Hier kommen Sie ins Zuchthaus!

MARIE Waren Sie beim Militär?

MURK *rasend, schmeißt ein Glas nach ihr:* Warum warst du nicht da?

KRAGLER Jetzt bin ich gekommen.

MURK Wer hat dir geschrien?

KRAGLER Jetzt bin ich da!

MURK Schwein!

ANNA Du sei nur still.

Kragler duckt sich.

MURK Räuber!

KRAGLER *lautlos:* Dieb!

MURK Gespenst!

KRAGLER Geben Sie Obacht!

MURK Geben Sie auf Ihr Messer acht! Juckt es? Gespenst! Gespenst! Gespenst!

MARIE Sie Schwein! Sie Schwein!

KRAGLER Anna! Anna! Was tue ich? Schwindelnd über dem Meer voll Leichen: mich ersäuft es nicht. Rollend in den dunklen Viehwägen südlich: mir kann nichts geschehen. Brennend im feurigen Ofen: ich selbst brenne heißer. Einer wird irr in der Sonne: ich bin's nicht. Zwei fallen ins Wasserloch: ich schlafe weiter. Ich schieße Neger. Ich fresse Gras. Ich bin ein Gespenst.

In diesem Augenblick stürzt der Kellner ans Fenster, reißt auf. Die Musik bricht jäh ab, man hört erregte Rufe: Sie kommen! Ruhe! Der Kellner bläst das Kerzenlicht aus. Dann von draußen »Die Internationale«.

EIN MANN *tritt links in die Tür:* Meine Herrschaften, wir bitten um Ruhe. Sie werden ersucht, das Lokal nicht zu verlassen. Es sind Unruhen ausgebrochen. In den Zeitungsvierteln wird gekämpft. Die Lage ist unentschieden.

BALICKE *setzt sich schwer:* Spartakus! Ihre Freunde, Herr Andreas Kragler! Ihre dunklen Kumpane! Ihre Genossen, die in den Zeitungsvierteln brüllen und nach Mord und Brand riechen. Vieh! *Stille.* Vieh! Vieh! Vieh! Wer fragt, warum ihr Vieh seid: ihr freßt Fleisch! Ihr müßt ausgetilgt werden.

KELLNER Von euch! Die ihr euch fettgefressen habt!

MURK Wo haben Sie Ihr Messer! Zieh es heraus!

MARIE *mit dem Kellner auf ihn zu:* Willst du still sein!

KELLNER Das ist nicht menschlich! Ein Vieh ist das!

MURK Mach die Gardine zu! Gespenster!

KELLNER Sollen wir an die Wand gestellt werden, die wir eigenhändig gemacht haben und hinter der ihr euch Kirschwasser in die Leiber schlagt!

KRAGLER Das ist meine Hand und das ist meine Schlagader. Schlagt durch! Wenn ich kaputtgehe, da wird's schon bluten.

MURK Gespenst! Gespenst! Was bist du denn eigentlich? Soll ich mich verkriechen, weil du die afrikanische Haut umhast? Und in den Zeitungsvierteln brüllst? Was kann ich dafür, daß du in Afrika warst? Was kann ich dafür, daß ich nicht in Afrika war?

KELLNER Er muß sein Weib wiederkriegen! Es ist unmenschlich!

FRAU BALICKE *vor Anna, rasend:* Die sind ja alle krank! Die haben ja alle was! Syphilis! Syphilis! Alle haben sie die Syphilis!

BABUSCH *schlägt mit dem Stock auf den Tisch:* Das schlägt das Faß durch!

FRAU BALICKE Willst du mein Kind in Ruh lassen! Willst du es in Ruh lassen! Du Hyäne! Du Schwein, du!

ANNA Andree, ich will nicht! Ihr macht mich kaputt!

MARIE Du bist das Schwein!

KELLNER Das ist nicht menschlich. Es muß ein Recht geben.

FRAU BALICKE Schweig still! Du Lakai! Du Schuft, ich bestelle Kirschwasser, hörst du! Du wirst fortgejagt!

KELLNER Das ist das Menschliche! Das geht uns alle an! Er muß seine Frau doch . . .

KRAGLER Geh weg da! Jetzt habe ich's satt! Was menschlich! Was will diese besäufte Hirschkuh! Ich bin allein gewesen und will meine Frau haben. Was will dieser weinerne Erzengel! Willst du ihren Unterleib verfeilschen wie ein Pfund Kaffee? Wenn ihr sie mit Eisenhaken von mir reißt, ihr zerfleischt sie nur!

KELLNER Ihr zerfleischt sie!

MARIE Ja, wie ein Pfund Kaffee!

BALICKE Und Geld keinen roten Heller.

BABUSCH Ihr haut ihm die Zähne ein, und er spuckt sie euch ins Gesicht!

MURK *zu Anna:* Was siehst du aus wie gespiene Milch und läßt dich von dem mit den Augen lecken? Mit einer Visage, als wenn du in Brennesseln gepißt hättest?!

BALICKE So sagst du von deiner Braut!

MURK Braut! Ist sie das? Ist sie meine Braut? Bricht sie nicht schon aus? Ist er wieder da? Liebst du ihn? Schwimmt die grüne Nuß hinunter? Juckt's dich nach afrikanischen Schenkeln? Weht der Wind daher?

BABUSCH Das hätten Sie in einem Stuhl nicht gesagt!

ANNA *immer mehr zu Kragler hin, betrachtet Murk angewidert. Leis:* Du bist ja betrunken.

MURK *reißt sie zu sich:* Zeig dein Gesicht! Bleck deine Zähne! Hure!

KRAGLER *hebt Murk einfach hoch, der Tisch klirrt unter Gläsern, Marie klatscht immerfort:* Sie stehen nicht ganz sicher, gehen Sie hinaus, kotzen Sie sich! Sie haben zuviel gesoffen. Sie fallen ja um. *Stößt ihn.*

MARIE Gib's ihm! Oh, gib's ihm!

KRAGLER Laß ihn liegen! Komm her zu mir, Anna! Jetzt will ich dich! Er hat mir die Stiefel abkaufen wollen, aber ich ziehe die Jacke aus. Der Eisregen ist durch meine Haut gegangen, daß sie rot ist, und in der Sonne platzt sie. Mein Sack ist leer, einen roten Heller habe ich nicht. Ich will dich, schön bin ich nicht. Mir ist der Steiß mit Grundeis gegangen bis jetzt, aber jetzt trinke ich. *Trinkt.* Und dann gehen wir. Komm!

MURK *ganz zusammengefallen, mit hängender Schulter zu Kragler, sagt fast ruhig:* Trinken Sie nicht! Sie wissen noch nicht alles! Lassen Sie's jetzt gut sein. Ich war betrunken. Aber Sie wissen noch nicht alles. Anna, – *ganz nüchtern* – sage es ihm! Was willst du tun? So wie du bist?

KRAGLER *hört ihn nicht:* Sei nicht bang, Anna! *Mit dem Kirschwasser.* Es passiert dir nichts, fürchte dich nicht! Wir werden heiraten. Es ist mir immer gut gegangen.

KELLNER Bravo!

FRAU BALICKE Du Schuft!

KRAGLER Wer ein Gewissen hat, dem scheißen die Vögel aufs Dach! Wer Geduld hat, den fressen die Geier am Ende. Es ist alles Krampf.

ANNA *kommt plötzlich ins Laufen, fällt über den Tisch:* Andree! Hilf mir! Hilf, Andree!

MARIE Was haben Sie denn? Was ist denn?

KRAGLER *sieht erstaunt nach ihr:* Was ist?

ANNA Andree, ich weiß nicht, ich bin so elend, Andree! Ich kann dir nichts sagen, du darfst nicht fragen. *Sieht auf.* Ich kann dir nicht angehören. Gott weiß es. *Kragler entfällt das Glas.* Und ich bitte dich auch, Andree, daß du gehst. *Stille.*

Im Nebenzimmer hört man den Mann von vorhin fragen: Was ist es denn? Der Kellner antwortet ihm, zur Tür links hinausredend.

Kellner Der krokodilhäuterne Liebhaber aus Afrika hat vier Jahre gewartet, und die Braut hat jetzt noch ihre Lilie in der Hand. Aber der andere Liebhaber, ein Mensch mit Knopfstiefeln, gibt sie nicht frei, und die Braut, welche noch ihre Lilie in der Hand hat, weiß nicht, an welcher Seite sie weggehen soll.

Stimme Sonst nichts?

Kellner Die Revolution in den Zeitungsvierteln spielt auch eine Rolle und dann ist da ein Geheimnis, das die Braut hat, etwas, das der Liebhaber aus Afrika, der vier Jahre gewartet hat, nicht weiß. Es ist ja noch ganz unentschieden.

Stimme Ist noch keine Entscheidung gefallen?

Kellner Es ist noch ganz unentschieden.

Balicke Kellner! Was ist das für ein Gesindel? Soll man hier zwischen Wanzen Wein saufen? *Zu Kragler hin.* Haben Sie es jetzt gehört? Sind Sie befriedigt? Halten Sie Ihren Rand! Die Sonne war heiß, wie? Dafür war's Afrika. Steht im Geographiebuch. Und Sie waren ein Held? Wird im Geschichtsbuch stehen. Im Hauptbuch steht aber nichts. Deshalb wird der Held wieder nach Afrika gehen. Punktum. Kellner! Führen Sie das da hinaus!

Der Kellner nimmt Kragler ins Schlepptau, der langsam schwerfällig mitläuft. Links von ihm läuft die Prostituierte Marie.

Balicke Affenkomödie. *Schreit Kragler nach, weil es zu still ist.* Wollten Sie Fleisch haben? Das ist keine Fleischauktion! Packen Sie Ihren roten Mond ein und singen Sie Ihren Schimpansen was vor. Was gehen mich ihre Dattelbäume an! Sie sind überhaupt nur aus einem Roman. Wo haben Sie Ihren Geburtsschein?

Kragler ist hinaus.

Frau Balicke Heul dich nur aus! Aber was hast du denn da, willst dich wohl unter den Tisch trinken mit dem Kirschwasser?

Balicke Was hat sie denn überhaupt für'n Gesicht? Das reinste Papier!

Frau Balicke Nein, sieh sie nur an, das Kind! Was fällt dir nur ein, da hört sich doch Verschiedenes auf!

Anna sitzt hinter dem Tisch, still, fast in den Gardinen, bösartig, und hat ein Glas vor sich.

Murk *drauf zu, riecht am Glas:* Pfeffer, pfui Teufel!

Sie nimmt es ihm verächtlich weg.

Ach so?! – Ja zum Teufel, was fängst du denn mit dem Pfeffer an? Willst du nicht noch ein heißes Sitzbad? Dich muß man wohl mit den Händen zurechtrücken? Pfui Spinne! *Spuckt aus und wirft das Glas zu Boden.*

Anna lächelt.

Man hört Maschinengewehre.

Babusch *am Fenster:* Es geht los, die Massen erheben sich, Spartakus steht auf. Der Mord geht weiter.

Alle stehen starr, horchen hinaus.

Dritter Akt

(WALKÜRENRITT)

Weg in die Zeitungsviertel

Rote Backsteinmauer einer Kaserne, von links oben nach rechts unten. Dahinter in verwestem Sternenlicht die Stadt. Nacht. Wind.

MARIE Wo läufst du denn hin?

KRAGLER *ohne Mütze, Kragen hoch, Hände in Hosentaschen, kam pfeifend:* Was ist das für eine rote Dattel?

MARIE Lauf doch nicht so!

KRAGLER Kommst du nicht nach?

MARIE Meinst du, es verfolgt dich jemand?

KRAGLER Willst du was verdienen? Wo hast du deine Kammer?

MARIE Aber das ist nicht gut.

KRAGLER Ja. *Will weiter.*

MARIE Ich habe es auf der Lunge.

KRAGLER Mußt du denn nach wie ein Hund?

MARIE Aber deine ...

KRAGLER Pst! Das wird ausgewischt! Abgewaschen! Durchgestrichen!

MARIE Und was wirst du anstellen bis morgen früh?

KRAGLER Es gibt Messer.

MARIE Jesus Maria ...

KRAGLER Sei ruhig, ich mag nicht, daß du so schreist, es gibt auch Schnaps. Was willst du? Ich kann das Lachen probieren, wenn es dir Spaß macht. Sag, haben sie dich auf die Treppe gelegt vor der Firmung? Streich durch! Rauchst du? *Er lacht.* Gehen wir weiter!

MARIE In den Zeitungsvierteln wird geschossen.

KRAGLER Vielleicht können sie uns dort brauchen.

Beide ab. Wind.

Zwei Männer in gleicher Richtung.

DER EINE Ich glaube, wir machen es hier.

DER ANDERE Niemand weiß, ob wir drunten noch könnten ...

Sie lassen ihr Wasser.

DER EINE Kanonen.

DER ANDERE Teufel! In der Friedrichstraße!

DER EINE Wo Sie gefälschten Methyl verschnitten haben.

DER ANDERE Man wird wahnsinnig von dem Mond allein!

DER EINE Wenn man verschmutzten Tabak verschoben hat!

DER ANDERE Ja, ich habe verschmutzten Tabak verschoben! Aber Sie haben Menschen in Rattenlöcher gestopft!

DER EINE Was Ihnen das schon hilft!

DER ANDERE Allein werde ich nicht gehangen!

DER EINE Wissen Sie, was die Bolschewiken gemacht haben? Hand vorzeigen! Keine Schwielen! Piff paff.

Der andere besieht die Hand.

Piff paff. Sie riechen ja schon!

DER ANDERE O Gott!

DER EINE Feine Sache, wenn Sie mit Ihrem steifen Hut heimkommen!

DER ANDERE Sie haben auch einen steifen Hut!

DER EINE Aber mit einer Dulle, mein Lieber.

DER ANDERE Die kann ich mir einhauen.

DER EINE Ihr steifer Kragen ist schlimmer als ein geseifter Strick.

DER ANDERE Ich schwitze ihn durch, aber Sie haben Knopfstiefel!

DER EINE Und Ihr Bauch!

DER ANDERE Ihre Stimme!

DER EINE Ihr Blick! Ihre Gangart! Ihr Auftreten!

DER ANDERE Ja, das bringt mich an die Laterne, aber Sie haben ein Gesicht mit Mittelschulbildung!

DER EINE Ich habe ein verkrüppeltes Ohr mit einem Schußkanal, mein lieber Herr!

DER ANDERE Teufel.

Beide ab.

Wind.

Von links jetzt der ganze Walkürenritt: Anna, wie fliehend. Neben ihr in einem Frackmantel, aber ohne Hut, der Kellner Manke aus der Picadillybar, der sich wie besoffen aufführt. Hinter ihnen kommt Babusch, der Murk schleppt, der betrunken ist, bleich und aufgedunsen.

MANKE Besinnen Sie sich nicht! Er ist fort! Weggeblasen! Die Zeitungsviertel haben ihn vielleicht schon verschlungen! Sie schießen allenthalben, in den Zeitungen passiert allerhand, gerade diese Nacht, und er kann sogar erschossen werden. *Wie betrunken auf Anna einredend.* Man kann fortlaufen, wenn geschossen wird, aber man kann auch nicht fortlaufen. Jedenfalls: in einer Stunde findet ihn kein Mensch mehr, er geht auf wie Papier im Wasser. Er hat den Mond im Kopf. Er läuft jeder Trommel nach. Gehen Sie! Retten Sie ihn, der Ihr Geliebter war, nein, ist.

BABUSCH *wirft sich Anna entgegen:* Halt, der ganze Walkürenritt! Wo wollen Sie hin, es ist kalt und Wind geht auch, und er ist in irgendwelchen Schnapskneipen gelandet. *Äfft den Kellner nach:* Er, der vier Jahre gewartet hat, aber jetzt findet ihn niemand mehr.

MURK Niemand, kein Mensch. *Er sitzt auf einem Stein.*

BABUSCH Und sehen Sie sich das da an!

MANKE Was geht das mich an! Schenken Sie ihm einen Mantel! Verlieren Sie doch keine Zeit! Er, der vier Jahre gewartet hat, jetzt läuft er schneller, als diese Wolken ziehen! Er ist schneller weg, als dieser Wind weg ist!

MURK *apathisch:* Es war Farbe in dem Punsch. Und jetzt, wo alles fertig ist! Die Wäsche beisammen, die Stuben gemietet. Kommen Sie zu mir, Bab!

MANKE Was stehen Sie da wie Lots Weib? Das ist kein Gomorrha! Imponiert Ihnen das besoffene Elend? Können Sie noch anders herum? Ist es die Wäsche? Bleiben die Wolken deswegen im Hintertreffen?

BABUSCH Was geht das eigentlich Sie an? Was gehen die Wolken Sie an? Sie sind doch Kellner!

MANKE Was das mich angeht? Sterne entgleisen glatt, wenn einen Menschen eine Gemeinheit kalt läßt! *Greift sich an den Hals.* Ich werde auch davongejagt. Mich faßt es auch am Hals! Man darf nicht kleinlich sein, wenn ein Mensch mit Grundeis geht.

BABUSCH Was sagen Sie? Grundeis? Wo steht denn das? Ich sage Ihnen: es wird etwas brüllen wie ein Stier in den Zeitungen, vor es Tag wird. Und das wird das Gesindel sein, das glaubt, jetzt können alte Rechnungen beglichen werden.

MURK *ist aufgestanden, greint:* Was ziehst du mich in dem Wind herum! Mir ist speiübel. Warum läufst du denn fort? Was ist denn? Ich brauche dich! Es ist nicht die Wäsche.

ANNA Ich kann nicht.

MURK Ich kann nicht mehr auf den Beinen stehen.

MANKE Setz dich! Du bist nicht der einzige! Es greift ein. Der Vater kriegt den Schlaganfall, das besäufte Känguruh weint. Aber die Tochter geht hinunter in die Quartiere. Zu ihrem Liebhaber, der vier Jahre gewartet hat.

ANNA Ich kann es nicht.

MURK Deine Wäsche, die hast du beisammen. Und die Möbel sind schon in den Zimmern.

MANKE Die Wäsche ist gefaltet, aber die Braut kommt nicht.

ANNA Meine Wäsche ist gekauft, ich habe sie in den Schrank gelegt, Stück für Stück, aber jetzt brauche ich sie nicht. Das Zimmer ist gemietet, und die Vorhänge sind schon oben, und die Tapeten fehlen nicht. Aber gekommen ist, der keinen Schuh hat und nur einen Rock, und darin sind die Motten.

MANKE Und die Zeitungsviertel verschlingen ihn! Der Schnapssalon wartet auf ihn! Die Nacht! Das Elend! Der Auswurf! Retten Sie ihn!

BABUSCH Und das alles ist das Stück: Der Engel in den Hafenkneipen.

MANKE Ja, der Engel!

MURK Und du willst hinunter? In die Friedrichstadt? Und nichts hält dich ab?

ANNA Ich weiß nichts.

MURK Nichts? Willst du nicht noch an das »andere« denken?

ANNA Nein, das will ich nicht mehr.
MURK Das »andere« willst du nicht mehr?
ANNA Das ist der Strick!
MURK Und der hält dich nicht?
ANNA Jetzt ist er los!
MURK Dein Kind ist dir gleich?
ANNA Es ist mir gleich.
MURK Weil der gekommen ist, der keinen Rock hat?
ANNA Ich habe ihn nicht gekannt!
MURK Er ist's ja nicht mehr! Du hast ihn nicht gekannt!
ANNA Er ist gestanden wie ein Stück Tier in der Mitte. Und ihr schlugt ihn wie ein Tier!
MURK Und er heulte wie ein altes Weib!
ANNA Und er heulte wie ein Weib.
MURK Und verzog sich und ließ dich sitzen da!
ANNA Und er ging fort und ließ mich sitzen da!
MURK Aus ist es mit ihm!
ANNA Und es ist aus mit ihm!
MURK Er ist fortgegangen . . .
ANNA Aber als er fortging, und es war aus mit ihm . . .
MURK Da war nichts, gar nichts.
ANNA Da war ein Wirbel hinter ihm und ein kleiner Zug und war sehr stark und war stärker als alles, und jetzt gehe ich fort und jetzt komme ich und jetzt ist es aus mit uns, mit mir und mit ihm. Denn wo ist er hin? Weiß Gott noch, wo er ist? Wie groß ist die Welt und wo ist er? *Sie sieht ruhig auf Manke und sagt leicht:* Gehen Sie in Ihre Bar, ich danke Ihnen, und bringen Sie ihn dorthin! Aber Sie, Bab, kommen Sie mit mir! *Und läuft nach rechts.*
MURK *quarrend:* Wo ist sie hin?
BABUSCH Jetzt geht aber der Walkürenritt in die Binsen, Junge.
MANKE Der Liebhaber ist schon verschollen, aber die Geliebte eilt ihm nach auf Flügeln der Liebe. Der Held ist zu Fall gebracht, aber die Himmelfahrt ist schon vorbereitet.
BABUSCH Aber der Liebhaber wird die Geliebte in den Rinnstein hauen und die Höllenfahrt vorziehen. O Sie romantisches Institut, Sie!
MANKE Schon entschwindet sie, die in die Zeitungsviertel eilt. Wie ein weißes Segel ist sie noch sichtbar, wie eine Idee, wie eine letzte Strophe, wie ein berauschter Schwan, der über die Gewässer fliegt . . .
BABUSCH Was soll mit der versoffenen Wiese da geschehen?
MURK Hier bleibe ich. Es ist kalt. Wenn es noch kälter wird, kommen sie zurück. Ihr wißt gar nichts, weil ihr das andere nicht wißt. Laßt sie laufen! Zwei nimmt er nicht! Eine hat er verlassen, und zwei laufen ihm nach. *Lacht.*
BABUSCH Jetzt entschwindet sie bei Gott wie eine letzte Strophe! *Stapft ihr nach.*

MANKE *ruft ihm nach:* Glubbs Destille, Chausseestraße! Die Prostituierte mit ihm verkehrt in Glubbs Destille! *Breitet noch einmal beide Arme, groß.* Die Revolution verschlingt sie, werden sie sich finden?

Vierter Akt

(ES KOMMT EIN MORGENROT)

Eine kleine Schnapsdestille

Glubb, der Destillateur, in Weiß, singt zur Klampfe »Die Moritat vom toten Soldaten«. Laar und ein dunkler besoffener Mensch stieren ihm auf die Finger. Ein kleiner viereckiger Mann namens Bulltrotter liest die Zeitung. Manke, der Kellner, Bruder des Picadillybarmanke, trinkt mit der Prostituierten Auguste, und alle rauchen.

BULLTROTTER Ich will Schnaps haben und keinen toten Soldaten, ich will die Zeitung lesen und ich brauche Schnaps dazu, sonst verstehe ich sie nicht, zum Teufel!

GLUBB *mit einer kalten, glasigen Stimme:* Ist es euch nicht gemütlich?

BULLTROTTER Ja, aber jetzt gibt es Revolution.

GLUBB Wozu? In meinem Lokal sitzt der Abschaum gemütlich, und der Lazarus singt.

DER BESOFFENE MENSCH Ich der Abschaum, du der Lazarus.

EIN ARBEITER *herein und zur Theke:* Tag, Karl.

GLUBB Eilig?

DER ARBEITER Elf Uhr Hausvogteiplatz.

GLUBB Haufen Gerüchte.

DER ARBEITER Im Anhalter sitzt die Gardeschützendivision seit sechs. Im »Vorwärts« noch alles in Ordnung. Heut könnten wir deinen Paule brauchen, Karl.
Stille.

MANKE Hier wird nicht von Paule gesprochen für gewöhnlich.

DER ARBEITER *zahlt:* Heut ist ungewöhnlich. *Ab.*

MANKE *zu Glubb:* Und im November war es nicht ungewöhnlich? Sie müssen eine Latte in der Hand haben und in die Finger ein Gefühl, was klebt.

GLUBB *kalt:* Der Herr wünscht was.

BULLTROTTER Freiheit! *Er zieht Jacke und Kragen aus.*

GLUBB Im Hemd trinken, das ist polizeilich verboten.

BULLTROTTER Reaktion.

MANKE Die Internationale probieren sie ein, vierstimmig mit Tremolo! Freiheit! Dann soll wohl'n Mann mit saubere Manschetten, der soll wohl dann die Toilette auswaschen?

GLUBB Sie machen den Marmor kaputt, der aus Holz ist.

AUGUSTE Die mit die weißen Manschetten, die sollen wohl nicht die Toilette auswaschen?

BULLTROTTER An die Wand mit dir, Junge!

AUGUSTE Da sollen mal die mit die weißen Manschetten sich auch gefälligst den Arsch zubinden.

MANKE Auguste, du bist ordinär.

AUGUSTE O schämt euch, ihr Schweine, die Gedärme gehören euch herausgerissen, aufgehängt gehört ihr dran, an die Laternen, die mit die Manschetten. Fräulein, nu machen Sie's mal billiger, wir haben den Krieg verloren! Lassen Sie die Liebe, wenn Sie nicht Zaster haben, und machen Sie nicht Krieg, wenn Sie nicht können! Tun Sie die Füße herunter, wo Damen sind! Soll ich Ihre Schweißfüße riechen, Sie Schubjack?

GLUBB Seine Manschetten sind gar nicht weiß.

DER BESOFFENE MENSCH Was ist das, was da so holpert?

MANKE Kanonen!

DER BESOFFENE MENSCH *grinst bleich die andern an:* Was ist das, was da so klirrt?

Glubb läuft ans Fenster, reißt es auf, sie hören Kanonen durch die Straße jagen. Alle ans Fenster.

BULLTROTTER Das ist das Maikäferregiment.

AUGUSTE Jesus Maria, wo fahren die hin?

GLUBB In die Zeitungen, Mensch! Das sind Zeitungsleser! *Er schließt das Fenster.*

AUGUSTE Jesus Maria, wer steht da in der Tür?

Kragler wie besoffen schwankend, auf den Sohlen wippend, unter der Tür.

MANKE Sie legen sich wohl'n Ei unter der Tür?

AUGUSTE Wer bist du?

KRAGLER *bösartig grinsend:* Niemand!

AUGUSTE Der Schweiß rinnt ihm ja in den Hals! Bist du so gelaufen?

DER BESOFFENE MENSCH Hast du den Durchfall?

KRAGLER Nein, ich habe nicht den Durchfall.

MANKE *quer zu ihm:* Also: was hast du ausgefressen, Junge? Die Visagen kenne ich.

MARIE *taucht hinter ihm auf:* Er hat nichts ausgefressen. Ich hab ihn eingeladen, Auguste, er hat keine Bleibe. Er ist in Afrika gewesen. Setz dich.

Kragler bleibt in der Tür stehen.

MANKE Gefangen?

MARIE Ja, und vermißt.

AUGUSTE Vermißt auch?

MARIE Und gefangen. Und inzwischen haben sie ihm seine Verlobte geklaut.

AUGUSTE Dann komm zu Mamma. Setz dich, Artillerist. *Zu Glubb:* Fünf Doppelkirsche, Karl!

Glubb schenkt fünf Gläser ein, und Manke stellt sie auf ein Tischchen.

GLUBB Mir haben sie vorige Woche ein Fahrrad geklaut.

Kragler geht auf das Tischchen zu.

AUGUSTE Erzähl was von Afrika!

Kragler antwortet nicht, trinkt jedoch.

BULLTROTTER Kotz dich aus. Der Wirt ist rot.

GLUBB Was bin ich?

BULLTROTTER Rot.

MANKE Benehmen Sie sich, mein Herr, hier ist nichts rot, bitte sehr.

BULLTROTTER Schön, denn nicht.

AUGUSTE Und was hast du gemacht da unten?

KRAGLER *zu Marie:* Neger in die Bäuche geschossen. Straßen gepflastert. – So, ist es die Lunge?

AUGUSTE Und wie lang?

KRAGLER *immer zu Marie:* Siebenundzwanzig.

MARIE Monate.

AUGUSTE Und vorher?

KRAGLER Vorher? Ich bin in einem Lehmloch gelegen.

BULLTROTTER Und was habt ihr da gemacht?

KRAGLER Gestunken.

GLUBB Ja, ihr konntet faulenzen, nach Noten.

BULLTROTTER Und in Afrika, wie sind da die Mentscher?

Kragler schweigt.

AUGUSTE Seien Sie nicht ordinär.

BULLTROTTER Wie Sie nach Hause kamen, da war sie nicht zu Hause, wie? Sie haben wohl gedacht, sie geht am Morgen nach den Kasernen und wartet da zwischen den Hunden auf Sie?

KRAGLER *zu Marie:* Soll ich ihn aufs Maul schlagen?

GLUBB Nein, noch nicht. Aber du kannst das Orchestrion spielen lassen, das kannst du.

KRAGLER *steht schwankend auf und salutiert:* Zu Befehl. *Er geht und läßt das Orchestrion spielen.*

BULLTROTTER Sentimentalitäten.

AUGUSTE Er hat nur ein Gefühl wie ein Leichnam; er lebt länger als er selber.

GLUBB Ja, ja, ja, ja. Es ist ihm ein kleines Unrecht geschehen. Da wächst Gras drüber.

BULLTROTTER Nanu, sind Sie nicht rot? Glubb, war da nicht die Rede von einem Neffen?

GLUBB Ja, da war die Rede davon. Nicht in diesem Lokal übrigens.

BULLTROTTER Nein, nicht in diesem Lokal. Bei Siemens.

GLUBB Für kurze Zeit.

BULLTROTTER Bei Siemens, für kurze Zeit. Da war er Dreher. Da war er Dreher für kurze Zeit. Da war er Dreher bis November, wie?

DER BESOFFENE MENSCH *der bisher nur gelacht hat, singt:*
Meine Brüder, die sind tot
Und ich selbst wär's um ein Haar
Im November war ich rot
Aber jetzt ist Januar.

GLUBB Herr Manke, der Herr hier wünscht niemand zu belästigen. Sorgen Sie dafür.

KRAGLER *hat Auguste gefaßt und hopst mit ihr herum:*
»Ein Hund ging in die Küche
Und stahl dem Koch ein Ei
Da nahm der Koch sein Hackbeil
Und schlug den Hund entzwei.«

DER BESOFFENE MENSCH *von Lachen geschüttelt:* Dreher für kurze Zeit.

GLUBB Bitte, mir nicht die Gläser zu zerschmeißen, Artillerist!

MARIE Er ist jetzt besoffen. Jetzt ist ihm leichter.

KRAGLER Ist es ihm leichter? Tröste dich nur, Bruder Schnapsbottich, sag: das gibt es nicht.

AUGUSTE Trink du selber.

DER BESOFFENE MENSCH War da nicht die Rede von einem Neffen?

KRAGLER Was ist ein Schwein vor Gott dem Herrn, Schwester Prostituierte? Es ist nichts.

DER BESOFFENE MENSCH Nicht in diesem Lokal.

KRAGLER Denn warum? Kann man das Militär abschaffen oder den lieben Gott? Kannst du abschaffen, daß es Folterqualen gibt, roter Herr, und die Folterqualen, die die Menschen den Teufel gelehrt haben? Du kannst es nicht abschaffen, aber Schnaps kannst du ausschenken. Darum trinkt und macht die Tür zu und laßt den Wind nicht herein, den es auch friert, sondern tut das Holz vor!

BULLTROTTER Der Wirt sagt, dir ist eben ein kleines Unrecht geschehen, da wächst Gras drüber, sagt er.

KRAGLER Wächst es? Hast du Unrecht gesagt, Bruder roter Herr? Was für ein Wort das wieder ist, Unrecht! Lauter solche kleine Wörter erfinden sie und blasen sie in die Luft, und dann können sie sich zurücklegen, und dann wächst das Gras. Und der große Bruder haut den kleinen aufs Maul, und der Fette klaut die fette Milch, da wächst das Gras gut.

DER BESOFFENE MENSCH Übern Neffen! Von dem nicht die Rede ist!

KRAGLER »Da kamen die andern Hunde
und gruben dem Hund das Grab
Und setzten ihm einen Grabstein

Der folgende Inschrift hat:
Ein Hund ging in die Küche ...«
Und darum macht euch's bequem auf dem kleinen Stern, es ist kalt hier und etwas finster, roter Herr, und die Welt ist zu alt für die bessere Zeit und der Himmel ist schon vermietet, meine Lieben.

MARIE Was sollen denn wir tun? Er sagt, er will in die Zeitungsviertel gehen, dort ist es, aber was ist in den Zeitungsvierteln?

KRAGLER Es fährt eine Droschke in die Picadillybar.

AUGUSTE Sitzt sie drin?

KRAGLER Da sitzt sie drin. Mein Puls ist ganz gewöhnlich, ihr könnt herfühlen. *Streckt die Hand hin, trinkt mit der andern.*

MARIE Er heißt Andree.

KRAGLER Andree. Ja, Andree hab ich geheißen. *Er fühlt immer noch abwesend seinen Puls.*

LAAR Es waren hauptsächlich Kiefern, kleine.

GLUBB Jetzt geht dem Stein das Maul auf.

BULLTROTTER Und da hast du verkauft, du Dummkopf?

LAAR Ich?

BULLTROTTER Ah, die Bank! Interessant, Glubb, aber nicht in diesem Lokal.

GLUBB Seid ihr beleidigt? Aber ihr könnt euch beherrschen. Na, dann laßt euch beherrschen! Halt dich ruhig, wenn sie dir die Haut abziehen, Artillerist, sonst geht sie entzwei, es ist deine einzige. *Immer mit Gläsern beschäftigt.* Ja, ihr seid etwas beleidigt, man hat euch ja mit Kanonen und Säbeln abgeschlachtet, etwas beschissen und ein wenig bespien. Und wenn schon!

BULLTROTTER *auf die Gläser:* Sind sie immer noch nicht sauber?

DER BESOFFENE MENSCH Wasche mich, Herr, daß ich weiß werde! Wasche mich, daß ich schneeweiß werde! *Singt:*
Meine Brüder, die sind tot, ja tot.
Selber wär ich's beinah um ein Haar.
Im November war ich rot, ja rot
Aber jetzt ist Januar.

GLUBB Das ist genug.

AUGUSTE Ihr Feiglinge!

ZEITUNGSFRAU *herein:* Spartakus im Zeitungsviertel! Die rote Rosa spricht unter freiem Himmel im Tierpark! Wie lange noch die Pöbelkrawalle? Wo ist das Militär? Zehn Pfennige, Herr Artillerist? Wo ist das Militär, zehn Pfennige. *Ab, da niemand kauft.*

AUGUSTE Und kein Paule!

KRAGLER Pfeift es wieder?

GLUBB *schließt den Schrank, wischt sich die Hände ab:* Das Lokal ist geschlossen.

MANKE Los, Auguste! Du bist nicht gemeint, aber los! *Zu Bulltrotter.* Was ist mit Ihnen, Herr? Zwei Mark sechzig.

BULLTROTTER Ich bin am Skagerrak gewesen, das war auch keine Brautnacht.
Aufbruch.

DER BESOFFENE MENSCH *den Arm um Marie:*
Eine Kanaille engelsgut
Schwamm mit ihm durch die Tränenflut.

KRAGLER In die Zeitungen mit uns!
»Ein Hund ging in die Küche
Und stahl dem Koch ein Ei
Da nahm der Koch sein Hackbeil
Und schlug den Hund entzwei.«
Laar schwankt zum Orchestrion, reißt die Trommel los und geht wirbelnd hinter den andern her hinaus.

Fünfter Akt

(DAS BETT)

Holzbrücke

Geschrei, großer roter Mond.

BABUSCH Sie sollten heimgehen.

ANNA Ich kann es nicht mehr. Was hilft es, ich habe vier Jahre gewartet mit der Photographie und einen andern genommen. Ich hatte nachts Angst.

BABUSCH Ich habe keine Zigarre mehr. Gehen Sie überhaupt nicht mehr heim?

ANNA Hören Sie!

BABUSCH Sie fetzen Zeitungen in die Regenlachen, schreien Maschinengewehre an, schießen sich ins Ohr, meinen, sie machen eine neue Welt. Da kommt wieder ein Haufen von ihnen.

ANNA Das ist er!
Es kommt mit den Nahenden eine große Unruhe in die Gassen. In vielen Richtungen erwacht Geschieße.

ANNA Jetzt sage ich es ihm!

BABUSCH Den Mund halte ich Ihnen zu!

ANNA Ich bin kein Tier! Jetzt schreie ich!

BABUSCH Und ich habe keine Zigarre mehr!
Zwischen den Häusern heraus Glubb, Laar, der besoffene Mensch, die zwei Weiber, der Kellner Manke aus der Schnapsdestille und Andreas Kragler.

KRAGLER Ich bin heiser. Das Afrika wächst mir zum Halse heraus. Ich hänge mich auf.

GLUBB Kannst du dich nicht morgen aufhängen und jetzt mit in die Zeitungen gehen?

KRAGLER *stiert auf Anna hin:* Ja.

AUGUSTE Hast du eine Erscheinung?

MANKE Mensch, deine Haare sträuben sich ja!

GLUBB Ist sie es?

KRAGLER Ja, was ist, bleibt ihr stehen? An die Wand mit euch! Marsch, marsch, immer marsch!

ANNA *tritt ihm entgegen:* Andree!

DER BESOFFENE MENSCH Hoch das Bein, die Liebe winkt!

ANNA Andree, bleib stehen, ich bin es, ich wollte dir etwas sagen. *Stille.* Ich wollte dich auf etwas aufmerksam machen, bleib ein wenig stehen, ich bin nicht betrunken. *Stille.* Du hast auch keine Mütze, es ist kalt. Ich muß dir etwas ins Ohr sagen.

KRAGLER Bist du betrunken?

AUGUSTE Da kommt die Braut nach, und die Braut ist besoffen!

ANNA Ja, was sagst du? *Geht ein paar Schritte.* Ich habe ein Kind.

Auguste lacht gellend. Kragler schwankt, schielt nach der Brücke, harpft herum, als probiere er das Gehen.

AUGUSTE Bist du ein Fisch, daß du nach Luft schnappst?

MANKE Du glaubst wohl, du schläfst?

KRAGLER *die Hände an der Hosennaht:* Zu Befehl!

MANKE Sie hat ein Kind. Kinder kriegen, das ist ihr Geschäft. Komm jetzt!

KRAGLER *steif:* Zu Befehl! Wohin?

MANKE Er ist irrsinnig geworden.

GLUBB Bist du nicht eines Tages in Afrika gewesen?

KRAGLER Marokko, Casablanca, Hütte 10.

ANNA Andree!

KRAGLER *horcht:* Horch, meine Braut, die Hure! Sie ist gekommen, sie ist da, sie hat den Bauch voll!

GLUBB Sie ist etwas blutarm, nicht?

KRAGLER St! Ich war es nicht, ich bin es nicht gewesen.

ANNA Andree, es sind Leute da!

KRAGLER Ist dein Leib von der Luft geschwollen oder bist du eine Hure geworden? Ich bin fortgewesen, ich konnte nicht auf dich schauen. Ich bin im Dreck gelegen. Wo bist du gelegen, als ich im Dreck gelegen bin?

MARIE Sie sollten nicht so reden. Was wissen denn Sie?

KRAGLER Und dich wollte ich sehen! Jetzt läge ich, wo ich hingehöre, hätte Wind im Schädel, hätte Staub im Munde und wüßte nichts. Aber das wollte ich noch sehen. Ich tat's nicht billiger. Ich habe Treber gefressen. Die waren bitter. Ich bin aus dem Lehmloch gekrochen auf allen vieren. Das war witzig! Ich Schwein! *Reißt die Augen auf.* Seht ihr da zu, he? Habt ihr Freibilletten? *Er hebt die Erdklumpen auf und schmeißt sie um sich.*

AUGUSTE Haltet ihn nieder!

ANNA Wirf zu, Andree! Wirf zu! Hierher wirf!

MARIE Tut die Frau weg, er wirft sie tot!

KRAGLER Geht zum Teufel! Da habt ihr alles, was ihr braucht. Mäuler auf! Es gibt nichts sonst.

AUGUSTE Den Kopf nach unten! In den Dreck, den Kopf!

Die Männer halten ihn gegen den Boden.

AUGUSTE Jetzt aber verduften Sie bitte, Fräulein!

GLUBB *zu Anna:* Ja, gehen Sie jetzt heim, die Morgenluft schadet den Eierstöcken.

BABUSCH *klatscht quer über den Kampfplatz zu Kragler hin und erklärt ihm, seine zerknautschte Zigarre kauend:* Jetzt wissen Sie, wo die Kugel im Fleisch sitzt. Sie sind der liebe Gott, Sie haben gedonnert. Die Frau ihrerseits ist schwanger, sie kann auf dem Stein nicht sitzen bleiben, die Nächte sind kühl, vielleicht sagen Sie was . . .

GLUBB Ja, vielleicht sagst du was.

Die Männer lassen Kragler hoch.

Es ist still, Wind geht, zwei Männer gehen eilends vorüber.

DER EINE Das Ullsteinhaus haben sie.

DER ANDERE Und vor Mosse fährt Artillerie auf.

DER EINE Wir sind viel zu wenige.

DER ANDERE Viele sind noch unterwegs.

DER EINE Viel zu spät.

Sie sind vorbei.

AUGUSTE Da habt ihr's! Macht Schluß jetzt!

MANKE Schmeißt ihm die Antwort in die Fresse, dem Bourgeois und seiner Hure!

AUGUSTE *will Kragler mitzerren:* Komm mit in die Zeitungen, Junge! Die Haare wachsen dir schon wieder auf den Zähnen.

GLUBB Laß sie in Ruhe da auf ihrem Stein! Um sieben Uhr geht die Untergrundbahn.

AUGUSTE Heute geht keine Untergrundbahn.

DER BESOFFENE MENSCH Vorwärts, hinein in das Hosianna!

Anna ist wieder aufgestanden.

MARIE *besieht sie:* Weiß wie Leinen.

GLUBB Etwas blaß und etwas dünn.

BABUSCH Sie geht in die Binsen.

GLUBB Das scheint nur so, das ist das ungünstige Licht. *Besieht den Himmel.*

AUGUSTE Da kommen sie vom Wedding.

GLUBB *die Hände reibend:* Du bist ja auch mit den Kanonen gekommen. Vielleicht gehörst du dazu!

Kragler schweigt.

Du sagst nichts, das ist weise! *Herumgehend.* Dein Rock ist dir etwas geschossen, und im ganzen bist du etwas abgeblaßt, ein wenig abgefieselt. Aber das macht ja nicht viel. Ein wenig unangenehm sind vielleicht nur deine Schuhe, die knarren. Aber die kannst du ja einfetten. *Er schnuppert in die Luft.* Freilich sind seit elf Uhr ein paar Sternenhimmel hinabgeschwommen und einige Heilande haben die Spatzen gefressen, aber gut, daß du noch da bist. Nur deine Verdauung macht mir noch Beschwerden. Immerhin, durch dich geht das Licht noch nicht durch, dich sieht man wenigstens.

KRAGLER Komm her, Anna!

MANKE »Komm her, Anna!«

ANNA Wo ist die Untergrundbahn, ihr?

AUGUSTE Untergrundbahn ist heute nicht. Heute gibt es keine Untergrundbahn, keine Hochbahn, keine Stadtbahn, den ganzen Tag. Heute ist Ruhe überallhin, auf allen Bahnen stehen die Züge heute, und wir gehen herum wie die Menschen, bis zum Abend, meine Liebe.

KRAGLER Komm zu mir her, Anna!

GLUBB Willst du nicht noch etwas mitgehen, Bruder Artillerist?

Kragler schweigt.

Einige von uns hätten gern noch einige Korn getrunken, aber du warst dagegen. Einige wären gern noch einmal in einem Bett gelegen, aber du hattest kein Bett, und so wurde es auch nichts aus dem Nachhausegehen.

Kragler schweigt.

ANNA Willst du nicht gehen, Andree? Die Herren warten.

MANKE Mensch, so tu doch die Flosse aus dem Sack!

KRAGLER Schmeißt Steine auf mich, hier stehe ich: ich kann das Hemd ausziehen für euch, aber den Hals hinhalten ans Messer, das will ich nicht.

DER BESOFFENE MENSCH Himmel, Arsch und Zwirn.

AUGUSTE Und und und die Zeitungen?

KRAGLER Es hilft nichts. Ich lasse mich nicht noch im Hemd in die Zeitungen schleifen. Ich bin kein Lamm mehr. Ich will nicht verrecken. *Zieht die Tabakspfeife aus dem Hosensack.*

GLUBB Ist das nicht ein wenig bettelhäftig?

KRAGLER Mensch, sie schießen dich schwarz in deine Brust! Anna! Wie schaust du denn, zum Teufel? Soll ich mich vor dir auch noch verteidigen? *Zu Glubb.* Dir haben sie den Neffen abgeschossen, aber ich habe meine Frau wieder. Anna, komm!

GLUBB Ich glaube, wir können allein weitergehen.

AUGUSTE Dann war also alles, Afrika und alles, Lüge?

KRAGLER Nein, es war wahr! Anna!

MANKE Der Herr hat geschrien wie ein Börsenmakler, und jetzt will er ins Bett.

KRAGLER Jetzt habe ich die Frau.

MANKE Hast du sie?!

KRAGLER Her, Anna! Sie ist nicht unbeschädigt, unschuldig ist sie nicht, bist du anständig gewesen oder hast du einen Balg im Leibe?

ANNA Einen Balg, ja, das habe ich.

KRAGLER Das hast du.

ANNA Hier drinnen ist er, der Pfeffer hat nicht geholfen und meine Hüften sind hin für immer.

KRAGLER Ja, so ist sie.

MANKE Und wir? Mit Schnaps getränkt bis ans Herz und mit Geschwätz gefüttert bis zum Nabel, und die Messer in unseren Pfoten, von wem sind die?

KRAGLER Die sind von mir. *Zu Anna.* Ja, so eine bist du.

ANNA Ja, so eine bin ich.

AUGUSTE Du hast wohl gar nicht »In die Zeitungen!« geschrien?

KRAGLER Doch, das habe ich. *Zu Anna.* Geh her!

MANKE Ja, das hast du, das wird dich auffressen, Junge, »In die Zeitungen!« hast du geschrien.

KRAGLER Und heim gehe ich. *Zu Anna.* Soll ich dir Beine machen?

AUGUSTE Schwein!

ANNA Laß mich! Vater und Mutter habe ich etwas vorgespielt und im Bett bin ich gelegen mit einem Junggesellen.

AUGUSTE Schwein auch du!

KRAGLER Was hast du?

ANNA Die Vorhänge habe ich mit ihm gekauft. Und geschlafen habe ich mit ihm im Bett.

KRAGLER Halt's Maul!

MANKE Mensch, ich hänge mich auf, wenn du wankst!

Hinten fernes Geschrei.

AUGUSTE Und jetzt stürmen sie Mosse.

ANNA Und dich habe ich ganz und gar vergessen, trotz der Photographie, mit Haut und Haar.

KRAGLER Halt das Maul!

ANNA Vergessen! Vergessen!

KRAGLER Und ich pfeif drauf. Soll ich dich mit dem Messer holen?

ANNA Ja, hol mich. Ja, mit dem Messer!

MANKE Ins Wasser, das Aas!

Sie stürzen sich auf Anna.

AUGUSTE Ja, holt ihm das Mensch weg.

MANKE Eine Hand in den Hals!

AUGUSTE Unters Wasser, das Schiebermensch!

ANNA Andree!

KRAGLER Hände weg!

Man hört nur Keuchen. In der Ferne fallen unregelmäßig dumpfe Kanonenschüsse.

MANKE Was ist das?

AUGUSTE Artillerie.

MANKE Kanonen.

AUGUSTE Jetzt gnade Gott allen, die dort sind. Sie explodieren wie die Fische!

KRAGLER Anna!

Auguste läuft geduckt nach hinten.

BULLTROTTER *taucht hinten auf der Brücke auf:* Teufel, wo bleibt ihr?

GLUBB Er geht auf den Abtritt.

MANKE Schuft! *Abgehend.*

KRAGLER Ich gehe jetzt heim, mein lieber Schwan.

GLUBB *schon auf der Brücke:* Ja, deine Hoden hast du noch.

KRAGLER *zu Anna:* Es pfeift wieder, häng dich an meinen Hals, Anna.

ANNA Ich will mich auch ganz dünne machen.

GLUBB Du hängst dich ja doch auf, morgen früh, im Abtritt.

Auguste ist mit den anderen schon verschwunden.

KRAGLER Du läufst an die Wand, Mensch.

GLUBB Ja, der Morgen riecht viel, mein Junge. Einige freilich bringen sich wohl ihn Sicherheit. *Er verschwindet.*

KRAGLER Fast ersoffen seid ihr in euren Tränen über mich, und ich habe nur mein Hemd gewaschen mit euren Tränen! Mein Fleisch soll im Rinnstein verwesen, daß eure Idee in den Himmel kommt? Seid ihr besoffen?

ANNA Andree! Es machts nichts!

KRAGLER *sieht ihr nicht ins Gesicht, trollt sich herum, langt sich an den Hals:* Ich hab's bis zum Hals! *Er lacht ärgerlich.* Es ist gewöhnliches Theater. Es sind Bretter und ein Papiermond und dahinter die Fleischbank, die allein ist leibhaftig. *Er läuft wieder herum, die Arme hängend bis zum Boden, und so fischt er die Trommel aus der Schnapskneipe.* Sie haben ihre Trommel liegengelassen. *Er haut drauf.* Der halbe Spartakus oder Die Macht der Liebe. Das Blutbad im Zeitungsviertel oder Jeder Mann ist der beste Mann in seiner Haut. *Sieht auf, blinzelt.* Entweder mit dem Schild oder ohne den Schild. *Trommelt.* Der Dudelsack pfeift, die armen Leute sterben im Zeitungsviertel, die Häuser fallen auf sie, der Morgen graut, sie liegen wie ersäufte Katzen auf dem Asphalt, ich bin ein Schwein, und das Schwein geht heim. *Er zieht den Atem ein.* Ich ziehe ein frisches Hemd an, meine Haut habe ich noch, meinen Rock ziehe ich aus, meine Stiefel fette ich ein. *Lacht bösartig.* Das Geschrei ist alles vorbei, morgen früh, aber ich liege im Bett morgen früh und vervielfältige mich, daß ich nicht aussterbe. *Trommelt.* Glotzt nicht so romantisch! Ihr Wucherer! *Trommelt.* Ihr Halsabschneider! *Aus vollem Halse lachend, fast erstickend.* Ihr blutdürstigen Feiglinge, ihr! *Sein Gelächter bleibt stecken im Hals, er kann nicht mehr, er torkelt herum, schmeißt die Trommel nach dem Mond, der ein Lampion war, und die Trommel und der Mond fallen in den Fluß, der kein Wasser hat.* Besoffenheit und Kinderei. Jetzt kommt das Bett, das große, weiße, breite Bett, komm!

ANNA O Andree!

KRAGLER *führt sie hinter.* Hast du auch warm?

ANNA Aber du hast keine Jacke an. *Sie hilft ihm hinein.*

KRAGLER Es ist kalt. *Er legt ihr den Schal um den Hals.* Komm jetzt!

Die beiden gehen nebeneinander, ohne Berührung, Anna etwas hinter ihm. In der Luft, hoch, sehr fern, ein weißes, wildes Geschrei: das ist in den Zeitungen.

KRAGLER *hält ein, horcht, legt stehend den Arm um Anna:* Jetzt sind es vier Jahre.

Während das Geschrei andauert, gehen sie weg.

Mark Medoff
Wann kommst du wieder, Roter Reiter?

Stück in zwei Akten

Deutsch von Martin Walser

Für Stephanie

Hinsterbend mit den fruchtbergenden Kelchen
Des Lands, hinsterbend mit den Herden
Weidender Rinder und Geburten,
Fruchtlosen, von den Frauen; und herein
Schwer fuhr der feuertragende, der Gott, und jagt –
Die Pest, die grimmigste – die Stadt . . .

Sophokles

Wo bist du hin, Joe Dimaggio
ein Volk sieht dir nach
mit verlassenen Augen

Simon

Wann kommst du wieder, Roter Reiter?

Personen: Red Ryder/Stephen · Angel · Lyle Stricker · Mr. Clark · Richard Ethredge · Clarisse Ethredge · Teddy · Cheryl

Erster Akt

Eine kleine Raststätte in der Wüste im südlichen Neu-Mexiko. Der Raum erinnert an einen Speisewagen. Sechs Sitzplätze, drei Tische, eine Musikbox. In einem der Fenster: FOSTER'S DINERS, ARIZ., N. MEX., TEX. Die Buchstaben blättern schon ab. Obwohl die Raststätte sauber ist, hat sie ihre besseren Tage schon hinter sich.

Ein neunzehnjähriger Junge, Stephen/Red, sitzt an einem Ende der Theke, liest Zeitung; mit dem Rücken lehnt er sich gegen eine Trennwand; seine Füße stehen auf dem zweiten Hocker; seine Schenkel und Knie dienen der Zeitung als Auflage. Er ist auffallend unansehnlich, klein, das Haar von der Stirn ab glatt zurückgekämmt. Er trägt ein Sporthemd, hat einen Knopf zuviel offen, die Ärmel aufgerollt; das ist, am Ende der Sechzigerjahre, eine unfreiwillige Parodie der Mitte der Fünfziger. Er raucht Raleigh-Zigaretten und hat an seinem Unterarm eine Tätowierung: »Totenkopf« (als Wort). Die Uhr hinter der Theke zeigt 6 Uhr 5. Stephen schaut kritisch hin, dann zum Fenster hinaus, dann auf seine eigene Uhr. Die Musikbox läuft. Das Frühlicht fällt durch die Fenster herein. Stephen hört jemanden kommen, Er weiß, wer es ist. Er geht zur Musikbox, greift hinter sie und unterbricht die Platte, die gerade läuft. Dann, wieder auf seinem Hocker, hebt er die Zeitung so, daß sie sein Gesicht verdeckt. Angel tritt ein. Sie ist vielleicht ein paar Jahre älter als Stephen. Sie ist dick, ihre weiße Arbeitskleidung spannt sich über ihre Wülste. Sie hat ein verkniffenes Gesicht. Ihr kurzes Haar wird überspannt von einem Band aus weichem, dickem, pastellfarbenem Samt. Ein vorstehender Schneidezahn. Am Ringfinger ihrer rechten Hand trägt sie einen flachen Ehering. Sie hat eine sehr kleine Tasche.

ANGEL Guten Morgen, Stephen.
Stephen schaut nicht zu ihr hin, sondern auf die Uhr und produziert einen scharfen Sauglaut mit Zunge und Zähnen: Ts-ts-ts ... Diesen Laut bringt er noch öfter hervor. Dann hält er wieder die Zeitung vors Gesicht. Durch einen Einlaß hinter der Trennwand, an der Stephen lehnt, geht Angel unbeirrt hinter die Theke.
Tut mir leid, daß ich zu spät dran bin. Mama und ich, unser täglicher Clinch verlief heute nicht ganz planmäßig.
Stephen senkt geräuschvoll seine Zeitung und produziert seinen Sauglaut.
Ich sagte, daß es mir leid tut, ja! Ganze 6 Minuten.

STEPHEN Ganze 6 Minuten, so-so! Und ich muß 6 Minuten lang in dieser Bude rumhocken, wenn meine Schicht vorbei ist, ja? Das ist nämlich nicht ganz die Art von Schuppen, wo ich meine Freizeit verbringe, verstanden!

ANGEL Du trinkst aus einem Pappbecher.

Stephen ist wieder hinter seiner Zeitung verschanzt.

STEPHEN Clark wird's verkraften, verlaß dich drauf.

ANGEL Darauf kommt's nicht an, Stephen.

STEPHEN Du verrätst mir sicher, worauf's ankommt, ja?! Moment! Was zum Mitschreiben!

ANGEL Wenn du deinen Kaffee hier drin trinkst, wird vorausgesetzt, daß du eine richtige Tasse benutzt. Nimmst du ihn aber raus, zahlst du 15 statt 10 Cent und dafür kriegst du so'n 5-Cent-Pappbecher zum Mitnehmen. Das ist das, worauf's ankommt, Stephen.

STEPHEN Dann nehm ich'n halt mit, bitteschön, noch was?

Stephen nimmt die letzte Zigarette aus einer Packung, reißt einen Coupon ab, steckt ihn in die Hemdtasche, zerknüllt die Packung und wirft sie wie einen Basketball in den Raum.

ANGEL Stephen!

Sie läuft nach der Packung, dann erledigt sie ihre tägliche Morgenarbeit: Füllen der Pfeffer- und Salzstreuer und des Zuckerglases; Auslegen der geflochtenen Sets auf den Tischen; Beseitigung der Unordnung, die Stephen ihr offensichtlich jeden Morgen hinterläßt. Stephen beugt sich über die Theke und holt aus einer halbleeren Stange Raleigh ein frisches Päckchen. Er versorgt die Stange; das Päckchen klatscht er auf die Theke. Inzwischen:

Was willst du mit den Zigarettencoupons anfangen, Stephen?

Stephen liest, raucht, trinkt Kaffee.

Stephen?

STEPHEN *senkt die Zeitung mit Anzeichen von Gereiztheit:* Wie oft muß ich dir noch sagen, daß du mich nicht Stephen zu nennen hast!

ANGEL Ich mag dich nicht Red nennen. Ich find's blöd, jemand mit braunen Haaren Red zu nennen.

STEPHEN Es ist aber mein Name. Stephen mag ich nicht. Red mag ich. Und als Kind hatte ich rote Haare.

ANGEL Aber jetzt nicht. Jetzt hast du braune Haare.

STEPHEN *erbittert:* Aber früher nicht. Und auf früher kommt's an.

ANGEL Wer sagt das, daß es auf früher ankommt?

STEPHEN Der, auf den's ankommt. Mit herzlichem Gruß Dein. Ich nenn dich ja auch nicht Caroline oder Madge.

ANGEL Weil ich nicht so heiß. Ich heiße Angel, also . . .

STEPHEN Ja-jaa, aber für mich siehste nicht so aus!

ANGEL Tut mir leid, Stephen. Auf jeden Fall kriegte ich meinen Namen bei meiner Geburt. Keiner fragte, ob's mir was ausmache, Angel zu heißen, aber . . .

STEPHEN Du hättest dir'n andern zulegen können.

ANGEL Warum? Welchen?

STEPHEN *überlegt einen Augenblick, dann gönnerisch:* Mabel.

ANGEL Wieso'n Mabel?

STEPHEN Ja-jaa, Mabel.

ANGEL Wieso'n? Magst du Mabel?

STEPHEN Ich find Mabel widerlich. *Stephen glotzt sie an, produziert sein Sauggeräusch.*

ANGEL Stephen, wenn du's so eilig hast, hier rauszukommen, warum hockst'n du dann immer noch rum hier und machst ts-ts-ts!

STEPHEN Du, hör mal, in einer Minute bin ich weg, ja! Falls es aber zuviel verlangt ist, wenn ich in Ruhe 'ne Zigarette rauchen und eine Tasse Kaffee trinken will, bitte-bitte, dann brauchst du's ja nur zu sagen. Jeder Mensch sollte sich zwei Minuten täglich so richtig entspannen, nur, falls du mit den neuesten medizinischen Forschungen nicht vertraut bist. Aber wenn's tatsächlich zuviel verlangt ist, daß ich zwei Minuten in Ruhe hier verbringe, dann sag's eben. Ich möcht nicht auf ei'm Hocker hocken, auf den einer wartet oder so. *Er schaut sich um.* Mein Gott, schau bloß die Schlange, und die wollen alle auf mein' Hocker.

ANGEL *nach einer Pause:* Was läuft'n im Kino?

STEPHEN Was wird schon laufen, Supermist.

ANGEL *nach einer Pause:* Neulich hab ich gesehen, wie du das angestrichen hast im Katalog.

STEPHEN Was für'n Katalog?

ANGEL Im Raleigh-Coupon-Katalog.

STEPHEN Na und?

Angel kommt dicht zu ihm hin. Er holt sich den Schreiber, den sie überm Ohr hat und streicht was an in der Zeitung.

Bitte. Jetzt habe ich grad was in der Zeitung angestrichen. Heißt das, daß ich jetzt diese Karre nehme?

ANGEL Geh zu, Stephen, sag doch, was du nimmst.

STEPHEN Himmel, was geht's 'n dich an, was ich nehm!

ANGEL Mein Gott, Stephen, ich bin doch nicht von der Polizei oder so. Reg dich doch nicht so auf. Ich möcht doch nur wissen, was du nimmst.

STEPHEN *murmelt gereizt:* Rucksack.

ANGEL Was?

STEPHEN Schmalz in den Ohren, was?

ANGEL Ich hab's einfach nicht verstanden.

STEPHEN Ruck. Sack.

ANGEL Wer kriegt einen Rucksack?

STEPHEN Der Kerl dort ganz am Ende an der Theke. Zingo, der Zigeuner. Der trampt runter nach Guatemala.

ANGEL Du nimmst'n Rucksack? Wieso das?

STEPHEN Zu was nimmt man'n Rucksack normalerweise?

ANGEL Willst du kämpen.

STEPHEN Nein, kämpen will ich nicht. Aber ich werde auf Teufel-komm-raus versuchen, aus diesem Drecksnest wegzukommen, das schon.

ANGEL Wann? Stephen . . . wann?

STEPHEN Wann? Ich muß noch was regeln zuerst.

ANGEL Wann also?

STEPHEN Wann also?! Wenn ich das geregelt habe. Wann'n sonst. Gib mir'n Krapfen.

ANGEL *gibt ihm einen:* Und wohin willst du?

STEPHEN Wohin ich will? Ich will dorthin – *zeigt nach links* – oder dorthin – *zeigt nach rechts* – und wenn ich wohin komme, wo's nicht mehr nach hier riecht, da such' ich mir'n zumutbaren Job und verdien mir mein Brot. *Er nimmt den Krapfen, beißt hinein.*

ANGEL Weiß- oder Schwarzbrot?

STEPHEN Sowas von ei'm Krapfen. Die ha'm die Krümel auch mit Büroleim zusammengepappt.

ANGEL Weiß- oder Schwarzbrot, Stephen?

STEPHEN *den Mund voll:* Das finds' du wohl sehr komisch, ja?

ANGEL Man spricht nicht mit vollem Mund.

STEPHEN Menschenskind, jetzt ist mein Kaffee kalt. Wie finds' du'n das? *Er schaut sie an. Sie schenkt ihm frischen Kaffee in eine Tasse. Sie stellt ihm die Tasse hin. Er schaut die Tasse eine Minute lang an, dann gießt er den Kaffee aus der Tasse in seinen Pappbecher.*

Hab ich dir nicht gesagt, daß ich gehe, vor zwei Minuten um sind.

ANGEL Ach ja, hab ich ganz vergessen.

STEPHEN Ja-jaaa!

ANGEL Du solltest dir die Haare wachsen lassen und dich anders anziehen, wenn du dich an die Straße stellst. Du bist ganz aus der Mode. Kein Mensch nimmt einen mit, der so angezogen ist wie du und mit dieser Frisur. Und mit so'ner Tätowierung! »Totenkopf«. Heute trägt man Tätowierungen wo Liebe vorkommt und Antikrieg und so, aber doch nicht »Totenkopf«, Mensch.

STEPHEN Scheiß auf Liebe und Antikrieg. Und wer sagt denn, daß ich mich von solchen Leuten mitnehmen lasse, verflucht nochmal! Glaubst du, ich will mir mit Gewalt 'n Tripper holen. Ich kenn ein paar hundert Lastzugfahrer, die hier um Mitternacht durchkommen, von denen nimmt mich jeder jederzeit überall hin mit. Glaubst du vielleicht, ich erniedrige mich derart und fahr mit irgend so'm Schwachkopf . . . du spinnst ja.

ANGEL Wieviel, zweihundert Lastzugfahrer? O je, tut mir leid, daß ich dir das sagen muß. Wenn wir nicht neben Lyles Tankstelle und Motel lägen, wär Lyle unser einziger Gast.

STEPHEN Du mußt es ja wissen. Du bist schließlich die ganze Nacht hier, während ich zu Haus in meiner Falle rußle, also weißt du natürlich, wieviel Lastzugfahrer immer noch haltmachen hier, so ist es doch, oder nicht?!

ANGEL Du weißt genau, wieviel Gäste du in den letzten drei Wochen hattest pro Nacht, seit die Umgehungsstraße offen ist. Möchtest du wissen, wieviel es ganz genau waren, Stephen?

STEPHEN Nein, ich will's nicht wissen. Ich will zwei Minuten lang ruhig hier sitzen und diese Scheißzeitung lesen . . . wenn das nicht zuviel verlangt ist. Ist das zuviel verlangt? Wenn ja, dann sag's, und ich bin schon draußen und hock mich auf'n Friedhof, ja?

Lyle Striker tritt ein. Er ist Anfang sechzig. An einem Bein trägt er eine Schiene. Er benutzt eine Leichtmetall-Krücke. Er ist der Typ, der alle möglichen Bänder um Handgelenk und Unterarm trägt. In seiner Beziehung zu Angel schwingt ein sexueller Unterton mit.

LYLE Morgen. Morgen.

ANGEL Guten Morgen, Lyle.

LYLE Morgen, Red.

Stephen glotzt Lyle an.

Zu Angel zwinkernd: Schön, daß Red so munter ist heute morgen. Heut schon was in'n falschen Hals gekriegt, Reddilein?

Stephen produziert sein Sauggeräusch. Lyle setzt sich an seinen gewohnten Hocker, das ist der, der am weitesten von Stephen weg ist. Angel setzt ihm eine Tasse Kaffee vor und fängt an, sein Frühstück zusammenzustellen. Sie schaut immer wieder demonstrativ zu Stephen hin.

ANGEL Was macht das Geschäft, Lyle?

LYLE Alle acht Zimmer voll letzte Nacht. Und das in siebzehn von zwanzig Nächten seit die Umgehung offen ist. Die meisten sind schon weg. Sieht aus, als zahle sich meine Tafel ganz hübsch aus.

STEPHEN Hoch genug ist das Scheißding. Besser du schließt ne Versicherung ab, im Fall dir'n paar Flugzeuge reinrasen.

LYLE Na ja, ich hab wenigstens nicht straßauf, straßab solche Tafeln hängen wie dreckige Unterwäsche, daß auch ja jeder weiß, wo ich daheim bin.

STEPHEN Brauchst du mir nicht zu sagen.

LYLE »Steak mit Ei, unsere Spezialität.« *Lachend:* Steak mit Ei ist jedermanns Spezialität.

STEPHEN Ich sage, das brauchst du mir nicht zu sagen. Sag's Clark.

LYLE Sag's doch du Clark. Ich hab Ärger genug mit meinen Konzernfritzen.

STEPHEN Ja-ja, du hast's wirklich nicht leicht, Lyle. Wenn du mich fragst, hast du's echt schwer.

LYLE Bitte, wenn du glaubst, daß ich's gar so leicht hab, Red, ich überlaß dir's für einen Tag, dann werden wir ja sehen, wie du das findest, ein Acht-Zimmer-Motel, eine Tankstelle und eine Service-Station völlig allein zu besorgen.

STEPHEN Nur so weitergequatscht, Lyle, und dir geht ein 50-Dollar-Geschäft durch die Lappen, weil draußen nämlich schon seit ner halben Stunde ein Cadillac steht und darauf wartet, daß du aufhörst, Reden zu schwingen, dich vielmehr von deinem Allerwertesten hebst und an der Zapfsäule erscheinst.

Lyle dreht sich auf seinem Hocker, sieht, daß Stephen die Wahrheit sagt.

LYLE Die hab ich gar nicht kommen hören. *Er nimmt einen Schluck Kaffee und rappelt sich hoch.*

STEPHEN Kamen aus Zimmer 4 und fuhren direkt zur Superpumpe hin. Seitdem suchen sie die Landschaft ab nach einem, der ihre Yacht mit einem 50-Dollar-Quantum Benzin versehen könnte.

LYLE Bis gleich. Halt mir den Stuhl warm. *Zwinkert zu Angel und geht.*

STEPHEN *schreit ihm nach:* Ja, wir wer'n ein Feuer anzünden unter ihm.

Pause.

Zu Angel: Himmel, Himmel, schau dir bloß diese Yacht an. Sieht aus wie diese Scheiß-Queen-Mary. Wetten, daß er fünfzig kassiert für eine Füllung?

ANGEL Die sehen nicht aus, wie wenn sie bei Lyle übernachten müßten.

STEPHEN Was du nicht sagst, jetzt ist dem alten Krüppel sein Laden plötzlich nicht mehr fein genug für dich, weil du den Debütantinnen-Ball hinter dir hast, ja!

ANGEL Sehr witzig, Stephen.

STEPHEN Ist wohl nicht schick genug für so'n Cadillac, vor Zimmer 4 von dem Dingsda zu stehen.

Stephen geht zum Fenster, um zum Motel hinüberzuschauen.

ANGEL Lyle seins ist ja nicht grad das Hilton, oder?

STEPHEN Wirklich? Ich nähm's. Wenn's der Krüppel nicht will, soll er's mir geben. Wenn er was von Aufhören sagt, erwähnst du sofort mich, als bereitwilligen Empfänger. Ich könnte schon was machen aus dem, was er da hat.

ANGEL Warum fragst du Lyle nicht, ob er dich nimmt. Ich wette, er würde. Was wetten wir, wenn du ihn fragst, ob du ihm nicht helfen sollst im Motel und in der Service-Station, er stellt dich ein.

STEPHEN *geht zu seinem Hocker zurück:* Ich hab dir gesagt, ich hau ab hier. Und wenn ich erst hier raus bin, wird sowieso nicht mehr für andere geschuftet. Vom nächsten Job an wird nur noch für die Erste Person gearbeitet!

ANGEL Was du nicht sagst. Und wie geht das?

STEPHEN Laß mich nur machen, ja?!

ANGEL Ja, schon, aber was willst du machen, Stephen?

STEPHEN Was ich machen will? Eines Tages werde ich vor deiner Tür vorfahren mit einem Chevrolet Corvette Sting Ray Cabrio, geldfarben, ja! Dann jag ich den Vierkommazehnlitermotor hoch durch meine Glasfiber-Auspufftöpfe und dann leg ich dir eine 50-Meter Gummi-Spur auf die Straße vor dei'm Haus.

Pause. Er schaut sie prüfend an.

Wenn also mal jemand so 'ne Schau abzieht in deiner Straße, weißt du Bescheid. Und jedem, der's wissen will, kannst du sagen, das war der Red Ryder mit seinem Chevrolet Corvette Sting Ray Cabrio in der Farbe des Geldes, der eine Eigentumswohnung bewohnt. Das kannste jedem erzählen.

ANGEL Ja, Stephen, das kann ich.

STEPHEN Erzähl ihnen ruhig, das war der Red Ryder und der arbeitet ab sofort für die Erste Person.

ANGEL Aber was für ne Art Arbeit will'n die Erste Person tun für sich, Stephen?

STEPHEN Ich sag dir nur eins. Wenn ich soweit bin, werd' ich dieser Scheißgesellschaft 'n Brief schreiben, wo ich den' mal sage, unter was für Drecksbedingungen Clark uns nach meiner Meinung hier draußen schuften läßt.

ANGEL Komm, sei so gut und hör mit die Gesellschaft auf. Schaff uns lieber Mr. Clark her, wenn ich auch da bin, und sag's ihm ins Gesicht. Ich zahl was, wenn ich da zuschauen darf.

STEPHEN Mit Clark reden! Pure Zeitverschwendung. Das ist doch der letzte Pächter. Wenn ich aufhöre, schreib ich'n eingeschriebenen Brief an die Gesellschaft. Einen eingeschriebenen Brief an den alten Foster persönlich.

ANGEL Ich würde 20 Dollar zahlen, wenn ich zuschauen dürfte, wie du Mr. Clark die Leviten liest.

STEPHEN 20 Dollar hast du gar nicht.

ANGEL *streckt die Hand hin:* Möchste wetten?

STEPHEN Wieviel hast du?

Angel steckt ihre Zunge in ihre Wange und reißt sich zusammen, um möglichst hochmütig auszusehen.

STEPHEN Wahrscheinlich hast du drei-viertausend zurückgelegt. Du tust ja auch sauber nichts als zur Arbeit rennen, mit dem alten Krüppel, Fernsehen anschauen und heimrennen und dort das ganze nochmal. *Er greift sich die Zeitung. Seine Bemerkung hat sie geradezu sichtbar verletzt.*

Pause.

ANGEL Wie lang arbeitest du jetzt hier, Stephen?

STEPHEN Ich führ kein Tagebuch.

ANGEL Weißt du, wie lang ich schon hier arbeite?

Stephen liest die Zeitung.

14 Monate. Weißt du, wie oft ich Clark wegen Aufbesserung angehaut hab?

Stephen produziert sein Geräusch. Liest Zeitung.

STEPHEN Selber schuld, wenn du den um was anhaust.

ANGEL Er ist der Boß, Stephen . . .

STEPHEN Anstatt daß du hergehst und einen eingeschriebenen Brief direkt an die Gesellschaft schreibst.

ANGEL Und was schreib ich denen?

STEPHEN Herrgottnochmal, schreib ihnen, daß dieser Clark dich hier draußen im schlimmsten Neu-Mexiko im allergrößten Stil bescheißt, entweder sie sorgen dafür, daß er die Aufbesserung ausspuckt oder sie können sonstwas tun mit diesem Drecksjob.

ANGEL Ich glaube, du hast recht, Stephen.

STEPHEN Ich weiß, daß ich recht hab. *Er geht wieder zum Fenster, um zu Lyle hinüberzuschauen.*

ANGEL Du bräuchtest genauso eine Aufbesserung. Wenn die glauben, die Nachtschicht ist so einfach, soll'n s' es doch mal probieren. Wen kriegt denn Clark, wenn du gehst?

STEPHEN Weißt du wen? Keinen. Selber hinlangen müßt er. *Lacht.* Das wär ein Anblick, Meister Clark, nachts um drei hier drin beim Kartoffelschnipseln. Vielleicht droh ich ihm doch mal, daß ich geh, wenn nicht sofort eine Aufbesserung erfolgt, mal sehn, was er sagt.

ANGEL Wetten, du kriegst sie im Handumdrehen, da mach' ich jede Wette.

STEPHEN Möglich, ich mach's gleich heute.

In großer Eile kommt Tommy Clark herein, er trägt zwei Plastiktaschen gefüllt mit Roten Chili-Schoten.

ANGEL Guten Morgen, Mr. Clark.

CLARK Hier die Chilis für unser Menu »Enchilada spezial«. Versorgt das mal gleich. *Er winkt in den Kochbereich.*

ANGEL *zu Stephen:* Das machst du, Stephen.

CLARK *stellt die Taschen ab, öffnet die Registrierkasse, schaut in die Schublade schlägt sie zu, wendet sich zu Stephen:* Du trinkst deinen Kaffee in einem 5-Cent-Becher, Red.

STEPHEN Ich wollte gerade gehen.

CLARK 5-Cent-Stücke wachsen nicht auf Bäumen, Junge, wenigstens nicht auf denen in Clarks Garten.

STEPHEN Ja, schon . . .

CLARK *zu Angel:* In 'ner Stunde etwa bin ich zurück zur Abrechnung.
Stephen hat sich auf seinen Hocker gesetzt und die Beine auf einen zweiten Hocker gelegt.
Verdünn die Chili mit Wasser. Die milderen gab's nicht mehr. *Zu Stephen:* Darfste bei Mama auch die Füße auf die Möbel legen, Red?
Stephen starrt Clark an und sagt dann doch nichts. Er nimmt seine Beine vom Hocker.
Zu Angel: Häng die Sonntags-Spezial-Tafel raus, hopp, hopp, s'ist Mittag, vor du dich umdrehst. *Er wirft einen Blick auf Stephen, dann eilt er hinaus.* Bis gleich.
Schweigen.
Angel kann Stephen nicht gleich anschauen. Stephen wirft seine Beine wieder auf den Hocker. Angel nimmt einen Zahnstocher aus dem Zuteiler und kaut darauf herum. Dann schaut sie auf die Uhr.

ANGEL Junge-Junge, Mr. Clark war ganz schön früh dran heut morgen, was?!
Pause.
Holt dich dein Vormund nicht ab heute?

STEPHEN Mein was?

ANGEL Was weiß ich. Wie sagst 'n du zu ihm? Stiefvater. Ach ja, du sagst Stiefvater zu ihm.

STEPHEN Ich sag Ray zu ihm. Ich sage nicht Stiefvater zu ihm. Ich sag Ray zu ihm. Kein Mensch sagt Stiefvater zu jemand.

ANGEL *hängt die Reklame für Sonntag-Spezial-Enchilada auf:* Schön, und Ray, holt er dich nicht ab?

STEPHEN Gib mir'n Zahnstocher.

ANGEL *gibt ihn ihm:* Wer holt'n dich dann ab?

STEPHEN Niemand holt mich ab. Jemand muß mich abholen, vorher bist du nicht zufrieden, was.

ANGEL Er holt dich doch immer ab am Sonntag.

STEPHEN Jeden zweiten Sonntag.

ANGEL Kam mir häufiger vor.

STEPHEN Jeden zweiten.

ANGEL *nach einer Pause:* Also holt er dich nicht ab?

STEPHEN Nein, er holt mich nicht ab.

ANGEL *nach einer Pause:* Holt deine Mutter dich ab?

STEPHEN Niemand holt mich ab. Erstens hat sie kein Auto.

ANGEL Sie hat Rays Auto.

STEPHEN Ray ist in Urlaub.

ANGEL Wo sind sie hin?

STEPHEN Ray. Ray. Nicht SIE. Ray. Ray ist letzten Mittwoch in Urlaub.

ANGEL Allein?

STEPHEN *sie parodierend:* Allllllein, ja.

ANGEL Wie sagst du dazu?

STEPHEN Ich sag dazu gar nix. Wenn du ein Schildchen draufpappen mußt, sag dazu, was sie dazu sagen.

ANGEL Und was sagen sie dazu?

STEPHEN Sie sagen, es ist eine legale Trennung. Ich sage, es ist ein Riesenbeschiß an meiner alten Dame. Er ließ ihr an die 5 Dollar Rente und das windige Häuschen, das sie schon hatte. N' ganz schöner Profit für 18 Monate harter Arbeit.

ANGEL Na ja, das ist doch ziemlich normal, daß man für harte Arbeit nicht bezahlt wird.

STEPHEN Du finds' das komisch. Ich verrat dir'n Geheimnis: das ist nicht komisch.

ANGEL *nach einer langen Pause:* Manchmal find ich, meine Mama und ich sollten eine legale Trennung kriegen.

STEPHEN Jaa, dann könnten du und die Krücke in seinem Farbfernseher Trautes Heim Glück Allein spielen.

ANGEL Ach Stephen.

STEPHEN Herrgott, schau, was da kommt. Zieh dein Ballerina-Dreß an, wir kriegen Musik.

Angel geht zu Stephens Hocker, um hinaussehen zu können. Clarisse – ausgesprochen Klarieße – und Richard Ethredge treten ein. Sie sind ein attraktives, gut, aber informell gekleidetes Paar Ende dreißig, Anfang vierzig. Richard nimmt einen tiefen Zug von der Luft im Raum, wenn er zur Tür hereinkommt. Clarisse trägt einen Geigenkasten. Angels und Stephens Aufmerksamkeit verlagert sich von den Ethredges zu dem Geigenkasten.

RICHARD *zu Angel:* Morgen.

Stephen zieht seine Zeitung hoch, daß er nicht erst abwarten muß, ob der Mann ihn auch begrüßen will oder nicht.

ANGEL Guten Morgen.

Clarisse geht zum Tisch, der am weitesten von der Theke entfernt ist.

RICHARD Ich ... ich ... muß näher an der Theke sitzen.

CLARISSE Richard, ich würde lieber ...

Richard schüttelt den Kopf, lächelt und zeigt überschwenglich auf die Theke. Sie setzen sich an den mittleren Tisch. Clarisse legt die Geige mit einer anstrengungslosen Sorgfalt auf die Theke.

RICHARD Was hab ich gesagt. Riech doch mal.

ANGEL Haben Sie schon mal gegessen hier?

RICHARD Nein, nein. Ich wuchs in New York auf. Wir hatten eine Menge solcher Kneipen. Ich verplemperte eine Menge Zeit meiner verplemperten Jugend in solchen Kneipen.

Wenn man ihn anschaut, scheint es unwahrscheinlich, daß er auch nur einen Teil seiner Jugend vergeudete. Beide machen den Eindruck, als seien sie von Jugend an auf Erfolg einfach eingestellt. In ihrem Benehmen gibt es nichts, was bewußt anmaßend wirken könnte.

ANGEL Was darf's sein? Steak mit Ei ist unsere Spezialität.

RICHARD *zu Clarisse:* Liebe?

CLARISSE Kaffee und Toast, bitte.

RICHARD Meine Frau möchte eine Tasse schwarzen Kaffees, bitte, und ein Rosinenbrötchen getoastet und mit Butter bestrichen.

ANGEL Tja ... *Sie zeigt auf eine kleine Sammlung von Rosinenbrötchen und Krapfen.* Die sind noch von gestern. Sind schon etwas hart. Der Brötchen-Mann kommt sonntags nicht. Vielleicht Steak mit Ei. Das wär eben unsere Spezialität.

Richard schaut Clarisse an.

CLARISSE Haben Sie eine halbe Grapefruit?

ANGEL Klar.

CLARISSE Bitte. Und ein Ei und ein Toastbrot.

RICHARD Schön, ich glaube, wir kommen vorwärts. Eine Grapefruit, ein Rührei stark gebraten, ein Brot, leicht getoastet, einen Kaffee, schwarz.

ANGEL Und Sie? Möchten Sie Steak mit Ei?

RICHARD Nein, ich glaube nicht. Geben Sie mir zwei Rühreier, stark gebraten, ein paar Toastbrote, stärker getoastet als das meiner Frau, ein Glas Orangensaft, und Kaffee.

ANGEL Bitteschön. *Sie geht an die Arbeit.*

RICHARD Kann ich hier irgendwo 'ne Sonntagszeitung kriegen?

ANGEL Gib die Zeitung, Stephen.

Stephen überhört das.

RICHARD Ach nein, ich will ihm nicht seine Zeitung nehmen.

ANGEL Stephen.

RICHARD Gibt's hier keinen Zeitungskasten oder ...

ANGEL *geht zu Stephen:* Das ist die Zeitung für die Gäste. Er arbeitet hier. *Als Spaß und nachträglichen Einfall, wenn sie Stephen die Zeitung wegnimmt.* Er kann sowieso nicht lesen. Er schaut bloß die Bilder an.

Die Ethredges lächeln höflich. Lyle tritt ein.

LYLE Alles erledigt. Macht achtfünfundsiebzig. *Er gibt Richard 1 Dollar und ein 25-Cent-Stück heraus.*

RICHARD O ... schön. Vielen Dank.

LYLE Keine Ursache. Schlüssel steckt. *Zu Angel.* Also, Schätzchen, her mit dem Frühstück.

Stephen geht hinter die Theke, um sich Kaffee zu holen. Seine Haltung soll den Ethredges klarmachen, daß er hinter die Theke gehen kann, sie aber nicht.

STEPHEN Herrgott, wenn ich bloß schon weg wär'.

ANGEL Du solltest heim und ausschlafen, Stephen.

STEPHEN Ich red nicht von Schlafen. Ich red vom Hierwegkommen.

LYLE Weißt du jetzt, wohin du willst, Red?

STEPHEN Auf jeden Fall mehr als zehn Meilen weg von diesem Schweinetrog, das wär schon was.

ANGEL Eine Tür weiter, wär auch schon was.

STEPHEN Aah, halt's Maul.

LYLE Was denn, Reddi, so spricht man nicht mit einer Dame.

STEPHEN *sich sorgfältig umschauend:* Dame? Ich sehe keine Dame nicht. *Sich voll an Clarisse wendend.* Verzeihen Sie, gnä Frau, ich sah nicht, daß Sie dasitzen.

LYLE Was willst du mir da signalisieren, Angel.

ANGEL Stephen bringt mich um.

LYLE Stephen bringt dich nicht um, sprich dich aus.

ANGEL Ich hab' vorhin zu Stephen gesagt, daß er, wenn ihm die Arbeit hier stinkt, doch dich fragen könnte, ob du ihn nicht einstellen könntest, daß er dir hilft in der Service-Station und im Motel.

LYLE Aha. Das's sehr intressant, wirklich.

ANGEL Ging' das, Lyle?

LYLE Ach ja, doch-doch, könnt man schon machen.

ANGEL Könnte man? *Sie schaut zu Stephen hin, der in seinen Zähnen stochert, sein Geräusch produziert und alle ignoriert.*

LYLE Ich vermute, unser Reddi hat dir verschwiegen, daß ich ihm in den letzten zwei Monaten nicht einmal, sondern dreimal angeboten habe, bei mir zu arbeiten, und genau in der Funktion, die du meinst.

STEPHEN Ich hau ab hier. Wie oft muß ich das euch Typen noch erzählen, bis es in eure Dickschädel eindringt.

LYLE Wo soll's denn hingehen, Junge?

STEPHEN Wenn's euch auch rein nix angeht, die Mutter von ei'm Mädchen, wo mit mir in der Mittelschule war und nach Baton Rouge gezogen ist, hat, als sie uns Weihnachten besuchten, gesagt, daß ich, wenn ich hier je wegging' und bei ihnen arbeiten wollte, rüberkommen sollte nach Baton Rouge, und sie würden mir eine Stelle mit einem zumutbaren Job verschaffen.

ANGEL Die Mutter von welchem Mädchen?

STEPHEN Von Kay Williams.

ANGEL *nach einer Pause:* Sie hat auch ein Restaurant, Stephen.

Lyle lacht höhnisch.

STEPHEN Neinnn!

ANGEL Wo wär'n da'n Unterschied. Ich meine, was . . .

STEPHEN *lacht sarkastisch:* Der Unterschied wär, daß das'n mieser Schweinetrog ist und das 'n Restaurant. Das wär der Unterschied. Dort trägt man 'n Frack, Herrgottnochmal. Die Bedienungen tragen lange Röcke und gekrauste Blusen und keine Schwesterntracht. Und auf einem Tablett serviert man Essen und schleudert nicht irgend'n Mischmasch über so'ne finstre Ameisenpiste hin.

LYLE Dann mach doch und geh. Warum bist du'n noch hier?

STEPHEN Wenn's dich auch rein nix angeht, Lyle, ich muß noch was erledigen zuerst.

LYLE Aha, und was ist das? . . .

STEPHEN Und das sag ich dir, wenn das erledigt ist, muß mir keiner kein Feuer untern Arsch machen, um mich von hier wegzukriegen.

LYLE Was mußt du noch erledigen zuerst?

STEPHEN Bei aller Freundschaft, Lyle, aber das geht dich sauber nix an.

LYLE Wenn's das Auto ist, das du deiner Mama kaufen willst . . . *Nach einer Pause.* Prez Potter und ich geben'n ganzes Stück nach, Junge. Er sagte was, daß du bei ihm warst neulich nachmittags.

Stephen rennt aus dem Raum. Lyle lächelt mit einem gewissen Stolz auf seine Leistung und schaut flüchtig zu Angel.

ANGEL Ich hoffe, er schlägt Ihnen nicht auf den Magen.

RICHARD Aber nein. Ich bitte Sie.

ANGEL Wenn Sie'n Bogen für 'ne Beschwerde wollen, ich hab' Formulare, Mr. Clark . . .

RICHARD Das ist doch Unsinn. Nein, nein.

ANGEL Stephen denkt sich nichts, wenn er so'n Wirbel macht. Er braucht das eben, daß er'n Riesenwirbel macht.

LYLE Ich finde nur, er sollte sich endlich aufmachen oder das Maul zumachen.

ANGEL Eben, wenn er gehen muß, sollte er fertig werden damit und gehen.
Stephen kommt zurück mit einer neuen Zeitung.

STEPHEN Auf Lyle! N' paar Schreckgespenster schieben grad'n VW-Caravan unter dein Dach. Sind genau dein Typ.

LYLE Wenn du da warst, warum hast du sie nicht bedient? Du weißt doch, wie man Benzin zapft.

STEPHEN Ich sag doch, daß sie nicht mein Typ sind.
Lyle will aufstehen.
Oh, bleib sitzen und iß dein' Papp. Sie kommen schon. Hab ich doch gesagt, mein Typ sind sie sicher nicht. Dein Typ könnten sie sein, aber meiner sicher nicht. *Er lacht verächtlich, zieht seine Zeitung hoch.*
Teddy und Cheryl treten ein. Teddy ist zwischen 30 und 35, trägt eine Drillichjacke der Armee und hat lange Haare. Cheryl ist nicht älter als 20. Sie trägt ein langes Kleid und einen leichten Schal. Sie ist hübsch in einer strähnigen, ungewaschenen, make-up-losen Art. Sie ist BH-los, ein Umstand, der in Stephen ein hilfloses Interesse erzeugt, ein Interesse, das er, nur allzu offenkundig, zu verbergen sucht. Auch Lyle ist von ihren Brüsten angezogen, wenn auch weniger offenkundig und weniger häufig als Stephen.
Teddy hält an der Tür und mustert das Lokal.

ANGEL Guten Morgen.
Teddy sagt nichts. Dreht sich zu Cheryl, lächelt sie an.

TEDDY *produziert einen Imponier-Ton:* Morgen, Leute. *Er bleibt stehen, dann geht er zur Theke, an Lyle und den Ethredges vorbei zum dritten Tisch. Als er an Clarisse vorbeikommt, hält er plötzlich an, wendet sich an sie.* Entschul'gen Sie, gnä Frau, aber . . .
Clarisse schaut zu ihm auf. Sie kennt ihn offensichtlich nicht. Teddy schaut sie noch einmal schnell an, dann wendet er seinen Blick wie unter Anstrengung von ihr weg . . .
Verzeih'ng . . . *so als wolle er damit sagen, daß er sie nicht kenne, obwohl er in Wirklichkeit durch sein Benehmen andeuten will, er kenne sie. Clarisse und Richard tauschen verwirrte Blicke, in Richards Kopf regen sich beunruhigende, geheime Ahnungen.*
. . . wer betreibt'n die Tankstelle da drüben?

LYLE Meine Wenigkeit. Lyle Striker, Besitzer, Inhaber, Mädchen für alles.

TEDDY Aha. Ich brauch 'ne neue Lichtmaschine für'n VW-Caravan.

LYLE Wir ha'm zu heut – Sonntag.

TEDDY Sonntag, heute?

LYLE Den man zuerst verschläft und dann betet man, daß ei'm das vergeben wird.

TEDDY Ich dachte mir das so: In so'm Nest wie das, dachte ich, hätte einer, der ne Tankstelle hat, und der dazu noch ein gutmütiger Invalide ist, hätte der die Möglichkeit, am Sonntagmorgen ein Ersatzteil-Lager anzurufen und so'n Ersatzteil irgendwie herzuschaffen.

LYLE *nach einer Pause:* Könnt' schon sein.

TEDDY Wir wüßten es sehr zu schätzen.

LYLE Schau'n wir uns Ihren Caravan zuerst mal an.

TEDDY *ohne seinen gespielten Ton:* Nicht nötig.

LYLE Ich möchte nicht, daß Sie sich Unkosten machen.

TEDDY *ohne gespielten Ton:* Die Lichtmaschine ist hin. Wenn Sie so nett sind, uns eine neue zu beschaffen, bau ich sie selber ein.

LYLE Klingt ja, wie ein allerletztes Angebot. *Er begegnet Teddys Blick und muß dann seinen Blick abwenden.* Ich geh grad mal rüber und schau ob ich wen auftreiben kann.

TEDDY Unwahrscheinlich zuvorkommend von Ihnen.

LYLE *steht auf:* Bin im Nu wieder da, Angel. Nicht daß du meine Eier versteigerst inzwischen. *Er zwinkert Angel zu, dann dreht er sich um, wirft einen Blick auf Cheryls Busen, lächelt sie dann ein bißchen an und geht.*

ANGEL *während Lyle geht:* Mr. Lyle Strikers Eier zum ersten ... zum zweiten ...!

Teddy und Cheryl setzen sich soweit als möglich weg von den anderen. Cheryl ist sichtlich nervös, schon vom ersten Augenblick an.

TEDDY Wie geht's uns denn heut morgen?

ANGEL Ausgezeichnet. Und euch?

TEDDY Ausgezeichnet. Und selbst?

ANGEL Prima.

TEDDY Prima. *Klopft den Staub von seinen Hosen.*

Ihr habt scheints'n Staubmonopol hier.

Schaut zu Stephen, der ihn anstarrt.

Und du, Kleiner?

STEPHEN Alles okay, Pappi.

TEDDY Das freut mich. *Zu sich selbst.* Der Knabe hat Sinn für Humor, vielleicht könnten sie ihn beim Fernsehen brauchen. *Zu den Ethredges.* Und was ist mit euch zwei Hübschen? Wie steht's bei euch?

RICHARD Blendend, danke.

TEDDY Blendend! *Zu Cheryl.* Hier geht's jedem prima oder okay oder blendend. Wie finds'n du das?

CHERYL *schnell, leise:* Hör auf.

TEDDY An mich ergeht der Ruf, aufzuhören. Wer sich dem anschließt, möge das freundlicherweise durch Heben seiner Hand bekunden.

CHERYL *zu Angel:* Einen Kaffee, bitte.

TEDDY *zu sich selbst:* Wird scheint's ein knappes Ergebnis.

ANGEL *zu Cheryl:* Zum Mitnehmen oder Hiertrinken?

CHERYL Zum Hiertrinken natürlich. Wohin sollten wir denn damit?

ANGEL Zwei?

CHERYL *zu Teddy, der Stephen anstarrt, der Teddy anstarrt:* Laß das. Willst du Kaffee?

TEDDY *dreht sich von Stephen weg:* O ja.

CHERYL Zwei.

ANGEL Wo kommt'n ihr her?

TEDDY Istanbul.

Pause.

Den Rest singt er. Used to be Constantinople ...

STEPHEN Eure Kennzeichen sind kalifornisch.

TEDDY *zu Stephen schielend, streitlustig:* Wer sind bloß Sie, mein Herr.
Stephen produziert sein Sauggeräusch.

ANGEL Und wohin wollt ihr?

TEDDY Mexiko.

ANGEL Oh, da unten ist's schön.

TEDDY Sie kommen viel rum, was?

STEPHEN Gschschsch! Sie's nie aus Neu-Mexiko rausgekommen. Von nix ne Ahnung.

ANGEL Mehr als du glaubst, Stephen. Ich hab Bücher gelesen darüber und treff andauernd Leute, die dort waren.

STEPHEN Natürlich.

ANGEL *schaut noch einen Augenblick zu Stephen, dann wendet sie sich zu Teddy und Cheryl:* Wollt ihr was essen?

TEDDY Und wenn wir was wollten?

ANGEL Steak mit Ei ist unsere Spezialität.

TEDDY Dann also Steak mit Ei. Und Bratkartoffeln, die Sie mit Ihren kleinen Fingerchen geschnipselt haben?

ANGEL Stephens Finger.

TEDDY Ich laß mich überraschen.

ANGEL Und Sie?

CHERYL O ja ... schön.

TEDDY Aber die Eier nur ganz leicht anrösten, das Steak med-jum.

ANGEL Und Ihr's?

CHERYL Egal ... spielt keine Rolle.

TEDDY Sie werden sie überraschen, Schätzchen ...
Angel wendet sich um zu ihrem Grill.
Wo fahren denn unsere zwei Hübschen aus San Diego mit ihrem Cadillac hin?

RICHARD Kennen Sie uns? Also ich hatte das Gefühl, als Sie hereinkamen ...

TEDDY *zwinkernd, flüsternd:* Auf dem Stoßdämpfer klebt ne Marke von der Uni San Diego.

RICHARD Ach ... das ist von meiner Frau.

TEDDY Aha. Ich dachte ja'n Augenblick, sie sei meine Cousine Faye.
Teddy und Clarisse starren einander einen Augenblick lang an.
Also geht's zurück nach San Diego, ja?

RICHARD New Orleans.

TEDDY New Orleans. *Kopfbewegung zum Geigenkasten hin.* Enthält ne Maschinenpistole?

RICHARD Nur eine Violine, fürcht ich.

TEDDY Ne Maschinenpistole wär Ihnen lieber?

RICHARD *lacht:* Ich wollte nicht sagen, daß ich tatsächlich fürchte, es könne ...

TEDDY Ja, gnä Frau, ich wage zu behaupten, Sie haben etwas, das mich unwahrscheinlich stark an meine Cousine Fern erinnern könnte.
Wieder verhaken sich Teddys und Clarisses Blick für einen Augenblick ineinander.
Das muß eine superschicke Fidel sein, die von Ihnen zum Frühstück mitgenommen wird.

RICHARD Eine Guarneri. *Lächelt.* Manchmal glaub ich, meine Frau hat einen zweiten Blinddarm.

TEDDY Spielt die Dame den Haudrauf-Schieber?

CLARISSE Nein, ich . . .

Richard hindert sie durch eine Berührung an der Schulter am Antworten.

RICHARD Sie wird diesen Sommer mit den New Orleans Philharmonikern spielen.

TEDDY Onkel Clyde Bob und Tante Cissy müssen unwahrscheinlich stolz sein auf Sie, Cousine Frieda. *Zu Richard.* Und Sie sind nur dabei, um die unverschämten Fragen zu beantworten? Und leben schlicht von den Wiederholungshonoraren der kleinen Person, sozusagen.

RICHARD Nicht ganz.

TEDDY Nicht ganz. Arzt, Anwalt oder Indianerhäuptling?

Richard lächelt nachsichtig.

Ich will nicht aufdringlich sein.

RICHARD Ja?

TEDDY Nur neugierig. So ne kleine Raststätten-Konversation. Zum Zeitvertreib. Ham Sie, hoff ich, nichts gegen.

RICHARD Bis jetzt nicht.

TEDDY Aber zu einem zukünftigen Zeitpunkt schon . . . wird vermerkt.

RICHARD Der Ton, den Sie da probieren, soll uns wohl zeigen, daß Sie unser aller Gönner sind.

TEDDY Aber nein. Spaß ist nicht verboten, oder? Noch nicht, soweit ich weiß.

Teddy lächelt Richard freundlich an, der lächelt kühl zurück und frühstückt weiter.

RICHARD Nein. Noch nicht.

TEDDY Darf ich fragen, mein Herr, was Sie selber tun?

RICHARD Ich bin im Import-Geschäft.

TEDDY Import. Schön, schön. Und was genau importieren Sie?

RICHARD Textilien.

TEDDY Textilien. Sind Sie nie darauf gekommen, Knochenheilkundiger zu werden? *Zu sich selbst.* Ich komm einfach nicht drauf, was die Leute gegen Knochenheilkundige haben. *Zu Cheryl.* Dieser Doktor da importiert Textilien. *Cheryl nickt beklommen. Zu sich selbst.* Das ist jetzt der dritte Punkt, den ich an sie verliere. Ich dachte, das gibt einen ganz schnellen Ball auf meinen Kopf, in dem Moment ist die schon über den letzten Platz weg und ich glotzte hinterher. Man lernt nie aus. *Wendet sich zu Stephen.* Wie geht's'n mei'm Schnuckelchen da drüben? Ach du liebes bißchen, aber Ihre Frisur mag ich. Die ist schneller wieder modern als Sie glauben, wetten. Die Mädchen werden bloß so rumklettern auf Ihnen. Ärmel hoch, und nix wie drauf. Was machen Sie so, Kollege?

Stephen starrt Teddy an.

ANGEL *als Stephen nicht antwortet:* Er hat die Nachtschicht hier.

TEDDY Die Nachtschicht. Das muß ja eine unwahrscheinlich wichtige Position sein, Herr Kollege.

STEPHEN Zum Kotzen.

TEDDY *hält die Hand ans Ohr:* Wie bitte?

ANGEL *als Stephen seine Auskunft nicht wiederholt:* Er sagte: Zum Kotzen. Die Nachtschicht-Arbeit.

TEDDY Sie sind seine Managerin, Süße. Was ist seine Spezialität?

ANGEL Wie meinen Sie das?

TEDDY Nun ja, ich meine, was hat der Junge auf 'er Pfanne, daß 'ne Managerin Ihres Ranges ihn unter ihre Fittiche nimmt.

ANGEL Ich weiß nicht. Was ist deine Spezialität, Stephen?

Stephen schaut sie an mit flammenden Augen.

TEDDY Sagt nicht viel, das Kerlchen, was?

ANGEL Sie sollten ihn hören, wenn niemand da ist.

TEDDY Wenn niemand da ist oder nur, wenn so jemand wie ich nicht da ist?

Pause.

Zu sich selbst. Das wär schön, irgendwann in nächster Zeit einer Konversation zwischen meinem kleinen Kollegen und meiner Cousine mit der Fidel lauschen zu dürfen.

CLARISSE Mir war nicht bewußt, daß ich verpflichtet bin, zur Konversation beizutragen.

Lyle tritt ein.

LYLE Ich gebe gern zu, daß unser Ersatzteillager-Mann nicht der schlauste ist, aber in 15 Minuten von jetzt hat er's da.

TEDDY Sehr zu Dank verpflichtet, jawohl, mein Herr, verpflichtet!

LYLE Dienst am Kunden, bringt dich über die Runden!

TEDDY Ich glaub's Ihnen.

LYLE Im Katalog steht der Artikel mit siebenunddreißigfünzig, aber er hatte es so irre eilig, auf dem See zu sein, vor die Fische weg sind, daß ich ihm noch zweifünfzig abjudete.

TEDDY Heimatland, wenn das kein Geschäft ist.

LYLE Was ich immer sage: zweieinhalb Dollar sind zweieinhalb Dollar.

TEDDY Um die Wahrheit zu sagen, Herr Nachbar: ich hoffe, Sie sagen das nicht zu oft. Oder wollen Sie uns anöden, bis wir den Verstand verlieren!

LYLE *lachend:* Würde mich überhaupt nicht wundern.

TEDDY *lachend:* Mich auch nicht. *Hört auf zu lachen.* Wirklich nicht.

Lyle hört auf zu lachen. Teddy läßt darauf noch eine Lachsalve los. Lyle lacht. Teddy hört auf, Lyle hört auf, geht unsicher zu seinem Hocker. Angel hat während des Dialogs zwischen Teddy und Lyle die Ethredges bedient. Jetzt sieht sie nach Lyles Frühstück.

RICHARD Sieht sehr gut aus.

ANGEL Was? Ach so . . . danke.

RICHARD Da fühl ich mich direkt wieder als Student.

Lyle nimmt einen Bissen von seinem Frühstück.

LYLE Wieviel fehlt dir noch für das Auto, Reddi?

Stephen ignoriert ihn.

Prez sagt, du hast fünfundvierzig und bräuchtest noch dreißig.

STEPHEN Sowas von einer alten Knitter-Wurzen und dann's Maul so vollnehmen was.

LYLE Laß dir doch helfen, Red, du willst nach Baton Rouge und im Frack rumlaufen, ich leih dir die 30 Dollar, du kaufst deiner Mama das Auto und kommst weg hier.

STEPHEN *verächtlich:* Ja, sicher. Und was für'n Zins?

LYLE Kein Zins, Bub. Ein Darlehen von Mann zu Mann. Und wenn du zahlen kannst, schickst du das Geld zurück!

STEPHEN Ich möcht zahlen, wie's mir paßt. Ich leih von keinem kein Geld.

LYLE Du zahlst einfach, wenn du kannst. Das erste Jahr gar nix, verflucht noch eins. Und wenn's dir wieder einfällt, und du hast das Geld, dann schickst du's mir her.

STEPHEN Ich bleib noch ein Weilchen, wenn's recht ist, dann leih ich's bei mir selbst.

LYLE Wie du willst.

STEPHEN Genau meine Meinung.

LYLE Tja, dann geh ich mal rüber und warte auf diese Lichtmaschine. *Er schlingt einen letzten Bissen hinunter und steht auf, um zu gehen.*

TEDDY Tief in Ihrer Schuld. Aber sagen Sie doch, Herr Nachbar, wie kam das, diese Unförmigkeit da, Poliomyelitis als Kind?

LYLE Ein Schlag.

TEDDY Ach.

LYLE Mehr ein Schläglein, schon anno fünfundvierzig.

TEDDY Fünfundvierzig! Was'n Jahr.

LYLE Und gleich nach'm Frühstück. *Er dreht sich zur Tür.*

TEDDY *nach einer Pause:* Auch 'ne Art, den Tag anzufangen.

Pause. Teddy starrt ihn an. Lächelt.

LYLE Besser, ich verschwind jetzt. *Er nickt, lächelt, geht.*

TEDDY N' lieber alter Krüppel, das. *Zu Stephen.* So, so, Sie wollen also weg hier, kleiner Kollege? Warum kommen Sie nicht mit uns nach Mexiko runter?

STEPHEN Ich danke.

TEDDY *auf Stephens glänzende, verzierte und mit ziemlich hohen Absätzen versehene Schuhe anspielend:* Die Schuhe stimmen.

Stephen produziert sein Sauggeräusch.

Leise, aber nicht mit der Absicht, etwas vor den anderen zu verheimlichen. Der Alte ist scheints ziemlich scharf drauf, daß Sie das Feld räumen. Hast du das bemerkt, Junge? Ich schon. Ich habe das bemerkt. Sagt dir das was?

Stephen will sich Kaffee holen.

He!

Stephen wird jäh gestoppt, die anderen erschrecken.

Haben Sie'n Ausweis, daß Sie hinter die Theke dürfen?

Stephen füllt seinen Pappbecher. Teddy geht zu Stephens Hocker und setzt sich auf ihn.

Der Alte nannte dich Red, nicht wahr? Das find ich schon komisch. Warum soll jemand jemand Red nennen, wenn dieser Jemand braune Haare hat, statt rote? Ne Kurzform für rote Nase oder für was?

ANGEL Er hatte rote Haare, als Kind, früher, in Pittsburgh ...

Pause.

... Pennsylvania.

TEDDY O ... der von Pennsylvania, ich verstehe. Aber Sie nennen ihn Stephen.

ANGEL Ich mag ihn nicht Red nennen. Ich find's blöd, jemand Red zu nennen, wenn er braune Haare hat.

STEPHEN Halt's Maul, ja.

TEDDY Also bitte, Junge, ja, nicht diesen Ton. Ich bin ganz und gar der Meinung unserer Freundin, der Managerin. Auch ich finde das ganz schön blöd.

ANGEL Aber nicht, wenn er's selber mag, mein' ich. Ich sag' halt Stephen.

TEDDY Aha.

ANGEL Sein Familienname ist Ryder.

STEPHEN Halt's Maul, hab ich gesagt.

TEDDY Und ich hab dir gesagt ... *bricht in Lachen aus, als er die Namenskombination begreift.* Red! Ryder! Verfluchtverflucht!

ANGEL Ist ja auch egal. Wir kennen uns schon länger.

TEDDY *zu Richard:* Doktor, wissen Sie noch: Red Ryder.

RICHARD Ja. Natürlich.

TEDDY Junge-Junge, ich auch. Das war'n Klasse Schütze. Und nicht so tuntig aufgemacht. Und ohne die Schnulzen à la Roy und Hoppy. Und erst die Süße Betty, o je! Und diese kleine Rothaut, die konnte noch mit Pfeil und Bogen umgehen, mein Gott. Wo, zum Teufel, sind diese Leute bloß hin, Doktor?

RICHARD *leichthin:* Hin!

TEDDY Hin ... mein Herr, oder hingemacht?

Pause.

Eins laß dir gesagt sein, Red ... das waren Leute mit Mumm. Hast du Mumm, Red? Wo würdest du dich selber einstufen auf einer Mumm-Skala?

Stephen produziert sein Sauggeräusch. Teddy schlägt seine Hand auf die Theke. Alle fahren zusammen. Teddy macht gegen Stephen die typische Geste des Pistolenziehens.

In eurem Nest hier ist nicht Platz für dich und mich, Red Ryder. *Pause.* Drum geh ich. *Er lacht mächtig über sich selbst.* Sobald ich für mein' Gaul 'ne neue Lichtmaschine hab. *Pause.* Du bist totale Schifferscheiße, Junge, was?

STEPHEN Es gibt Leute, die hören sich gern reden.

Teddy lacht glücklich; er wendet sich Stephens Tätowierung zu.

TEDDY Was zum Teufel ist das?

STEPHEN Was?

TEDDY Du hast auf dei'm Arm eintätowiert: »Totenkopf«.

STEPHEN Nicht möglich.

TEDDY O ja. Junge, du läufst ja wirklich als Metapher rum. Du weißt, was 'ne Metapher ist?

Stephen reagiert nicht.

Ha?

STEPHEN *nach einer Pause:* Ja-jaa.

TEDDY Am Arsch. Was's 'ne Metapher, Junge?

STEPHEN Wenn du's nicht weißt, schätz ich, daß ich's dir nicht sagen werde.

Teddy lacht.

RICHARD Wir würden gern noch zu Ende frühstücken, wenn's recht ist.

Pause. Teddy starrt Richard an.

TEDDY Wollt ja nur was reden mit mei'm Freund da. Entschuldigung. Wir werden versuchen, leise zu sein.

Richard wendet sich wieder seinem Frühstück zu. Er traut dem Frieden nicht.

TEDDY *zu Stephen:* Seit wann hast du die Tätowierung?

STEPHEN *nach einer Pause:* Jetzt hätten Sie mich bald erschreckt.

Teddy geht langsam zu Stephen hin. Starrt ihm ins Gesicht.

TEDDY *leise und eiskalt drohend:* Ich werde dich schon noch erschrecken, wetten. Also, seit wann hast du diese tolle Tätowierung?

Pause.

STEPHEN Paar Jahre.

TEDDY Von wo.

STEPHEN Carneval.

TEDDY Warum?

STEPHEN Einfach so.

TEDDY Nein. Warum? Was war die Absicht? Warum hast du dir grad die ausgesucht?

STEPHEN Fand die anderen blöd.

TEDDY Wer dabei?

Teddy setzt sich auf den Hocker bei Stephen.

STEPHEN Keiner.

TEDDY Wer dabei?

STEPHEN Keiner.

Teddy greift plötzlich zu Stephens Hocker hinüber und preßt Stephen an sich.

TEDDY Gottverdammich, wer war bei dir?

Pause.

STEPHEN Davidson –

TEDDY Mordskerl.

STEPHEN Wieso M o r d s kerl?

TEDDY Ich meine, Davidson war'n Mords k e r l. Basketball, Fußball, 'n As.

STEPHEN So la-la.

TEDDY Hatte'n Mädchen dabei. Die gut aussah.

STEPHEN Sie war in Ordnung.

TEDDY O ja, jede Wette, daß die in Ordnung war. Du und Davidson und sie. Sie und Davidson und Punkt-Punkt-Punkt. Ja-jaa. Und was hatte Davidson auf sei'm Arm tätowiert?

STEPHEN Nichts.

TEDDY Scheißdreck. Dem Mädchen sein' Namen.

STEPHEN Und wenn schon.

TEDDY Und dann sagte sie: »Was nimmst du, Red Ryder? R.R. liebt S.B.

ANGEL Wer ist S.B.?

TEDDY Die Süße Betty, Schätzchen. Und du sagtest: Nein! Weil du die Hosen vollhattest. Du sagtest: Ich nehm das da, »Totenkopf«. Du hättest sagen sollen, verdammtnochmal, was der Davidson kann, kann ich zweimal, ich würde dir das gerne beweisen. Und, wer weiß, wer weiß, wenn du das zu genug hübschen kleinen Mädchen gesagt hättest und genug Mädchennamen auf deine Haut tätowiert hättest, dann hättest du vielleicht allmählich geglaubt, du wärst so gut wie Davidson.

Pause.

Obwohl du's nicht warst. Niemals sein konntest. Schai-iße! Du enttäuschst mich, Rotes Reiterchen!

Schweigen. Teddy starrt in Stephens Gesicht.

CLARISSE Richard, ich wär soweit.

RICHARD *steht auf:* Ja. *Zu Angel.* Was bin ich schuldig?

Angel, die Stephens Demütigung empfindet, konzentriert sich langsam auf Richards Rechnung.

TEDDY *immer noch auf Stephen konzentriert:* Mensch, jetzt laß dich doch nicht so überrennen von mir.

RICHARD Gehn wir.

TEDDY *läßt von Stephen ab, steht auf:* Ach, hören Sie auf, jetzt trinken Sie noch eine Tasse Kaffee. Auf meine Rechnung.

RICHARD Ein Mineralwasser vielleicht.

TEDDY Komm, komm, Schätzchen, jetzt setzen Sie doch der Frau Professor und dem Doktor noch von Ihrem wunderbaren Kaffee vor.

Als eine Form des Widerstands hält Angel ihr Gesicht auf Richards Rechnung gerichtet.

TEDDY Schenk ein, Schatz.

Sie nimmt die Kaffeekanne. Richard deckt seine und Clarisses Tasse mit den Händen zu.

Ach ... darf ich mal die Guarneri sehen, vor Sie gehn?

CLARISSE Das geht leider nicht.

TEDDY Ich tu ihr nichts. Ich hab mir eben immer gewünscht, so eine mal in natura anzukucken.

RICHARD *nach einer Pause:* Keine Zicken mehr, dann?

TEDDY Ehrenwort.

Richard starrt Teddy eine Sekunde lang an, dann schaut er weg und nickt zur Zustimmung mit dem Kopf. Clarisse ist nicht einverstanden mit Richards Entscheidung. Sie schaut ihn herausfordernd an. Richard nickt ihr, irgendwie gereizt, zu. Sie legt den Geigenkasten hin und öffnet ihn, aber sie holt die Geige nicht heraus. Teddy schaut nicht die Geige, sondern Clarisse an.

Die dürft ganz schön was kosten.

RICHARD Ich zahl immer noch ab daran.

TEDDY Wenn ich fragen dürfte, wieviel kostet jetzt so ein Apparat?

RICHARD *nach einer Pause:* 11 000 Dollar.

TEDDY *lächelt plötzlich ganz harmlos und sagt ohne den Imponier-Ton:* Jetzt machen Sie Witze.

Richard schüttelt den Kopf.

CLARISSE *so wütend sie, trotz ihrer Angst vor Teddy, sein kann:* Warum sollte er Witze machen?

TEDDY Fideln muß ja unwahrscheinlich wichtig sein für Sie, Cousine.

CLARISSE Ja. Ist es.

TEDDY Sie könnten uns was spielen auf dieser 11 000-Dollar-Fiedel.

Richard und Clarisse schauen einander an. Richard schüttelt den Kopf ein wenig.

TEDDY *kalt:* Warum nicht?

CLARISSE *zu Richard:* Können wir jetzt endlich gehen?

RICHARD Ja. *Zu Teddy.* Wir sind in Eile. Vielleicht kriegen Sie mal irgendwo 'n Konzert mit von ihr.

TEDDY Oder so herum: vielleicht krieg ich von ihr sonstwas, noch heute.

RICHARD Ich fürchte, ich versteh Sie nicht ganz.

TEDDY Das fürcht ich eben auch, mein Herr. Wirklich. *Schnell zu Clarisse.* Warum wollen Sie mir denn die Geige da nicht einfach schenken, Cousine, dann wollen wir alles andere auf sich beruhen lassen.
Richard lacht.
Richtig, Sie haben ja so recht, so geht's nichts. Sagen wir also, die Geige und eine kleine monatliche Zahlung ... aber mehr könnte ich wirklich nicht annehmen.

RICHARD *zu Angel:* Fräulein ... bitte!

TEDDY Ich möcht' diese Geige, Cousine, und ich schwöre bei Gott, Sie wären klüger als Sie ahnen, wenn Sie sie mir gäben.
Pause.

RICHARD Sie haben eine Menge Phantasie, mein Freund.

TEDDY Eine unschätzbare Gabe, mein Herr.

CHERYL Teddy. *Sie schaut zum Fenster hinaus. Teddy folgt ihrem Blick.*

TEDDY Die Lichtmaschine. Leute, Leute, der Mann hat's eilig. *Zu Richard und Clarisse.* Also schön, sieht nicht so aus, als wollten Sie mir die Guarneri-Geige schenken, und wie man so sagt: wer gehen muß, muß gehen. Schon mal gehört das, Red?
Richard dreht sich zu Angel. Clarisse schließt den Geigenkasten und geht in Richtung Ausgang. Teddy starrt Clarisse nach, die sich dessen unangenehm bewußt wird. Er zwingt sie so, ihn anzuschauen. Da er den Blick nicht von ihr wendet, muß sie sich von ihm abwenden. Inzwischen:

ANGEL 2 Dollar 60, mit Steuer.
Richard gibt ihr 3 Dollar.

RICHARD Vielen Dank, es war wirklich gut. *Er dreht sich um, öffnet die Tür für Clarisse.*

ANGEL Ich danke.
Richard nickt ihr flüchtig zu, heftet seinen Blick auf Teddy und geht hinter Clarisse hinaus; sie geht entschlossen, den Kopf etwas gesenkt, keinen grüßend.

ANGEL *hinter ihnen her:* Kommen Sie wieder. *Sie hebt eine Hand, winkt zögernd, läßt die Hand fallen.*

TEDDY Was macht unser Steak, Schätzchen?

ANGEL *wendet sich schnell zum Grill:* Fast fertig.

TEDDY Gut. Gut. 'n schönes Trinkgeld?

ANGEL 40 Cents.

TEDDY Piffer! *Blick zum Fenster hinaus.* Was hat dich von Pittsburgh, Pennsylvania, hier rausgebracht, Red Ryder?
Stephen antwortet nicht.

ANGEL *weil Stephen nicht antwortet:* Seine Mutter hatte ein Emphysem.
Teddy ist während der letzten und der jetzt folgenden Sätze sichtlich abgelenkt, weil er beobachtet, wie die Ethredges zu ihrem Auto gehen. Cheryl sieht beklommen zu, wie er denen nachschaut.

TEDDY Und die Wüstenluft hat ihr geholfen?

Angel schaut schnell zu Stephen, der sitzt, geradeaus sieht und raucht.

ANGEL *verneinender Laut:* Sie hat's immer noch. *Dann, nur um etwas zu sagen.* Sie sollten sie mal husten hören.

TEDDY Sicher ein Erlebnis. Sagen Sie mal, Schätzchen, wie ist'n das Geschäft bei euch am Sonntagmorgen? Reißender Absatz von Steak mit Ei, was?

ANGEL *verneinender Laut:* Der Sonntag ist ganz schlecht.

TEDDY Tatsächlich.

ANGEL Meistens könnt ich die Sonntagsausgabe von vorn bis hinten lesen.

TEDDY Was Sie nicht sagen.

ANGEL Mittags, wegen unserer »Enchilada Spezial«, belebt sich's ein bißchen.

TEDDY Das freut mich. Ist ja nicht lustig für Sie und unsern Ryder, wenn gar nix geht.

ANGEL Ach, wir reden oben, bis Stephen heimgeht.

TEDDY Nur reden? *Er wendet sich plötzlich vom Fenster weg und kommt zurück.* Ja? Ihr redet nur? Die Wahrheit!

ANGEL Manchmal reden wir nicht mal.

TEDDY Nein.

ANGEL Manchmal geht Stephen einfach.

TEDDY Ja sowas.

ANGEL *bejahender Laut.*

Angel bringt das Essen zum Tisch, instinktiv schaut sie zum Fenster hin.

TEDDY Mei-o-mei, schaut das gut aus. *Zu Cheryl.* Zugegriffen, Süße, schau bloß dieses Fett an. Daher hast du also das Bärenfett für deine Haare, Red.

ANGEL Ist es zu fett?

TEDDY *überhört ihre Frage, nimmt ihre Hand:* Sagen Sie mal, Schätzchen, aber die Wahrheit, so wahr dir Gott helfe, ist er'n bißchen nett zu Ihnen, wenn ihr zwei ganz allein hier drin seid? *Teddy greift nach oben und hupt mit einer von Angels Brüsten.* Tu-tuuuut!

Angel erstarrt zwischen Ärger und Vergnügen, dann hastet sie zurück hinter die Theke. Teddy schaut zu Stephen, der Teddys Blick meidet und zu seinem Stuhl zurückgeht. Lyle und Richard treten ein.

LYLE Ihre Lichtmaschine wär da, aber jetzt ha'm die Leut ihre Schlüssel verloren.

Lyle und Richard suchen. Angel sucht mit. Teddy ißt, Cheryl versucht zu essen.

LYLE Ich weiß sicher, daß ich die Schlüssel stecken ließ.

TEDDY Wie sehen sie aus.

RICHARD Ein kleines flaches Teil mit Ring und Kettchen.

TEDDY Ein kleines Textil-Teil?

RICHARD Gold.

TEDDY O-mei-o-mei.

LYLE Wissen Sie, ich könnte sie natürlich oben auf der Super-Pumpe liegengelassen haben.

RICHARD *nach einer Pause:* Ich schau mal nach. *Er geht.*

LYLE *zu Teddy, sobald die Tür wieder zu ist:* Junger Mann . . .

Teddy schaut nicht auf.

Ich wollte Ihnen'n Gefallen tun, drum hab ich Ihre Kühlerhaube geöffnet, um die alte Lichtmaschine auszubauen.

TEDDY Aha.

LYLE Nun halt ich mich ja für'n Mann, der die heutige Jugend versteht und ich bin jemand, der sich nicht in anderer Leute Angelegenheiten mischt, junger Mann ...

TEDDY Das ist 'ne prima Haltung, mein Herr, 'ne ganz prima Haltung.

LYLE ... aber Sie wären ganz schön in der Klemme, wenn einer von den mexikanischen Zöllnern auf die Idee kommen sollte, 'n bißchen rumzusuchen und dann fände, was Sie sich da unter die Kühlerhaube geklebt haben.

Teddy starrt Lyle einen Augenblick lang an, dann senkt er seinen Kopf wieder über seinen Teller. Pause.

Und ich säh' es ungern, wenn Sie sich auch noch dadurch in Schwierigkeiten brächten, daß Sie diesem Mann seine Schlüssel nähmen.

Teddy schaut auf, hält seinen Blick auf Lyle gerichtet, zwingt Lyle wegzuschauen, auch von der Wahrheit.

Ich klag keinen an, verstehen Sie. Ich bin jemand, der sich nicht in anderer Leute Sachen mischt.

TEDDY Ham Sie das nicht schon mal gesagt? *Zu Cheryl.* Das hat er doch schon gesagt vorhin.

CHERYL *krampfhaft um Ruhe bemüht:* Ja.

TEDDY Mensch, wenn ich nicht so'n klaren Kopf hätte. Sie wiederholen sich ja, Alterchen. *Zu sich selbst.* 'n Moment lang dacht' ich, ich spinn.

LYLE Jetzt ge'm Sie die Schlüssel, wenn Sie'se haben. Ich sag, ich hätt se die ganze Zeit in der Tasche gehabt, ohne es zu wissen. Dann geh' ich und bau die neue Lichtmaschine ein und Sie könn'n weiter.

TEDDY Alter Krüppel, verfluchter, geht her und bringt alles durcheinander. Hab ich Ihnen nicht als allererstes gesagt, daß ich die Lichtmaschine selber einbau!

LYLE Ich wollt Ihnen nur'n kleinen Gefallen tun.

TEDDY Gottverdammich, das haben Sie doch auch schon mal gesagt.

LYLE Nun regen Sie sich doch nicht auf. Wie ich sagte, ich ...

TEDDY *steht jäh auf:* Sag's nochmal, Alterchen, und ich schneid dir glatt die Zunge aus'm Maul. *Pause. Er schaut zum Fenster.* Da kommt der feine Max und Unsere Frau von der Geigen. Was würden Sie sagen, wenn die ihre Schlüssel gefunden hätten?

LYLE Entschuldigen würd' ich mich. Natürlich.

TEDDY Also gut ... mal sehen, was sich hier tut.

Die Ethredges treten ein.

TEDDY Habt ihr sie?

RICHARD Nein.

LYLE *schaut Teddy an, der ihn anschaut; nach einer Pause:* Der Junge hat sie.

Teddy stürzt sich auf Stephen, reißt ihn von seinem Hocker, wirft ihn zu Boden und beginnt, ihn zu schütteln. Stephen kämpft, aber Teddy ist bei weitem der Stärkere.

TEDDY Los, los, Red Ryder, spuck die Schlüssel aus. Was würden die sagen, der Einsame Ranger und der Rote Tonto, wenn ...

STEPHEN Du hast sie, du gottverdammter Dreckskerl!

Teddy wirft Stephen hin, starrt ihn an, offenbar tief beleidigt.

TEDDY Ganz schön bös, Junge, sowas zu behaupten. Schlimme Zeiten für die Beziehungen zwischen Weißen und Roten beschwörst du herauf, wenn du dich so benimmst.

RICHARD Sie haben meine Schlüssel?

TEDDY Schön ... nur mal in der Theorie, Sie verstehen, wir nehmen das mal rein theoretisch ...

RICHARD *scharf:* Haben Sie meine Schlüssel?

TEDDY Moment ... ich sage rein theoretisch, gottverdammich. Setzen wir also rein theoretisch voraus, ich hätte Ihre Schlüssel. Jetzt würde mich interessieren ... wenn ich sie hätte ... ob Sie ein kleines Lösegeldchen ausspucken würden, um sie zurückzukriegen. Nur mal rein theoretisch.

LYLE Geben Sie ihm die Schlüssel, junger Mann.

TEDDY Und Sie, feiner Max?

RICHARD Wenn Sie meine Schlüssel haben, sollen Sie wissen, daß ich Ihnen keinen Cent gebe, um sie zurückzubekommen.

TEDDY Dann ... wieder rein theoretisch ... wenn ich der Inhaber Ihrer Schlüssel wäre, glaub ich einfach nicht, daß ich sie zurückgeben würde. Nein, mein Herr, ich glaub einfach nicht, daß ich das täte. *Zu sich.* 's ging nicht. Praktisch undenkbar.

RICHARD *zu Lyle:* Habt ihr Polizei im Ort?

LYLE 'n Sheriff.

RICHARD Könnten Sie ihn rufen? Soll er sehen, ob er meine Schlüssel findet.

TEDDY Also bitte ... wieder rein theoretisch, auch wenn Sie an meine rasch schwindende Güte appellieren ... ich würde das nicht tun. Nein, mein Herr, ich würde das einfach nicht tun.

RICHARD *zu Lyle:* Wenn Sie nicht wollen, bitte, geben Sie mir die Nummer, dann ruf ich an.

Richard tut einen Schritt aufs Telefon zu. Teddy steht auf. Richard stoppt. Sie sind einander konfrontiert.

LYLE Junger Mann, mein Angebot gilt.

TEDDY Ich weiß es zu schätzen, Alterchen, aber was ich hier an Theorie in Gang setze, ist eine andere Sorte Angebot.

LYLE Dann muß ich also Sheriff Garcia rufen.

TEDDY Ich bitte zu unserem komischen Herrn und Gott, Sie möchten das nicht versuchen.

LYLE Geben Sie dem Herrn die Schlüssel zurück.

TEDDY Verflixt nochmal, das kann ich nicht.

Lyle geht zum Telefon an der Wand. Teddy gibt seinen Imponier-Ton total auf.

TEDDY Lassen Sie die Finger von dem Apparat.

Lyle stoppt.

Also, wenn ich sage, tun Sie das und das nicht, und zwar in dem Ton, in dem ich's grad gesagt hab', ... tun Sie's nicht! *Zu Richard.* Schön, Schluß mit dem Geschwafel. Wir sind 45 Minuten von der mexikanischen Grenze und dann für immer aus eurer Reichweite. Aber wir haben kein Geld, unser Frühstück zu bezahlen, geschweige die Lichtmaschine. Wir brauchen Geld.

LYLE Das Frühstück geht auf mich, junger Mann. Schreib ihr Frühstück auf mein Konto, Angel. Die Lichtmaschine übernehm ich auch. Bloß nichts tun, was man bereuen müßte. Mein Angebot gilt. Sie gehen ganz ruhig raus hier ...

TEDDY Frühstück und Lichtmaschine werden dankbar akzeptiert, aber wir müssen noch mehr Geld haben. Auf die Hand. Nun weiß ich todsicher, Alterchen, daß in Ihrer Registrierkasse nicht so viel ist, daß sich das Reinlangen lohnt, wenn also unser feiner Maxe nicht mit, sagen wir, 300 Dollar in bar aufwartet, reg ich mich am Ende noch auf. Was meinen Sie, Max?

Er hat die Schlüssel aus seiner Jacke geholt, geht auf Richard zu, die Schlüssel auf der flachen Hand. Plötzlich greift Richard nach den Schlüsseln, aber Teddy, dies voraussehend, hat sie in seiner Faust in Sicherheit gebracht.

Gesehen, Red Ryder? Die fixeste Faust im Westen. Kann ich mich mit dieser Reaktionsfähigkeit bewerben bei dir als Einsamer Ranger?

Richard rennt zur Tür. Teddy springt zwischen Richard und die Tür. Richard versucht, Teddy zu täuschen wie ein Basketballspieler, der eine Richtung andeutet und eine andere einschlägt, aber Teddy bleibt zwischen ihm und der Tür. Richard verliert sein Gleichgewicht, als Teddy eine Bewegung auf ihn zu macht, und fällt gegen den Tisch, auf dem Teddys und Cheryls Teller stehen. Plötzlich rennt Angel auf die Tür los, aber Cheryl springt auf und versperrt ihr den Weg mit einer tatsächlich völlig aussichtslosen Haltung, falls Angel mit ihrer ganzen Masse versuchen sollte durchzubrechen.

CHERYL Bitte, bleiben Sie stehen.

ANGEL *schreit, den Tränen nahe, Cheryl ins Gesicht:* Es sind doch nette Leute!

TEDDY *zu Angel:* Sie manövrieren Ihr Volumen am besten retour, zurück hinter die Theke ...

Während dieses Wortwechsels mit Angel ist Richard so nahe an Teddy herangekommen, daß er ihn treffen kann. Aber anstatt ihn zusammenzuschlagen, schlägt er ihm ins Gesicht. Teddy läßt die Schlüssel fallen und Richard kriegt sie zu fassen.

Mensch, Maxe, wenn ich jetzt Kontaktlinsen getragen hätte?

RICHARD Wir gehen jetzt. Wir gehen hinüber zu Mr. Strikers Tankstelle und zu unserem Wagen. Bis wir den Sheriff auftreiben und ihn hier herausbringen, müssen Sie ihren Wagen fertig haben und weg sein. *Richard legt einen Arm um Clarisses Schultern und geht mir ihr auf die Tür zu. Teddy zieht einen kleinkalibrigen Revolver aus der Tasche.*

TEDDY Stop.

Die Ethredges stoppen.

CHERYL Teddy ...

RICHARD Wagen Sie es, das Ding da auf mich zu richten.

TEDDY Alles, was Sie in Ihren Taschen haben, auf diesen Tisch.

RICHARD Nein.

TEDDY Freundchen, ich hab's nicht nötig, auf Sie zu schießen, aber wenn das das ist, was nötig ist, um klarzumachen, wer hier das Sagen hat, dann ist es eben das, was sein muß.

RICHARD Das ist dann eben das, was sein muß.

Teddy schießt auf Richard, gleichzeitig wird die Bühne dunkel.

Zweiter Akt

Einige Minuten später. Richard ist das Zentrum der Aufmerksamkeit. Er ist auf einem der Tische gelagert, ein Erste-Hilfe-Kasten steht neben ihm, Lyle tut die letzten Handgriffe an einer Gazeabdeckung, die er mit breiten Pflasterstreifen befestigt. Clarisse sitzt neben Richard. Teddy ißt, nachdem er sein Frühstück verzehrt hat, die Reste von Cheryls Frühstück auf. Sein Revolver liegt dicht neben ihm.

TEDDY *wischt sich den Mund, wendet seine Aufmerksamkeit Richard zu:* Wie fühlt sich unser feiner Maxe jetzt?
Richard reagiert nicht. Teddy dreht sich zu Stephen, der auf seinem Hocker an der Theke sitzt.
Eine reine Fleischwunde, Red. Der Sonnenaufgang sieht ihn wieder im Sattel. *Zu Angel.* Schatz, das Mahl hat unwahrscheinlich gemundet.

LYLE Es blutet nicht mehr, glaub ich.

TEDDY Und hab ich nicht eben noch zu Red Ryder gesagt, es handle sich um eine reine Fleischwunde?

LYLE Wie fühlen Sie sich?

RICHARD Alles in Ordnung.

TEDDY *zu sich selbst:* Heiliger Gott, die schneiden mich.
Lyle geht weg von Richard und wird, als er seine Ärmel herunterrollt, von Cheryls Brüsten angezogen.

CLARISSE Kann ich irgendwas tun?

RICHARD Nein, wirklich, ich fühl mich wohl. Nur ein bißchen zittrig.

CLARISSE Wenn ich bloß irgendwas tun könnte.

RICHARD Es gibt nichts zu tun für dich.

TEDDY Red, weißt du, wer hätte da sein sollen, um all die Gesichter hier zu studieren, als ich das Blei für unseren Maxe heißmachte? Cisco und Pancho, aus Cisco Kid, weißt du. Das sind ein paar Burschen, die was übrig haben für einen properen Gesichtsausdruck. *Teddy starrt Stephen an, starrt dessen sinnlose Unerschütterlichkeit auf seinem Hocker an, dann dreht er sich zornig weg von ihm und scheint sich irgendwie in sich selbst zu verlieren.*
Gottverdammich, wo sind bloß diese Leute so schnell hin?
Pause.
Wo, zum Teufel, ist dieser verdammte Tim Holt, Maxe? Johnny Mack und Durango Kid?
Pause.
Lash La Rue.
Pause.
Jesus-Jesus, da hat einer aufgeräumt. *Teddy bleibt in sich versunken.*

CHERYL *erregt, impulsiv:* Hören Sie bitte auf, meine Brüste anzustarren.
Lyles und Stephens Augen fliehen.

TEDDY *fixiert sich auf Lyle:* Wer starrt deine Brüste an, Liebes?

LYLE Ich nicht.

TEDDY Sie nicht, Alterchen?

LYLE Ich nicht.

TEDDY Sowas interessiert dich überhaupt nicht mehr, was?

LYLE Na ja, das möcht ich nicht sagen.

TEDDY *geht nicht auf den Ton ein:* Nein. Ich auch nicht. *Teddy wendet sich zu Stephen. Die Drohung, die auch den 1. Akt beherrschte, wird jetzt plötzlich lebhaft; sie wird im Lauf des 2. Aktes intensiver, gespeist durch eine innere Quelle, die zum Sprudeln gebracht wird durch sein Suchen nach jenen verschwundenen Helden.*

STEPHEN Wer sagt, daß ich hinschau?

TEDDY Ich sag's, Junge.

Pause.

Aber sie hängt sie ja praktisch raus für dich, nicht wahr? Wenn sie nicht mag, daß du ihren Busen anschaust, sollte sie die Dinger zudecken. Stimmt's?

Stephen nickt bloß. Teddy starrt ihn an.

CHERYL Können wir, bitte, raus hier.

Teddy ist auf Stephen fixiert, er atmet etwas schnell.

CHERYL Teddy ...

TEDDY Ja---jaa. Warum gehst'n nicht mit Mr. Striker rüber in die Bumstation und montierst die neue Leckmaschine ein. Mr. Striker, gehen Sie doch. Es wäre allerdings besser, wenn Sie nichts vorhätten. *Gibt ihr den Revolver.* Schieb dir die Pistole in den Schal, Süße, falls er dich mit seiner Zapfsäule betanken will.

LYLE Ehrenwort. Ich möchte nur, daß Sie fort sind und wir nicht schlimmer dran als jetzt.

Teddy schaut schnell zu Lyle, durchbohrt ihn mit seinem Blick.

TEDDY Unser gutes Alterchen.

Pause.

Gottverdammich bist du brav, wa?

Pause.

Ja-jaa. Sie sind'n braver alter Mann. Was?

Pause.

Und Sie halten Ihre Augen schön weg von mei'm klein' Mädchen seine Brüste. Kapiert?

Lyle nickt mit soviel Würde als möglich.

TEDDY *zu Cheryl:* Bring'n paar Rollen Isolierband mit.

CHERYL *leise:* Teddy, ich habe Angst.

TEDDY Nur zu, Liebes, geh. *Teddy will sie nicht ansehen. Er hält seinen Blick auf Lyle.*

Pause.

CHERYL Gehen Sie voraus, Mr. Striker, ich folge Ihnen.

Lyle schaut sich um, als prüfe er, ob alles in Ordnung ist, dann geht er, gefolgt von Cheryl.

TEDDY *zu Stephen:* Schäm dich, Junge. *Pause. Er bohrt seine Blicke in Stephens Augen.* Spielt sich was ab in deinem Kopf, was? Zurück und zurück in Winkel, in denen du noch nie warst? Laß es dir nicht zu nahe gehen, Junge, sonst wirft es dich total um, hörst du.

Schweigen. Stephen weiß nicht, wie er auf diesen anscheinend fast zärtlichen Ton reagieren soll. Einen Augenblick lang treffen sich seine und Teddys Blicke, dann senkt er seine Augen auf Teddys Drillichjacke. Teddy starrt ihn weiterhin an, bleibt dicht bei ihm. Stephen schaut wieder auf in Teddys Augen.

TEDDY Komm los, Junge. Frag mich was.

Pause.

STEPHEN Warst du im Krieg?

TEDDY Jaa. Du?

STEPHEN *verneinender Laut.*

TEDDY Untauglich . . . oder Glück?

STEPHEN Zufall.

TEDDY Schade, schade, schade. Wenn se dich zu nichts als Scheiße zusammengeschossen hätten, heimgeschickt hätten in'er Plastik-Mülltüte und hier in der Nähe beerdigt! Gott und die Welt wär zu deiner Beerdigung gekommen. Du wärst wer gewesen, Red.

STEPHEN Einer, mit dem ich in der Schule war, ist gefallen.

TEDDY Aha.

Pause. Stephen kommt nicht auf den Namen des Jungen. Schließlich dreht er sich zu Angel hin.

ANGEL Billy Simon.

STEPHEN Billy Simon.

TEDDY Ja-jaa, Red, du wärst wer gewesen. Ich kannte 'n Haufen so Kerle, die wer wurden, weil man ihnen 'n Arsch weggeschossen hat . . . Ich kann mich an die Namen auch nicht mehr erinnern. *Teddy starrt Stephen an, dann dreht er sich abrupt weg.* Ich wollte auch fort, einstens. Ist sowieso überall gleich mies, dachte ich. Ich war im College. Weißt du, was ich noch weiß? Wie man den erschöpften Schwimmer rettet . . . nicht gerade sehr nützlich hier in der Wüste . . . die Erbfolge der Tudor-Stuart-Könige und -Königinnen . . . damit kannst du nicht mal ganz dicht am Wasser was anfangen. *Er wendet Stephen den Rücken zu.* Jajaa . . ., du kannst genausogut hierbleiben, Junge. Vielleicht ernennen Sie dich eines Tages zum Chef des Parkplatzes.

Teddy zeigt auf seine Tasse. Angel bringt die Kanne.

ANGEL Wie alt ist sie?

TEDDY Cheryl? 18, 19, 20, weiß ich auch nicht so ganz, Kindchen. Warum? Zu alt für mich, meinst du?

ANGEL Wo habt ihr euch getroffen?

TEDDY In so'm Beatschuppen. Jei-jei, wir ha'm uns fast unsere zarten Hintern weggetanzt in dieser ersten gloriosen Nacht. Die Elvis-Platten. Chuck Berry . . . Wieso heißen sie dich eigentlich Angel, Nudel?

ANGEL Meine Mami und mein Papi nannten mich so.

TEDDY Angel! Sie müssen sehr an dir gehangen haben. Na bitte. Wann hat sich dieses Volumen herausgebildet?

ANGEL *nach einer Pause:* Wann ich dick geworden bin?

TEDDY Genau das, Kindchen.

ANGEL Als ich klein war.

TEDDY Drüsen, was?
ANGEL Ja.
TEDDY Warum hast'n du den Ehering an der rechten Hand. Bist du mit diesem Reservechristus verheiratet?
ANGEL Von meinem Papi.
TEDDY Wie geht's 'n dei'm Papi so?
ANGEL *nach einer Pause:* Weiß ich nicht. Er ist schon lang fort.
TEDDY Wegen dir?
ANGEL *nach einer Pause:* Wegen Mama und Großmama, glaub ich.
Pause.
TEDDY Glaubst du, daß dich je einer heiratet, Angel?
ANGEL *nach einer Pause:* Weiß ich nicht.
TEDDY *nach einer Pause; ohne Boshaftigkeit:* Nein. Keiner.
RICHARD Was, zum Teufel, ist bloß mit Ihnen l o s, Mann?
TEDDY Allgemein, Maxe, oder im besonderen?
RICHARD Mit euch allen überhaupt.
TEDDY Ach so. Mit uns allen. Sie meinen uns unzufriedene Jugend der Vereinigten Staaten von Amerika.
RICHARD Jawohl.
TEDDY Wir sind unzufrieden, Maxe.
RICHARD Und was ist jetzt mit dem ganzen Hippi-Quatsch?
TEDDY Ach so. Das war 'ne andere Gruppe, mein Herr. Das war'n ganz andere Burschen. Nicht wir. Sie ha'm nix übrig für Liebe und Antikrieg, was?
RICHARD Im Augenblick nicht.
TEDDY *zu Angel:* Und du, Liebling? Ganz für Liebe und Antikrieg?
ANGEL Glaub schon. Ich glaube, ich glaub schon.
TEDDY Mag ich, Schätzchen, wie du das so doppelt gesagt hast in dieser Art. Was liebst du, Wämpchen?
ANGEL Meine Mama ...
TEDDY Aha.
ANGEL Und meine Großmama.
TEDDY Und was ist mit unserm Red Ryder da? Du liebst doch unser Rötchen, Zuckernudel, oder?
Pause.
ANGEL Ich mag Stephen sehr gern.
TEDDY Also wenn du mich fragst, ich glaub, du liebst unsern Red. Aber er liebt nicht z'rück, wa? Glotzt überhaupt nie auf dein' Busen, wa? Laß mich in deinem Interesse tätig werden, Schatz, und dem Knaben 'n paar Fragen stellen.
Angel kann nicht reagieren.
Also Red, wie kommt's, daß du unsere Zuckernudel nicht liebst? Nicht gut genug für dich? Für so'n modebewußten Stenz wie dich. 'n Mann, der keine Antwort schuldig bleibt. Was!
STEPHEN Geht Sie'n Dreck an.
Teddy ist sofort bei Stephen und schlägt ihm so den Handrücken gegen den Kopf, daß Stephen vom Hocker fällt.

TEDDY Schau du noch einmal auf die Brüste von meiner Frau, Junge, dann kriegst du's mit mir zu tun!
Pause. Er starrt Stephen wütend an.
Und jetzt stellst du dich mitten ins Lokal.
Stephen steht auf, geht in die Mitte, versucht noch irgendwie stark auszusehen, obwohl er sich ohne Widerrede fügt. Teddy folgt dicht hinter ihm.
Also wirklich, die unaussprechliche Unverschämtheit einer solchen Flasche, eine solche Tätowierung zu tragen. Der wirkliche Red Ryder hätt sich aufgehängt, wenn ihm jemand gesagt hätte, daß er in Verbindung gebracht würde mit so'm Stück Hundescheiße. Und ich sag dir noch was: niemals hätte sich der wirkliche Red Ryder in so'n Schuppen gehockt, um 'ner Touristin ihre Titten anzuglotzen. Ich schwör bei unserm gottverdammten Jesus, daß ich in Versuchung bin, dir die Augen aus dei'm Kopf zu nehmen und die Tätowierung aus dem Arm zu schneiden. *Teddy schiebt den mittleren Tisch samt Stühlen aus dem Weg, dabei stößt er sie fast um.* So und jetzt reitst du 'ne Runde. Hier im Lokal rum reitst du 'ne Runde, bis ich sag: Halt.

STEPHEN Wie meinen Sie das, 'ne Runde reiten?

TEDDY Ich meine, wie wenn du'n Kind wärst, kleiner Pisser. Du reitst die Scheißrunde hier wie früher, wenn du als Kind Cowboy gespielt hast und Nigger oder Caballero oder was ihr Schweinsköpfe sonst gespielt habt hier unten. Los, reit!
In größter Verlegenheit beginnt Stephen herumzureiten.
Gib die Peitsche. Du bist Red Ryder und du jagst'n schwarzen Hut durch die Wüste hier unten. Los, hol ihn dir!
Stephen gibt die Peitsche und reitet etwas rascher.
Geräusche, gefälligst!
Stephen macht schwache Geräusche ... Schnalzen und Rufe an sein Pferd.
Wie hieß'n das Pferd von Red Ryder, Maxe?

RICHARD Hab ich vergessen.

TEDDY Blitz oder Mondlicht, glaub ich. *Zu Stephen.* Dein Pferd heißt Blitz oder Mondlicht ... wie du willst. Das bißchen Babbelscheiße reicht bei weitem nicht, Junge.
Stephen schnalzt, ruft den Namen seines Pferdes, er nennt es Mondlicht.
Halt! ... Okay, jetzt reit rüber zur Theke, steig ab und bind dein Pferd an.
Stephen tut es.
Schlecht. Sehr schlecht. Laß jetzt, da, geh in die Kneipe da, ja, und Zuckerschnäuzchen ist deine einzige Geliebte ... weil du Red Ryder bist und nur eine Herzliebste hast. Ich meine, soweit ich sehe, fummelst du nicht nur so nebenbei mal rum. Und im Unterschied zum Einsamen Ranger, dieser schwulen Tunte, hast du das prima Kind da aufgetan. Das war eine tolle Zeit, Maxe, als wir noch so wenig wußten, daß wir uns überhaupt nicht wunderten über diese ganzen Mordsmannsbilder, die immer als so merkwürdige Paare rumrannten. Kein Wunder, daß unsere Generation die Frauen verachtet. Schön, jetzt, Zuckerhäppchen, kommst du hier lang, und wenn Red hereinkommt von seinem Ritt, sagst du: Red, Liebster, willkommen daheim. Kapiert?
Angel nickt.
Okay, Red, nochmal zurück da, und diesmal kommst du im Galopp an, bindest den guten Blitz oder Mondlicht an und stolzierst ins Lokal.

Stephen reitet wieder an, steigt ab und bindet sein Pferd an. Er geht auf die Theke zu. Stolzieren!

Stephen probiert's.

ANGEL Red, Liebster, will ...

TEDDY Zu früh, Kruzifix. Laß ihn doch zuerst rein ... klopf 'n bißchen Staub von seinen Reithosen.

Stephen klopft selber etwas Staub von sich, seine Augen sind auf den Boden gerichtet. Angel wartet auf ein Zeichen Teddys. Er gibt es.

ANGEL Red, Liebster, willkommen daheim.

Stephen steht, Blick gesenkt.

TEDDY Küß sie, Red, Kreuzkruzifix. Ist das ein Benehmen, du Schmock du?! Runzle die Stirn, Nudel!

Stephen lehnt sich über die Theke. Angel hält ihm ihr Gesicht hin, aber er küßt sie auf die Wange.

TEDDY Scheiße! Schluß! ... Okay, Red, geh da rüber. Zuckerschnäuzchen, etwas zurück. Unsere Frau von der Geigen, komm' Sie, ich hab was zu tun für Sie.

Clarisse schaut Richard an.

TEDDY Schau'n Sie ihn nicht an, als ob er's erlauben müßte. Wir sin' hier nicht auf'm Schulball, Süße. Wenn ich 'ner Möse ruf, dann tanzt die Möse an, klar! Jetzt gehen Sie hinter die Theke und wenn ich herreite, sagen Sie: Red, Liebster, willkommen daheim! ...

Clarisse bewegt sich nicht ... Teddy geht hin, plötzlich greift er den Geigenkasten.

CLARISSE Nicht. Vorsicht. Bitte.

Teddy öffnet den Kasten ganz wunderbar vorsichtig, dann nimmt er plötzlich die Geige ohne jede Vorsicht heraus.

CLARISSE Schön. *Sie geht hinter die Theke.*

RICHARD Sie küssen sie nicht.

TEDDY *nach einer Pause; er fixiert Richard, als bewundere er die Idiotie dessen, was Richard zu sagen für gut hielt, dann zu Clarisse:* Zwei Minuten vor Schluß wurde der Star jäh von einer rätselhaften Krankheit befallen und Sie, 'n Mädchen von der Requisite, werden rausgeschubst, weiterzuspielen. Bitte, schmeißen Sie's nicht. *Zu Stephen und Angel.* Jetzt, Red, Zuckerhäppchen, paßt auf, so möcht ich's.

Die Geige unterm Arm, schwingt Teddy die Peitsche im Lokal herum, treibt sein Pferd an, ruft ihm zu. Er galoppiert zur Theke, springt vom Pferd, wirft die Zügel über die Stange, produziert eine großartige Anbindung, stolziert ins Lokal; klopft Staub von der Hose.

CLARISSE *monoton:* Red, Liebster, willkommen daheim.

Teddy lehnt sich über die Theke, aber Clarisse dreht den Kopf weg. Teddy faßt sie durch den Pullover an ihrem BH, schlingt die zwei Träger zusammen und reißt Clarisse so zu sich hin. Mit der Hand, die die Geige hält, zwingt er ihren Kopf zurück und küßt sie voll in den Mund.

Richard geht auf Teddy los. Teddy hebt die Geige hoch, als wolle er sie auf der Theke zerschmettern. Richard stoppt. Teddy schaut ihn einen Moment lang an, dann, die Geige immer noch über dem Kopf, küßt er Clarisse wieder, ausführlich.

Dann hört er auf.

TEDDY Danke. Max, bring sie weg.

CLARISSE Geben Sie meine Geige her.

TEDDY Nur wenn Sie versprechen, uns etwas Begleitmusik zu spielen.

CLARISSE Gut. Geben Sie sie mir.

Teddy zeigt auf ein Tablett auf der Theke, auf dem eine Gabel liegt.

TEDDY Damit. Zuerst eine kleine Reitmusik, dann was Weiches, Romantisches. Schön spielen, und wenn wir das heutige Schießpensum erledigt haben ... soll keine Anspielung sein, Maxe ... kriegen Sie Ihr Instrument zurück.

Teddy zeigt auf Richard, dann senkt er die Hand, bis auf Richards Hocker. Richard nimmt langsam Platz.

TEDDY Also, Red, jetzt zeig was.

STEPHEN *nach einer Pause, schnell:* Ich mag sie nicht küssen.

TEDDY Was'n los, Junge, ... schwul?

STEPHEN Ich mag sie einfach nicht küssen.

TEDDY Weil sie dick ist?

STEPHEN Ich mag einfach nicht.

TEDDY Weißt du nicht, was es wär für sie, wenn du ...

STEPHEN Ich mag nicht.

TEDDY 's Maul. Begreifst du nicht, Junge, daß du lernen mußt, dich selber im Zusammenhang mit andrer Leute Bedürfnissen zu sehen. Glaubst du, mir macht diese Arbeit hier Spaß?

STEPHEN Ich mag sie einfach nicht küssen.

TEDDY Kreuzkruzifix, ich eröffne dir etwas von einiger Tragweite und du reagierst zum vierten Mal mit: Ich mag nicht. Wenn du mich fragst, ich halt dich für schwul.

STEPHEN Mir egal, wofür Sie mich halten.

Teddy hat seinen Arm um Stephens Schultern gelegt. Plötzlich nimmt er Stephen in den Schwitzkasten.

TEDDY Laß es dir nicht egal sein, bitte ... okay?

Pause. Stephen nickt.

Also, jetzt spielst du die Szene so, wie ich sie geschrieben habe, oder du wirst mich küssen. Magst du mich küssen?

STEPHEN *mühsam, im Schwitzkasten, verneinender Laut.*

TEDDY Dann spiel die Szene, wie ich sie schrieb, Junge. Bei dieser Art Film kann nur einer schreiben, sonst ist der essentielle Kern des Ganzen gleich total versaut. Ein Mann, der so viele Filme gemacht hat wie du, weiß das doch.

Pause.

Das Orchester setzt ein. Okay. Los jetzt. *Teddy bringt Handlung und »Musik« in Gang. Stephen spielt die Szene, wie Teddy es beschwor, aber mit einer deutlichen Abschwächung der Version, die Teddy spielte. Clarisse begleitet mit Gabel und Tablett. Stephen stolziert auf die Theke zu. Teddy gibt Clarisse ein Zeichen, die Musik zu beenden.*

ANGEL Red, Liebster, willkommen daheim.

TEDDY Gut. Jetzt Musik!

Clarisse verlangsamt den Rhythmus, wenn Stephen sich über die Theke beugt und

Angel nicht auf den Mund küßt und sich dann wegwendet. Angel dreht sich zum entgegengesetzten Ende der Theke. Clarisse, aufs äußerste angewidert von ihrer eigenen Mitwirkung, geht an der Theke entlang.

TEDDY *zu Stephen:* Junge, ich pfeif drauf, wie groß Metro dich rausbringen will, aber das ist der letzte Streifen, in dem du bei mir vorkommst. *Zu Angel.* Zuckerschnäuzchen, was soll man da sagen?

ANGEL Nix.

TEDDY Möchtest du, daß er mit dir schläft?

ANGEL Nein.

TEDDY Natürlich möchtest du. *Zu Stephen.* Warst du schon mal im Bett mit 'ner Frau, Red?
Stephen reagiert nicht.
Ich red mit dir, Junge.

STEPHEN Ja-jaa.

TEDDY Scheißdreck. Also, dieses Mädchen will, daß du schläfst mit ihr und, bei Jingo, das kriegt sie. *Schlägt auf die Theke.* Sofort.

ANGEL Nein!

TEDDY Unsere Frau, Sie werden die Handlung begleiten, klar. Und zwar machen wir das so: Red, du sagst zum Häppchen, daß du gehst, und sie fragt, warum gehst du, Red Ryder? . . . und du sagst, weiß nicht, weil du Red Ryder bist und rein gar nichts weißt, wenn's dir nicht einer sagt . . . und das ist eine grandiose Existenzart, finden Sie doch auch, Maxe. Rinnern Sie sich, wie das war. Ja-jaa, nichts von der Scheiße, in der du schwimmst, Junge, von wegen Verantwortung und existenz-i-elle Entscheidung. Der echte Ryder hat nur gewußt, er kriegt versiegelte Befehle, mit denen er losmuß, also ist er gegangen; und deshalb mußt du sagen, ich weiß nicht, warum ich gehen muß. Und sie sagt: Ist es wegen mir? Und du sagst: Ich weiß nicht, ob es wegen dir ist . . . weil dir keiner gesagt hat, ob's wegen ihr ist oder nicht. Und sie sagt: Ich muß wissen, warum. Und alles, was du sagen kannst, ist: Weiß nicht. Sag es!

STEPHEN Weiß nicht.

TEDDY *macht es ihm vor:* Weiß nicht.

STEPHEN Weiß nicht.

TEDDY Und dann sagt Zuckerschnäuzchen: Wann kommst'n du wieder, Roter Reiter, und was sagst denn du, Roti?

STEPHEN Weiß nicht.

TEDDY *verneinender Laut:* Nein. Falsch. Weil an dieser Stelle ein unbekanntes, aber offizielles Individuum an dein Ohr tritt und flüstert: Niemals. Du kommst niemals nicht zurück, Reiter. Und du sagst zu deiner kleinen Nudel da: Niemals nicht komm ich zurück. Und Häppchens Augen werden naß, und sie sagt: Schlaf mit mir, Reiter, bevor gehst. Und du, o mein Reddi, du sagst: Wir sind nicht verheiratet, Miß Häppchen, es wär nicht recht. Ich könnt's nicht. Ich darf's nicht. Gottverdammich! *Wendet sich an Richard.* Sind Sie ein Dodger-Anhänger, Maxe?

RICHARD *erschrickt:* Nein.

TEDDY *zu Stephen:* Baseball! Da spielten schon Könner, als Maxe und ich noch klein waren und du nicht der einzige Red Ryder gewesen wärst. Was ist Ihr Verein, Mäxchen?

RICHARD *verwirrt:* Yankees.

TEDDY *lacht kühl:* So'n Heini. Ja-jaa, Roger Maris' Verwandlung in ein' Flugzeugträger, das woll'n wir doch, bitte, nicht vergessen! Und Sie sind denen treu geblieben, als Sie in'n Westen zogen, Mäxchen? Wissen Sie, was ich erleben mußte: als sie den Häuptling aus Brooklyn wegholten und zu diesem beschissenen Kolosseum Los Angeles schickten, ruinierten sie die Karriere des einzigen Mannes, den ich je liebte. Ich rede mit Ihnen, Maximann, sagen Sie was dazu!

RICHARD Ich ... verlor das Interesse, als sie Maris verkauften und Mantle aufhörte.

TEDDY Der Micker, o jee. Ja-jaa, kann sein, daß das das Ende war. Und der verfluchte Yogi Berra. Mein Gott, hab ich den Dreckskerl gehaßt. Wie nannte man den gleich wieder?

RICHARD Mr. Klaue.

TEDDY Mr. Klaue, Himmelarsch.

RICHARD Die Dodger waren Verlierer. Wie Sie.

TEDDY Sie werden niemals in meiner Gegenwart andeuten, daß der Häuptling ein Verlierer war. *Lacht zurückhaltend.* Ach ja, der Häuptling. Edward Donald Schneider, Freunde, der Häuptling von Flatbusch, der die ganze Bande ins Bedford-Stadion puschte. *Pause. Wendet sich zu Stephen.* Ach das war eine andere Zeit, Junge, ich weiß ... *Teddy ist tief in sich versunken, fängt sich, kehrt zurück.* Ja-jaa. Das war 's ander Jahr und heut ist heut, und da soll mir keiner sagen, daß'n paar nette junge Menschen auf'ner Theke in'er Raststätte in Neu-Mexiko nicht'n netten Fick abziehen können miteinander, falls sie möchten. Also ... Mr. Red Ryder und Miß Angel Zuckerhäppchen, Schale und Kern, bitte, sich zu entkleiden.

RICHARD *steht auf:* Edwin! Nicht Edward, Edwin! Edwin Donald Schneider! Hören Sie auf, sie weiter zu entwürdigen. Wir leben in der Gegenwart und wenn Sie ...

TEDDY Sie glauben natürlich, dieser Frau mit so'ner Gratis-Angeberei imponieren zu können. *Zu Clarisse.* Kann er? Imponiert Ihnen sowas? *Zu Richard.* So begreifen Sie doch, wir haben epochemachende Entdeckungen auf dem Gebiete der Apologie und Psychologie hinter uns, die die Auffassung begünstigen, Männlichkeit und Ehemännlichkeit bestünden nicht darin, daß einer den Anschein erweckt, er sei bereit, gegen Männer zu kämpfen, mit denen er nicht konkurrieren kann. *Teddy starrt Richard an. Pause.* Mensch, Red, wie wär's mit Unserer Frau von der Geigen? Möchst mit ihr?

CLARISSE Rühren Sie mich nicht an!

TEDDY Was sagst du dazu, Red? Deine erste sexuelle Erfahrung ohne jeden Abstrich mit einer Konzertgeigerin, die überhaupt nicht unattraktiv ist für eine Frau, die ganz schön schnell ... in die Jahre kommt. Vielleicht legt sie sogar die Fiedel weg, solange der Akt währt.
Pause.
Junge, Red, verdammt nochmal, ich spreche mit dir.

STEPHEN Ich mag nicht.

TEDDY Ich wette meinen Kopf, Junge, du bist so schwul wie'n Fausthandschuh.

STEPHEN Sie sind schwul!

TEDDY *wild:* Komm hoch, Junge, auf das Niveau dieses Augenblicks. Hoch! Hoch mit dir!

Pause.
Überleg mal, Red. Einerseits ist das Zuckerschnäuzchen, von keines Menschen Hand berührt ... verbessere mich, wenn's nicht stimmt, Schnäuzchen ... Schnäuzchen?! *Leise.* Ja-jaa- ... unberührt. Und andererseits ist da Unsere Frau von der Geigen ... die schon einiges drauf hat.

CLARISSE Sie sind nichts als obszön.

TEDDY Und Sie, gnä' Frau, verschanzt hinter Ihrem Instrument, Ihrer Wortkargkeit und Tatenlosigkeit, sind eine ganz falsche Person. *Pause. Er starrt Clarisse an.*
Na, Maximann, hat uns das Frauchen schon mal betrogen! Was mein' Sie!

CLARISSE Sie mieser Hund, Sie. Sie verdorbener, mieser Hund.

RICHARD Clarisse, misch dich nicht ein ...

CLARISSE Sie kommen hier rein und behandeln uns, als ob wir irgendwie überhaupt nichts mehr wert wären, als ob wir überhaupt der letzte Dreck wären. Aber nicht wir sind das, nicht wir, nein, Sie, Sie sind ...

RICHARD Ja, ja, Clarisse ...

CLARISSE Ich kenne Sie, Sie imponieren mir gar nicht, ich kenne Sie und ich will, daß Sie verschwinden von hier ...

RICHARD *mit einem kleinen, verlegenen Lachen:* Schon gut, Clarisse.

CLARISSE Gar nichts ist gut. Erzähl mir nicht, es sei etwas gut ...

RICHARD Erniedrige dich doch nicht so weit ...

CLARISSE Sag bloß nichts von erniedrigen. Dieses miese Stück Dreck mischt sich in unser Leben und du gestattest ihm, dich zu erniedrigen bis zur Unsäglichkeit ...

RICHARD Er hat mich nicht erniedrigt, Clarisse ...

CLARISSE Und wer liefert noch scheißbrav was über ... Edward Schneider! Wenn der Rest von Würde, der dir noch blieb, noch reduziert werden konnte ...

RICHARD Er hat mir nichts getan als ein Loch in den Arm geschossen!

CLARISSE Von dir aus dürfte er mit mir auf der Theke Geschlechtsverkehr haben, wenn er's tatsächlich wollte, das ist doch klar.

RICHARD Mach dich nicht lächerlich.

CLARISSE Was würdest du tun?

RICHARD Ich würd' schon was tun.

CLARISSE Du würdest ihn nicht hindern, weil du's nicht könntest.

RICHARD Ich würd' ihn hindern.

CLARISSE *zu Teddy:* Na bitte, Dreckskerl, kommen Sie her, mal sehen, was er kann ...

RICHARD Laß das. Verstehst du mich!!!! Du machst uns lächerlich! Du machst es mir sehr schwer!

CLARISSE Ich bin nicht dein zweiter Blinddarm.

RICHARD Ich sagte dir, misch dich nicht ein. Setz dich jetzt hin und halt dich zurück.

CLARISSE Das hab ich getan. Ich bin auch bedroht, Richard, und auf dich verlaß' ich mich nicht mehr.
Schweigen. Sie starren einander an. Sie sind zu weit gegangen, haben sich in das falsche Thema verbissen, auch noch am falschen Ort und zur falschen Zeit. Sie starren. Allmählich überwiegt die Einsicht in ihre Dummheit die Wut, die sie aufeinander und auf die Situation haben. Richard bewegt sich plötzlich auf Clarisse zu. Clarisse schaut, eiskalt ein paar Sekunden, dann tut sie ein paar Schritte auf Richard zu, aber kurz vor ihm hält sie an.

TEDDY Dies sei dem Ehepaar Ethredge gewidmet. *Er streicht eine Violinsaite und fährt mit einem Finger an ihr hinauf. Pause.* Ja, was denn! Ich find, wir sind doch zum Tanzen hierhergekommen. *Er wirft ein 25-Cent-Stück in die Musik-Box und drückt kennerisch drei Titel.*

Cheryl und Lyle treten ein.

TEDDY Fertig?

LYLE Alles fertig. *Er übergibt Teddy zwei Rollen Isolierband.*

TEDDY Alter Affe. Das wär also der letzte Tanz, Komplizen. Die Zeit ist um, mit Sonnenaufgang hau ich ab.

Eine langsame Ballade ertönt.

Los, Red, eine letzte Erinnerung. Du und Rotkäppchen führen an. Raus mir dir, Nudel.

Angel kommt hinter der Theke hervor. Sie weinte, seit die Ethredges den Krach hatten.

TEDDY Was plärrst'n rum, Schnäuzchen? Mein Gott, Schätzchen, so frohlocke doch. Red, schieb dein' Kadaver her, komm.

Stephen nimmt Angel leicht bei den Handgelenken und fängt an, einen Twostep zu tanzen.

TEDDY *tonlos:* Mrs. Ethredge, ich glaube, das ist mein Tanz.

Clarisse rührt sich nicht, schaut zu Richard.

RICHARD Der Mann wartet auf den Tanz mit dir.

Teddy gibt Richard die Geige.

TEDDY Sie kriegen die Geige.

Richard nimmt die Geige, schaut sie eine Sekunde lang an, dann läßt er sie auf den Tisch fallen. Richard und Clarisse sehen einander kurz an. Teddy zieht sie auf die Tanzfläche und nimmt sie an sich. Sie starrt ihn einfach trotzig an.

Ich mag, wie Sie tanzen. *Er hebt sie vom Boden und fängt an, mit ihr durch den ganzen Raum zu tanzen. Er sieht Angel und Stephen.* Jesus, Jesus, ihr zwei seid wirklich ein zu Herzen gehendes Paar. *Er stellt Clarisse auf seine Stiefelspitzen nieder.* Rinnerst dich noch, Liebe, als wir's noch so machten? *Er umfaßt sie, faßt mit beiden Händen ihren Hintern und preßt sie gegen seine Leistengegend, und zwar mit solcher Kraft, daß seine Arme leicht zittern.*

Sie wehrt sich langsam gegen seine Kraft, und langsam erlaubt er ihr, sich von ihm zu lösen. Sie starrt ihn wieder simpel und trotzig an.

Schön, Red, Schluß jetzt! Du und Schnäuzchen holen sich neue Partner.

Angel und Stephen hören auf, aber beide stehen reglos.

Nimm 'n neuen Partner, Häppchen. Mach schon, Schätzchen.

Angel dreht sich langsam zu Lyle.

ANGEL Möchst tanzen, Lyle?

LYLE Ich fürcht, ich eigne mich nicht besonders mit dem Zeug da. *Er zeigt auf die Schiene.*

TEDDY Ach was denn. 's gibt doch genug Krüppel in der Bowling-Liga.

LYLE Mir wär's lieber, Sie ersparten mir das.

TEDDY Es ist mir unmöglich, einzusehen, daß Sie ein Recht auf Dispensierung haben, das die anderen nicht haben. Los jetzt.

Lyle und Angel fangen ein bißchen zu tanzen an.

TEDDY Red, du stehst da rum mit'm Finger im Arsch. Und da steht Cheryl wie das letzte Mauerblümchen.

STEPHEN *zu Cheryl:* Wollen Sie tanzen?

CHERYL Nein.

STEPHEN *zu Teddy:* Sie will nicht.

CHERYL Teddy, 's Auto ist fertig. Es reicht.

TEDDY Ich sag's schon, wenn's reicht. Tanz mit diesem Red Ryder da.

CHERYL Ich will nicht tanzen, Teddy. Ich will hier raus.

TEDDY Und ich will, daß du mit dem Jungen tanzt.

CHERYL Ich gehör nicht zu denen, Mensch, ich gehöre zu dir.

TEDDY Na und, Liebling? Hat dich das zu dem Irrtum verführt, du seist deshalb privilegiert? Bist du nicht. *Verneinender Laut.* Nein. Nützlich. Auch du. *Pause.* Sonst gar nicht. *Pause. Leise.* Tanz jetzt.

Sie schüttelt den Kopf.

Leise, aber absolut unwidersprechbar. Du hast zu tanzen, Liebe.

Sie geht zu Stephen. Teddy stoppt sie, hält langsam die Hand hin. Sie gibt ihm die Pistole.

Zu Stephen. Schau mir nicht ihre Brüste an, Junge. Okay?

Stephen und Cheryl fangen an zu tanzen. Teddy geht zu Richard.

RICHARD Kommen Sie nicht in meine Nähe!

TEDDY Sie tanzen mit ihr, Sie traurige Figur, Sie. Der Ausschuß hat 'ne Menge Planung investiert in diese Geselligkeit.

Clarisse streckt die Hand nach Richard. Er schiebt ihre Hand weg und geht zur Tanzfläche. Er steht bei Clarisse, aber tanzt nicht. Ihre Hand an seiner Handfläche, aber ohne daß er nach ihr greift.

Also jetzt, alles tanzt. *Teddy stampft mit dem Fuß, singt die Melodie mit, sein Stampfen und Singen wird anfallhaft. Plötzlich springt er auf Richard und Clarisse zu, dreht sie um und um und schreit auf sie ein.* Tanzt! Tanzt! Verflucht nochmal, tanzt! *Das befriedigt ihn nicht. Jetzt wirft er Richard auf den Boden und während Clarisse schreit, reißt er ihr die Arme nach oben, zieht ihr den Pullover über den Kopf, reißt den BH hoch, entblößt ihr die Brüste. Er trägt sie blindwütig zu Stephen.* Da, Junge, Titten! Titten! *Dann zu Lyle hinüber, der jäh zurückweicht.* Da, Alterchen, Titten!

Richard ist inzwischen aufgestanden und bei Teddy. Als er von hinten nach Teddys Schultern greift, stößt Teddy seinen Ellbogen in Richards Magen, dreht sich und kickt ihm in die Eier. Richard fällt wie ein Sack Zement. Teddy keucht. Er schaut sich einen Moment lang um, dann reißt er mit einem Tierschrei den Musik-Box-Stecker aus der Steckdose. Die Musik kommt zu Ende, die Lichter der Musik-Box erlöschen. Clarisse beugt sich zu Richard hinab, berührt ihn.

RICHARD Rühr mich nicht an. Bitte ... rühr mich nicht an.

Teddy schmettert seine Fäuste auf die Theke. Er greift sich die zwei Rollen Isolierband. Er geht hinter die Theke und holt sich ein großes Tranchiermesser und ein kleines Schälmesser.

TEDDY Okay, Red Ryder, bind jetzt alle Hände nach hinten und die Füße, und zwar schön stramm, sonst schneid ich dir dein Schnorchel ab, wenn du ein' hast. *Er wirft Stephen eine Rolle Isolierband zu.* Fang mit Zuckerschnäuzchen an. Wenn ihre Hände gebunden sind, kann sie dich nicht anlangen.

Stephen geht zu Angel.

Organisier was zum Essen, Cheryl.

Cheryl bewegt sich nicht.

Strafst du mich, Liebling?

Teddy kommt mit den Messern hinter der Theke hervor. Der feine Max ist der nächste. *Zu Clarisse.* Die großen Missetäter zuerst, wa?

Stephen wartet auf etwas, womit man das Klebeband bei Angel abschneiden könnte. Teddy läßt das Schälmesser zu ihm hinrutschen. Stephen nimmt es auf, hält es, schaut zu Teddy hin.

TEDDY Eine letzte Geste für den alten Westen?

Pause. Teddy lacht verächtlich zu Stephen hin. Mach, mach, Mensch.

Stephen folgt.

LYLE Mich brauchst du nicht zu fesseln, Junge.

TEDDY Was zum Teufel reden Sie da, Alterchen! Bind ihn!

Stephen geht zu Lyle. Teddy ist mit Richard so weit, daß er dessen gefesselte Hände und Füße noch einmal zusammengebunden hat.

Das ist der Gipfel der Schmach, Maxe, zusammengeknotet wie ein geschlachtetes Schwein und dann zur Schau gestellt. *Teddy nimmt Clarisse am Arm, macht halt bei Lyle.* Alte Scheuche, irgendwie gehst du mir mit deinen tittensüchtigen Augen und deiner arschkriecherischen Selbsterniedrigung genauso auf die Nerven wie alle andern.

Stephen an Lyles Füßen, dann bei Angels. Teddy führt Clarisse zur gegenüberliegenden Wand des Lokals; er setzt sie hin. Er nimmt von dem breiten Pflaster, mit dem Richards Wunde versorgt worden war und reißt ein Stück davon ab.

Red Ryder . . .

Stephen schaut um und Teddy wirft ihm die Pflasterrolle zu.

. . . die Münder. *Teddy bindet Clarisses Hände nach hinten. Er fängt an, ihre Füße zu binden.* Ja-jaa . . ., ich will ja nur sagen, 's muß noch was geben übern Cadillac hinaus. Verstehn Sie mich . . . *Pause. Zu Clarisse.* Und über die Geige hinaus. Meinen's nicht auch, meine Liebe?

Clarisse sagt nichts; aber er spricht auch gleich weiter.

Ja-jaa . . . Schön, wenn ich Ihnen das abnähme . . . tut mir leid.

CLARISSE Ja?

Sie schauen einander einen Moment lang an.

TEDDY Nein. Schön wär's. *Überstürzt klebt er ihr das Pflaster über den Mund.*

Stephen hat seine Arbeit getan und sitzt an der Theke. Teddy wendet sich ihm zu.

Ich möcht noch was von dir, Red. Ich möcht, daß du dieses Messer nimmst . . . *Er haut das Tranchiermesser in die Thekenplatte.* . . . und ich möchte, daß du die Tätowierung aus dei'm Arm schneidest. Dann möcht ich, daß du sie mir gibst, zum Mitnehmen. *Er starrt Stephen an. Schweigen.* Oh Stephen. Oh Stephi, du jämmerliches Stück Scheiße. *Teddy schaut Stephen mit Widerwillen an, dann geht er zu der Rolle Klebeband, die Stephen neben Angel liegen ließ. Währenddessen reißt Stephen das Messer aus der Theke, schreit sein Innerstes heraus und stürzt sich mit äußerster Entschlossenheit auf Teddys Bauch. Teddy kriegt ihn an den Handgelenken zu fassen, kippt ihn nach hinten zu Boden, zieht und spannt den Revolver. Er preßt die Mündung in Stephens Gesicht.*

CHERYL Teddy!

TEDDY Red, Liebster, willkommen daheim. *Teddy steht breitbeinig über Stephen und drückt dann den Revolver auf's Auge.* Jetzt hat's keinen Sinn mehr. 's ist zu spät. Ich dachte, wenn jemand, dann müßtest du das verstehen. *Eine lange Pause, dann entspannt Teddy den Hahn.* Aber dein Urteil lautet nicht auf Tod, Red Ryder, sondern auf Leben, daß du auf diesen albernen Angriff quer durch die Kneipe zurückschauen mußt als auf den Höhepunkt in der Blüte deines Lebens . . . Dreh dich um jetzt, Hände auf'n Rücken.
Stephen dreht sich um, Teddy bindet ihn. Inzwischen: Säubere fein Maxens Taschen, Cheryl.

CHERYL Teddy, wir sind schon schlimm genug dran.

TEDDY Ja-jaa. Du kannst hier bleiben, wenn du willst. Probier's. Mir ist das völlig egal. *Zu Lyle.* Meinst, du kannst sie retten, Alterchen? Wa? Was für 'ne Strategie schlägst du vor für ihre Errettung? *Zu Cheryl.* Du hast die Wahl, Liebes.
Cheryl schaut von Lyle zu Teddy, schaut Teddy einen Moment lang an, dann geht sie gleichgültig zu Richard und durchsucht seine Taschen.
Wann hast du's letzte Mal 'ne Frau gehabt, Alter?
Lyle antwortet nicht.
Wie findst du das, Liebe? Da hast du Mr. Striker, der nicht mehr weiß, wann er das letzte Mal 'ne Frau hatte, und Red, der's überhaupt noch nie gehabt hat, und Zuckerhäppchen, die noch keiner richtig geküßt hat. Mein Gott, Liebes, du könntest hier 'ne regelrechte Wohltätigkeitseinrichtung werden, aber es käm ja doch bloß wieder Jammer raus, nicht wahr. Häppchen, stell dir vor, dieses feste, zarte Mädchen mit ihren prima spitzen Brüsten tritt zwischen dich und Mr. Striker. *Pause. Er wendet sich zu Lyle.* Oh Mr. Striker. *Er wendet sich zu Cheryl. Pause.* Organisier was zum Essen.
Teddy sitzt an der Theke und geht durch Richards Brieftasche. Cheryl hat einen Karton mit Cornflake-Packungen und aufgeschnittenes Fleisch für Sandwiches und Brot organisiert.
Ein Frühstück für Götter. Damit hat die ganze Misere angefangen, nicht wahr, Max. Pfarrer Bob Richards dringt mit Hilfe von Stabhochsprung in unsere Kirchen und Herzen ein für . . . Weißbrot. *Zu Cheryl.* Fertig, Liebes? Wir toasten Ihnen das und schicken's zurück.

CHERYL *nach einer Pause:* Ich geh nicht mit dir, Teddy.
Teddy schaut sie ein paar Sekunden lang an, dann holt er seine Drillichjacke. Wenn er sie anhat, reißt er den Hörer vom Telefon, nimmt die Nahrungsmittel, starrt Clarisse einen Augenblick lang an, dann geht er zu Stephen.

TEDDY Wann kommst'n du wieder, Roter Reiter?
Stephen reagiert nicht.
Sag's mir ein letztes Mal, Junge . . . Sag's mir!

STEPHEN Nie mehr.

Teddy schlägt ein Stück Klebeband über Stephens Mund und geht, ohne noch jemanden anzuschauen.

Schweigen. Cheryl scheint einige Sekunden lang erstarrt zu sein, dann geht sie zum Ende der Theke. Sie kann sich nicht entscheiden. Sie kommt zögernd hinter der Theke hervor. Sie schaut über die anderen hin. Lyle rutscht von seinem Stuhl ... nicht absichtlich ... er verliert sein Gleichgewicht und fällt. Er liegt wie er hinstürzte. Cheryl erschrickt durch seinen Sturz, geht auf ihn zu, stoppt, dann hört sie jemanden kommen, geht hinter die Theke, lehnt sich an die Wand. Clark tritt ein in seiner üblichen Geschäftigkeit.

CLARK Ja, was denn! *Nach einem flüchtigen Blick über alles geht er zur Kasse und ist sehr überrascht, daß das Geld noch drin ist.* Ja, was denn, um Gottes Willen! *Nimmt Cheryl wahr.* Was, zum Teufel, ist mit Ihnen?

Cheryl rührt sich nicht. Clark rennt ins Lokal, nimmt eines der Messer, geht zu Stephen. Er reißt das Pflaster von Stephens Mund.

STEPHEN Aaach. Himmelnochmal.

CLARK Was ist'n hier passiert?

STEPHEN Nach was sieht's 'n aus?!

CLARK *befreit Stephens Hände und Füße:* Nicht frech werden, Red, ja. Sieht aus, als hätt euch jemand überfallen und hätt nichts mitgenommen, so sieht's aus. *Geht zu Angel, deutet auf Cheryl.* Wer ist sie? *Zwanghaft weiterredend.* Und nichts mitgenommen?!

ANGEL Nur bißchen Brot, Aufschnitt und Cornflakes.

CLARK Wieviel?

ANGEL Er verwundete diesen Mann.

CLARK Was! *Clark rennt zu Richard, befreit ihn.* Schlimm, Herr Nachbar?

ANGEL Wenn Sie ihm das Pflaster nicht vom Mund nehmen, kann er nicht reden.

Clark schaut gereizt zu Angel hin, dann entfernt er vorsichtig das Pflaster von Richards Mund, wie wenn das die Wunde wäre.

CLARK Nur langsam ...

RICHARD Den Sheriff. Mir fehlt nichts. Rufen Sie den Sheriff. Das Mädchen verläßt den Raum nicht.

CLARK *will zum Telefon:* Sie bleibt hier ... *Er sieht, daß der Hörer herausgerissen ist.* So ein Lump. *Er wendet sich zu Lyle, den Stephen befreit hat.* Geh rüber zu dir und schau, daß du die Polizeistreife kriegst und den verdammten Garcia.

LYLE *zu Cheryl deutend:* Was wird mit ihr?

RICHARD *wütend:* Was soll das heißen? Vor Gericht kommt sie, das wird mit ihr.

LYLE Ich hab die Autonummer, Tommy. Er will nach Mexiko, mit Rauschgift.

CLARK Dann wird's Zeit. Mach, Lyle. Sonst ist er über der Grenze und die verdammten Mexis verwöhnen ihn in ei'm Hotel irgendwo. Vamanos. Hopp, hopp.

LYLE Tommy, was das Mädchen da angeht ...

RICHARD Moment! Er transportiert 'ne Ladung Rauschgift nach Mexiko? Seit wann transportiert man Rauschgift nach Mexiko? Man transportiert es raus. Er will zurück nach Californien. *Zu Cheryl.* Stimmt's

Cheryl rührt sich nicht. Richard zieht sie hinter der Theke hervor und schreit ihr ins Gesicht. Cheryl schaut Lyle an.

LYLE Besser, du sagst es ihm.

CHERYL Ja.

RICHARD San Diego?

Pause. Cheryl nickt.

LYLE Ich sag's ihnen.

Lyle eilt hinaus, während Richard Cheryl auf einen Hocker befördert. Richard wendet sich zu spät um zu Lyle.

RICHARD Halt. Halt. *Zu Clark.* Ich trau diesem Mann nicht.

CLARK Sagen Sie das nicht, Herr Nachbar, Lyle Striker ist so vertrauenswürdig wie ich wenig kenne.

RICHARD Ja?

CLARK Machen Sie sich bloß keine Sorgen, den Kerl kriegen wir.

RICHARD Das hoff ich.

CLARK *zu Stephen:* Drei Männer, und ein Kerl hat das geschafft?

ANGEL Er hatte 'n Revolver.

CLARK *beachtet sie nicht:* Und was hast du gemacht, Reddy? Bleibst auf dei'm Arsch hocken, süffelst mein' Kaffee und versaust die Gästezeitung.

STEPHEN *mit Kraft:* Stecken Sie sich 'n Laternenpfahl in Ihren beschissenen Scheißkanal.

ANGEL Stephen hat alles versucht. Er . . .

CLARK Schon gut. Junge, das reicht mir. Du bist ab sofort entlassen. *Zu Angel.* Du bist sicher, daß er sonst nichts mitgenommen hat?

RICHARD Mir hat er Geld abgenommen. Zirka 170 Dollar.

CLARK *wieder zu Stephen, Richard nicht beachtend:* Um dir die ganze Wahrheit zu sagen, wie's Gott verlangt, Junge, nachdem die Umgehungsstraße offen war, wollte ich sofort zumachen hier, aber wegen deiner Mama hielt ich dich und machte nicht zu, zum Schaden meiner bei weitem bedeutenderen Einkommensquelle.

STEPHEN Sie sind ein reines Wohltätigkeitsunternehmen, da gibt's kein' Zweifel.

CLARK Dir gehört einmal ordentlich 's Maul gewaschen, Junge.

STEPHEN *geht dicht zu Clark hin, ihm ins Gesicht:* Ja-jaa, und Sie sind vermutlich der, der's probieren will, wa?!

RICHARD Hört doch endlich auf.

CLARK Moment mal, Herr Nachbar . . .

RICHARD Seien Sie still.

CLARISSE Richard.

RICHARD Sei bloß du still.

Richard starrt sie haßerfüllt an und läuft plötzlich nach der Geige, nimmt sie wie einen Cricket-Schläger, rennt durch's Lokal, offenbar will er die Geige auf dem nächsten Tisch zerschmettern. Stephen rennt ihm entgegen, stellt sich ihm in den Weg, beide werden eine statuarische Gruppe, eine Geige über zwei Köpfen, die einander anstarren. So bleiben sie ein paar Sekunden lang, bis Stephen sagt.

STEPHEN Ich . . . *Pause.* . . . Ich bin . . . *Langsam nimmt er die Geige aus Richards Händen, hält sie vorsichtig und tut sie in den Geigenkasten. Lyle tritt ein.*

LYLE So, jetzt ist die Autobahnstreife hinter ihm her. Ich sagte, daß Sie nach New Orleans müßten und sie sagten, Sie müßten zuerst auf die Wache kommen und ein paar Formulare unterschreiben. Ich habe gesagt, daß Sie verwundet sind. Sie haben 'n Arzt dort.

RICHARD Sehr fürsorglich. *Zeigt auf Cheryl.* Haben sie gesagt, was wir mit ihr tun sollen?

Lyle sagt nichts; offensichtlich hat er der Polizei gegenüber Cheryl nicht erwähnt. Richard stößt ein höhnisches und ungläubiges Lachen aus.

RICHARD Das ist doch wohl nicht Ihr Ernst. *Er starrt Lyle an, das Lachen erstarrt in seinem Gesicht. Er wendet sich an Clark.* Können Sie das Mädchen nehmen und uns zur Polizei führen.

CLARK Denke schon.

RICHARD Ich möchte Ihnen natürlich nicht lästig fallen. Keinem von Ihnen. Ich appelliere nur sehr ungern an Ihre Gesetzestreue.

CLARK Machen Sie sich mal keine Gedanken über Gesetzestreue. Davon ha'm wir j'ede Menge hier.

RICHARD Um so besser. Gehen wir. Clarisse.

CLARK *zu Angel:* Du machst dich jetzt an die Chili-Sauce. Ich komm nachher zur Abrechnung.

STEPHEN He!

Alle halten.

Zu Clarisse. Nehmen Sie mich mit bis Baton Rouge.

RICHARD Sie würde ich nicht bis zu dieser Tür mitnehmen.

STEPHEN *zu Clarisse:* Ging' das?

RICHARD *lacht verärgert:* Warum fragen Sie sie?

CLARISSE Sie haben nichts da, Ihre Kleider, Ihre ...

STEPHEN Ich bin reisefertig, so wie ich bin. Mein Geld, Clark.

CLARK Und was sagt deine Mama, Junge?

Das ist gezielt, aber Stephen geht zu Lyle, zieht eine kleine Rolle Papiergeld hervor.

STEPHEN Da sind 40. Du leihst mir 35 und kaufst ihr das Auto von Potten. Tätst du das noch für mich?

LYLE *Pause; er schaut zu Angel hin:* Aber ja, Red.

STEPHEN Sag ihr einfach, ich sei nach Baton Rouge und sobald dort alles klar ist, schreib ich.

LYLE Bub, solltest du das nicht zuerst klären mit Kay Williams.

STEPHEN *zu Clarisse:* Kann ich mit?

RICHARD Nein, tut mir leid.

CLARISSE Sie können mit. *Zu Richard.* Wir nehmen ihn mit bis Baton Rouge.

RICHARD Ich bin noch gar nicht sicher, daß ich nach New Orleans weiterfahre.

CLARISSE *nach einer Pause:* Dann nehm' ich ihn mit. *Pause.* Es wäre schön, wenn du mitkommst ... aber wenn du nicht kannst ... *Pause. Sie zuckt die Schultern, nicht aggressiv, nur so.* Also?

RICHARD Schau ... Gehen wir zuerst mal auf die Wache jetzt.

Clarisse nickt Stephen zu, als Richard auf die Tür zugeht. Sie gehen.

STEPHEN *zu Clark:* Mein Geld.

Clark zählt ihm sorgfältig seinen Lohn hin. Stephen nimmt's.

Also ... und wenn Sie's nächste Mal mit'm ollen Foster reden, 'n schön' Gruß von mir und er soll sich die ganze Kneipe da in sein rosarotes Rektum stecken. Könn' Sie ihm das bestellen von mir?

CLARK Ganz sicher, Red.

STEPHEN Prima. Sie sagen ihm das von mir und das freut mich. Und dann sagen Sie ihm, wenn er das ganz und gar verdaut hat in sei'm Gedärm, kann er Sie gleich auch noch da reinrammen.

Stephen, dessen Mund fast von einem Lächeln heimgesucht wird, geht hinter die Theke, um sein Zeug zu holen. Clark schaut ihm wütend nach, dann packt er Cheryl und geht zu Lyle. Er schaut Lyle an. So als ob Lyle und er irgendwie zusammengehörten gegen Stephen. Er will was sagen. Läßt es. Statt dessen zu Angel.

CLARK Bis gleich. *Er geht, Cheryl vor sich her stoßend, hinaus.*

Stephen kommt hinter der Theke hervor mit seinem Raleigh-Karton und der neuesten Nummer von Playboy. Er geht zu seinem Hocker, lächelt zu Lyle und Angel hin, als ob er gerade die Welt erobert hätte. Er stopft die Zigarettenpackungen in seine Tasche, auch die Streichhölzer; nimmt ein leichtes Flanellhemd und geht zur Tür.

ANGEL Stephen?! . . .

Stephen stoppt zwischen Lyle und Angel. Pause.

. . . . du paßt schon auf auf dich. Ja?

Stephen weiß nicht, was er tun soll, aber er weiß, daß er etwas tun muß.

STEPHEN Keine Sorge um die Erste Person, ja! *Pause. Dann geht er verlegen zu ihr hin und, anstatt daß er sie küßt oder umarmt, rührt und reibt er mit beiden Händen auf ihren Schultern herum und sagt:* Paß du nur auf dich auf. *Pause. Dann geht er zu Lyle, stoppt, stößt Lyle ein bißchen mit dem Ellbogen gegen die Brust und sagt:* Macht's gut, Kinder. *Und geht.*

ANGEL Adieu.

Lyle schaut sie an, aber sie kann ihn nicht anschauen. Er geht auf sie zu; wenn er näher kommt, geht Angel weg. Schweigen.

LYLE Recht hat er. Er stellt sich besser dort.

ANGEL *nickt heftig:* O ja . . . ich bin ja dafür.

LYLE Türlich. Das hat doch wirklich Zukunft, wenn er sich mit der Williams zusammentut.

ANGEL Und daß die'n prima Haus hat, ist sicher.

LYLE Ja-jaa, gar kein Zweifel. Wenn du'n Restaurant hast in Baton Rouge, wo im Frack serviert wird, dann ist das garantiert 'n erstklassiger Laden.

ANGEL Eben.

Schweigen.

LYLE Tja, ich glaub, ich geh jetzt Zimmer machen. *Pause.* Kommst du zum Fernsehen heut abend? Sonntag. Da kommt »Bonanza«.

ANGEL Ach . . . nein, ich glaub nicht, Lyle. Ich glaub . . . Mama und ich, 's war besonders schlimm heut morgen. Ich sollt', glaub ich, gleich heim und den Abend mit ihr und Großmama verbringen.

LYLE Klar. Klar. Ist doch selbstverständlich. *Pause.* Vielleicht morgen abend.

Angel lächelt dünn.

LYLE Du weißt ja, du bist immer gern gesehen. Immer.

ANGEL 'n Auto ist grad reingefahren.

LYLE Hm?

ANGEL Ein Auto.

LYLE So.

ANGEL Will scheints Benzin.

Pause.

LYLE Tja . . . dann bis Mittag, Kind.

Angel kann ihn nicht anschauen.

Er starrt sie an. Leise, fast unhörbar: Ja, ja . . . ich komme schon. *Er geht hinaus.*

Angel schaut ins Leere, dann im Lokal herum. Pause.

Sie geht in Stephens Bereich, schaut sich alles an, setzt sich auf seinen Hocker. Sie nimmt das, was er von dem altbackenen Krapfen übrigließ. Sie schaut es an, dann bricht sie ein kleines Stück ab und schiebt es in ihren Mund. Sie hebt ihren Kopf, starrt zum Fenster hinaus, kaut. Das Licht nimmt ab.

Sean O'Casey
Juno und der Pfau

Eine Tragödie in drei Akten

Aus dem Englischen von
Maik Hamburger und Adolf Dresen

Juno und der Pfau

Personen: »Käptn« Jack Boyle · Juno Boyle, *seine Frau* · Johnny Boyle, Mary Boyle, *ihre Kinder* · »Joxer« Daly · Mrs. Maisie Madigan · »Nadel«-Nugent, *ein Schneider* · Mrs. Tancred *(alle Bewohner eines Mietshauses)* · Jerry Devine · Charles Bentham, *ein Schullehrer* · Ein irregulärer Mobilmacher · Zwei irreguläre Soldaten · Ein Kohlenverkäufer · Ein Nähmaschinenmann · Zwei Möbelträger · Zwei Nachbarn

Ort: Wohnraum einer Zweizimmerwohnung der Familie Boyle in einem Dubliner Mietshaus.
Ein paar Tage vergehen zwischen dem ersten und zweiten Akt und zwei Monate zwischen dem zweiten und dritten Akt.
Während des dritten Aktes fällt der Vorhang für ein paar Minuten, um das Vergehen einer Stunde anzudeuten.

Zeit: 1922

Erster Akt

Stube der Zweizimmerwohnung der Familie Boyle in einem Dubliner Mietshaus. Links eine Tür zum anderen Teil des Hauses; links von der Tür ein Fenster auf die Straße, hinten eine Anrichte; weiter rechts hinten ein Fenster aufs Hinterhaus. Zwischen Fenster und Büfett ein Bild der Jungfrau; auf einer Konsole unter dem Bild eine karminrote Schale, in der ein brennendes Votivlicht schwimmt. Weiter rechts ein schmales Bett, teilweise verdeckt durch einen Kattunvorhang, der auf eine Schnur gezogen ist. Rechts der Kamin, nicht weit davon eine Tür zum anderen Zimmer. Neben dem Kamin ein Kasten mit Kohlen. Auf dem Kaminsims liegt ein Wecker, Zifferblatt nach unten. In einer Ecke am Fenster aufs Hinterhaus eine verzinkte Badewanne. Ein Tisch und Stühle. Auf dem Tisch Frühstücksgeschirr für eine Person. Ein Teekessel auf dem Kamineinsatz und eine Bratpfanne innerhalb des Feuergitters. Einige Bücher auf der Anrichte und eins auf dem Tisch. An die Anrichte gelehnt eine langstielige Schaufel, wie sie gewöhnlich von Arbeitern benutzt wird zum Beton- oder Mörtelmischen. Johnny Boyle sitzt zusammengekauert neben dem Feuer. Mary, den Jumper ausgezogen – er liegt über einer Stuhllehne –, ordnet sich die Haare vor einem winzigen auf den Tisch gestellten Spiegel. Neben dem Spiegel ist die Morgenzeitung ausgebreitet, in die sie hineinsieht, wenn sie nicht gerade in den Spiegel starrt. Sie ist ein wohlgebautes, gutaussehendes Mädchen von zweiundzwanzig. Zwei Kräfte, die auf sie wirken – eine zieht sie auf Grund ihrer Lebensumstände zurück; die andere treibt sie durch den Einfluß von Büchern, die sie gelesen hat, vorwärts. Die entgegengesetzten Kräfte offenbaren sich in Sprache und Benehmen, das durch die Umgebung verroht und durch die – wenn auch geringe – Bekanntschaft mit der Literatur verfeinert ist. Es ist früher Vormittag.

MARY *blickt in die Zeitung:* Auf einem Feldweg, jenseits von Finglas, fand man ihn.

Mrs. Boyle tritt ein durch die Tür rechts; sie war einkaufen und trägt ein kleines Päckchen in der Hand. Sie ist fünfundvierzig Jahre alt, und vor zwanzig Jahren muß sie eine hübsche Frau gewesen sein; aber jetzt hat ihr Gesicht das Aussehen angenommen, das die Gesichter der Frauen der Arbeiterklasse zuletzt immer prägt; ein Ausdruck gleichgültiger Monotonie und gequälter Sorge, überlagert vom Ausdruck mechanischen Widerstands. Unter günstigen Bedingungen wäre sie wahrscheinlich eine ansehnliche aktive und kluge Frau.

MRS. BOYLE Is er noch nich rein?

MARY Nein, Mutter.

MRS. BOYLE Ah, der kommt rein wenns ihm paßt; stolziert wohl mit Joxer in der Stadt rum wie ein Pfau. Ich höre, steht alles über Mrs. Tancreds* Sohn in der Zeitung heute.

MARY Sämtliche Details sind heute drin; sieben Wunden hatte er – eine drang am Genick ein, mit Austrittswunde am linken Schulterblatt; eine andere in die linke Brust durchschlug das Herz, und . . .

JOHNNY *springt vom Feuer hoch:* Ah, hört auf mit dem Gelese in Gottesnamen! Habt ihr all euer Gefühl verloren? Es kommt noch soweit, daß keiner von euch mehr was liest außer über Schlächterei! *Er geht schnell in das Zimmer links.*

MARY Er wird so empfindlich plötzlich!

MRS. BOYLE Ich les es selber, Mary, wenn ich nach Hause komme. Alle sagen, daß er ein Radikaler war – Gott seis gedankt, daß Johnny die ganze Zeit nichts mehr mit ihm zu tun hatte . . . *Öffnet das Päckchen und nimmt einige Würstchen heraus, die sie auf einen Teller legt.* Ach ja, wenn dieser Vater von euch nicht reinkommt wegen seim Frühstück, soll er ohne bleiben; viel länger warte ich nicht auf ihn.

MARY Kannst dus ihn nicht alleine machen lassen wenn er reinkommt?

MRS. BOYLE Ja, und laß in Joxer Daly mit anschleppen? Ah, darauf is bloß, daß er wartet – bis er denkt ich bin auf Arbeit, dann reinsegeln mit kühnen Joxer, alle Kohlen verbrennen, den ganzen Tee wegtrinken, damit er zeigt

* *Anm. d. Übers. zu den Anreden*

Wie es jetzt üblich ist, haben wir die Anreden Mr., Mrs., Miß in der Originalform belassen. Bei der Probenarbeit empfanden wir eine gewisse Gefahr der Assoziation mit dem englischen Mittelstand, bedingt durch die zahlreichen Kriminalstücke und Salonkomödien englischer Herkunft. Da eine solche Assoziation für die Figuren sozial und national falsch wäre, haben wir auf der Bühne die Anreden durchweg verdeutscht und stellen den Regisseuren des Stücks anheim, ebenso zu verfahren.

was für ein barmherziger Samariter er ist! Aber ich bleibe hier bis er kommt, und wenn ich warte bis morgen früh.

STIMME VON JOHNNY *drinnen:* Mutter!

MRS. BOYLE Ja?

STIMME VON JOHNNY Bring doch mal n Schluck Wasser rein.

MRS. BOYLE Bring dem Mann n Schluck Wasser rein, in Gottesnamen, Mary.

MARY Is er nich groß und imstande genug, daß er rauskommt und ihn sich holt?

MRS. BOYLE Wenn du und würdest dich nicht fühlen, möchtest du auch woll einen, der dir n Schluck Wasser reinbringt. *Sie bringt Wasser hin und kommt wieder.* Is es nich furchtbar, wenn man so wartet und wartet! Könnt einer glauben, er bringt zwanzig Pfund die Woche nach Hause, so wie er sich hantiert. Die Krankenkasse hat er gefressen, das Arbeitslosengeld hat er gefressen, und jetzt geht er bei und frißt mich! Und in einer Tour singen, wo er bloß noch auf Knien sein sollte und die Novene beten für eine Stelle.

MARY *bindet sich ein Band um die Stirn:* Das Band gefällt mir nicht, Ma; ich glaub ich nehm das grüne – es sieht besser aus als das blaue.

MRS. BOYLE Ah, nimm das Band was du willst, Kind, aber laß mich in Ruhe. Ich weiß nicht, warum ein Mädchen beim Streiken ein Band um den Kopf haben muß, oder noch Seidenstrümpfe an den Beinen; wenn ihr sowas tragt, davon denken die Unternehmer, sie geben euch zuviel Geld.

MARY Die Zeiten sind vorbei, wo wir die Unternehmer um Erlaubnis fragen, was wir anziehn solln.

MRS. BOYLE Ich weiß nicht, was du wegen Jennie Claffey mit rausgehn mußt; bis jetzt hattst du nie ein gutes Wort für sie.

MARY Was gehört man in eine Gewerkschaft, wenn man nicht einstehn will für seine Prinzipien? Was haben sie sie entlassen? Das war ein klarer Fall von Unternehmerwillkür. Sollten wir sie etwa auf die Straße gehn lassen?

MRS. BOYLE Nee, natürlich nicht – ihr mußtet ihr Gesellschaft leisten. Ein Opfer war nicht genug. Wenn die Unternehmer einen opfern, die Gewerkschaften geben eins drauf und opfern hundert.

MARY Du kannst sagen was du willst, Ma – Prinzip ist Prinzip.

MRS. BOYLE Ja und wenn ich morgen hingeh zum ollen Murphy und er muß erfahren, statt daß ich alles bezahl, pump ich noch mehr, was wird er sagen, wenn ich dem erzähle, Prinzip ist Prinzip? Was machen wir, wenn er sich weigert, uns noch irgendwas anzuschreiben?

MARY Er traut sich nich zu weigern – wenn ers tut, kannst du nicht sagen, hat sich ausgezahlt?

MRS. BOYLE Sieht so aus, als ob sichs ausgezahlt hat, ob er sich nu weigert oder nicht.

Johnny erscheint in der Tür links. Er ist jetzt deutlich zu sehen; er ist ein dünner, zarter Junger, ein wenig jünger als Mary. Er hat offenbar Schweres durchgemacht. Sein Gesicht ist blaß und gespannt; in seinen Augen ein zitternder Blick von unbestimmter Furcht. Der linke Ärmel seines Rocks ist leer, und er hinkt ein wenig beim Gehen.

JOHNNY Ich hab flach gelegen; dachte ihr wärt weg. Der alte Simon Mackay trampelt mir überm Kopf rum wie ein Pferd, und ich kann dabei nicht schlafen – sind wie Donnerschläge ins Gehirn! Verfluchter – Gott verzeih mir, daß ich fluchen wollte!

MRS. BOYLE Is man gut; geh zurück und leg dich wieder hin und ich bring dir n schön Täßchen Tee rein.

JOHNNY Tee, Tee, Tee! Du denkst an nischt wie an Tee. Ein Mann kann sterben, du flößt ihm ne Tasse Tee ein! *Geht zurück.*

MRS. BOYLE Ich weiß bald nicht mehr, was ich mit ihm machen soll. Die Kugel Osterwoche in die Hüfte war schon schlimm genug; aber die Bombe, die was ihm den Arm abriß im Kampf O'Connell-Straße, hat ihm den Rest gegeben. Ich wußte, er macht eine Dummheit. Gott weiß, ich bin vor ihm auf meine beiden Knie, daß er nicht gegen den Freistaat geht.

MARY Er blieb bei seinen Prinzipien, und was du auch diskutierst, Ma, Prinzip ist Prinzip.

STIMME VON JOHNNY Bleibt Mary hier?

MARY Nee, ich bleibe nicht hier; du kannst schließlich nicht von mir verlangen, daß ich immer für dich auf m Sprung bin.

STIMME VON JOHNNY Ich bleibe hier nicht allein!

MRS. BOYLE Hab ich nicht ne schöne Last mit euch all zusammen? Ich weiß nicht was auch woll einer von euch täte ohne eure Ma. *Zu Johnny.* Dein Vater ist in einer Minute hier, und wenn du irgendwas willst, dann gibt ers dir.

JOHNNY Es kotzt mich an, ihn um was zu bitten ... Ihn kotzt es an, sich für was zu bewegen ... Leuchtet das Licht vorm Bild von der Jungfrau?

MRS. BOYLE Jaja! Das eine drin für St. Antonius ist nich genug, nein er muß ein zweites haben für die Jungfrau hier.

Jerry Devine tritt eilig auf. Er ist an die fünfundzwanzig, kräftig gebaut, aktiv und ernst. Er ist ein Typ, den es jetzt in der Arbeiterbewegung sehr häufig gibt: Ein Kopf, der genug weiß, um die Masse seiner Mitmenschen, die weniger wissen, zu einer Macht zu machen, und der zu wenig weiß, um diese Macht zum Nutzen aller zu erweitern. Mary greift ihren Jumper und rennt schnell ins Zimmer links.

JERRY *atemlos:* Wo ist der Käptn, Mrs. Boyle, wo ist der Käptn?

MRS. BOYLE Das kann man den Menschen woll fragen: immer wo Joxer Daly is – trinkt, und in irgendner Kneipe.

JERRY Pater Farell war grade da und hat gesagt, renn rauf und sieh zu, daß er zu der neuen Stelle geht, die sie in Rathmines aufmachen; sein Cousin ist Vorarbeiter auf der Stelle, und Pater Farell hat mit ihm gesprochen über armen Johnny, und sein Vater solange arbeitslos, und der Vorarbeiter sagte zu Pater Farrell, er soll den Käptn hochschicken, dann läßt er ihn anfangen – möcht wissen wo ich ihn finde?

MRS. BOYLE Finden tust du ihn entweder bei Ryan oder bei Foley.

JERRY Ich lauf rum zu Ryan – ich weiß das ist Joxers großer Sitz. *Er rennt hinaus.*

MRS. BOYLE *kläglich:* Also, die Stelle verpaßt er, oder ich versteh nichts! Wenn er von dem Wort Wind kriegt, kommt er bis abend nicht wieder, damit es dann zu spät is. Bei dem wird nichts Guts mehr rauskommen, solang wie er mit diesem schulterzuckenden Joxer geht. Ich bring mich um mit Arbeit, und er rumstolziern von früh bis in die Nacht wie ein Pfau!

Man hört Schritte von zwei Personen, die die Treppe hochkommen. Es sind die Fußtritte von Käptn Boyle und Joxer. Käptn Boyle singt mit tiefer, sonorer Stimme voll Selbstehrung.

DER KÄPTN Heiliger Geist, hör mein Flehn! Hör ... oh ... hör ... mein Flehn ... hör, oh, hör ... oh, hö ... ör ... oh, hö ... ör ... mein Fleh ... ehn!

JOXER *draußen:* Ah, das s ein prima Lied, ein priiima Lied!

MRS. BOYLE *giftig:* Heiliger Geist hör sein Flehn! Ach ja, ich nehm es auf meinen Eid, nich ne Stelle is, worum er fleht!

Sie setzt sich auf das Bett, so daß die Kattunvorhänge sie vor dem Blick der Eintretenden verbergen. – Der Käptn kommt langsam herein. Er ist an die Sechzig; stämmig, grauhaarig und gedrungen. Sein Hals ist kurz und sein Kopf gleicht einer Steinkugel, wie man sie manchmal auf Torpfosten sieht. Seine purpurroten Backen sind aufgebläht, als ob er ständig einen fast ununterdrückbaren Ausruf zurückhält. Auf seiner Oberlippe hat er einen gekräuselten, kurzgestutzten Schnurrbart; er hält den Oberkörper leicht zurückgeworfen und den Bauch leicht nach vorn gedrückt. Sein Gang ist ein langsames, gewichtiges Stolzieren. Seine Kleidung ist schmuddelig, und er trägt eine verblichene Schiffermütze mit glänzendem Schirm.

BOYLE *zu Joxer, der noch draußen ist:* Komm man, komm man rin, Joxer; sie ist lange auf und davon, Mann. Wenn sonst nichts zu holen ist, Tasse Tee stöbern wir jedenfalls auf. Das ist das einzige bißchen Luxus, was ich habe, wenn sie weg is. Überhaupt ist nicht Juno, wie sie heißen sollte, sondern Deirdre von der Trauer, denn sie tut nichts als greinen.

Joxer tritt vorsichtig ins Zimmer. Er ist vielleicht jünger als der Käptn, aber sieht viel älter aus. Sein Gesicht ist wie ein Pack geknülltes Papier; seine Augen haben ein schlaues Blinzeln; er ist dürr und schlaksig gebaut; er hat die Angewohnheit, dauernd die Achseln zu heben mit einer merkwürdigen zuckenden Bewegung, die als einschmeichelnd gelten soll. Ein ununterbrochenes Grinsen ziert sein Gesicht.

JOXER Is man ne schlimme Sache, wenn man an ne Frau gebunden is, die nichts als greinen tut. Ich weiß nicht, wie du das aushältst – es tät mir Jahre rauben. Man gut, daß sie so oft weg sein muß, denn – *mit Schulterzucken* – ist die Katz ausm Haus, rührt sich die Maus!

BOYLE *mit befehlerischer und selbstgefälliger Gebärde:* Hol rüber zum Feuer, Joxer, und in ne Minute gibts ne Tasse Tee.

JOXER Ah, ne Tasse Tee is n prima Ding, n priiima Ding – die Tasse silbern mit köstlichem ...

Joxers Rhapsodie wird unterbrochen durch den Anblick von Juno, die herauskommt und den beiden Kameraden gegenübertritt. Beide erstarren.

MRS. BOYLE *süßlich mit Ironie – schürt das Feuer und dreht den Kopf, um Joxer zu fixieren:* Hol rüber zum Feuer, Joxer Daly, und in ne Minute gibts ne Tasse Tee! Solls nicht vielleicht auch noch n Ei sein?

JOXER Ich kann mich nicht aufhalten, Mrs. Boyle; ich bin furchtbar in Eile, furchtbar in Eile.

MRS. BOYLE Hol rüber zum Feuer, Joxer Daly; die Leute fühln sich hier immer mächtig wohler als bei sich zu Hause.

Joxer eilt zur Tür.

BOYLE *schickt sich an, ihm zu folgen; überlegt sich, wie er die Situation entspannen kann – bleibt stehen und sagt plötzlich:* Joxer!

JOXER *an der Tür, bereit, auszureißen:* He?

BOYLE Du kennst doch den Vorarbeiter bei dieser Arbeit, die da unten in Killesther zugange is, nich, Joxer?

JOXER *verwirrt:* Vorarbeiter – Killesther?

BOYLE *mit bedeutsamem Blick:* Er is n Kumpel von dir, nich?

JOXER *ein Licht geht ihm auf:* Der Vorarbeiter in Killesther – o ja, ja. Ein alter Kumpel von mir – oh, er ist ein prima Mensch, ein priiima Mensch.

BOYLE Oh, dann ist ne sichere Sache. Schade, daß wir nicht gleich heut früh als erstes zum Frühstück hin sind, wir könnten jetzt schon arbeiten; aber da hast dus noch nich gewußt.

JOXER *mit Schulterzucken:* Besser spät als nie.

BOYLE Jedenfalls höchste Zeit, daß s mal losgeht; ich hab rumlungern und nichts tun satt. Er hat s versprochen – gab dirn echten Tip?

JOXER Ja. »Komm runter, wenns Mittag tutet«, sagt er, »und ich stell dich ein, und jeden Freund den du mitbringst.« »Ah« sag ich, »du bist ein prima Mensch, ein priiima Mensch.«

BOYLE Na, konnte nich zu beßrer Zeit kommen – wir warten all lang drauf.

JOXER Das kann einer woll sagen; aber was lange währt wird gut.

BOYLE Das Mittagtuten is um eins – warte, ich seh mal, wie spät es is. *Er geht zum Kaminsims und nimmt die Uhr vorsichtig hoch.*

MRS. BOYLE Paß bloß auf, wie du mit der Uhr umgehn tust – du weißt, das kleinste bißchen bringt sie durcheinander.

BOYLE Die Arbeit konnt nich zu bessrer Zeit kommen; ich fühl mich groß in Form, Joxer. Kaum zu glauben, daß ich je Schmerzen hatt in den Beinen, und vorige Woche war ich damit fast noch ein Krüppel.

JOXER Das wird immer besser und besser; ah, Gott schließt nie eine Tür denn er öffnet ne andre!

BOYLE Is erst elf; wir haben massig Zeit. Ich steig in meine alten Manchesters nachm Frühstück, und wir können hinbummeln in alle Ruhe. *Legt die Hand auf die Schippe.* Ich denke, Joxer, am besten bringen wir unsre Schippen mit?

JOXER Ja, Käptn, ja; besser man is in voller Bereitschaft und gewappnet vor alle Vorfälle. Du nimmst deine Langstielige, und ich nehm meine Picke. Vielleicht daß es nicht nottut, aber, wiederum, vielleicht tuts not: weil der Nagel fehlte war der Huf hin, weil der Huf fehlte war das Pferd hin, weil das Pferd fehlte war der Mann hin – oh, das s ein prima Sprichwort, ein priiima . . .

Während Joxer den Satz zu Ende spricht, nähert sich Mrs. Boyle der Tür, und Joxer zieht sich eilig zurück. Sie knallt die Tür zu.

BOYLE *suggestiv:* Dauert nich lange bis wir wieder oben sind, wenn ich erst paar Wochen arbeiten tu.

Mrs. Boyle nimmt keine Notiz.

Der Vorarbeiter auf der Arbeit is ein alter Kumpel von Joxer; ich hab son Gefühl ich kenn ihn auch.

Schweigen.

Da is n Knopf ab hinten an meine Manchesterhosen ... Wenn du Nadel und Faden rauslegst, mach ich n selber an, ... Gott sei Dank, die Schmerzen in meinen Beinen sin jedenfalls weg!

MRS. BOYLE *mit einem Ausbruch:* Hör mal, Mr. Jacky Boyle, das Garn zieht nich bei Junon. Ich kenn dich und Joxer Daly von lang her, und wenn du denkst du kannst mir mit solchen Märchen kommen, bist du an der falschen Adresse.

BOYLE *hustet gedämpft, um die Spannung zu lindern:* U-u-u-uh!

MRS. BOYLE Kumpel von Joxer! Oh, du wirst man viel fertigkriegen, solang wie du beibleibst und bist Joxers Kumpel!

BOYLE U-u-u-uh!

MRS. BOYLE Schippe! Ach ja, mein Junge, du leistest mehr mit Messer und Gabel als je mit ne Schippe! Wenn wirklich mal ne Stelle offen wär, gings bei dir andersrum – nich fähig die Arme zu heben mit den Schmerzen in den Beinen! Deine arme Frau schuftet, daß du n Bissen im Mund hast, und du flanierst den ganzen Tag rum wie ein Pfau!

BOYLE Es wär besser für den Menschen er wäre tot, besser für den Menschen er wäre tot.

MRS. BOYLE *ignoriert die Unterbrechung:* Jeder nennt dich Käptn, und du bloß einmal aufm Wasser mit n alten Kohlenpott von hier nach Liverpool, aber jeder, der dich hört oder sieht, hält dich für den zweiten Christo von Kolumbus!

BOYLE Kannst du denn nie und nimmer Ruhe geben?

MRS. BOYLE Oh, da wirst du nie müde, wenn du Ruhe suchst.

BOYLE Willst du mich ausm Haus jagen?

MRS. BOYLE Dich ausm Haus jagen is leichter als dich auf Arbeit jagen. Da, setz dich hin und nimm dein Frühstück – vielleicht das letzte was du kriegst, denn ich weiß nich wo das nächste noch herkommen soll.

BOYLE Wenn ich diese Arbeit kriege sind wir gut raus.

MRS. BOYLE Hast du Jerry Devine getroffen?

BOYLE *gereizt:* Nee, hab ich nich getroffen.

MRS. BOYLE Nee, aber Joxer hast du getroffen. Also, er war hier und hat dich gesucht.

BOYLE Na laß ihn suchen!

MRS. BOYLE Oh ja, er hat gut suchen, denn er wird dich kaum finden, wo du in Ryans Kneipe sitzt.

BOYLE Ich war nicht in Ryans Kneipe – ich geh nicht zu Ryan.

MRS. BOYLE Ach, isn toller Hund da? Na, wenn du nicht bei Ryan warst, warst du bei Foley.

BOYLE Ich sag dir, die letzten drei Wochen habe ich keinen Tropfen alkoholische Spirituosen angerührt. Ich war nich in der einen Kneipe un nich in der andern – ich kann das aufs Gebetbuch schwörn – ich bin unschuldig wie das ungeborne Kind!

MRS. BOYLE Na wenn du zum Frühstück reingewesen wärst, hättst du n gesehn.

BOYLE *argwöhnisch:* Zu was hat er mich gewollt?

MRS. BOYLE Er wird jede Minute zurück sein, und dann wirst dus bald wissen.

BOYLE Ich guck ma raus und seh ob ich ihn treffe.

MRS. BOYLE Du setzt dich hin und ißt dein Frühstück und läßt mich auf Arbeit, denn mit Warten auf dich komm ich schon ne Stunde zu spät.

BOYLE Du hättst nich warten brauchen, denn ich esse kein Frühstück – n bißchen Stolz hab ich noch.

MRS. BOYLE Also ißt du jetzt Frühstück – ja oder nein?

BOYLE *zu stolz nachzugeben:* Ich eß kein Frühstück – behalt du dein Frühstück. *Kläglich.* Ich werde schon irgendwo was auftreiben, keine Angst.

MRS. BOYLE Keiner wird dich lange betteln – glaub ja nich. *Sie stellt die Pfanne und die Würstchen energisch in den Schrank zurück.*

BOYLE N bißchen Stolz hab ich noch.

Jerry Devine kommt schnell herein.

JERRY Ah, da sind Sie endlich! Ich hab Sie überall gesucht. Der Chef bei Foley sagte, sie wärn keine zehn Minuten mit Joxer aus der Kneipe raus, als ich reinkam.

MRS. BOYLE Und er wird auf das heilige Gebetbuch schwörn er war in keiner Kneipe!

BOYLE *zu Jerry:* Was geht dich das an, ob ich in ne Kneipe war oder nich? Was mußt du hinter mir hergaloppiern? Kann n Mensch nich eine Minute ausm Haus gehn, ohne daß eim n ganzer Pack Spione, Spitzel und Agenten aufn Hacken trabt?

JERRY Oh, Sie fassen das falsch auf, Mr. Boyle; ich war bloß bemüht, Ihnen ne Gefälligkeit zu erweisen. Ich habe einen Auftrag an Sie von Pater Farrell: Er sagt, wenn Sie hingehn wo in Rathmines die Arbeit ist, und nach Vorarbeiter Managan fragen, stellt er Sie ein.

BOYLE Kann schon sein, aber ich wünsche nich, daß man nach den Bewegungen meines Körpers späht wie der Astronom späht nachm Stern. Wenn du auch hinter Mary hinterher bist, hinter mir da hast du kein Priliweg. *Greift sich plötzlich an den Oberschenkel.* U-uh, ich habe plötzlich furchtbares Reißen im rechten Bein.

MRS. BOYLE Ah, wird jetzt nich lang dauern, bis es ins linke wandert. Es is wien Wunder, immer wenn er ne Arbeit vor sich wittert, versagen die Beine unter ihm. Du Freundchen, wenn du die Chance verpaßt, kannst du gehn und dich selber versorgen!

JERRY Die Arbeit wird auch ne ganze Zeit dauern, Käptn, und wenn erst die Fundamente drin sind, ist es n Kinderspiel.

BOYLE Is es nich ne Kletterarbeit? Wie stellst du dir vor, wie ich mit meinen Beinen ne Leiter hochkomme? Und wenn ich vielleicht hochkomme, was dann, wie komm ich dann wieder runter?

MRS. BOYLE *giftig:* Nimm n Arbeiter, der dich wieder runterhuckt! Leiter kannst du nich steigen, aber hopp wie n Ziegenbock in die Kneipe, das kannst du!

JERRY Ich würde nich so leicht aufgeben, Mr. Boyle; vielleicht wird ein bißchen Bewegung bei Ihnen Wunder wirken.

BOYLE Doktor hättest du werden solln, Devine – vielleicht weißt du mehr über die Schmerzen in mein Beinen als ich, der sie hat?

JERRY *gereizt:* Ach, ich weiß nichts über die Schmerzen in Ihren Beinen; ich bringe den Auftrag von Pater Farrell, und mehr kann ich nicht tun.

MRS. BOYLE Komm, setz dich hin und nimm dein Frühstück, und dann mach dich fertig; und hab dich nich als könntest du einer toten Fliege kein Bein mehr ausreißen.

BOYLE Ich will kein Frühstück, sag ich dir; ich tät dran ersticken, nach allem was hier gesagt wurde. N bißchen Stolz hab ich noch.

MRS. BOYLE Na dann zeig deinen Stolz und geh sofort rein und zieh die Manchesterhosen an!

BOYLE *bewegt sich zur Tür links:* Es wär besser für den Menschen, er wäre tot! U-uh! Jetzt is noch ein Reißen im andern Bein! Niemand als ich weiß von den Leiden die ich durchmache, mit den Schmerzen in meinen Beinen hier.

Er geht ins Zimmer links, Mary kommt mit dem Hut in der Hand heraus.

MRS. BOYLE Jetzt muß ich aber los, ich bin schon bannig spät, aber ich hatt mir vorgenommen, diesmal bleib ich und jag diesen Joxer raus. *Sie geht.*

JERRY Gehst du aus, Mary?

MARY Sieht so aus, wenn ich meinen Hut aufsetze, nich?

JERRY Wieder das bittere Wort, Mary?

MARY Du erlaubst mir keine Freundlichkeit dir gegenüber; versuch ichs, legst du es absichtlich falsch aus.

JERRY Ich hab es nicht immer falsch ausgelegt; oft warst du glücklich, wenn Jerry die Arme um dich hatte.

MARY Wenn du so weiterredest, Jerry Devine, fang ich an dich zu hassen!

JERRY Gut, Verlöbnis oder Begräbnis! Hör zu, Mary, ich bin aufgestellt als Sekretär unsrer Gewerkschaft. Nur ein Gegenkandidat; ich bin bei den Männern allen populär, ein guter Redner – alle sagen, ich werde gewählt.

MARY Und?

JERRY Der Posten bringt 350 Pfund im Jahr, Mary. Du und ich können hübsch und gemütlich davon leben; das würde dich rausheben hier und . . .

MARY Ich hab jetzt keine Zeit dir zuzuhörn – ich muß gehn.

Sie will gehen, Jerry versperrt ihr den Weg.

JERRY *flehend:* Mary, was ist denn meinetwegen die letzten Wochen über dich gekommen? Du sprichst kaum mit mir, und dann nur ein Wort mit dem Ausdruck der Bitterkeit. Hast du vergessen, Mary, all die schönen Abende, süß wie der duftende Dornbusch, der den Straßenrand schirmte als wir gingen landaufwärts?

MARY Das ist vorbei jetzt. Wenn du deinen neuen Posten kriegst, Jerry, findest du bald eine Beßre wie mich als deine Liebste.

JERRY Niemals, niemals, Mary! Was auch immer geschieht, du wirst für mich immer die gleiche sein.

MARY Ich muß weg; bitte laß mich gehn, Jerry.

JERRY Ich komm ein Stück mit dir mit.

MARY Nicht nötig, danke; ich möchte alleine sein.

JERRY *ergreift ihren Arm:* Du triffst dich mit einem; du bist bei einem andern gelandet, mein Fräulein!

MARY Das ist nicht deine Angelegenheit, Jerry Devine; laß mich gehn!

JERRY Ich sah euch rauskommen aus der Tanzschule »Lilie«, und du hingst an seinem Arm – ein langer dünner Schlaks von einem Blendermäcki, mit Stöckchen und Handschuh!

STIMME VON JOHNNY *laut:* Was machst du denn da – zerrst alles übereinander!

STIMME VON BOYLE *laut und böse:* Ich zieh mir die Manchesterhosen an!

MARY Du drückst mir den Arm! Laß mich los, oder ich schrei, und dann hast du den Alten auf uns rauf!

JERRY Sei nicht so hart zu einem, Mary, sei nicht so hart.

BOYLE *erscheint in der Tür:* Was soll dieses ganze Tobuwabo?

MARY Laß mich los, laß mich los!

BOYLE Hört ihr nich – was hat das Tobuwabo zu bedeuten?

JERRY *bettelnd:* Gibst du mir nicht ein liebes Wort, ein liebes Wort, Mary?

BOYLE Hört ihr wie ich mit euch rede? Wozu is das Tobuwabo hier?

JERRY Laß mich deine Hand küssen, deine winzige kleine weiße Hand.

BOYLE Deine winzige kleine weiße Hand – verlierst du deinen Verstand, Mensch?
Mary reißt sich los und rennt hinaus.

BOYLE Das sind hübsche Geschichten vor den Augen ihres Vaters.

JERRY Ah, haltn Rand, in Gottesnamen! *Er folgt Mary.*

BOYLE Die Dinger machen sich jetzt n Dreck aus ihren Eltern, bringen ihres Vaters graue Haare mit Sorgen runter ins Grab, und lachen drüber, lachen drüber. Ah, ich glaube, is überall dasselbe – die ganze Welt is nur noch ein einziges Chassis! *Er sitzt am Feuer.* Frühstück! Na, wegen mir können sie ihr Frühstück behalten. Nicht wenn sie auf ihre beiden Knie gehn tät ichs nehmen – ich zeig ihnen, n bißchen Stolz hab ich noch! *Er geht zum Schrank, nimmt einen Teller heraus und sieht ihn an.* Würstchen! Na, soll sie ihr Würstchen behalten. *Er geht zum Feuer zurück, hebt die Teekanne hoch und schüttelt sie leicht.* Der Tee is naß, soviel is sicher. *Pause. Er steht auf, geht zum Schrank, nimmt das Würstchen heraus, tut es in die Pfanne, und beides aufs Feuer. Er dreht das Würstchen mit der Gabel. Er singt:*

Wenn die Schwalbe baut ihr Nest,
Und die Blumen stehn in Pracht,
Wenn des Frühlings Sonnenschein Trauer oder Trübsinn verjagt,
Ach mein Schatz mit blondem Haar, wenn mein Herz ist treu und fest. –
Er versprach er kommt zurück,
Wenn die Schwalbe baut ihr Nest!

Er hebt den Kopf bei der hohen Note und senkt dann die Augen auf die Pfanne. Er singt:

Wenn die . . .

Man hört Schritte, die sich nähern; er reißt die Pfanne vom Feuer, stellt sie unters Bett und setzt sich dann ans Feuer. Die Tür geht auf, ein bärtiger Mann sieht herein.

BÄRTIGER MANN Brauchen Sie nich zufällig ne Nähmaschine?

BOYLE *wütend:* Nein, ich brauch keine Nähmaschine! *Er geht zum Feuer zurück und fängt wieder an zu singen.*
Wenn die Schwalbe baut ihr Nest,
Und die Blumen sie stehn in Pracht,
Er . . .
An der Tür ist ein donnerndes Klopfen zu hören.

BOYLE Das is vielleicht n Trara – das n Fremder – das is keiner hier ausm Haus.

JOXER *steckt den Kopf zur Tür herein:* Hast du gehört das Trara?

BOYLE Na, Joxer, ich bin nich taub.

JOHNNY *erscheint in Hemd und Hose an der Tür links; sein Gesicht ist voll Angst und seine Stimme zittert:* Wer is das an der Tür? Wer is da an der Tür? Wer hat da geklopft – hört ihr mich – seid ihr taub oder voll oder was?

BOYLE *zu Johnny:* Wie zum Teufel soll ich wissen, wer das is? Joxer, steck den Kopf ausm Fenster und guck nach.

JOXER Und krieg vielleicht ne Kugel in die Rübe? Ah, die Tour nich für Joxer! Besser mal feige als n Leben lang ne Leiche!

BOYLE *guckt vorsichtig aus dem Fenster:* Ist einer mitm Trenchcoat.

JOHNNY Heilige Maria, Muttergottes, ich . . .

BOYLE Er geht weg – hat das Klopfen wohl über.
Johnny geht zurück ins Zimmer links.
Setz dich und trink ne Tasse Tee, Joxer.

JOXER Ich hab Angst, die Alte platzt uns damank, eh wir uns umgucken. Irgendwas sagt mir, geh lieber gleich.

BOYLE Sei nich abergläubisch, Mann; wir sind Dubliner Männer, und nich Bengels die man erst angekommen sind aus den Allener Sümpfen – anderseits, wenn sie doch kommt, sitzen wir drin wie die Ratt in ner Fall.

JOXER Und du weißt was sie für eine is – vernüftig reden kann man mit ihr nich – und gebranntes Kind scheut das Feuer.

BOYLE *geht zum Fenster hinten:* Wenns ganz schlimm kommt, kannst du hier rauszwitschern, Joxer; is bloß paar Zoll runter zum Dach vom Anbau, und in dem Moment wo sie ins andre Zimmer geht, geb ich Zeichen, und du turnst rein und weg.

JOXER *erliegt der Versuchung:* Ah, lang bleib ich sowieso nich. *Nimmt ein Buch vom Tisch.* Wems Buch is das?

BOYLE Ach, von Mary eins; sie liest dauernd letzterzeit – und nischt wie Schund. Eins was ich neulich angeguckt habe: drei Geschichten, Puppenheim, Gespenster und Die Wildente – allens Bücher for kleine Kinner!

JOXER Hast du schon mal gelesen Elisabeth oder die Verbannte von Sibirien? . . . Ah, ne prima Geschichte, ne priiima Geschichte!

BOYLE Du iß deine Wurst, und fang nich an mit der Verbannten von Sibirien.
Beide setzen sich; Boyle schenkt Tee ein, gießt Soße auf Joxers Teller und behält das Würstchen für sich.

JOXER Zu was hast du deine Manchesterhosen an?

BOYLE Ich muß auf Arbeit gehn, Joxer. Kaum daß du weg warst, kommt Devine angerannt, Pater Farrell hätt gesagt, wenn ich runtergeh zu der Arbeit, die sie in Rathmines aufgemacht haben, kann ich anfangen.

JOXER Bei Gott, das is gute Nachricht!

BOYLE Wieso is das gute Nachricht? Ich möcht wissen, wenn du und wärst in meiner Verfassung, ob du sagen würdest gute Nachricht?

JOXER Ich dachte . . .

BOYLE Du dachtest! Du denkst manchmal bißchen fix, Joxer. Verstehst du, ich kann kaum krauchen mit den Schmerzen in den Beinen.

JOXER Ach ja; die Schmerzen in den Beinen hab ich ganz vergessen. Ich weiß, du kannst nischt machen, wenn du die hast.

BOYLE Ganz vergessen; ich glaube keiner von euch der sich vorstellen kann, wie mir is mit den Schmerzen in den Beinen. Was würde passiern, wenn ichn Sack Zement tragen muß?

JOXER Ah, jeder Mensch, der derartige Schmerzen hätte, wär aus und vorbei, aus und vorbei.

BOYLE Es hätt mir nichts ausgemacht, hätt ers mir selber gesagt, aber nee, man ja nich, rast rein und schreits raus vor Junon, und du weißt wie Juno is, Joxer. Wir wissen alle, Devine weiß bißchen mehr wie wir übrigen, aber was er nich tut, danach handeln; er is n guter Junge, trinkt nich, kann reden und so weiter, aber . . .

JOXER Das ja, quasseln kann er, aber . . .

BOYLE Wenn er schon hinter Mary herrennt, hinter mir braucht er nich herrennen. Käptn Boyle kann auf sich selber aufpassen. Schließlich krieg ich kein Nuckel mehr. Nie hab ich gehört, daß er flucht; ich glaube nich, daß er je in seinem Leben besoffen war – der is überhaupt nich wie ein Christ!

JOXER Du nimmst mir das Wort aus dem Mund – ein Christ hat was Natürliches, aber er ist unnatürlich.

BOYLE Sein Alter war genauso – ein Wicklower.

JOXER Ein Wicklower! Dann ist alles klar. Ich hab zu meiner Zeit manchen Wicklower gesehn, aber ich hab keinen gesehn, der was taugte.

BOYLE »Pater Farrell«, sagt er, »schickt mich.« Pater Farrell! . . . Weißt du, Joxer, ich mag nicht, wenn man dem Klerus verpflichtet is.

JOXER Das ist gefährlich, stimmt.

BOYLE Wenn sie was für dich tun, wolln sie daß du dich am liebsten niederläßt in der Kapelle . . . Ich will dir mal was sagen, Joxer, was ich zu keinem andern sagen würde, der Klerus hatte immer zuviel Macht über das Volk in diesem unglücklichen Land.

JOXER Das könntst du singen wenns n Lied wär!

BOYLE *begeistert sich:* Hinderten sie das Volk nicht 47, das Korn in Besitz zu nehmen, als es verhungert is; schlugen sie nicht Parnell; sagten sie nich, die Hölle ist nich heiß und die Ewigkeit nich lang genug, um die Fenier zu strafen? Wir vergessen nicht, sowas vergessen wir nicht, Joxer. Wenn sie uns sonst alles nahmen, Joxer, sie ließen uns die Erinnerung.

JOXER *gefühlvoll:* Erinnerung ist der einzge Freund, den Gram sein eigen nennt ... sein ... eigen ... nennt!

BOYLE Pater Farrell interessiert sich auf einmal sehr für Käptn Boyle; wegen dem, was Johnny für sein Land getan hat, sagt er mir eines Tages. Ne merkwürdige Art, Johnny zu belohnen, indem man seinen armen alten Vater auf Arbeit schickt. Aber das will der Klerus, Joxer – Arbeit, Arbeit, Arbeit für mich und dich; lassen uns wühlen von früh bis nachts, damit sie mehr von haben, wenn sie angehoppst kommen wegen ihrn Steuern! Arbeit! Na, geb er doch seine Arbeit einem von diesen lobsingenden, gebetespuckenden, kanzelkloppenden Brüderschaftsleuten!

Der Ausruf eines Kohlenverkäufers ist auf der Straße zu hören.

STIMME DES KOHLENVERKÄUFERS Kohlen ... Briketts! Kohlen ... Briketts!

JOXER Gott, was waren das Tage, als du das Deck eines stolzen Schiffs betratst, und der Wind blies einen Orkan durch den Mast, und der einzige Laut den du hörtest war »Ruder backbord!«, und die einzige Antwort »Ay, Backbord, Sir!«

BOYLE Das warn Tage, Joxer, das warn Tage. Da war nichts zu heiß oder zu schwer für mich. Mit vollen Segeln vom Golf von Mexiko zum Antarktischen Ozean. Ich sah Dinge, ich sah Dinge, Joxer, über die kein sterblicher Mensch spricht, der den Katechismus kennt. Oftmals und oftmals, festgemacht an das Rad mit dem Marlspieker, und es heult der Wind und die Wellen peitschen und peitschen, daß du denkst, jede Minute ist deine letzte, und es blas und blas – blies ist das richtige Wort, Joxer, aber blas sagt der Seemann ...

JOXER Ah, das s ein prima Wort, ein priiima Wort.

BOYLE Und als es blas und blas, sah ich oftmals auf zum Himmel und stellte mir die Frage – was sind die Sterne, was sind die Sterne?

STIMME DES KOHLENVERKÄUFERS Kauft Kohlen ... Briketts! Kohlen ... Briketts!

JOXER Ja, das ist die Frage, das ist die Frage – was sind die Sterne?

BOYLE Und dann, als ich nochmal hochgucke, frage ich mich – was ist der Mond?

JOXER Ah, das ist die Frage – was ist der Mond, was ist der Mond?

Man hört Schritte, die sich schnell der Tür nähern. Boyle bemüht sich verzweifelt, alles zu verstecken; Joxer stürzt zum Fenster und macht wütende Versuche, hinauszukommen; Boyle fängt an, unschuldig zu trällern, »Oh du liebe Jenny, du weißt, ich liebe dich ...«, als die Tür sich öffnet und das schwarze Gesicht des Kohlenverkäufers erscheint.

KOHLENVERKÄUFER Brauchen Sie was an Kohlen?

BOYLE *mit Gebrüll:* Nein, wir brauchen nichts an Kohlen!

JOXER *kommt zurück mit einem Seufzer der Erleichterung:* Mir blieb fast das Herz stehn – ich hätt schwören können, das war Juno. Am besten ich gehe, Käptn; du weißt nie den Moment, wo Juno auf uns reinbumst.

BOYLE Laß sie reinbumsen; ob die Sache nu jetzt ausgefochten wird oder später. Das eine steht fest – ich richt mich nich immer nach ihrem Kopf, verdammt.

JOXER Die Gesinnung gereicht dir zur Ehre, Käptn; ich sag nich gern was so zwischen Mann und Frau, aber ich sage als Kumpel, als Kumpel, Käptn, du hast es zu lange geschluckt, und es wird höchste Zeit, daß du bißchen Mumm zeigst.

Kann ein Mann wohl schöner sterben als im Antlitz der Gefahr,
Für seiner Väter Asche und seines Gotts Altar.

BOYLE Sie hat ihre Rechte – das bestreitet keiner, aber hab ich nich auch Rechte?

JOXER Hast du natürlich – das heilige Mannesrecht!

BOYLE Heute, Joxer, wird von mir ne Proklamation erlassen für die Gründung einer unabhängigen Republik, un Juno leistet den Untertaneneid.

JOXER Bleib fest, bleib fest, Käptn; die ersten paar Minuten sin die schlimmsten. Laß die Ängste Ängste sein, so wirst du alles können, greif in die Nesseln frisch hinein, so wern sie dich nich brennen!

STIMME VON JUNO *draußen:* Jetzt nich, Mrs. Madigan – ich hab keine Minute Zeit!

JOXER *aus dem Fenster fliegend:* Lieber Gott, da is sie!

BOYLE *packt die Sachen eiligst in den Schrank:* Ich wußt ja, der Kerl bleibt da, bis daß sie uns auf den Kopp kommt!

Er setzt sich ans Feuer. Juno kommt schnell; sie ist erregt und aufgelöst.

MRS. BOYLE Oh, du bist da – du bist woll eben erst rein?

BOYLE Nee, ich bin gar nich raus.

MRS. BOYLE Komisch dann, daß du das Klopfen nich gehört hast. *Sie legt Hut und Mantel aufs Bett.*

BOYLE Klopfen? Türlich hab ich das Klopfen gehört.

MRS. BOYLE Und warum hast du dann nich die Tür aufgemacht? Warst wohl so beschäftigt mit Joxer, daß du keine Zeit hattst.

BOYLE Ich hab Joxer nich gesehn, seit ich ihn vorhin gesehn habe. Joxer! Wie soll Joxer hierherkommen?

MRS. BOYLE Willst du mir etwa erzählen, daß ihr zwei beiden nich hier zusammengegluckt habt, kaum daß ich den Rücken dreh?

BOYLE Zu was solln wir zusammglucken? Ich hab was andres im Kopf als mit Joxer glucken. Ich schwör auf alle heiligen Gebetbücher . . .

MRS. BOYLE Daß du in ner Kneipe nich warst! Dann geh jetzt sofort rein und zieh da deine Manchesterhosen aus, und mach Schlips und Kragen um, daß du man bißchen nach was aussiehst. In einer Minute kommt Mary mit Besuch, und er bringt dir große Nachricht.

BOYLE Wohl ne Stelle; nehmen wir man erst eine, eh daß wir uns nach ne andre umsehn.

MRS. BOYLE Das is wovor du das Schlottern kriegst. Na, es is keine Stelle, sondern eine Nachricht, die dir die Chance deines Lebens gibt.

BOYLE Was is das für Geheimnistuerei?

MRS. BOYLE Geh rein und zieh die Manchesterhosen aus, wenn man dirs sagt.

Boyle geht ins Zimmer links. Mrs. Boyle räumt das Zimmer auf, tut die Schaufel unters Bett und geht zum Schrank.

MRS. BOYLE Oh, Gott im Himmel, wie alles rumgeschmissen is! Oh, Joxer war hier, Joxer war hier!

Mary tritt mit Charly Bentham ein; er ist ein junger Mann von fünfund-

zwanzig, groß, gutaussehend und sehr von sich eingenommen. Er hat einen braunen Mantel an, braune Kniehosen, graue Strümpfe, einen braunen Sweater und einen tiefblauen Schlips; trägt Handschuhe und einen Spazierstock.

MRS. BOYLE *herumrennend:* Kommen Sie, Mr. Bentham; nehmen Sie Platz Mr. Bentham, in dem Stuhl; er ist bequemer als der, Mr. Bentham. Mein Mann ist in einer Minute hier; er zieht sich man grad die Hosen aus.

MARY Mutter!

BENTHAM Bitte machen Sie keine Umstände, Mrs. Boyle – fühl mich ganz wohl so, danke.

MRS. BOYLE Und daß Sie unsre Mary kennen, und sie weiß was Sie für uns hatten, und hat nichts nachgesagt; aber um so willkommner is es jetzt, denn uns ging schon die Puste aus!

STIMME VON JOHNNY *drin:* Was machst du hier für n Radau?

BOYLE *grob:* Ich zieh die Manchesterhosen aus!

JOHNNY Kannst du das nich machen, ohne daß es das ganze Haus erfährt, daß du die Hosen ausziehst? Was ziehst du sie erst an, wenn du sie dann wieder ausziehst?

BOYLE Läßt du mich in Ruhe, läßt du mich in Ruhe? Mach ichs denn man nie hier einem recht?

MRS. BOYLE *zu Bentham:* Entschuldigen Sie, wie es hier aussieht, Mr. Bentham; die Minute wo ich den Rücken drehe, wühlt dieser Mann hier alles um und um, alles um und um.

BENTHAM Keine Ursache, Mrs. Boyle; macht nichts, ich versichere Ihnen . . .

BOYLE *drin:* Wo sind die Hosenträger? Wo hab ich in Gottesnamen die Hosenträger? . . . He, hast du nicht gesehn, wo ich die Hosenträger hab?

JOHNNY *ruft von drin:* Ma, willst du nich reinkommen und Papa hier rausholn, sonst werd ich noch verrückt.

MRS. BOYLE *geht zur Tür:* Junge Junge Junge, der Mann wird beim Jüngsten Gericht noch was suchen. *Sieht ins Zimmer und ruft Boyle zu:* Guck doch die Hosenträger, Mann, hängen dir ja um n Hals!

BOYLE *drin:* Ah, großer Gott!

MRS. BOYLE *ruft:* Johnny, Johnny, komm ne Minute hier aus.

JOHNNY Ah, laßt Johnny in Ruhe, und stört ihn nich dauernd!

MRS. BOYLE Komm her, Johnny, ich will dich Mr. Bentham vorstelln. *Zu Bentham.* Mein Sohn, Mr. Bentham; er is ganz schön durch die Mühle. Er war man bloß n Kücken von Pfadfinder Osterwoche, als er den Schuß in die Hüfte kriegte; und der Arm wurde ihm abgerissen im Kampf O'Connell-Street.

Johnny kommt herein.

Da is er, Mr. Bentham; Mr. Bentham, Johnny. Keiner kann bestreiten, er hat sein Teil für Irland getan, als ob ihm das was nützt.

JOHNNY *prahlerisch:* Ich tät es nochmal, Ma, ich tät es nochmal; denn Prinzip ist Prinzip.

MRS. BOYLE Ah, dein bestes Prinzip war verlorn, mein Junge, als dein Arm verlorn war; das is die einzige Sorte Prinzip die dem Arbeiter was nützt.

JOHNNY Ein halbfreies Irland wird keinen Frieden haben, solange es noch einen Sohn hat, der ein Gewehr halten kann.

MRS. BOYLE Sicher, sicher – kein Brot ist besser als ein halbes. *Ruft laut hinein zu Boyle.* Wirst du dich bald beeilen?

Boyle kommt herein mit seiner besten Hose, die nicht allzu gut ist, und er fühlt sich offenbar sehr unbehaglich mit Schlips und Kragen.

MRS. BOYLE Das ist mein Mann; Mr. Boyle, Mr. Bentham.

BENTHAM Ah, erfreut Sie kennenzulernen, Mr. Boyle. Wie gehts Ihnen?

BOYLE Ah, mir gehts gar nich so gut; ich leide furchtbar unter Schmerzen in den Beinen. Juno da kann Ihnen sagen, was ...

MRS. BOYLE Du wirst nich mehr viel Schmerzen in den Beinen haben, wenn du hörst, was Mr. Bentham dir zu sagen hat.

BENTHAM Juno! Welch ein interessanter Name! Es erinnert einen an Homers grandiose Geschichte der antiken Götter und Heroen.

BOYLE Ja, nich? Sehn Sie, Juno is geborn und getauft im Juni; ich begegnete ihr im Juni; wir heirateten im Juni, und Johnny ist geborn im Juni, so sagte ich man eines Tages zu ihr, »Du müßtest Juno heißen«, und der Name blieb ihr bis zum heutigen Tag.

MRS. BOYLE Gut, über sowas können wir immer noch sprechen; laß Mr. Bentham sagen, was er zu sagen hat.

BENTHAM Also, Mr. Boyle, ich vermute Sie erinnern sich an einen Mr. Ellison aus Santry – er ist ein Verwandter von Ihnen, glaube ich ...

BOYLE *giftig:* Was, dieser Prognostizierer und Prokrastinierer! Natürlich erinner ich mich.

BENTHAM Nun, er ist tot, Mr. Boyle ...

BOYLE Viel werden nich in Trauer falln wegen ihm.

MRS. BOYLE Warte bis du hörst, was Mr. Bentham zu sagen hat, und vielleicht änderst du dann deine Meinung.

BENTHAM Eine Woche bevor er starb ließ er mich holen, um das Testament für ihn aufzusetzen. Er sagte, daß es nur zwei gäbe, denen er sein Vermögen hinterlassen wolle: seinem Cousin zweiten Grades, Michael Finnegan aus Santry, und John Boyle, Cousin ersten Grades, aus Dublin.

BOYLE *aufgeregt:* Ich, bin ich das, ich?

BENTHAM Sie, Mr. Boyle; ich lese eine Abschrift des Testaments, die ich bei mir habe, ordnungsgemäß registriert bei der Nachlaßkammer. *Er nimmt ein Papier aus seiner Tasche und liest.* 6. Februar 1922. Dies ist Testament und letzter Wille von William Ellison, aus Santry, Grafschaft Dublin. Hierdurch wünsche und verfüge ich, daß mein Vermögen verkauft und aufgeteilt wird wie folgt:

20 Pfund an die St.-Vincent-de-Paul-Gesellschaft.

60 Pfund für Messen für meinen Seelenfrieden (5 Schilling die Messe).

Der Rest meines Vermögens ist zu teilen zwischen meinen Cousins ersten und zweiten Grades.

Hiermit ernenne ich Timothy Buckly, aus Santry, und Hugh Brierly, aus Coolock, zu Testamentsvollstreckern.

Gezeichnet William Ellison. Hugh Brierly. Timothy Bruckly. Charles Bentham, N.T.

BOYLE *gierig:* Und wieviel springt dabei raus, Mr. Bentham?

BENTHAM Die Vollstrecker sagten mir, die Hälfte des Besitzes, das wär irgendwo zwischen 1500 und 2000 Pfund.

MARY Ein Vermögen, Vater, ein Vermögen!

JOHNNY Jetzt können wir von hier wegziehn und irgendwohin, wo uns keiner kennt.

MRS. BOYLE Jetzt brauchst du dir wegen Arbeit eine Zeitlang keine Sorge machen, Jack.

BOYLE *inbrünstig:* Ich will nie wieder an Gottes Güte zweifeln.

BENTHAM Ich beglückwünsche Sie, Mr. Boyle.
Sie schütteln sich die Hände.

BOYLE Und nu, Mr. Bentham, nu nehm Sie erstmal n Hieb.

BENTHAM Hieb?

BOYLE Hier – n Lüttn – n Schluck!

MRS. BOYLE Jack, du sprichst mit Mr. Bentham, und nicht mit Joxer.

BOYLE *feierlich:* Juno ... Mary ... Johnny ... wir müssen sofort in Trauer gehn ... Ich hätt nie geglaubt, daß der arme Willi so plötzlich stirbt ... Na, wir müssen alle mal sterben ... heute du, Juno ... morgen vielleicht ich ... Traurig, aber nich zu ändern ... Requiescat in pace ... oder, wenn man unsre alte Zunge spricht wie St. Patrick oder St. Bridget, Guh sayeree jeea ayera!

MARY Oh, Vater, das ist nicht Ruhe in Frieden, das ist Gott schütze Irland.

BOYLE U-u-ugh, is alles eins – ist es nich n Gebet? ... Juno, ich bin fertig mit Joxer; er ist nichts als ein Prognostizierer und ein ...

JOXER *klettert wütend durch das Fenster und springt ins Zimmer:* Du bist fertig mit Joxer, sagst du? Vielleicht hast du gedacht, ich sitz die ganze Nacht für dich aufm Dach! Joxer aufm Dach draußen, und der Wind bläst durch ihn durch, bloßn Nichts für dich und deinen Freund mit Schlips und Kragen!

MRS. BOYLE Wie in Gottes Namen kommen Sie auf das Dach; was haben Sie da gemacht?

JOXER *ironisch:* Ich träumte ich stand auf der Brücke eines Schiffs, und es segelte auf dem Antartischen Ozean, und es blas und blas, und ich sah zum Himmel auf und sagte, was sind die Sterne, was sind die Sterne?

MRS. BOYLE *öffnet die Tür und steht daneben:* Los, raus hier, Joxer Daly, ich hab schon immer gewußt, daß Ihnen ne Schraube fehlt.

JOXER *bewegt sich zur Tür:* Ich muß jedesmal lachen wenn ich ihn seh, den Hochseematrosen; und im Boot aufm Bach wird er schon seekrank!

BOYLE Raus hier, eh ich das Gesetz in meine Hände nehme!

JOXER *geht hinaus:* Sag Wiedersehn, sag nich Good-bye. Sucht nach Arbeit und betet zu Gott, daß er keine findet! *Er geht.*

MRS. BOYLE Hab ich dir nicht immer wieder gesagt, wer Joxer war; vielleicht siehst du jetzt selbst, was er für einer is.

BOYLE Der bläst mir nie wieder den Schaum vom Bier, das is sicher. Johnny ... Mary ... ihr müßt in Zukunft mehr auf euren Umgang achten. Juno, ich bin fertig mit Joxer ... Von jetzt an bin ich ein neuer Mensch. *Greift Junos Hand und singt gefühlvoll.*
O du liebe Juno, du weißt ich liebe dich;
Du meine liebe Juno, du bist die Welt für mich.

Vorhang

Zweiter Akt

Gleicher Raum, doch das Mobiliar reichlicher und von vulgärem Geschmack. Ein grellbezogener Sessel und Chaiselongue; überall billige Bilder und Fotos. Jede freie Stelle ist geschmückt mit enormen Vasen voller künstlicher Blumen. Girlanden aus bunten Papierketten hängen überkreuz von einem Ende der Decke zum anderen. Auf dem Tisch eine alte Diplomatenmappe. Es ist abends gegen sechs, zwei Tage nach dem ersten Akt. Boyle, in Hemdsärmeln, wollüstig auf dem Sofa ausgestreckt; er raucht eine Tonpfeife. Er schläft halb. Eine Lampe brennt auf dem Tisch. Nach einiger Zeit hört man Joxers Stimme, sie singt leise draußen vor der Tür – »Die Pfeife im Maul, treib ich mein Gaul – bist du da, Mor ... ie ... ar ... iiie!«

BOYLE *springt auf, nimmt eine Feder in die Hand und beschäftigt sich mit Papieren:* Komm nur rein, Joxer, mein Sohn, komm nur rein.

JOXER *steckt den Kopf rein:* Bist du für dich?

BOYLE Komm schon, komm schon; das is egal; ich bin jetzt Herr, und ich bleibe auch Herr.
Joxer kommt herein.

JOXER Wie is dir jetzt, als Mann von Geld?

BOYLE *gewichtig:* Es is eine Verantwortung, Joxer, eine große Verantwortung.

JOXER Ja das isses woll, obschon mans nich denken soll.

BOYLE Joxer, lang mir mal die Diplimatentasche da vom Tisch.
Joxer reicht die Tasche.
Seit der Testamentseröffnung sind mir Hunderte von Dockementen durch die Hände gelaufen – ich sag dir, man muß sein Grips beisammenhaben.
Er beschäftigt sich mit den Papieren.

JOXER Na, ich will nich störn; ich guck mal rein wenn ...

BOYLE *eilig:* Schon gut, Joxer, das is das letzte was heute unterschrieben werden muß. *Er unterschreibt ein Papier, tut es in die Tasche, die er zuschnappt, und lehnt sich pompös im Sessel zurück.* Also, Joxer, du willst mich sprechen; ich stehe zur Verfügung – was kann ich für dich tun, mein Freund?

JOXER Ich kam bloß ran mit den 3 Pfund 5 Schilling, die Mrs. Madigan für dich auf die Decken und den Tisch gekriegt hat, und sie sagt es eilt nich, daß dus ihr wiedergibst.

BOYLE Sie wird nich lang drauf warten; ich erwarte den ersten Scheck auf zwohundert jeden Tag. Da die fünf Eier sind für dich – mach und nimm schon, Mann; wird nich das letzte sein, was du vom Käptn kriegst. Ab und an haben wir unsre Differenzen, aber sonst sind wir einig alle Wege.

JOXER Ich für dich, und du für mich, wie die zwei Musketiere.

BOYLE Pater Farrell hält mich heut an und sagt, wie er sich freut, daß mir das Geld zugefalln ist.

JOXER Er wird dich jetzt noch öfter anhalten; er hatt s wohl wieder mit »Mr.« Boyle?

BOYLE Er reichte mir die Hand ...

JOXER *ironisch:* Einst traf ich Napper Tandy, und er reichte mir die Hand!

BOYLE Du irrst dich selten, Joxer, aber diesmal liegst du schräg. Was du über Pater Farrell sagst, is beinah schon Blasfehmje. Ich mag nich, wenn jemand respektlos über Pater Farrell spricht.

JOXER Du verstehst mich miß, Käptn; kein Wort soll gegen Pater Farrell gesagt werden – das Herz von der Rolle das is er; ich hab schon immer gesagt, er is n prima Mensch, n priiima Mensch.

BOYLE Wie ich die Treppe hoch komm, wen treff ich, diese Nulpe, Nugent. »Ich sah Sie mit Pater Farrell reden«, sagt er mit seim Grienen. »Von jetzt an wird er Ihnen«, sagt er, »nachlaufen wie n Schutzengel« – und die ganze Zeit mit seim alten Grienen, Joxer.

JOXER Ich hab ihn noch nie anders gesehn als mit seim alten Grienen!

BOYLE »Mr. Nugent«, sag ich, »Pater Farrell is ein Mann des Volkes, und, soweit ich die Geschichte meines Landes kenne, waren die Priester immer die erste Reihe im Kampf um Irlands Freiheit.«

JOXER *inbrünstig:* Wer führt die Reihen an, Soggart Aroon? Seit der Kampf zuerst begann, Soggart Aroon?

BOYLE »Wem wolln Sie das erzähln?« sagt er. »Verrieten sie nicht die Fenier, und mordeten sie nicht Parnell? Und jetzt ...« »Sie sollten sich was schämen«, sag ich und unterbreche ihn, »daß Sie nicht die Geschichte Ihres Landes kennen.« Und laß ihn stehen und glotzen.

JOXER Wo die Dummheit regiert, da die Weisheit verliert; ich frag mich, ob er je Irische Heimat gelesen hat.

BOYLE Von J.L. Sullivan? Nee, das weißt du doch.

JOXER Ah, is n prima Buch, n priiima Buch!

BOYLE Besser wenn du jetzt gehst, Joxer; seine Majestät Bentham kann jede Minute hier sein.

JOXER Wie die Sache aussieht, wir das ne Partie zwischen ihm und Mary. Jerry hat sie vollkommen abgeschoben. Na, ich hoff es klappt, denn er is n prima Mensch.

BOYLE Bitte, wenn du so denkst – ich nich. *Gereizt.* Wieso is er prima?

JOXER *in der Klemme:* Ich hab ihn bloß zweimal gesehn; willst du wissen wer ich bin, komme wo ich wohne hin.

BOYLE Er is mir zu hochtrabend – wenn du ihm zuhörst denkst du, er weiß soviel wie Boneys Orakulum. Seine Lehrerstelle hat er aufgegeben und will Rechtsanwalt werden in Dublin – hatte Jura studiert. Er denkt wahrscheinlich, ich richt ihn ein, aber da liegt er schräg. Und der andere – Jerry is nich besser. Bei allen beiden wird dir schlecht im Bauch, wenn du ihnen zuhörst; Jerry der an nichts glaubt, und Bentham glaubt an alles. Einer der sagt Alles ist Gott und der Mensch nischt; und der andre Alles is Mensch und Gott nischt!

JOXER Na, ich hau dann ab.

BOYLE Aber guck nach ner Zeit wieder runter; und dann man n ruhiger Schluck und ein zwei Lieder.

JOXER Keine Angst.

BOYLE Und sag Mrs. Madigan, ich hoffe, wir haben die Ehre Ihrer Mitwirkung bei unserm kleinen Vergnügen.

JOXER Ordnung; wir kommen zusammen runter. *Er geht hinaus.*

Johnny kommt aus dem Raum links und setzt sich verdrießlich ans Feuer. Boyle guckt ihn ein paar Augenblicke an und schüttelt den Kopf. Er stopft sich die Pfeife.

STIMME VON JUNO *hinter der Tür:* Mach die Tür auf, Jack; das Ding bringt mich bald um mit seinem Gewicht.

Boyle öffnet die Tür. Juno herein, sie trägt den Kasten eines Grammophons, gefolgt von Mary, die den Trichter und ein paar Pakete trägt. Juno stellt den Kasten auf den Tisch und plumpst auf einen Stuhl.

JUNO Das Ding tragen von Henry-Straße an war kein Spaß.

BOYLE U-u-uh, das is n großartiger Apparat – wieviel kam er?

JUNO N Pfund gleich, und fünf in Raten zu zwei Schilling die Woche.

BOYLE Das is ganz preiswert.

JUNO Ich habe Angst, wir stürzen uns in zuviel Schulden; erst die Möbel, und jetzt das.

BOYLE Der ganze Spaß macht nich viel aus bei 2000 Pfund.

MARY Ich weiß nicht, wofür du ein Grammophon brauchst – Charlie verabscheut sie; er sagt sie verschandeln wahre Musik.

BOYLE Verschandeln Musik – der Kerl macht einem schlecht im Bauch. Ein Grammophon brauch nur richtig gespielt werden, das is alles; seine wahre Schönheit kann sich erst entfalten, wenn jeder still is – was ein Grammophon brauch ist absolute Ruhe!

MARY Aber Vater, Jerry sagt das auch; man kann schließlich Musik nur verstehen, wenn das Ohr richtig geschult ist.

BOYLE Das ist noch so einer, der einem schlecht macht im Bauch. Richtig geschult! Du kannst wohl auch Fußball nich richtig verstehn, wenn dein Fuß nich richtig geschult is.

MRS. BOYLE *zu Mary:* Geh rein drüben und zieh dich an, Charlie kommt noch her, und Tee und nichts ist fertig.

Mary geht in den Raum links.

Mrs. Boyle deckt den Tisch zum Tee. Du hast ja unser neues Grammophon noch gar nich angeguckt, Johnny?

JOHNNY Ich denk an was andres als an Grammophone.

MRS. BOYLE Und an was denkst du andres, Allanna?

JOHNNY Nichts, nichts, nichts.

MRS. BOYLE An irgendwas denkst du doch; du machst dich doch selber so wie du selber bist; schläfst die eine Nacht bei meiner Schwester, und nächste Nacht bei deines Vaters Bruder – du findst keine Ruhe wenn du so weitermachst.

JOHNNY Ruhe find ich nirgends, nirgends, nirgends.

MRS. BOYLE Na, du versuchst man nirgends Ruhe zu finden.

JOHNNY Laß mich zufrieden, laß mich zu frieden, laß mich zufrieden, in Gottes Namen.

Es klopft an der Haustür.

MRS. BOYLE *aufgeregt:* Das ist er; das ist Mr. Bentham!

BOYLE Na, Platz is ja für ihn; n Jammer daß keine Blaskapelle da is und n Tusch spielt.

MRS. BOYLE Wir reichen den Tee rum und glucken nich um den Tisch, als ob wirs nicht besser kennen.

Man hört sich nähernde Schritte, Juno öffnet die Tür und läßt Mr. Bentham eintreten.

Hut und Stock geben Sie Jack, da ... nehmen Sie Platz, Mr. Bentham ... nein, nicht da ... im Lehnstuhl am Feuer ... da, so ist besser. Mary is in einer Minute bei Ihnen.

BOYLE *ernst:* Ich seh heut morgen aus der Zeitung, daß Consols ein halb Prozent gefallen sind. Das is ernst, sag ich Ihnen, und zeigt, das ganze Land is nur noch ein einziges Chassis.

MRS. BOYLE Was ist Consols, Jack?

BOYLE Consols? Ach, Consols sind – ach, hat keinen Zweck ner Frau zu erzählen was Consols sind – verstehn sie nich.

BENTHAM Es ist genau wie Sie eben sagen, Mr. Boyle ...

Mary herein, reizend gekleidet.

Oh, guten Abend, Mary; wie hübsch du aussiehst!

MARY *schelmisch:* Wirklich?

BOYLE Wir unterhielten uns grade, als du reinkamst, Mary; ich sagte zu Mr. Bentham, das ganze Land ist nur noch ein einziges Chassis.

MARY *zu Bentham:* Was gefällt dir besser zu meinem Haar, das grüne Band oder das blaue, Charlie?

MRS. BOYLE Mary, dein Vater spricht.

BOYLE *eilig:* Ich sag grade zu Mr. Bentham, das ganze Land ist nur noch ein einziges Chassis.

MARY Du wirst dich was drum schern ob oder ob nich, Papa.

MRS. BOYLE Mit all unsern Kirchen und Religionen ist die Welt kein bißchen besser.

BOYLE *mit befehlender Geste:* Tee!

Mary und Mrs. Boyle reichen den Tee.

MRS. BOYLE Und Irland schreibt nur ein Blatt im Buche der Welt; als wir beigingen, unsre eignen Gesetze zu machen, dachte ich, jetzt tun wir den Blick nie mehr zurückwenden, und stattdem tun wir den Blick nie mehr nach vorn wenden! Wenn die Leute besser der Religion nachgingen, wären die Aussichten besser – was meinen Sie, Mr. Bentham?

BENTHAM Ich fürchte, ich kann mir in dieser Frage keine Meinungsäußerung erlauben, Mrs. Boyle; das Dogma hat für mich keine Anziehungskraft.

MRS. BOYLE Ach ja, Sie halten s ja nich mit uns; was sind Sie sagten Sie?

BENTHAM Theosoph, Mrs. Boyle.

MRS. BOYLE Und was in Gottesnamen ist ein Theosoph?

BOYLE Ein Theosoph, Juno, ist ein – sagen Sie ihr, Mr. Bentham, sagen Sie ihr.

BENTHAM Schwer in wenigen Worten zu erklären: Die Theosophie beruht auf den Veden, den religiösen Büchern des Ostens. Ihr zentrales Thema ist die Existenz eines allesdurchdringenden Geists – des Lebensatems. Nichts existiert wirklich als dieser eine, universale Lebensatem. Und was immer getrennt von diesem Lebensatem zu existieren scheint, existiert gar nicht wirklich. Er ist die gesamte Vitalkraft des Menschen, aller Tiere und der gesamten Vegetation. Diese Lebenskraft nennt man das Prana.

MRS. BOYLE Das Prana! Welch ein komischer Name!

BOYLE Prana; ja, das Prana. *Bläst sanft durch die Lippen:* Das s das Prana!

MRS. BOYLE Pst, pst, Jack.

BENTHAM Das Glück des Menschen hängt ab von der Sympathie mit diesem Geist. Menschen, die einen hohen Stand der Vollkommenheit erreicht haben, heißen Yogi. Manche Menschen werden Yogi in kurzer Zeit, andere benötigen vielleicht Millionen von Jahren.

BOYLE Yogi! Ich hab man Hunderte gesehn in den Straßen von San Franzisko.

BENTHAM Von diesen Yogi wird gesagt, daß wir durch Anwendung gewisser geistiger Übungen Kräfte bekommen, die andern versagt sind – zum Beispiel die Fähigkeit, Ereignisse zu sehen, die Meilen und Meilen entfernt sind.

MRS. BOYLE In so n Glauben möcht ich mich nich verwickeln wolln; es is überhaupt ne sehr seltsame Religion.

BOYLE Was is da dran seltsam? Is nich jede Religion seltsam? Wenn sies nich wärn, tätst du keinen zu bringen, daß er dran glaubt. Aber Religionen sind im Verschwinden – sie haben ihrn Tag gehabt wie alles andre auch. Nimm die richtigen Dubliner, zum Beispiel: wissen mehr über Charlie Chaplin und Tom Mix als sie wissen über Sankt Peter und Paul.

MRS. BOYLE Glauben Sie nich an Gespenster, Mr. Bentham?

MARY Nein, das weißt du doch, Mutter.

BENTHAM Ich weiß nicht, Mary. Wissenschaftler fangen an zu glauben, daß das, was wir Gespenster nennen, manchmal von Personen mit bestimmter Veranlagung gesehn wird. Sie sagen, daß außerordentliche Vorfälle, wie die Ermordung eines Menschen, große Energien verlangen, und diese Energien verbleiben an dem Ort, wo der Vorfall stattfand. Leute können dort wohnen und sehn nichts, und dann kann einer kommen, dessen Persönlichkeit in einer gewissen Verbindung zu den Energien des Ortes steht, und blitzartig sieht die Person den ganzen Ablauf.

JOHNNY *erhebt sich schnell, blaß und angegriffen:* Was für Gerede ist das hier andauernd? Gibts nichts Besseres was man reden kann, als die Ermordung von Menschen? Mein Gott, is es nich schlimm genug, daß diese Dinge passieren, muß man noch drüber reden! *Er geht eilig ins Zimmer links.*

BENTHAM Oh, das tut mir sehr leid, Mrs. Boyle; ich ahnte nicht ...

MRS. BOYLE *entschuldigend:* Macht nichts, Mr. Bentham, er ist sehr nervös.
Ein erschreckter Schrei Johnnys ist von drinnen zu hören.
Mutter Gottes, was ist das?

JOHNNY *stürzt wieder heraus, das Gesicht blaß, mit zuckenden Lippen und zitternden Gliedern:* Die Tür zu, die Tür zu, schnell, um Gottes willen! Großer Gott, erbarme dich meiner! Heilige Muttergottes, beschütze mich, schütz deinen Sohn!

MRS. BOYLE *fängt ihn in den Armen auf:* Was ist los mit dir? Was plagt dich? Setz dich, setz dich, hier, auf das Bett ... is man gut ... is man gut.

MARY Johnny, Johnny, was plagt dich?

JOHNNY Ich sah ihn, ich sah ihn ... kniet da vor dem Heiligen ... barmherziger Jesus, sei mir gnädig!

MRS. BOYLE *zu Boyle:* Gib ihm n Glas Whisky ... schnell, Mann, steh nich und glotz.
Boyle holt den Whisky.

JOHNNY Sitz hier, sitz hier, Mutter ... zwischen mir und der Tür.

MRS. BOYLE Ich werd bei dir sitzen, solang als du willst, aber sag mir, was is denn nur über dich gekommen?

JOHNNY *nachdem er einen Schluck genommen hat:* Ich sah ihn ... Ich sah Robbie Tancred niederknien vor dem Heiligen ... und das rote Licht schien auf ihn ... und als ich reinkam ... dreht er sich um und sieht mich an ... und ich sah die Wunden bluten in seiner Brust ... Oh, warum hat er mich angesehn? ... ich bin nicht schuld, daß er umgebracht wurde ... Muttergottes, halt ihn fern von mir!

MRS. BOYLE Gut, gut, Kind, du bildst dir man was ein. Ist nichts dagewesen – war das rote Licht, was du gesehn hast, und was wir geredet haben, wird dir dann den Rest in den Kopf bringen. Hier, trink mehr davon – es wird dir guttun ... Und jetzt streck dich bißchen aufs Bett. *Zu Boyle.* Geh rein, Jack, und zeig ihm, daß alles nur in seinem eignen Kopf war.

BOYLE *rührt sich nicht:* E-e-e-eh; alles Unsinn; war man n Schatten, was er gesehen hat.

MARY Muttergottes, der hat mir einen Schreck eingejagt!

BENTHAM Das ist lediglich die Folge einer überreizten Phantasie – das passiert uns allen mal.

MRS. BOYLE So, Liebling, leg dich ins Bett, und ich deck dich schön zu ... ja-a-a-a, siehst du ... in paar Minuten bist du wieder flott wie die Post.

JOHNNY Mutter, geh ins Zimmer und sieh nach, ob das Licht vor dem Heiligen leuchtet.

MRS. BOYLE *zu Boyle:* Jack, lauf und sieh nach ob das Licht vor dem Heiligen leuchtet.

BOYLE *zu Mary:* Mary, guck mal und sieh nach ob das Licht vor dem Heiligen leuchtet.
Mary zögert hineinzugehen.

BENTHAM Ist schon gut; Mary, ich geh schon. *Er geht in das Zimmer; bleibt einige Augenblicke dort und kommt zurück.* Alles genau wie es war – das Licht brennt tapfer vor dem Heiligen.

BOYLE Natürlich, ich wußt ja, is allens Unsinn.

Es klopft an die Tür.

BOYLE *geht die Tür öffnen:* E-e-e-e-eh.

Er öffnet sie, und herein Joxer, gefolgt von Mrs. Madigan. Mrs. Madigan ist eine starke, flinke Frau um die fünfundvierzig; ihr Gesicht ist fast immer ein breites Lächeln der Selbstzufriedenheit. Sie ist eine Frau, die zumindest ihrem Habitus nach trauert mit den Trauernden und froh ist mit den Fröhlichen. Wenn ihr behaglich ist, schwelgt sie gern in Erinnerungen; wenn andere etwas sagen oder sie selber etwas geäußert hat, pflegt sie den Kopf auf die Seite zu legen und mehrmals schnell hintereinander zu nicken, wie ein Vogel, der an einer harten Beere pickt. Sie hat tatsächlich viel von einem Vogel an sich, aber dies Vogelhafte ist keineswegs melodisch. Sie ist unwissend, vulgär und vorneweg, aber mit einem großmütigen Herzen. Sie würde zum Beispiel einem kranken Nachbarskind helfen; sie würde wahrscheinlich das Kind umbringen, aber ihre Absicht wäre, es zu heilen; es wäre mehr ihre Sache, einem Kutscher zu helfen, sein Pferd wieder auf die Beine zu stellen. Sie trägt ein ziemlich schmuddliges graues Kleid und eine lebhaft-lila Bluse; im Haar hat sie einen enormen Kamm, besetzt mit enormen bunten Perlen. Sie kommt herein mit gleitendem Schritt, strahlendem Lächeln und nickendem Kopf.

Boyle empfängt sie überschwenglich.

BOYLE Komm Se rin, Mrs. Madigan; komm Se rin; ich hatt schon Angst Sie kommen nich ... *Verschmitzt.* Manche Leute können sich noch anziehn, was, Joxer?

JOXER Schön wie die Blumen die blühen im Mai, süß wie der Duft von dem duftenden Heu ... Ah, gut kann sies tragen.

MRS. MADIGAN *betrachtet Mary:* Ich kenn welche die sind süß wie die Blumen die blühen im Mai – oh, keine Namen, keine Namen!

BOYLE Und jetzt werd ich euch alle beide Marys Zukünftigen vorstelln: Mr. Bentham, dies ist Mrs. Madigan, alte Nachbarin nachm Hof raus, wenn sie irgendwie helfen könnte, ging es keinem Menschen schlecht.

BENTHAM *steht auf und reicht Mrs. Madigan geflissentlich die Hand:* Es ist mir ein besonderes Vergnügen Sie kennenzulernen, Mrs. Madigan.

MRS. MADIGAN Und ich muß Ihnen sagen, Mr. Bentham, Sie kriegen n Unterrock in Mary da, so schmuck wie Sie noch nie im Leben gesehn haben. Nich so eine wie die aufgedonnerten Gänse, die rumlaufen und gucken nach Männern, wo bloß Haue is was sie brauchen. Ich erinnre mich, als erinnre ich mich an gestern, an den Tag wo sie geborn wurde – eines Dienstags, den 25. Juni, im Jahre 1901, um dreiunddreißig Minuten nach eins am Tag, nach Foleys Uhr, die Budike an der Straßenecke. Und n kalter Tag wars auch für die Jahreszeit, und ich erinnre mich, wie ich zu Joxer da sage, den ich grade auf der Treppe traf, daß der Neuankömmling bei Boyles mal n strammes

Gör wird wenns lebenbleibt, und daß aus ihr eines schönen Tages was wird, was keiner geahnt hat, und guck einer an, da steht sie nu heute und heiratet einen jungen Mann, dem mans ansieht, daß er in jeder Position im Leben arritiern tut, wohin es Gott gefällt ihn zu berufen!

BOYLE *überschwenglich:* Setzen sich, Mrs. Madigan, setzen sich, altes Haus. *Zu Bentham.* Dies is Joxer Daly, früherer Oberjäger der Lieb-Klein-Kleeblatt-Truppe beim irischen Nationalverein, ein alter Nachbar von über uns, nie verzagt, selbst nich in den dunkelsten Tagen von Irlands Leiden.

JOXER Nil desperandum, Käptn, nil desperandum.

BOYLE Nimm Platz, Joxer. Nimm Platz. Wir beide haben schon manches Mal ganz schön zusamm dringesessen.

MRS. BOYLE Ja, in Foleys Kneipe!

JOXER Und kamen raus mit fliegenden Fahnen, kamen raus mit fliegenden Fahnen, Käptn.

BOYLE Und jetzt einen genommen – das wern Sie einem alten Freund nich abschlagen.

MRS. MADIGAN *zu Juno:* Ist Johnny nicht wohl, Mrs. . .

MRS. BOYLE *warnend: S-s-s-st.*

MRS. MADIGAN Oh, armer Kleiner.

BOYLE Na, Mrs. Madigan, Tee oder was?

MRS. MADIGAN Also, ich für meine Person, ich hab vor ner Minute erst Tee getrunken, ich fürchte, mehr vertrag ich nich – mir wird immer ganz anders nach so viel Tee. Trotzdem schönen Dank, Mr. Boyle.

BOYLE Na, und ne Flasche Porter oder Schluck Whisky?

MRS. MADIGAN Flasche Porter is vielleicht bißchen schwer fürn Magen auf den Tee . . . A-a-ah, ich versuchs mal mitn Schnaps.
Boyle macht den Whisky fertig.
Es geht nichts über n Gläschen Schnaps bei Gelegenheit – zuviel davon is nicht gut. *Zu Boyle, der Wasser hineintut.* Ah, Gott, Johnny, mach da nich soviel Wasser rauf! *Sie trinkt.* Jetzt werdet ihr wohl hier wegziehn.

BOYLE Ich seh mich um nachm Haus an ner See; ich möchte daß der Ort, wo könnt man sagen meine Wiege war, auch mein Grab wird. Immer ruft mich die See.

JOXER Sie ruft und ruft und ruft mich, im Wind und auf der See.

BOYLE Noch n Schluck Whisky, Mrs. Madigan?

MRS. MADIGAN Nu, ja, ist wohl schwer abzulehnen wo die Instellation so günstig is.

BOYLE *mit befehlender Geste:* Lied! . . . Juno . . . Mary . . . »Heim in die Berge«!

MRS. MADIGAN *enthusiastisch:* Hört, hört!

JOXER Oh, das s ein prima Lied, ein priiima Lied!

MARY *geniert:* Ach nee, Papa; ich bin nicht in Singelaune.

MRS. MADIGAN Geh mir los, Kind, und du stehst kurz vor der Hochzeit; ich erinnre mich, als erinnre ich mich an gestern – es war ein schöner Augustabend, genau was das Datum betrifft fünfzehn Jahre her, der Dienstag der jetzt kommt die Woche drauf, als mein Mann – Gott hab ihn selig – und ich, wir saßen

schüchtern zusammen in n netten klein Winkel an der Landstraße, angrenzend die Eiche. »Das wird dir den süß klein weißen Hals kratzen« sagt er und greift nachm hängenden Brombeerbusch voll von Büscheln der schönsten Blüten, die einer je sah, und bricht ihn ab, und sein Arm fällt als wärs Zufall um meine Hüfte, und wie ich ihn fester und fester und fester spüre, denke ich, mein Busen wird jede Minute ausbrechen in ein Singen und Jubilieren wie
»Die klein grünen Blätter, die der Baum oben wiegt,
der übermütige Schmetterling, die Biene die da fliegt!«

BOYLE Das Lied jetz.

JUNO Komm, Mary, wolln wir unser Bestes tun.

Juno und Mary stehen auf, suchen sich eine geeignete Stellung, sie singen schlicht »Heim in die Berge«. Sie verbeugen sich vor der Gesellschaft und kehren zu ihren Plätzen zurück.

BOYLE *gefühlvoll, am Ende des Liedes:* Lul ... le ... mich ... zur ... Ruh!

JOXER *händeklatschend:* Bravo, bravo! Prima Mädels, priiima Mädels!

MRS. MADIGAN Juno, ich hab dich noch nie so in Form gesehn.

BENTHAM Wirklich, sehr hübsch vorgetragen.

MRS. MADIGAN Ganz vorzüglich, ganz vorzüglich!

MRS. BOYLE Und was is mit Ihnen, Mrs. Madigan?

Nach einigem Betteln erhebt sich Mrs. Madigan und singt mit tremulierender Stimme den folgenden Vers:

MRS. MADIGAN Wenn ich wär eine Amsel ich sänge und pfiff
Wo mein Liebster auch drauf wär, ich folgte dem Schiff;
Und oben im Mastkorb mein Nest sollte sein,
An der Brust meines Willi bei Nacht ich schlief ein!

Sie wird heiser, unter Applaus setzt sie sich.

Ah, meine Stimme ist zu heiser jetz, Juno; aber ich erinnre mich der Jahre, als Maisie Madigan singen konnte wie die Nachtigall zur Paarungszeit. Ich erinnre mich, als erinnre ich mich an gestern, auf dem Fest zur Feier der Ankunft vom ersten Gör von Annie und Benny Jimeson – was der Frisör war, ihr erinnert euch vielleicht, in Henrietta-Straße, der nach Osterwoche die Stange rausgesteckt hat mit Grün-Weiß-Orange, und dann, als die Schwarzen anfingen mit ihrm Jazz-Tanz, sie wieder reingewitscht und stattdem eine nach draußen Rot-Weiß-Blau, und sich ausredete, daß eine Frisörstange vollkommen unpolitisch is – da sang ich »Und du erinnerst dich«, und die hohen Töne trillerten in die Totenstille versteinerten Horchens, und dann ein Händeklatschen, daß die Becher aufm Tisch sprangen und zuguterletzt sagt Jimeson, der Frisör, daß es der beste Vortrag von »Und du erinnerst dich« war, den er je gehört hatte in seinem Bisherigen!

BOYLE *entschieden:* Joxer, ein Lied!

JOXER Ah nee, ich kann nich; bitt mich nich, Käptn.

BOYLE Joxers Lied, Joxers Lied – mach eines von den mit zuen Augen.

Joxer setzt sich im Stuhl zurecht; nimmt einen Schluck, räuspert sich;

schließt feierlich die Augen und beginnt mit bibbernder Stimme zu singen.

JOXER Sie ist fern von dem Land wo ihr junger Held ruht
Und um sie die Liebenden seufzen – *Er stockt.*
Und um sie die Liebenden seufzen . . . seufzen . . . seufzen . . .
Pause.

BOYLE *Joxer imitierend:*
Und um sie die Liebenden seufzen!
Was hat das fürn Zweck, n Lied singen wolln, was du nich kannst?

MARY Probiern Sie n andres, Mr. Daly – vielleicht haben Sie mehr Glück.

MRS. MADIGAN Los, Joxer, probier n andres.

JOXER *fängt wieder an:*
Ich hörte die Drossel singen vor Tag ihr Liebeslied,
Ich sah, die Tauperlen hingen an Rosen jung erblüht;
doch . . . doch . . . *Verzweifelt.* an Rosen jung erblüht . . . jung erblüht . . . blüht

JOHNNY Mutter, machs Grammophon an, um Gotteswillen, und drossel Joxers Blöken.

BOYLE *befehlend:* Grammophon! . . . Ich vertrag nich, wenn einer was probiert, wozu er nich in der Lage is. *Er arrangiert das Grammophon und will es gerade anstellen, als man die Stimmen von Leuten hört, die die Treppe herunterkommen.*

MRS. BOYLE *warnend:* Pst, Jack, nich anmachen, noch nich anmachen; bestimmt daß da die arme Mrs. Tancred runterkommt und zum Krankenhaus geht – ich hab ganz vergessen, daß sie heut abend die Leiche in die Kirche bringen. Mach die Tür auf, Mary, und laß ihnen bißchen Licht.
Mary öffnet die Tür, und Mrs. Tancred – eine sehr alte Frau, offenbar erschüttert durch den Tod ihres Sohnes – erscheint, begleitet von mehreren Nachbarn. Die ersten Sätze werden gesprochen, ehe sie erscheinen.

NACHBAR Ein trauriger Gang, den wir machen, doch Gott ist gut, und die Republikaner bleiben nicht immer unten.

MRS. TANCRED Ah, was hilft mir das jetzt? Ob sie oben sind oder unten, das bringt mir meinen lieben Jungen nicht aus dem Grab.

MRS. BOYLE Kommen Sie und trinken Sie eine heiße Tasse Tee, Mrs. Tancred, bevor Sie gehn.

MRS. TANCRED Ah, ich kann jetzt nichts zu mir nehmen, Mrs. Boyle – bald werde ich ihm nachfolgen.

NACHBAR Trotz allem, er starb einen edlen Tod, und wir begraben ihn wie einen König.

MRS. TANCRED Und ich werde weiterleben wie ein Bettler. Ah, was sind die Schmerzen die ich litt, als ich ihn zur Welt brachte und ihn in die Wiege legte, gegen die Schmerzen, die ich leide, da ich ihn aus der Welt trage und ihn ins Grab bringe!

MARY Es wär besser für Sie, wenn Sie gar nicht gingen, Mrs. Tancred, sondern mit ein paar Nachbarn zuhause blieben am Feuer.

MRS. TANCRED Ich hab ihn zuerst gesehn, und ich will ihn zuletzt sehn.

MRS. BOYLE Sie brauchten einen Schal, Mrs. Tancred; die Nacht ist kalt, und der Wind bläst scharf.

MRS. MADIGAN *rennt hinaus:* Ich hab einen Schal oben.

MRS. TANCRED Ich hab kein Zuhause mehr; es war mein einziges Kind, und zu denken, daß er eine ganze Nacht liegen mußte, draußen am Rand eines einsamen Landwegs, und den Kopf, seinen lieben Kopf, den ich liebkoste und küßte, halb versteckt im Wasser eines rinnenden Bachs. Man sagt mir, er war der Anführer des Überfalls, wo meine Nachbarin nebenan, Mrs. Manning, ihren Sohn von den Freistaatlern verlor. Und da sind wir, wir beiden alten Weiber, jede auf einer Seite einer Waage der Trauer, die die Leichen unserer lieben Söhne im Gleichgewicht hält.

Mrs. Madigan kommt zurück, legt einen Schal um sie.

Gott vergelts, Mrs. Madigan ... *Sie bewegt sich langsam zur Tür.* Mutter Gottes, Mutter Gottes, hab Erbarmen mit uns beiden! ... O heilige Jungfrau, wo warst du, als mein lieber Sohn durchlöchert wurde von Kugeln, als mein lieber Sohn durchlöchert wurde von Kugeln! ... Heiliges Herz des gekreuzigten Jesu, nimm uns unsre Herzen von Stein ... und gib uns Herzen von Fleisch! ... Nimm von uns diesen mörderischen Haß ... und gib uns Deine ewige Liebe!

Sie verlassen den Raum.

MRS. BOYLE *erläuternd zu Bentham:* Das war Mrs. Tancred von zwei Treppen hinten; ihr Sohn wurde gestern gefunden, er lag draußen hinter Finglas, von Kugeln durchlöchert. Ein Radikaler war er, was man so hört. Ein netter, ruhiger Junge, aber zuletzt war er wie besessen, mit seinem Republik vorn und Republik hinten und Republik über alles. Er hat hier oft Tee mit uns getrunken in alten Tagen, und Johnny da und er waren immer zusammen.

JOHNNY Muß ich dir immer wieder erzählen, daß er kein Freund von mir war? Ich hab ihn nie gemocht, und er konnte mich nicht ausstehen. Etwa weil er Kommandant des Bataillons war und ich Quartiermeister davon, deshalb brauchten wir nicht Freunde sein.

MRS. BOYLE Jetzt ist er nicht mehr – der Herr sei ihm gnädig. Gott helfe seiner armen Kreatur von Mutter, denn wes Freund oder Feind er auch war, er war ihr armer Sohn.

BENTHAM Die ganze Sache ist furchtbar, Mrs. Boyle, aber der einzige Weg, mit einem tollen Hund fertigzuwerden ist, ihn zu vernichten.

MRS. BOYLE Und ich muß vergessen, daß er heut abend in die Kirche gebracht wird, und wir noch singen, bloß gut jedenfalls, daß wir das Grammophon nicht anhatten.

BOYLE Und wenn schon. Wir mischen uns in diesen Sachen nich mank, sorum oder sorum. Das ist Sache der Regierung, und solln sie tun wofür sie von uns bezahlt werden.

MRS. BOYLE Ich möcht wissen, wie ein Mensch sich in diese Sachen nich mank mischen soll; guck dir an, was sie aus den Leuten bloß in diesem Haus gemacht haben. Haben sie nicht bald das ganze Haus massakriert? Da ist der Mann von der jungen Dougherty mit dem Bein ab; Mrs. Travers, der ihr Sohn mit einer Mine hochflog in Inchegeela, Grafschaft Cork; Mrs. Manning, die einen von ihren Söhnen vor paar Wochen bei einem Überfall verlor, und jetzt, der einzige Sohn der armen Mrs. Tancred hinüber und seine Leiche ein Sieb. Na, wenn das nich unsre Sache sein soll, dann weiß ich nich wems Sache das is.

BOYLE He, he, genug über diese Dinge; sie gehn uns nichts an und wir kümmern uns n Dreck. Wolln Sie ne Beerdigung, bitte, ne Beerdigung. Als ich Seemann war, war ich immer auf gefaßt, mich trifft ein nasses Grab; wolln sie Soldaten sein, gut, hats kein Zweck zu winseln trifft sie das Soldatenlos.

JOXER Will falln wie ein Soldat so treu – und biete meine Brust dem Blei!

MRS. BOYLE Auf eine Weise verdient sie, was sie gekriegt hat; denn letzter Zeit ließ sie die Radikalen hier man bloß so ein und aus; und letzte zwei Monate, entweder wenn die Sonne aufging oder wenn die Sonne unterging, waren die C.I.D.-Leute, krachten dir ins Zimmer mit wo bist du geborn, wo bist du getauft, wo bist du verheiratt, und wo wirst du beerdigt!

JOHNNY In Gottesnamen, hörn wir auf mit dem Gerede.

MRS. MADIGAN Wie wärs mit Mr. Boyles Lied, eh wir das Grammophon anstelln?

MARY *nimmt ihren Hut und setzt ihn auf:* Mutter, Charlie und ich machen mal ne kleine Runde.

MRS. BOYLE Is gut, Liebling.

BENTHAM *geht mit Mary:* Wir bleiben nicht lange, Mrs. Boyle.

MRS. MADIGAN Los, Käptn, los.

BOYLE E-e-e-e-eh, bräuchte noch paar Lütte mehr, eh ich in Stimmung bin zum Singen.

JOXER Mach mal das Gedicht, das du andermal geschrieben hast. *Zu den übrigen.* Ah, is ein prima Gedicht, ein priiima Gedicht.

MRS. BOYLE Herr Jesus, fängt er an mit Gedichte schreiben!

BOYLE *stellt sich auf die Füße:* E-e-e-e-eh. *Er rezitiert auf gefühlvolle, gewichtige Weise die folgenden Verse.*

Sean und ich waren Freunde, er war alles ja alles für mich.
Sehr schwer war seine Arbeit, doch sein Lohn der war es nicht.
Kein Schauermann war je besser, das nehm ich auf meinen Eid,
Doch heute fühl ich mich einsam, er ist im Gefängnis heut.
Er war nicht was manch einer fromm nennt, kaum in der Kirche drin,
Doch ich kenn die größten Schufte, gehn jeden Sonntag hin.
Er liebte sein Glas, das stimmt schon, doch haßte den Boß auf den Tod.
Doch weigerte nie nen Groschen dem Kumpel in der Not.
E-e-e-e-eh. *Er setzt sich.*

MRS. MADIGAN Großartig, großartig; das sollten Sie weitermachen, das sollten Sie weitermachen.

JOXER Is n priiima Gedicht!

BOYLE *entzückt:* E-e-e-e-h.

JOHNNY Macht ihr nu das Grammophon heut abend noch an oder nich?

MRS. BOYLE Los, Jack, leg ne Platte auf.

MRS. MADIGAN Los, Käptn, los.

BOYLE Na, dann aber alle jetzt Totenstille.

Er legt eine Platte auf, setzt die Maschine in Gang, und sie beginnt zu spielen »Bist du ein Ire, komm in unsre Mitte«. Als es auf vollen Touren schmettert, wird die Tür plötzlich von einem quicken kahlköpfigen Männchen geöffnet, das pedantisch mit schwarzem Anzug bekleidet ist; es starrt wild auf alle im Zimmer; es ist »Nadel«-Nugent, ein Schneider. Er trägt den Hut in der Hand.

NUGENT *laut, über das Geräusch des Grammophons:* Laßt ihr das Ding da plärren, und der Leichenzug von Mrs. Tancreds Sohn kommt am Haus vorbei? Hat keiner von euch noch Respekt von des irischen Volkes nationaler Achtung vor den Toten?

Boyle hält das Grammophon an.

MRS. BOYLE Vielleicht, Nadel-Nugent, daß bald Zeit is, wir haben bißchen weniger Respekt vor den Toten und bißchen mehr Achtung vor den Lebenden.

MRS. MADIGAN Wir wünschen nicht, Mr. Nugent, daß Sie uns beibringen, was wir auf unsrer Mutter Schoß gelernt haben. Sie sehn selber nich aus, als würden Sie sterben vor Gram; wenn Sie Maisie Madigan fragen, ich nenn Sie ein stocksteifen Radikalen und flaumweichen Republikaner, am Tag auf republikanischen Begräbnissen, und die halbe Nacht bleibt er auf und macht Uniformen für die Zivilgarde!

Man hört Leute die Straße hinunterrennen, einige sagen »Hier ist es, hier ist es«. Nugent zieht sich zurück, und die übrigen außer Johnny gehen zum Fenster nach der Straße zu und gucken hinaus. Man hört den Lärm einer sich nähernden Menge; ein Teil singt:

Herz Jesu du in Gluten
Voll glühnder Liebe du,
Mein Herz will überfluten
Mit Singen himmelzu.
Vergeht auch Zeit und Stund,
Lobsingen tut es kund,
Das Heilige Herz Jesu
Soll segnen Herz und Mund.

MRS. BOYLE Da is die Kutsche, da is die Kutsche!

BOYLE Da die alte Mutter läuft hinterm Sarg.

MRS. MADIGAN Man kann den Sarg kaum sehn vor lauter Kränze.

JOXER Oh, is n prima Begräbnis, n priiima Begräbnis!

MRS. MADIGAN Von der Straße aus hätten wir ne bessre Sicht.

BOYLE Ja, hier kannst du dir den Hals ausrenken.

Sie verlassen das Zimmer und gehn hinunter.

Johnny sitzt mürrisch am Feuer.

Herein ein junger Mann; er sieht Johnny einen Moment an.

DER JUNGE MANN Quartiermeister Boyle.

JOHNNY *schreckt auf:* Der Mobilmacher!

DER JUNGE MANN Sie sind nicht beim Begräbnis?

JOHNNY Ich fühl mich nich wohl.

DER JUNGE MANN Ich bin froh, daß ich Sie finde; Sie hatten sich aufgehalten bei Ihrer Tante; ich hab nachgefragt, aber Sie waren weg. Ich überbringe den Befehl, daß Sie an der Bataillonsstabsitzung teilnehmen die Nacht auf morgen.

JOHNNY Wo?

DER JUNGE MANN Ich weiß nicht; Sie sollen mich treffen um acht an der Säule; wir gehn dann an eine Stelle, die mir heute abend mitgeteilt wird, dort finden wir einen Wagen, der uns zur Sitzung bringt. Man glaubt, Sie könnten vielleicht etwas wissen über diejenigen, die den Tip gaben, wo Kommandant Tancred untergetaucht war.

JOHNNY Dann geh ich nicht. Ich weiß nichts über Tancred.

DER JUNGE MANN *an der Tür:* Sie sollten im eigenen Interesse lieber kommen – denken Sie an Ihren Eid.

JOHNNY *leidenschaftlich:* Ich geh nicht! Hab ich nicht genug für Irland getan? Ich hab den Arm verloren, und meine Hüfte ist kaputt, so daß ich nie wieder richtig laufen kann! Guter Gott, hab ich nicht genug getan für Irland?

DER JUNGE MANN Boyle, kein Mann kann genug tun für Irland! *Er geht.*

Leise in der Ferne hört man die Menge sprechen: Gegrüßet seist du, Maria, voll der Gnade, der Herr ist mit Dir. Gebenedeit bist du unter den Weibern, und gebenedeit . . .

Vorhang

Dritter Akt

Das gleiche Bühnenbild wie im zweiten Akt. Es ist etwa halb sieben an einem Novemberabend; ein helles Feuer brennt auf dem Rost; Mary, zum Ausgehn angezogen, sitzt auf einem Stuhl am Feuer, Hände unterm Kinn, Ellenbogen auf den Knien. Ein Ausdruck von Niedergeschlagenheit und ungewisser Sorge auf ihrem Gesicht. Eine Lampe, klein gedreht, brennt auf dem Tisch. Das Votivlicht unter dem Jungfraubild glüht röter denn je. Mrs. Boyle zieht Hut und Mantel an. Es ist zwei Monate später.

MRS. BOYLE Und hat dir Bentham nich einmal geschrieben seitdem – nich eine Zeile den ganzen Monat?

MARY *tonlos:* Nicht mal eine Zeile, Mutter.

MRS. BOYLE Das ist sehr komisch . . . Was ist denn zwischen euch beide gekommen? Dich verlassen so plötzlich, und erst so groß miteinander . . . Nach England weggehn, und dir nicht mal seine Adresse lassen . . . Danach, wie er dich immer hat zum Tanzen abgeholt, dacht ich er wär verrückt nach dir. Ob du nich doch etwas gesagt hast?

MARY Nein, Mutter – wenigstens nichts warum er hätte Schluß machen müssen.

MRS. BOYLE Du weißt, du bist manchmal bißchen hastig, Mary, und sagst Dinge, die du nich sagen solltest.

MARY Zu ihm habe ich nie was gesagt, was ich nicht sagen sollte, da bin ich sicher.

MRS. BOYLE Wieso bist du da sicher?

MARY Weil ich ihn liebe ganz mit Herz und Seele, Mutter. Warum weiß ich nicht; ich habe oft bei mir gedacht, daß er nicht der Mann war wie der arme Jerry, aber trotzdem, ich konnte nicht anders als ihn lieben.

MRS. BOYLE Aber du sollitst dich nicht so quälen; verliert die Frau den Mann, weiß sie nie, was sie bei verliert, sicher, aber was sie bei gewinnt, das weiß sie auch nie. Du bist nicht mehr das Mädchen von vorm Monat – siehst man aus wie eine die wegkümmert. Wär all lang richtig gewesen, dich zum Doktor zu bringen, statt bis heute abend zu warten.

MARY Keine Notwendigkeit, wirklich, Mutter, zum Doktor zu gehn; mir fehlt nichts Ernstes, ich bin etwas unten und enttäuscht, das ist alles.

MRS. BOYLE Ich wart keine Minute länger; dein Aussehn gefällt mir überhaupt nich. ... Ich glaube es war ein Fehler von uns, den armen Jerry abzuwimmeln. ... Er wär besser für dich gewesen als dieser Bentham.

MARY Mutter, der beste Mann für eine Frau ist der, für den sie die meiste Liebe hat, und Charlie hatte sie alle.

MRS. BOYLE Na, eins is ihm zugute zu halten – ans Geld kann er man nich gedacht haben, sonst hätt er dich nich verlassen ... es muß was andres gewesen sein.

MARY *matt:* Ich weiß nicht ... ich weiß nicht, Mutter ... ich denk bloß ...

MRS. BOYLE Was denkst du?

MARY Ich bild mir ein ... er dachte ... wir warn nicht ... gut genug für ihn.

MRS. BOYLE Und was war er selber, bloß n Schullehrer? Obwohl ich ihm nicht für übel nehme, daß er sich scheut vor Leuten wie diesem Joxer da und dieser alten Madiganschen – hübsche paar Leute die dein Vater m Mann wie Mr. Bentham vorstelln muß. Du konntst mir das alles früher erzählen, Mary; ich weiß nich warum du alles vor deiner Mutter verstecken mußt, du kanntst Bentham, und ich hätt nie was von erfahrn, wenn das nich gewesen wär mit dem Testament; und erst heute nach langem Zureden bringst du raus, daß er weg is.

MARY Es hätt keinen Zweck gehabt, dirs zu erzählen – du hättst es nicht verstanden.

MRS. BOYLE *verletzt:* Vielleicht nich ... Vielleicht hätt ichs nich verstanden ... Na, wolln wir dann los. *Sie geht zur Tür links und spricht drin zu Boyle.* Wir gehn jetzt zum Doktor. Willst du noch aufstehn heut abend?

BOYLE *von drin:* Furchtbar die Schmerzen in den Beinen! Ich bin, der losziehn sollte zum Doktor, statt Mary, so wie mir is.

MRS. BOYLE Dich soll einer! N schöner Zustand, wodrin du letzte Nacht warst – hergeschleppt wie ne Padde, vollkommen selig. Wenn du auf die Art weitermachst, wenn du das Geld kriegst, ist es das Grab für dich, die Irrnanstalt für mich und das Armenhaus für Johnny.

BOYLE Ich denke du willst weg?

MRS. BOYLE Deswegen bist du wie du bist – du kannst nich vertragen wenn einer dir mal was sagt. Wo du weißt wies uns geht, bis über die Ohren in Schulden, wundert man sich daß du noch nicht hoch bist und hin zum Anwalt, ob wir nich wenigstens n bißchen von dem Geld kriegen.

BOYLE *schreit:* Ich kann nich da hingehn abends, mittags und früh, nich? Er kann das Geld nich ehr geben als ers kriegt, nicht? Ich kann nich Blut rausholn ausm Kürbis, nich?

MRS. BOYLE Sind jetzt fast zwei Monate, daß wir von dem Testament gehört haben, und das Geld so weit weg wie immer ... Das weißt du wahrscheinlich, daß wir dem ollen Murphy schon zwanzig Pfund schulden?

BOYLE Ich erinner mich dunkel, daß du mirs schon mal erzählt hast.

MRS. BOYLE Na, dann geh in Zukunft du selber zum Laden hin wegen den Sachen – ich laß mich nich mehr da sehn.

BOYLE Ich denke du sagst du willst weg?

MRS. BOYLE Ich will jetzt weg; komm, Mary.

BOYLE He, Juno, he!

MRS. BOYLE Na, was willst du nu?

BOYLE Ist da noch ne Pulle Porter übrig?

MRS. BOYLE Sind noch zwei von hier.

BOYLE Zeig eine von her und laß die andre da bis ich aufsteh. Und schmeiß mir die Zeitung her drüben vom Tisch, und die Flasche mit Sloans Einreibung drüben ausm Schub.

MRS. BOYLE *holt die Einreibung und den Porter:* Welche Zeitung willst du – den Katholik?

BOYLE Katholik! Die Illustrierte!

Mrs. Boyle bringt die geforderten Dinge hinein und kommt wieder heraus.

MRS. BOYLE *an der Tür:* Paß auf die Kerze auf, und brenn uns nich das Haus überm Kopf an. Ich laß die andre Flasche Porter aufm Tisch.

Sie stellt die Flasche Porter auf den Tisch. Sie geht mit Mary hinaus. Drin hört man einen Korken knallen. Pause; dann hört man draußen vor der Tür Joxers Stimme leise trällern: »Mit der Pfeife im Maul treib ich mein Gaul... bist du... da... Mor...ie...ar...i...tüe!« Es klopft sanft, und nach einer Pause öffnet sich die Tür, und Joxer, gefolgt von Nugent, herein.

JOXER Bei Gott, die müssen alle aus sein; ich dacht schon da is irgendwas, wenn er nich antwortet auf das Signal. Juno und Mary sahn wir gehn, aber ihn sah ich nich, und is selten daß er mir entwischt.

NUGENT Mir wird er nicht entwischen – er bleibt mir jedenfalls nicht ungeschorn.

JOXER Na, das Haus konnt sie ja gar nich mehr fassen; und er immer umher wie das Prunkstück vom Freistaat; vergessen die Freunde, vergessen Gott – nimmt nich mal n Hut ab vor ner Kapelle! Klar, die mußten ja mal runterplumpsen! Und Sie meinen wirklich, er kriegt zuletzt überhaupt kein Geld?

NUGENT Nicht n roten Heller, Mann; ich war bißchen ängstlich all die Zeit wegen meinem Geld, und ich bin hoch zum Anwalt, um so viel wie möglich zu erfahrn – ah, Mann, sie warn drauf und dran mich die Treppe runterzuwerfen. Sie haben gesagt, daß der Kerl selber die Treppe gewetzt hat, so oft wie er danach kam, und sie haben geredet bis sie schwarz wurden, daß er nichts kriegt. Irgendwie is das Testament so geschrieben, daß er nich mal auf n Sechser Anspruch hat!

JOXER Ah, ich dacht mir schon, da is was komisch an der ganzen Sache; ich hab die letzten zwei Wochen man immer so seltsame Träume gehabt. Und ich merke, daß dieser Bentham die längste Zeit hier war – da muß auch irgendwas im Busch sein. Jedenfalls, wer in Gottesnamen soll dieser alten Nulpe irgend was hinterlassen? Das wär ja unnatürlich. Und wie sich Juno und er aufgepustet haben die letzten paar Monate! Ah, Borgen bringt Sorgen!

NUGENT Na, er soll sich nicht mehr länger aufpusten in dem Anzug, den ich für ihn gemacht habe. Das sag ich Ihnen, sieben Pfund wachsen in solchen Zeiten nicht aufm Baum.

JOXER Und kaum ein Nachbar in der ganzen Straße, der, in Anbetracht was er kriegen soll, ihm nich Geld gepumpt hat, aber da sind sie und setzen aufs falsche Pferd. War das nich die Gnade Gottes, daß ich nichts hatte, was ich ihm geben konnte! Weich wie ich bin, wissen Sie, die letzte Kröte hätt ich ihm gepumpt! Irgendwems gute Gebete muß ich gehabt haben. Ah, ein Ehrenmann is doch noch das nobelste Werk Gottes.

Boyle hustet drin.

JOXER Sst, verdammt, er muß drinsein im Bett.

NUGENT Drin im Bett oder draußen vom Bett, den Anzug bezahlt er mir, oder er gibt ihn zurück – der tritt mir nich aufm Buckel rum so leicht wie er denkt.

JOXER Los und fix rein, Mann, und reißn ihm raus und sei kein Idiot.

NUGENT *geht zur Tür links, öffent sie und guckt hinein:* Ah, lassen sich nich störn, Mr. Boyle; ich hoffe Sie sind nich krank?

BOYLE Die ollen Beine, Mr. Nugent, die ollen Beine.

NUGENT Ich wollte bloß mal sehn, ob Sie mir irgendwas vom Anzug abzahlen können?

BOYLE E-e-e-e-eh, wieviel is daß er macht?

NUGENT Soviel wie er immer gemacht hat – sieben Pfund.

BOYLE Ich bin froh, daß Sie kommen, Mr. Nugent; ich brauch n guten schweren Übermantel – Irisch Fries, wenn Sie haben. Wie hoch würde sich son Übermantel stellen, hm?

NUGENT Um die sechs Pfund.

BOYLE Sechs Pfund – sechs und sieben, sechs und sieben is dreizehn – das sind dreizehn Pfund, die ich Ihnen dann schulde.

Joxer läßt die Flasche Porter vom Tisch in seine Tasche verschwinden. Nugent stürzt ins Zimmer und kommt zurück mit dem Anzug überm Arm; bleibt an der Tür stehn.

NUGENT Sie solln mir keine dreizehn Pfund mehr schulden. Vielleicht denken Sie, schuldet sich besser als sich zahlt!

BOYLE *rasend:* He, zurück zum Teufel nochmal – wohin wolln Sie mit den Sachen von mir?

NUGENT Wo ich hinwill mit den Sachen von Ihnen? Na, das is vielleicht ne Frechheit!

BOYLE He, wo soll ich mich anziehn mit, wenn ich ausgeh?

NUGENT Was gehts mich an wo Sie sich anziehn mit! Hängen Sie sich doch n Kissenbezug über, wenn Sie wolln.

Er geht zur andern Tür, gefolgt von Joxer.

JOXER Wo soll er sich anziehn mit! Schentelmann Jack und sein Friesmantel!

Sie gehn hinaus.

BOYLE *drin:* He, Nugent; he, Mr. Nugent, Mr. Nugent!

Nach einer Pause kommt Boyle hastig herein, wobei er die Träger seiner Manchesterhosen anknöpft; Jacke und Weste hat er überm Arm; er wirft sie auf einen Stuhl und eilt zur Tür rechts.

BOYLE He, Mr. Nugent, Mr. Nugent!

JOXER *trifft ihn unter der Tür:* Was los, was fehlt, Käptn?

BOYLE Nugent war hier gewesen und hat meinen Anzug mitgenommen – die einzigen Sachen, wo ich drin ausgehn konnte!

JOXER Hat dein Anzug – um Gotteswillen! Und was hast du gemacht, wie er ihn genommen hat?

BOYLE Ich war im Bett, als er man reinschlich wien Dieb in der Nacht, und eh ich überhaupt wußte was er im Sinn hat, grapscht er ihn vom Stuhl und war weg wien Zaunkönig!

JOXER Und warum in Gottes Namen er sowas macht?

BOYLE Warum er sowas macht? Wie zum Teufel weiß ich, warum er sowas macht? Neid und Mißgunst, nehm ich an.

JOXER Hat er nich gesagt, warum er sowas macht?

BOYLE Sag ich dir nich, daß er sie gegrapscht und weg war, eh ichs Maul aufgekriegt habe?

JOXER Das kam aber mächtig plötzlich; da muß doch irgendwas hinter sein. Ob er vielleicht irgendwas gehört hat?

BOYLE Irgendwas gehört hat? Du redst man ziemlich dunkel, Joxer – was soll er gehört haben?

JOXER Sowas, daß du irgendwie das Geld nich kriegst?

BOYLE Und was soll mich hindern, daß ich das Geld nich kriege?

JOXER Das is grade was ich denke – was soll dich hindern, daß du das Geld nich kriegst – nichts, so weit wie ich sehn tu.

BOYLE *sieht sich um nach der Porterflasche, mit einem Ausruf:* Ah, heiliger Gott!

JOXER Was los, Jack?

BOYLE Er muß sich auch noch die Pulle Porter gelangt haben, die Juno aufm Tisch ließ!

JOXER *entsetzt:* Ah nein, ah nein; sowas wird er doch woll nich machen.

BOYLE Und wer hats dann gemacht? Juno ließ ne Pulle Porter hier, und die is weg – spaziern wird se nich gehn.

JOXER Oh, das s erschütternd; ah, des Menschen seine Unmenschlichkeit bringt ungezählten Menschen Leid!

MRS. MADIGAN *erscheint an der Tür:* Ich hoffe ich störe Sie nicht in einer Erörterung über ihre künftige Erbschaft – wenn ich das Wort gebrauchen darf – und ob wir ein zwei Minuten mal was bereden könnten, Mr. Boyle.

BOYLE *mißmutig:* Gewiß, Mrs. Madigan – n alter Freund is immer willkommen.

JOXER Komme am Abend, komme am Morgen; komme mit Freude, komme mit Sorgen, Mrs. Madigan.

BOYLE Nehmen Sie Platz, Mrs. Madigan.

MRS. MADIGAN *ominös:* Die paar Worte, die ich zu sagen habe, kann ich im Stehn sagen. Alle Formularitäten beiseite, ich nehme an, Sie erinnern sich, daß ich Ihnen vor einiger Zeit drei Pfund lieh, die ich auf Decken und Möbel im Leihhaus gekriegt habe?

BOYLE Ich erinnere mich gut. Ich hab es in mein Buch eingetragen – drei Pfund fünf Schilling von Maisie Madigan, gekriegt auf versetzte Gegenstände; und item: vier Pence, geleistet um n Glas Bier aufzurunden, nach dem Prinzip auf einem Bein kann man nich stehn; alles pari rückzahlbar wenn das Schiff einläuft.

MRS. MADIGAN Na, seit ich die drei Decken raufgehaun habe, komm ich vor Kälte um, und da hab ich man gedacht, wenn mir in der nächsten Welt schon zu heiß sein soll soll mir wenigstens nich zu kalt sein in der diesigen, und dessenzufolge, ich will meine drei Pfund, wenns gefällt.

BOYLE Die Forderung kommt sehr plötzlich, Mrs. Madigan, und kann nich genügt werden; aber ich bin bereit, Ihnen ne Quittung zu geben in aller Form, in aller Form.

MRS. MADIGAN Los, raus mit dem Geld, machen Sie nich n Kasper.

BOYLE Könn Sie etwa Blut rausholn ausm Kürbis?

MRS. MADIGAN *stürzt hinüber und schüttelt ihn:* Gib mir mein Geld, alter Wüstling, oder ich schüttel was es aus macht aus dir raus!

BOYLE He, hör auf da; hör auf da! Jetzt kannst du aber auf dein Geld warten, mein Schatz!

MRS. MADIGAN *guckt im Raum herum und sieht das Grammophon:* So, ich kann drauf warten? Na, lange wart ich nich; krieg ichs nich in bar, dann krieg ichs eben als Wert. *Sie greift sich das Grammophon.*

BOYLE He, he, da, wohin wolln Sie damit?

MRS. MADIGAN Ich will damit zum Verleiher und mir meine drei Blaue fünf Schilling holn; ich bring ihn den Bong, und dann machen Sie was Sie wolln, mein Jungchen.

BOYLE Rührn Sie das nich an, rührn Sie das nich an! Is nich mein Eigentum und is nich für bezahlt!

MRS. MADIGAN Um so besser. Wird es mein Gewissen nich belasten, wenn ich Ihnen was nehme, was Ihnen nich gehört. Sie werden nich gehn und sich dicktun wie ein Pfau mit Maisie Madigans Geld – n paar von die prächtigen Federn zieh ich Ihnen ausm Schwanz! *Sie geht hinaus mit dem Grammophon.*

BOYLE Wie weit wirds auf der Welt noch kommen? Ich frage dich, Joxer Daly, gibts noch irgendwo n Funken Moral?

JOXER Ich wollts nich geglaubt haben, hätt ichs nich gesehn mit meinen eignen zwei Augen. Für so eine hätt ich Maisie Madigan man nich gehalten; entweder sie hat einen sitzen, oder sie hat was gehört.

BOYLE Was gehört – was denn, wenn die Frage vielleicht erlaubt is?

JOXER Sie muß irgend son Gerücht gehört haben, daß du das Geld nich kriegst.

BOYLE Wer sagt das, daß ich das Geld nich kriege?

JOXER Na ich weiß nich – ich sag ja nur.

BOYLE Sagst nur was?

JOXER Nichts.

BOYLE Du wolltest irgendwas sagen – schwindel nich rum.

JOXER *böse:* Wer schwindelt rum?

BOYLE Warum sagst du dann nich was du denkst!

JOXER Du selber schwindelst nich, nee, weißt gar nich wie machen!

BOYLE Hast du je erlebt daß ich schwindel; hast du je erlebt daß ich schwindel?

JOXER *wütend:* Machst du je eins was andres! Mensch, man kann kein Wort glauben, was dir ausm Maul kommt.

BOYLE Los, raus hier jetzt; ich hab immer gewußt du bist ein Prognostizierer und Prokrastinierer!

JOXER *hinaus, als Johnny hereinkommt:* Anker lichtet, lebwohl, und ... denk ... an ... mich. Jacky von und zu Boyle, elender Lump und verdammter Lügner.

JOHNNY Joxer und du wieder zugange? Wann wirst du endlich vor dir selber bißchen Achtung haben und nich immer n Spektakel machen aus uns allen?

BOYLE Willst du mir jetzt n Vortrag halten?

JOHNNY Ist Mutter schon vom Doktor zurück mit Mary?

Mrs. Boyle herein; man sieht an dem ernsten Ausdruck ihres Gesichts, daß etwas passiert ist. Sie legt Hut und Mantel ab ohne ein Wort und hängt sie weg. Dann setzt sie sich ans Feuer, einige Augenblicke Pause.

BOYLE Na, was hat der Doktor gesagt über Mary?

MRS. BOYLE *mit ernstem Gebaren und unterdrückter Erregung:* Setz dich her, Jack; ich muß dir etwas sagen ... über Mary.

BOYLE *von ihrem Gebaren beeindruckt:* Über ... Mary?

MRS. BOYLE Mach da die Tür zu und setz dich her.

BOYLE *schließt die Tür:* Neue Sorgen in der Heimat? *Er setzt sich.* Na, was isses?

MRS. BOYLE Is über Mary.

BOYLE Na, was über Mary – ist doch nichts Schlimmes mit ihr, oder?

MRS. BOYLE Ich muß leider sagen, ist man ziemlich schlimm mit ihr.

BOYLE Ziemlich schlimm mit ihr! *Übellaunig.* Erst Johnny und jetzt Mary; wird denn das ganze Haus hier jetz n Hospital! Is doch nich Schwindsucht, oder?

MRS. BOYLE Nein ... is nich Schwindsucht ... schlimmer.

JOHNNY Schlimmer! Na, werden wir sie irgendwo anders hinbringen müssen. Hier kann sich keiner um sie kümmern.

MRS. BOYLE Wir müssen uns jetzt alle um sie kümmern. Du kannst es so gut jetz hörn, Johnny, wie n andermal. *Zu Boyle.* Weißt du was der Doktor mir gesagt hat über sie, Jack?

BOYLE Wie soll ich das wissen – bin ich etwa dabeigewesen?

MRS. BOYLE Er sagt mir, wir solln sie sofort verheiraten.

BOYLE Sofort verheiraten! Und warum sagt er sowas?

MRS. BOYLE Weil Mary ein Kind kriegen wird in kurzer Zeit.

BOYLE Ein Kind kriegen wird! Mein Gott, was wird Bentham sagen, wenn er das hört?

MRS. BOYLE Bist du blind, Mann, daß du nich siehst, daß es Bentham war, der ihr das angetan hat?

BOYLE *leidenschaftlich:* Dann wird er sie heiraten, dann muß er sie heiraten!

MRS. BOYLE Dir is bekannt, er is nach England, und Gott weiß wo er jetzt is.

BOYLE Ich geh hinterher, ich geh hinterher, und bring ihn zurück, soll er das wieder gutmachen. Der Schuft, das hätt ich mir denken können was er war, mit all sein Yogis und all sein Prana!

MRS. BOYLE Wir müssen es für uns behalten, bis wir wissen, was wir machen können.

BOYLE Oh, is das nich was Herrliches, was mir da aufs Dach kommt, und bei dem Zustand, wo ich drin bin! Eine schöne Figur wer ich abgeben vor Joxer und dieser alten Madigan! Hab ich nich schon genug durchmachen müssen, muß ich jetzt noch das durchmachen!

MRS. BOYLE Was du und ich durchmachen müssen, ist gar nichts gegen das, was die arme Mary durchmachen muß; denn du und ich wir sind man im mittlern Alter, und unsre meisten Jahre vorbei; aber Mary laß noch die vierzig Jahr haben, und muß damit fertigwerden, und all und jedes befleckt mit bittern Gedanken.

BOYLE Wo is sie? Wo is sie daß ich ihr was erzähle? Das sag ich dir, wenn ich mit ihr fertig bin, wird sie einem leid tun!

MRS. BOYLE Ich ließ sie bei meiner Schwester, bis ich mit dir gesprochen habe. Du wirst ihr gar nichts sagen, Jack; seitdem sie aus der Schule is hat sie ihren Unterhalt verdient, und deine väterliche Sorge hat das arme Mädchen nie gemerkt.

BOYLE Klar, steh ihr man bei gegen ihren Vater! Aber ihr werdet schon sehn, ob ich ihr was sage oder nich! Die mit ihrn Lesen! Da is auch so n verfluchter Unsinn mit, daß uns jetzt das Haus aufn Kopf fällt! Wozu muß ihrereine, geborn in ner Mietskaserne, muß die lesen? Ihr Lesen hat sie jetzt in ne schöne Lage gebracht – oh, ich dreh durch, dreh durch, dreh durch!

MRS. BOYLE Wenn sie zurückkommt, daß du ihr nichts sagst, Jack, oder sie zieht hier aus.

BOYLE Zieht hier aus! Jawoll, sie zieht hier aus, und das schnell!

MRS. BOYLE Wenn Mary geht, gehe ich mit.

BOYLE Dann geh mit ihr mit! Dann geht alle beide! Ich hab gelebt eh daß ich euch sah, und ich kann leben wenn daß ihr weg seid. Is das nich was Herrliches, was da über mich reinbricht nach all euerm Beten zu St. Antonius und zur Kleinen Blume! Und Marienkind is sie auch – möcht wissen was die Nonnen jetz von ihr denken? Und es wird durchs ganze Viertel geblökt, eh du dich einmal umdrehst; und da wo ich auftauch zischeln sie: »Das is man der Vater von Mary Boyle, die mit dem Balg von dem Stenz, mit dem sie ging; weißt du schon, weißt du schon?« Bestimmt daß sies wissen – und mehr als ich selber weiß!

JOHNNY Man sollt sie aus dem Haus jagen, in das sie Schande gebracht hat.

MRS. BOYLE Kusch dich, Johnny. Das muß nicht in die ganze Gegend geblökt werden; alles was wir müssen is still hier verschwinden und wo hingehen, wo man uns nich kennt, und keiner erfährt was.

BOYLE Du redest wie ne Zweijährige, Frau. Wo von hier kriegen wir ne Wohnung? – Wohnungen sind nicht so leicht zu kriegen.

MRS. BOYLE Aber, Jack, wenn wir das Geld kriegen ...

BOYLE Geld, was für Geld?

MRS. BOYLE Wieso, oll Ellisons Geld natürlich.

BOYLE Wird kein Geld kommen von oll Ellison, oder sonst einem. Hast du das eine Unglück gehört, kannst du auch gleich das andre hörn. Wird überhaupt kein Geld zu uns kommen – das Testament is ne Pleite!

MRS. BOYLE Was sagst du da, Mann – kein Geld?

JOHNNY Woher is das ne Pleite?

BOYLE Der Bursche, der Mary reingelegt hat, hat mich auch reingelegt. Der Trottel setzt das Testament falsch auf, er sagt im Testament, nur Cousins ersten und zweiten Grades, statt unsre Namen zu nennen, und jeder, der jetzt denkt, er is Cousin ersten oder zweiten Grades vom ollen Ellison, kann das Geld beanspruchen so gut wie ich, und sie schießen hoch zu hundert, und kommen von Amerika und Australien, denken daß sie n Brocken abkriegn, inzwischen putzens die Advokaten weg, bis nich mal mehr soviel is um deiner schönen Tochter Kind n Strumpf zu kaufen!

MRS. BOYLE Ich glaubs nich, ich glaubs nich, ich glaubs nich!

JOHNNY Warum hast du bis jetzt nichts davon gesagt?

MRS. BOYLE Das is nich dein Ersnt, Jack; das is nich dein Ernst?!

BOYLE Ich sag dir ja, der Gelehrte, Bentham, hat das Testament vermasselt, statt daß er sagt, »der Rest meines Vermögens ist zu teilen zwischen meinem Cousin ersten Grades Jack Boyle, und meinem Cousin zweiten Grades Mick Finnegan, aus Santry«, schreibt er nur, »Cousin ersten und zweiten Grades«, und jetzt sind Himmel und Menschen hinterm Vermögen her.

MRS. BOYLE Jetz weiß ich, warum Bentham die arme Mary im Stich ließ; jetz seh ich alles – oh, gibts nich mal mehr n halbweg ehrlichen Mann auf der Welt?

JOHNNY *zu Boyle:* Und du läßt uns in Schulden stürzen, und du borgst Geld von allen Leuten und pumpst dich voll Bier! Und dann erzählst du uns, die ganze Sache war ne Pleite! Ah, wenn das stimmt, bin ich fertig mit dir, denn du bist schlimmer als meine Schwester Mary!

BOYLE Du haltn Mund, hörst du? Wer mir bloß nich frech du. Geh und hol Bentham, halt dich an dem schadlos für alles, was uns passiert is.

JOHNNY Ich halt nich n Mund, ich halt nich n Mund! Ich sag dir was ich von dir halte, Vater, und was du auch bist ... du ...

MRS. BOYLE Johnny, Johnny, Johnny, um Gotteswillen, sei still!

JOHNNY Ich bin nich still, ich bin nich still; ein netter Vater, nich? Is es ein Wunder, daß Mary auf Abwege kommt, wenn ...

MRS. BOYLE Johnny, Johnny, um meinetwillen sei still – um deiner Mutter willen!

BOYLE Ich geh jetz los und trink mal n paar von mein letzten paar Kröten, und sag dieser Göre von dir, daß sie nich da is wenn ich zurückkomm; denn wenn ich mein Auge auf ihr lege, lege ich meine Hand auf ihr, und wenn ich meine Hand auf ihr lege, kann ich für meine Taten nich mehr einstehn!

JOHNNY Sieh dich vor, daß keiner die Hand an dich legt – du alter ...

MRS. BOYLE Johnny, Johnny!

BOYLE *an der Tür, beim Hinausgehen:* Oh, n netten Sohn, un ne nettre Tochter die ich habe. *Ruft laut die Treppe hoch.* Joxer, Joxer, bis du da?

JOXER *aus Entfernung:* Ich bin da, Mori ... ie ... ar ... i ... tie!

BOYLE Ich geh runter zu Foley – kommst du mit?

JOXER Mit dir mit? Der Ruf geht meinem Herzen nah, auf dies Wörtchen wart ich ja, und wie der Vogel bin ich da!

Boyle und Joxer an der Tür vorbei.

JOHNNY *wirft sich aufs Bett:* Ich hab ne nette Schwester und n netten Vater, da ist nichts zu wollen. Wollte Gott, ne Kugel oder Bombe hätt mich lange hier rausbefördert! Nich einer von euch, nicht einer von euch, der auch mal an mich denkt!

MRS. BOYLE *widerspricht leidenschaftlich:* Wenn du nich kuschst, Johnny, dreh ich noch durch. Wer hielt das Haus zusammen die letzten paar Jahre – außer ich? Und wer hat den schwersten Teil von dem Unglück zu tragen als ich? – aber weinen und greinen wird uns nich nützen.

JOHNNY N Großteil hast du selber schuld dran – läßt ihm den eigenen Kopf in allen Stücken, und nie daß du ihm Zügel anlegst, egal was er tut. Warum hast du nich nachm Geld gesehn? Warum ...

Es klopft an die Tür; Mrs. Boyle öffnet; Johnny stützt sich auf seinen Ellbogen und guckt und horcht; zwei Mann herein.

1. MANN Wir kommen vom Chef Hiberniamöbel und Co., Mrs. Boyle, um die Möbel zurückzuholen, die vor ner Weile herkamen.

MRS. BOYLE Sie fassen hier nichts an – woher weiß ich denn wer Sie sind?

1. MANN *zeigt ein Papier:* Da is der Auftrag, meine Dame. *Liest.* Eine Kommode, ein Tisch, ein Lehn- und zwei gewöhnliche Stühle, ein Spiegel; ein Chesterfieldsofa und n Kleiderschrank und zwei Vasen. *Zu seinem Kollegen.* Los, Bill, is schon Feierabend durch.

JOHNNY Um Gotteswillen, Mutter, lauf rum zu Foley und hol Vater her, sonst bleibt uns hier nichmal n Brett.

Die Männer bringen den Tisch weg.

MRS. BOYLE Was würde das nützen? – Du hast gehört was er gesagt hat, eh er ging.

JOHNNY Kannst dus nich versuchen? Er hat hier zu sein, wo sich sowas abspielt.

Mrs. Boyle legt den Schal um, als Mary hereinkommt.

MARY Was is los, Mutter? Ich seh Männer die den Tisch wegtragen, und alle Leute reden, daß wir das Geld doch nich kriegen.

MRS. BOYLE Alles geht schief, Mary, alles. Wir kriegen kein Penny ausm Testament, nich n Penny – ich erzähl dir alles wenn ich zurück bin; ich geh nach deinem Vater. *Sie läuft hinaus.*

JOHNNY *zu Mary, die sich ans Feuer gesetzt hat:* Erstaunlich, du schämst dich nich dein Gesicht hier zu zeigen, nach dem was passiert is.

Jerry langsam herein; auf seinem Gesicht der Ausdruck ernster Hoffnung. Er sieht Mary einige Augenblicke an.

JERRY *leise:* Mary!

Mary antwortet nicht.

Mary, ich möchte dich einen kleinen Moment sprechen, darf ich?

Mary bleibt still; Johnny geht langsam ins Zimmer links.

Deine Mutter hat mir alles erzählt, Mary, und ich komme zu dir ... Ich komm um dir zu sagen, Mary, daß meine Liebe zu dir größer und tiefer ist denn je ...

MARY *mit einem Schluchzen:* Oh, Jerry, Jerry, sag nichts mehr; das is jetzt alles vorbei; sowas ist jetzt alles unmöglich!

JERRY Unmöglich? Warum redest du sowas, Mary?

MARY Nach allem was passiert ist.

JERRY Was soll es machen was passiert ist? Wir sind jung genug, daß wir all diese Dinge vergessen können. *Er greift ihre Hand.* Mary, Mary, ich fleh dich an um deine Liebe. In der Arbeiterschaft, Mary, geht Menschlichkeit über alles; wir sind die Führer im Kampf um ein neues Leben. Ich will Bentham vergessen, ich will vergessen daß du von mir weggingst, und wars auch nur kurz.

MARY Oh, Jerry, Jerry, du hast doch nicht das bittre Wort der Verachtung für mich.

JERRY *leidenschaftlich:* Verachtung! Ich liebe dich, liebe dich, Mary!

MARY *steht auf und sieht ihm in die Augen:* Obwohl ...

JERRY Obwohl du mich für n andern hast fallenlassen; obwohl du mir manches bittre Wort gabst!

MARY Ja, ja, ich weiß; aber du liebst mich, obwohl ... obwohl ... ich ... jetzt ... jetzt ...

Er sieht sie fragend an, und Angst tritt in seine Augen.

Ah, ich dachte mir das schon ... Du weißt doch nicht alles!

JERRY *zerquält:* Bei Gott, Mary, du meinst doch nicht, daß ... daß ... daß ...

MARY Jetzt weißt du alles, Jerry, jetzt weißt du alles!

JERRY Mein Gott, Mary, bist du so tief gefallen?

MARY Ja, Jerry, wie du sagst, ich bin so tief gefallen.

JERRY So hab ich es nicht gemeint, Mary ... es kam plötzlich so über mich, daß ich nicht überlegte was ich sagte ... das hab ich nicht erwartet – deine Mutter hat das nicht gesagt ... Es tut mir leid ... Gott weiß, du tust mir leid, Mary.

MARY Sagen wir nichts mehr, Jerry; ich nehm dir nicht übel daß dus schrecklich findest ... Das ist es wohl auch ... Jeder wird das auch finden ... es ist nur wie ich erwartet habe – deine Menschlichkeit ist genau so eng wie die Menschlichkeit von den andern.

JERRY Es tut mir leid, trotzdem ... Ich hätt dich nicht aufstörn solln ... Wenn ichs nur gewußt hätte ... Wenn ich was für dich tun kann ... Mary ... tu ichs. *Er wendet sich zum Gehn und hält an der Tür.*

MARY Weißt du noch, Jerry, die Verse, die du gelesen hast, als du vor einiger Zeit den Vortrag hieltst im Sozialistensaal, über den Menschheitskampf mit der Natur?

JERRY Die Verse – nein; ich weiß nicht mehr.

MARY Ich ja. Sie gehn mir jetzt im Kopf rum –
Und wir sahn, daß der Erschaffer
All der Dinge herrlich klar
Der Erzeuger all des Raunens
Der Gesetze immerdar
Eine Hand von Kraft und Schönheit
Mit den Klaun des Geiers war.

Sahn, der Erdball voller Schönheit
War ein Wechselbalg dabei,
War ein Hymnus, dessen Echo
War ein grauenvoller Schrei.
Die Geschichte eines Dämons
Als des Himmels Eipopei.

War ein Bild voll Pracht, dem eine
Lehrlingshand die Farbe nimmt,
Wie das starre Mondgebirge
Leer und tot zum Ring gekrümmt,
Wie das grauenvolle Kreischen
Einer Geige schrill verstimmt.

Es ist eine Pause, und Devine geht langsam hinaus.

JOHNNY *zurück:* Is er weg?

MARY Ja.

Die beiden Männer zurück.

1. MANN Wir können auf den Alten nich länger warten – Schuldigung, Miß, aber wir müssen leben genau wie jeder andre.

Tragen einige Sachen hinaus.

JOHNNY Oh, ist das nicht furchtbar!... Du hast ihm wohl alles erzählt... konntst du nich ein paar Tage warten?... er hätt verhindert, daß man die Sachen nimmt, wenn du den Mund gehalten hättst. Brennst du drauf, jedem von der Schande zu erzähln, die du über uns gebracht hast?

MARY *greift Hut und Mantel:* Oh, das ist unerträglich! *Sie rennt hinaus.*

1. MANN *zurück:* Und jetzt kommt die Kommode – die ist das schwerste.

Das Votivlicht flackert einen Augenblick und geht aus.

JOHNNY *mit einem Angstschrei:* Muttergottes, jetzt geht das Licht aus!

1. MANN Das fuhr mir aber ins Kreuz wie Sie da losgebrüllt haben. Das Öl is alle, weiter nichts.

JOHNNY *mit qualvollem Schrei:* Muttergottes, da ist ein Schuß, den ich jetzt kriege!

1. MANN Was fehlt Ihnen, Mann? Kriegen Sie n Anfall?

JOHNNY Ich spüre einen Schmerz in meiner Brust, als ob eine Kugel reinreißt!

1. MANN Er wird verrückt – wundert mich daß sie einen wie den hier für sich alleine lassen.

Zwei irreguläre Soldaten schnell herein; sie tragen Revolver; einer hinüber zu Johnny; der andre hält die Möbelträger in Schach.

1. IRREGULÄRER *zu den Männern, ruhig und schneidend:* Wer sind Sie? – Was machen Sie hier? – dalli!

1. MANN Möbel wegbringen, die nicht bezahlt sind.

1. IRREGULÄRER Rüber an die andre Seite des Zimmers und die Gesichter zur Wand – dalli!

Die zwei Männer drehn die Gesichter zur Wand, die Hände hoch.

2. IRREGULÄRER *zu Johnny:* Komm los, Sean Boyle, du wirst gewünscht; paar von uns haben ein Wort mit dir zu reden.

JOHNNY Ich bin krank, ich kann nicht – was wünscht ihr von mir?

2. IRREGULÄRER Komm los, komm los; wir haben ein Stück zu gehn, und habn keine Zeit – komm los.

JOHNNY Ich bin ein alter Genosse – ihr erschießt doch nicht einen alten Genossen.

2. IRREGULÄRER Der arme Tancred war ein alter Genosse von dir, aber daran hast du nicht gedacht als du ihn an die Bande verzinkt hast, die ihn ins Grab schickte. Aber wir haben keine Zeit zu verliern; komm los – da, Dermot, schnapp den Arm. *Zu Johnny.* Hast du den Rosenkranz?

JOHNNY Den Rosenkranz! Warum fragt ihr mich das, warum fragt ihr mich das?

2. IRREGULÄRER Los, los, marsch!

JOHNNY Wollt ihr einen Genossen umbringen? Seht meinen Arm, ich verlor ihn für Irland.

2. IRREGULÄRER Kommandant Tancred verlor sein Leben für Irland.

JOHNNY Heiliges Herz Jesu, erbarme dich meiner! Muttergottes, bitt für mich – steh mir bei jetzt und in der Stunde des Todes! ... Gegrüßet seist du Maria, voll der Gnade ... der Herr ist ... mit dir.

Sie schleppen Johnny Boyle ab, und der Vorhang fällt. Wenn er wieder aufgeht, ist der größte Teil des Mobiliars weg. Mary und Mrs. Boyle, jede an einer Seite, sitzen im verdunkelten Raum am Feuer; es ist eine Stunde später.

MRS. BOYLE Ich wart nich mehr länger ... wozu haben sie ihn mit dem Wagen weggebracht? Nugent sagt, er glaubt sie hatten Gewehre ... wird mein Elend nie zu Ende gehen? ... Wenn irgendwas mit armen Johnny passiert, glaub ich ich verlier den Verstand. ... Ich geh zur Polizeistation, irgendwas müssen die doch tun können.

Unten hört man das Geräusch von Stimmen.

Pst, is das was? Vielleicht ist es dein Vater, obwohl als ich bei Foley rausging, konnt er kaum noch den Kopf heben. Pst.

Es klopft an die Tür, und die Stimme von Mrs. Madigan, sehr leise sprechend.

MRS. MADIGAN Mrs. Boyle, Mrs. Boyle.

Mrs. Boyle öffnet die Tür.

Mrs. Boyle, Gott und seine Heilige Mutter sei mit Ihnen diese Nacht!

MRS. BOYLE *ruhig:* Was ist es, Mrs. Madigan? Es ist Johnny – etwas über Johnny.

MRS. MADIGAN Gott geb, es ist nicht, Gott geb, es ist nicht Johnny!

MRS. BOYLE Lassen Sie mich nicht warten, Mrs. Madigan; ich hab in letzter Zeit soviel durchgemacht, daß ich alles vertrage.

MRS. MADIGAN Zwei Polizisten unten wünschen Sie.

MRS. BOYLE Wünschen mich; und warum wünschen sie mich?

MRS. MADIGAN Son armer Kerl wurde gefunden, und sie denken, es is, es is . . .

MRS. BOYLE Johnny, Johnny!

MARY *die Arme um die Mutter:* O Mutter, Mutter, meine arme liebe Mutter.

MRS. BOYLE Still, still, Liebling; du hast bald deinen eigenen Kummer zu tragen. *Zu Mrs. Madigan.* Und warum denkt die Polizei, es ist Johnny, Mrs. Madigan?

MRS. MADIGAN Weil einer von den Doktors ihn kannte, als er in Behandlung war mit seinem Arm.

MRS. BOYLE Oh, dann ists wahr; es is Johnny, es is mein Sohn, mein lieber Sohn!

MARY Oh, es ist wahr, es ist wahr, was Jerry Devine sagt – es gibt keinen Gott, es gibt keinen Gott; gäbs ihn, dann ließ er diese Dinge nicht geschehn!

MRS. BOYLE Mary, Mary, sag du nicht solche Sachen. Wir brauchen jetzt alle Hilfe die wir können von Gott und seiner Heiligen Mutter! Diese Dinge haben nichts zu tun mit dem Willen Gottes. Ah, was kann Gott tun gegen die Dummheit der Menschen!

MRS. MADIGAN Die Polizei wünscht, daß Sie mitgehn zum Hospital und die arme Leiche ansehn – sie warten unten.

MRS. BOYLE Wir gehn. Komm Mary, und wir kommen nie hierher zurück. Soll dein Vater jetzt für sich selber sorgen; ich hab alles getan was ich konnte und alles umsonst – keine Hoffnung mit ihm bis zum Ende seiner Tage. Ich hab ein kleines Zimmer bei meiner Schwester wo wir unterkommen, bis deine Mühsal vorbei ist, und dann arbeiten wir zusammen für die Sache des Kindes.

MARY Mein armes kleines Kind und hat dann keinen Vater!

MRS. BOYLE Es hat dann was viel Beßres – es hat dann zwei Mütter.

EINE RAUHE STIMME *ruft von unten:* Sollen wir hier vielleicht die ganze Nacht auf Sie warten?

MRS. MADIGAN *geht zur Tür und ruft hinunter:* Immer ruhig da, immer ruhig! Wenn Sies so eilig haben, dann haun Sie ab, denn keiner brauch Sie hier – und wenn, dann wärn Sie nicht zu finden. Ihr seid dieselben wie ihr unter der englischen Regierung wart – nie da wo ihr gebraucht werdet! So weit wie ich sehe, die Polizei als Polizei is in dieser Stadt null und nichtig!

MRS. BOYLE Wir gehn, Mary, wir gehn; du siehst nach deinem armen Bruder, und ich seh nach meinem armen Sohn!

MARY Ich fürcht mich, Mutter, ich fürcht mich!

MRS. BOYLE Ich vergaß, Mary, ich vergaß; deine arme alte selbstsüchtige Mutter dachte bloß an sich. Nein, nein, du sollst nicht kommen – es wär nicht gut für dich. Du gehst hin zu meiner Schwester und ich besteh die Prüfung allein. Vielleicht hatte ich nicht genug Mitleid für Mrs. Tancred, als man ihren armen Sohn fand, wie Johnny jetzt gefunden wurde – weil er ein Radikaler war! Ah, warum dachte ich nicht dran, daß er da nicht ein Radikaler oder ein Staater war, nur ein armer toter Sohn! Es ist gut daß ich mich an alles erinnre was sie sagte – und jetzt bin ich damit an der Reihe: Was warn die Schmerzen die ich litt, Johnny, als ich dich zur Welt brachte und dich in die Wiege legte, gegen die Schmerzen die ich leiden werde wo ich dich aus der Welt trage und dich ins Grab bringe! Muttergottes, Muttergottes, hab Erbarmen mit uns allen! Heilige Jungfrau, wo warst du als mein lieber Sohn durchlöchert wurde von Kugeln? Heiliges Herz Jesu, nimm uns unsere Herzen von Stein und gib uns Herzen von Fleisch! Nimm von uns diesen mörderischen Haß, und gib uns deine ewige Liebe!

Sie alle gehn langsam hinaus. Es ist eine Pause; dann das Geräusch von schlürfenden Schritten draußen auf der Treppe. Die Tür geht auf und Boyle und Joxer, alle beide schwer betrunken, herein.

BOYLE Ich komm nich mehr weiter.... Zwei Polizeier, he ... was haben die hier gewollt, frag ich mich? ... Aus auf nichts Gutes jedenfalls ... und Juno und diese schöne Tochter von mir dabei. *Nimmt einen Sixpence aus der Tasche und guckt ihn an.* Ein einziger einsamer Sechser übrig von allem Gepumpten ... *Er läßt ihn fallen.* Der letzte der Mohikaner ... Der Laden is zu, Joxer, der Laden is zu!

JOXER *geht schwankend durch den Raum und legt am Bett an:* Tu al ... le Sorgen ... in Tornister rein ... und lach ... lach ... lach!

BOYLE Das Land wird sich aufrichten müssen ... es geht ... zum Teufel ... Wo sind ... die Stühle ... alle hin ... aufrichten müssen, Joxer ... Stühle ... wern sich ... aufrichten müssen ... Egal ... was irgendeiner ... sagt ... Irland nüchtern ... is Irland ... frei.

JOXER *streckt sich auf dem Bett aus:* Kettn ... un ... Sklaverei ... das isn prima Ausspruch ... n priiima ... Ausspruch!

BOYLE Wenn das Schlimmste ... zum Schlimmen kommt ... geh ich inne ... fliegende ... Kolonne ... Ich hab mein Teil ... inne Osterwoche ... getan ... hatte da ... nichts ... zu ... suchen ... aber Käptn Boyle is Käptn Boyle!

JOXER Wenn noch ein Mann lebt, so ... see ... len ... los ... die ... die ... Hei ... mat, mein Hei ... matl ... and!

BOYLE *rutscht in sitzende Stellung auf dem Boden:* Kommandant Kelly starb ... in diesen ... Armen ... Joxer ... Melde meinen Kamraden Freiwilligen ... sagt er ... daß ... ich starb für ... Irland!

JOXER Hast du ma gelesen Willie ... Reilly ... und sein Braut ... Colleen ... Bawn? Is ne prima Geschichte, ne priiima Geschichte!

BOYLE Ich sage dir ... Joxer ... die ganze Welt ... is nur noch n ... einziges ... Chassis!

Vorhang

Peter Weiss
Der Prozeß

Stück in zwei Akten
nach dem gleichnamigen Roman
von Franz Kafka

Der Prozeß

Personen: Josef K, *Prokurist in einer Bank, dreißig Jahre alt* · Frau Grubach, *Besitzerin einer Pension* · Fräulein Bürstner, *Mieterin in der Pension* · Fräulein Montag, *Mieterin in der Pension* · Der Hauptmann, *Frau Grubachs Neffe, Bewohner der Pension* · Franz, *Beauftragter des Gerichts, Wächter* · Willem, *Beauftragter des Gerichts, Wächter* · Kaminer, *Bankangestellter, Gehilfe der Wächter* · Kullich, *Bankangestellter, Gehilfe der Wächter* · Rabensteiner, *Bankangestellter, Gehilfe der Wächter* · Direktor-Stellvertreter, *Ks Vorgesetzter in der Bank* · Der Direktor, *Chef der Bank* · Staatsanwalt Hasterer, *Ks Bekannter* · Der Gerichtsdiener · Die Frau des Gerichtsdieners · Der Gerichtswächter · Angeklagte · Der Untersuchungsrichter · Der Student · Der Prügler · Der Kaufmann · Der Maler Titorelli · Der Onkel · Advokat Huld · Leni, *Gehilfin des Advokats* · Der Fabrikant · Block, *ein Angeklagter* · Der italienische Geschäftsfreund · Der Kaplan · Der Mann, *der K behilflich ist* · Männer und Frauen, *Bewohner der Räumlichkeiten vor dem Gericht* · Beisitzer, *beim Gerichtsverhör* · Angestellte der Bank

Die Bühne ist zu drei stufenweise ansteigenden Höhen aufgeteilt.
Vorderbühne: rechts ein Bett, ein Waschtisch, ein paar Stühle, links ein Schreibtisch, ein Schreibtischsessel.
Der vordere Spielraum ist von geringer Tiefe.

Mittelbühne: links führen ein paar breitere Stufen hinauf, rechts ein paar schmalere. Von dieser Erhöhung an müssen schnelle Szenenveränderungen möglich sein. Diese werden entweder durch eine Drehbühne vollzogen oder durch Wendungen, Drehungen, Verschiebungen der Bauelemente. Es werden dazu Möbelstücke, am besten in Form von Kuben, benötigt.

Hinterbühne: von hier aus ist eine Erweiterung des Spiels möglich, in den Massenszenen und zur Darstellung großer Räumlichkeiten. Von der Mittelbühne an bis hinauf zur Hinterbühne können die Einrichtungsgegenstände leicht zu Podien und Galerien verwandelt werden.
Die Vorderbühne wird in der Mitte abgegrenzt durch einen breiten niedrigen Schrank, dessen Tiefe sich in der Mittelbühne befindet. Dieser Schrank läßt, geöffnet, mehrmalige Veränderungen seines Innenraumes zu.

Die Einrichtung der Vorderbühne ist in allen Szenen gleichbleibend.
Die Hinterbühne ist, wenn nichts andres angegeben, verdunkelt.

Die Handlung vollzieht sich zwischen dem 3. Juli 1913 und dem 2. Juli 1914.

Erster Akt

1. In der Pension

Vorderbühne: Rechts im Bett liegt K, flach ausgestreckt. Die Decke bis zum Hals hochgezogen. Er schläft noch.
Zwischen Schrank und linker Treppe steht Franz, einer der beiden Beauftragten des Gerichts. Er ist schlank, jugendlich. Trägt eng anliegende sportliche Kleidung aus schwarzem Stoff, mit zahlreichen Taschen, Schnallen, Knöpfen und einem Gurt. Dazu Wickelgamaschen. Er hält die Arme verschränkt.
Mittelbühne: Links an den Stufen steht Willem, der zweite Wächter. Er ist älter und von großer Leibesfülle. Auch er trägt einen schwarzen Anzug, doch von einfachem Schnitt, speckig glänzend, zu eng, mit allzu kurzen Ärmeln, darunter eine Arbeitsbluse. Auf dem großen Tisch links ist das Frühstück gedeckt. Frau Grubach, die Besitzerin der Pension, steht an der hinteren Schmalseite des Tischs, die Hände vor sich auf den Tisch gestützt. Sie trägt eine lange Schürze, deren Band tief am Unterleib vorn zusammengebunden ist. Ihr Bauch wirkt dadurch stark vorgewölbt. Ihr graues Haar ist aufgesteckt. Hinter ihr, im Halbdunkel, stehn die drei Gehilfen der Wächter: Rabensteiner, Kullich und Kaminer. Alle in dunkler Geschäftskleidung, mit Stehkragen, Manschetten, Krawatte, Weste.
Rechts neben dem Frühstückstisch, erhöht, befindet sich der Hauptmann, ein Bewohner der Pension. Er trägt einen Schlafanzug, vorn mit breiten Reversen, und macht seine Morgengymnastik: Kniebeugen, Armstreckungen, Atemübungen.
Außer ihm verhalten sich alle reglos, abwartend.
Rechts, oberhalb des Bettes der Vorderbühne, ist Fräulein Bürstners Zimmerecke. Die Bewohnerin ist jedoch nicht anwesend. Ihr Bett ist säuberlich zugedeckt. Daneben ein Nachttisch, mit aufgestellten Photographien. Ein Schrank, ein Stuhl.

K schreckt plötzlich auf.

K Was denn?
Halb aufgerichtet blickt er um sich. Franz, die Arme seitwärts herabstreckend, wendet sich ihm zu.
Frau Grubach!
Franz tritt einen Schritt auf ihn zu.

K Wer sind Sie?

FRANZ Sie haben gerufen.

K Frau Grubach soll mir das Frühstück bringen.

FRANZ *wendet sich Willem zu:* Er will, daß Frau Grubach ihm das Frühstück bringt.

Willem bricht in ein kleines Gelächter aus, in das Franz einfällt.

FRANZ Unmöglich.

K Das wäre neu. *K schlägt die Decke zurück, springt, im Nachthemd, aus dem Bett, geht auf den Stuhl zu, auf dem seine Kleider liegen, streift schnell seine Hose über.*

FRANZ Wollen Sie nicht lieber hierbleiben?

K *wendet sich Frau Grubach zu:* Frau Grubach! Warum haben Sie mich nicht geweckt?

Franz stellt sich ihm in den Weg. K macht eine Bewegung, als wollte er sich losreißen, obgleich er nicht festgehalten wird. Willem geht die Stufen hinab, tritt auf K zu.

WILLEM Sie dürfen nicht weggehn. Sie sind doch verhaftet.

K *zwischen den beiden Wächtern hin und herblickend:* Es sieht so aus. Und warum denn?

WILLEM Wir sind nicht dazu bestellt, Ihnen das zu sagen.

K geht zum Waschtisch. Zieht sein Nachthemd aus. Gießt Wasser aus dem Porzellankrug in die Schüssel. Wäscht sich Gesicht und Oberkörper. Franz hat das Hemd aufgehoben. Er befühlt es, geht zum Schrank, wühlt in den Kleidungsstükken. Frau Grubach hat sich inzwischen aufgerichtet und tritt langsam vor. Der Hauptmann hat seine gymnastischen Übungen beendet, er geht zum Frühstückstisch. Auch die drei Gehilfen nähern sich langsam dem Tisch.

FRAU GRUBACH Und das heute. An seinem Geburtstag. Dreißig Jahre. Einen Kuchen habe ich für Sie gebacken, Herr Prokurist!

WILLEM *wendet sich nach Frau Grubach um:* Den können Sie inzwischen seinen Gästen anbieten!

Die drei Gehilfen eilen gleich zum Tisch. Kullich und Kaminer nehmen Platz, binden sich Servietten um den Hals, schneiden auf den Kuchen ein. Sie beginnen zu essen und Kaffee zu trinken. Rabensteiner trägt einen Teller mit einem Kuchenstück und eine Tasse Kaffee zu Willem, der sich nah an K herangedrängt hat. K trocknet sich ab, geht auf Franz zu, gefolgt von Willem. K nimmt ein Hemd aus dem Schrank. Franz zieht es ihm weg.

FRANZ Nicht so ein feines Hemd. *Er reicht ihm ein andres Hemd. K steht mit dem Hemd in der Hand.*

Das werden wir aufbewahren. Wie auch die übrige Wäsche. Wenn Ihre Sache günstig ausfallen sollte, geben wir alles zurück.

K Wovon sprechen Sie? Welcher Behörde gehören Sie an?

WILLEM Sie werden alles zur richtigen Zeit erfahren. Seien Sie froh, daß wir so freundlich zu Ihnen sind. Das ist gegen alle Vorschrift.

K *verzieht sein Gesicht zu einem angestrengten Lachen:* Jetzt versteh ich. Ein Spaß, das Ganze. Das haben sich die Kollegen in der Bank ausgedacht. Haben ein paar Dienstmänner von der Straße geholt. *Er lacht stärker, will auch die beiden Wächter zum Lachen bewegen.* Schöner Geburtstagsscherz!

WILLEM *taucht den Kuchen in die Kaffeetasse:* Daß Sie sich in Ihre Lage nicht fügen können.

K Wie kann ich denn verhaftet sein?

WILLEM *stößt seinen Bauch an K:* Nun fangen Sie schon wieder an. Solche Fragen beantworten wir nicht.

K läuft hinüber zum Schreibtisch, zieht ein paar Papiere aus einer Schublade. Franz ist ihm nachgelaufen.

K Hier sind meine Ausweise. Zeigen Sie mir Ihre. Und vor allem den Haftbefehl!

FRANZ Du lieber Himmel!

Die beiden Wächter brechen in schallendes Gelächter aus. Auch die Gehilfen am Tisch fallen in das Lachen ein. Kaminer prustet, verschluckt sich. Der Hauptmann hat sich inzwischen zu ihnen an den Tisch gesetzt und eine Zeitung aufgeschlagen.

FRANZ Hast du gehört, Willem! Er fragt nach dem Haftbefehl. Zeig ihm den Haftbefehl.

WILLEM *jetzt in fast wehmütigem Ton:* Wollen Sie Ihren großen verfluchten Prozeß dadurch schnell loswerden, daß Sie mit uns über Legitimation und Haftbefehl diskutieren? Wir sind niedrige Angestellte. Kennen uns in Papieren kaum aus. Wir haben mit Ihrer Sache nichts andres zu tun, als bei Ihnen Wache zu halten. Dafür werden wir bezahlt. Die Behörden, in deren Dienst wir stehn, sind sehr genau über die Gründe unterrichtet, eh sie eine solche Verhaftung verfügen. Es gibt da keinen Irrtum.

K Führen Sie mich zu Ihrem Vorgesetzten!

WILLEM Wenn er es wünscht. Nicht früher.

Am Tisch hat der Hauptmann die Zeitung vor den drei Gehilfen ausgebreitet. Er schlägt mit der flachen Hand drauf.

KAMINER Krieg?

RABENSTEINER Krieg?

DER HAUPTMANN Ich sage, es gibt Krieg!

K mit ein paar schnellen Schritten zu den Stufen links. Doch Franz kommt ihm zuvor.

FRANZ So nackt wollen Sie gehn? Wie benehmen Sie sich denn! Dreißig Jahr und wie ein Kind. Komm Willem, ziehn wir ihn an.

Franz schiebt K zur Mitte, ganz nach vorn. Er nimmt ihm das Hemd aus der Hand, beugt das eine Knie, legt K, mit Hilfe Willems, der schnell hinzugetreten ist, rücklings darüber. Willem legt die gespreizte Hand auf Ks Brust, tastet ihm die Rippen ab, klopft mit dem Mittelfinger auf die Haut über dem Herzen. Das ganze hat, in der Bestimmtheit der Bewegungen, den Anschein eines Rituals.

Dann richten sie ihn schnell auf, ziehn ihm das Hemd an, legen ihm Kragen und Krawatte um. Die drei Gehilfen haben sich indessen erhoben. Sie stehn vorgebeugt, starren die Szene an. Willem führt K zum Schrank. Franz hat eine Weste und ein Jackett aus dem Schrank gehoben.

K Nicht diese Kleider!

WILLEM Es muß ein schwarzer Rock sein.

K Soll ich denn schon vors Gericht?

WILLEM Es muß ein schwarzer Rock sein.

Sie ziehn ihm Weste und Jacke an.

FRAU GRUBACH *am Tisch zu den drei Gehilfen:* Wollen Sie denn dem Herrn Prokuristen das ganze Frühstück wegessen!

KAMINER Wir haben heut noch nichts gegessen!

RABENSTEINER Mußten schon so früh raus!

Frau Grubach hat das letzte Kuchenstück auf einen Teller gelegt. Mit dem Teller und einer Tasse tritt sie nach vorn zu den Stufen.

K will sich losreißen.

WILLEM Ich rate Ihnen, sich ruhig zu verhalten und drauf zu warten, was verfügt wird. Sammeln Sie sich. Es werden große Anforderungen an Sie gestellt werden.

Frau Grubach bleibt oben vor den Stufen stehn, Teller und Tasse in den Händen.

Der Hauptmann faltet die Zeitung zusammen, erhebt sich.

Aus dem Hintergrund tritt ein Mann, in schlichter dunkler Kleidung, nach vorn.

DER MANN *wendet sich an K:* Gehn Sie doch einfach raus, Herr Prokurist. Scheren Sie sich gar nicht um die. Die können Ihnen nichts anhaben.

RABENSTEINER *sich den Mund mit der Serviette abwischend:* Mein Herr, mischen Sie sich nicht in fremde Angelegenheiten.

Der Mann tritt langsam zurück, verschwindet im dunklen Hintergrund. Die Gehilfen begeben sich in die Wohnecke des Fräulein Bürstner. Franz geht rechts die Stufen zu ihnen hinauf. Rabensteiner streckt sich auf dem Bett aus. Er nimmt eine Photographie vom Nachttisch, betrachtet sie. Kaminer und Kullich öffnen den Schrank. Sie nehmen Damenkleider heraus. Kaminer kostümiert Kullich damit. Legt ihm ein Korsett um, streift ihm Rock und Bluse über, setzt ihm einen großen, mit einer Fülle von Blumen geschmückten Hut auf. Er begutachtet den Kollegen mit Vergnügen. Dieser betrachtet sich im Spiegel.

Frau Grubach steht immer noch mit Teller und Tasse. Ihr Mund ist vor Erstaunen geöffnet. Der Hauptmann hat sich stramm aufgestellt, die Zeitung unterm Arm.

WILLEM *den Arm um Ks Schulter legend:* Sie sind wohl sehr überrascht?

K Überrascht schon. Aber nicht sehr.

WILLEM Nicht sehr?

K Überraschungen bin ich gewohnt. Die nehme ich nicht allzu schwer. Besonders die heutige nicht.

WILLEM Warum besonders die heutige nicht?

K Gut, ein Spaß ist es nicht. Dafür ist der Aufwand zu groß. Andrerseits aber kann die Sache auch nicht besonders wichtig sein. Ich bin angeklagt – aber ich seh' nicht die geringste Schuld. Von wem bin ich angeklagt? Wer führt das Verfahren? Sind Sie überhaupt Beamte? Keiner von Ihnen trägt Uniform –

WILLEM Sie befinden sich in einem großen Irrtum. Wir sind für Ihre Angelegenheit völlig nebensächlich. Ich kann Ihnen auch nicht sagen, daß Sie angeklagt sind. Oder vielmehr, ich weiß nicht, ob Sie es sind.

K Ich soll also nichts über den Grund meiner Verhaftung erfahren?

WILLEM Sie sollten im Reden zurückhaltender sein.

Rabensteiner hat eine der Photographien aus dem Rahmen genommen und in seine Brusttasche gesteckt. Franz räumt den Nachttisch ab und stellt ihn mitten vor das Bett. Rabensteiner steht auf. Franz setzt sich versuchsweise auf das Bett hinter den Tisch, rückt den Tisch zurecht, erhebt sich dann. Die drei Gehilfen stellen sich vor dem Schrank auf. Ihre Haltung ist erwartungsvoll. Kullich noch in seiner Verkleidung.

FRANZ *mit überraschender Schärfe:* Wir sind fertig!

Willem nimmt K mit festem Griff am Arm. Führt ihn links die Stufen zum Mittelgrund hinauf. Frau Grubach und der Hauptmann treten zu den Seiten zurück. Frau Grubach streckt K den Teller und die Tasse entgegen. Doch K geht, festgehalten von Willem, an ihr vorbei, auf die Wohnecke des Fräulein Bürstner zu.

K Haben Sie sich auch bei Fräulein Bürstner eingebrochen? Frau Grubach! Was sagen Sie denn dazu!

FRAU GRUBACH Die Herren sagten, sie brauchten das Zimmer.

K Und das gestatten Sie?

FRAU GRUBACH Die Mieterin ist nicht zu Hause.

K Fräulein Bürstner ist eine anständige Dame. Was man mir auch vorwerfen mag, Fräulein Bürstner hat nichts damit zu tun. *Er reißt sich los, läuft ein paar Schritte zurück zum Telephon, das sich links an der Stufenecke befindet.* Ich möchte telephonieren. Mit Staatsanwalt Hasterer. Ein guter Freund von mir!

WILLEM Das können Sie schon. Ich weiß nur nicht, welchen Sinn das haben sollte.

K Welchen Sinn? Sollte es keinen Sinn haben, einen Staatsanwalt anzurufen, wenn ich angeblich verhaftet bin?

WILLEM Aber doch, bitte, telephonieren Sie doch.

K nimmt den Hörer ab. Hält dann aber inne. Steht so einen Augenblick. Willem, Frau Grubach, der Hauptmann sehn ihm zu. Dann hängt er den Hörer wieder auf. Geht zu Willem zurück.

K Nein, ich will nicht mehr.

WILLEM Sehn Sie.

Beim Anblick des verkleideten Gehilfen hebt K erschreckt die Arme.

KULLICH Aber, Herr Prokurist.

KAMINER Wir sind doch zu Ihrer Unterstützung da.

RABENSTEINER Wollten Ihnen eine Freude machen.

Willem ist vorausgegangen. Er hat sich auf das Bett hinter den Nachttisch gesetzt.

FRANZ Treten Sie heran!

K *sieht sich nach einem Stuhl um:* Ich kann mich doch setzen?

FRANZ Das ist nicht üblich.

Während Kullich die Kleidungsstücke abwirft, schiebt Franz K vor den Tisch.

Frau Grubach und der Hauptmann stellen sich horchend, der Gruppe zugewandt, auf.

K Sagen Sie mir jetzt – wer sind Ihre Auftraggeber?

FRANZ Machen Sie nicht solchen Lärm!

WILLEM Sie kennen Fräulein Bürstner?

K Wenig.

WILLEM So?

K Sie arbeitet in einem Büro.

WILLEM Und womit beschäftigt sie sich dort?

K Sie ist Stenotypistin.

WILLEM Sind Sie sicher?

K Warum fragen Sie?

WILLEM Sie scheint sehr früh zur Arbeit zu gehn.

K Das weiß ich nicht.

WILLEM Oder ist sie noch gar nicht nach Hause gekommen?

FRANZ *sich Frau Grubach zuwendend:* Frau Grubach! Ist Fräulein Bürstner heut nacht nicht nach Hause gekommen?

FRAU GRUBACH *herbeieilend:* Ich hab sie nicht gesehn.

FRANZ Bleibt sie oft fort nachts?

FRAU GRUBACH Manchmal. Manchmal kommt sie auch sehr spät.

K *erregt:* Warum haben Sie mich in dieses Zimmer geführt?

WILLEM Sind Sie zum ersten Mal hier?

K Ja.

WILLEM Ist es Ihnen nicht recht? Haben Sie es eilig? Wollen Sie gehn?

K *verwirrt:* Erst halten Sie mich auf. Dann fragen Sie, ob ich gehn wolle –

Willem steht lachend auf. Auch Franz bewegt sich plötzlich entspannt, als sei die Untersuchung beendet. Die drei Gehilfen treten mit freundschaftlichen Gesten auf K zu.

K *noch unsicher:* Die Angelegenheit ist also beendet? Am besten, wir denken nicht mehr nach über die Berechtigung oder Nichtberechtigung Ihres Vorgehns.

Er tritt, plötzlich erleichtert, auf Willem zu, streckt ihm die Hand entgegen.

Geben wir der Sache einen versöhnlichen Abschluß.

Willem nagt an seinen Lippen, blickt auf Ks ausgestreckte Hand. Dann nimmt er seinen Hut, der auf Fräulein Bürstners Bett liegt. Es ist ein harter, schwarzer, runder Hut. Er setzt ihn sich mit beiden Händen langsam und vorsichtig auf, wie zu einer Anprobe. K steht immer noch mit ausgestreckter Hand.

WILLEM Wie einfach Ihnen alles vorkommt. Ein versöhnlicher Abschluß! Nein, das geht wirklich nicht. Womit ich nicht sagen will, daß Sie verzweifeln sollen. Nein, warum denn? Sie sind nur verhaftet, nichts weiter. Das hatte ich Ihnen mitzuteilen. Damit genug für heute. Ja, wir können uns jetzt verabschieden, aber nur vorläufig. Sie werden wohl jetzt in die Bank gehn wollen?

K *trotzig:* Wie kann ich in die Bank gehn, wenn ich verhaftet bin?

WILLEM Sie haben mich mißverstanden. Sie sind verhaftet, gewiß. Aber das soll Sie nicht hindern, Ihren Beruf auszuüben. An Ihrer Lebensweise soll sich nichts ändern.

K Dann war die Mitteilung der Verhaftung auch kaum notwendig.

WILLEM Es war meine Pflicht.

K Merkwürdige Pflicht.

WILLEM Verlieren wir nicht unsre Zeit. Sie wollen in die Bank gehn. Das heißt, ich zwinge Sie nicht dazu. Nehme nur an, daß Sie es wollen. Um Ihre verspätete Ankunft möglichst unauffällig zu machen, stehn Ihnen hier drei Herren, Ihre Kollegen, zur Verfügung.

K blickt die Gehilfen erstaunt an. Diese nicken und lachen, um sich zu erkennen zu geben.

KULLICH Die Bank ist groß, Herr Prokurist! Da werden untergeordnete Leute leicht übersehen.

KAMINER Und dabei begegnen wir uns doch täglich, wenn ich die Post bringe.

K Aber natürlich, Herr Kaminer! Verzeihen Sie mir! Guten Morgen, Herr Kullich! Also gleich an die Arbeit, Herr Rabensteiner!

Er reicht den Herren die Hand. Diese stellen sich in einem Halbkreis vor ihn hin. Dahinter verschwinden Willem und Franz unmerklich.

Frau Grubach hat inzwischen die auf den Boden geworfenen Kleidungsstücke aufgesammelt und in den Schrank gehängt. Dann ist sie zum Frühstückstisch geeilt und räumt dort ab.

Der Hauptmann hat sich zurückgezogen.

Kullich, Kaminer und Rabensteiner springen die Stufen rechts herab, suchen auf der Vorderbühne nach Ks Hut, finden ihn, werfen ihn einander zu, jonglieren damit.

K kommt von links zur Vorderbühne hinunter. Kaminer überreicht ihm feierlich den Hut. K setzt sich den Hut auf, rückt Kragen und Schlips zurecht.

Dann geht K links auf den Schreibtisch zu.

Kullich, Kaminer und Rabensteiner folgen ihm.

2. In der Bank

Bei einem nicht durch Drehbühne vollzognen Szenenwechsel muß die Veränderung der Räumlichkeiten schlagartig einsetzen.

Die Angestellten der Bank, hin und hereilend mit Aktenstößen, Papierbündeln, sind an den Verschiebungen, Abdeckungen, Drehungen der Bauelemente beteiligt.

Mittelbühne: Links eine Reihe von Stühlen. Dort nehmen Kunden, oder Bittsteller, Platz. Der große Tisch mit Akten und Papieren bedeckt. Der Schrank rechts wird zu einem Tresor. An Stehpulten wird Geld gezählt. Rechts eine Gruppe von Herren, über Geschäftsbüchern. Schreibmaschinen, Rechenmaschinen knattern.

Hinterbühne: Eine Reihe von Schaltern, dahinter Kunden, die zuweilen ihre Gesichter in die Luken strecken, den Bankbeamten entgegen.

Ein gedämpfter, alltäglicher Betrieb. Alle Bewegungen beherrscht, geordnet.

K, vorn auf dem Weg zum Schreibtisch, nimmt den Hut ab. Kullich nimmt den Hut entgegen, hängt ihn an den Kleiderhaken links vom Mittelschrank. Kaminer legt einige Briefe auf den Schreibtisch, schneidet sie schon mit dem Brieföffner auf, nimmt die Blätter aus den Umschlägen, breitet sie aus.

Rabensteiner tritt schnell, ehe K sich auf den Schreibtischsessel setzt, auf ihn zu. Wie bei einem Zauberkunststück zieht er aus der Brusttasche die Photographie heraus und reicht sie K.

RABENSTEINER Zur Erinnerung.

Während K noch das Foto anstarrt, entfernt er sich. Kullich ordnet Stempel, Stempelkissen, Federhalter, Papiere auf dem Schreibtisch. Kaminer legt eine schwarze Lederdecke über das Bett rechts. Kullich und Kaminer gehen ab, Rabensteiner erscheint wieder.

RABENSTEINER Der Direktor-Stellvertreter hat schon nach Ihnen gefragt. Ich hab ihm gesagt, Sie sind im Haus. Längst tätig! Längst tätig!

Aus der rechten Gruppe oben tritt der Direktor-Stellvertreter vor. Er ist groß, kräftig, elegant gekleidet. Kommt schnell die Stufen rechts herab, mit ein paar Schriftstücken in der Hand. Rabensteiner zieht sich zurück. K steht noch vor dem Schreibtisch, die Photographie betrachtend. Der Direktor-Stellvertreter bleibt in einigem Abstand hinter ihm stehn, betrachtet ihn, mit spöttischem Lächeln.

K schnellt herum, das Foto mit der Hand auf dem Schreibtisch verdeckend.

K Nein! Ich bin eben erst gekommen!

DIREKTOR-STELLVERTRETER Aber Herr Prokurist! Bei Ihren Fähigkeiten holen Sie das schnell auf. Fünf Jahre in der Firma, und nicht ein einziges Mal zu spät gekommen! Die Pünktlichkeit und Zuverlässigkeit selbst. Und außerdem – meinen Sie, daß ich die Bedeutung des heutigen Datums vergessen hätte?

Er streckt K die Hand entgegen. K reicht ihm zuerst die linke Hand, da die rechte noch über dem Foto liegt, wendet sich dann ganz um, reicht dem Direktor-Stellvertreter die rechte Hand.

Mit ironischer Feierlichkeit. Dritter Juli Neunzehnhundertdreizehn! Ich darf Ihnen hier – *er zieht einen Briefumschlag aus der Brusttasche* – auch im Namen des Herrn Direktor – eine Gratifikation überreichen.

K *verlegen:* Aber das ist –

DIREKTOR-STELLVERTRETER Bitte, bitte – *Er drückt K den Briefumschlag in die Hand. Wird dabei auf die Photographie aufmerksam, die jetzt offen auf dem Schreibtisch liegt. Er hebt sie hoch, betrachtet sie.*

Eine hübsche Dame.

K will ihm das Foto entreißen. Der Direktor-Stellvertreter hält es weit ab.

Wer sind denn die übrigen Herrschaften?

K *verwirrt:* Bekannte, Verwandte von mir.

DIREKTOR-STELLVERTRETER Ihre Verlobte? Ah, welche Figur! Ich sehe – ein schöner Tag – Sie stehn vorm Dom – Sie selbst – haben das Bild aufgenommen. Nur etwas schief, leider.

Der Direktor-Stellvertreter zieht das Foto noch einmal spielerisch zurück, da K es greifen will. Dann überläßt er es ihm lachend.

Oder ist es eine ganz neue Eroberung?

K *gequält:* Herr Vorsteher! Dort sitzen die Kunden. Sie warten drauf, vorgelassen zu werden.

DIREKTOR-STELLVERTRETER Die kleinen Sparer. Ja, die sind beunruhigt! Aber Sie wissen, wir können keine Darlehen geben, in diesen Tagen. Bei der Kriegsgefahr. Wie leicht können wir hineingerissen werden.

K scheint nicht zuzuhören. Er steht über den Schreibtisch gebeugt, die Hände auf die Platte gestützt.

Der Direktor-Stellvertreter legt seine Hand auf Ks Schulter.

Sie aber, ich verstehe es, Sie wollen grade jetzt Sicherheit. Ja, Heim, Familie müssen wir bilden, um etwas zu haben, an das wir uns halten können.

Der Direktor-Stellvertreter geht links zum Mittelgrund hinauf. Gleichzeitig führt Rabensteiner einen der Bittsteller die Stufen hinab. Dieser bleibt mit gesenktem Kopf in der Nähe des Schreibtischs stehn, während Rabensteiner zurückgeht. K bemerkt ihn nicht. Er hat auf dem Sessel Platz genommen. Er hält das Foto in der einen Hand, ergreift eine Schere, schneidet sorgfältig die Figuren rechts und links von der Frauengestalt auf dem Bild ab. Steckt dann die Photographie in die Brusttasche.

Von rechts oben kommt der Direktor herunter, ein schmaler, kränklich aussehender älterer Herr.

Schnell kommen von der andern Seite Rabensteiner und Kaminer und führen den Bittsteller wieder ab. Dieser läßt es willenlos geschehn. Der Direktor bleibt hinter Ks Stuhl stehn. Er hüstelt. K fährt herum und springt auf.

K Herr Direktor!

DER DIREKTOR Mein Lieber, ich höre, Sie sind unpäßlich. Noch nie waren Sie krank! Was ist Ihnen?

K O nichts, nichts!

DER DIREKTOR Wollen Sie einen Urlaub nehmen?

K Danke vielmals, Herr Direktor, aber das kann ich mir nicht leisten.

DER DIREKTOR Sie leben doch allein, haben keine Verpflichtungen.

K schweigt, senkt den Kopf.

Richtig! Allzusehr zurückgezogen haben Sie gelebt. Sie brauchen eine Wohnung, die Ihrer Stellung angemessen ist. Sie arbeiten zu hart, Verehrter. Sie überanstrengen sich. Sie haben nicht einmal mehr Zeit, mich zu Hause zu besuchen.

K *zögernd:* Herr Direktor –

DER DIREKTOR Ja? Was ist denn geschehn? Sprechen Sie vertrauensvoll zu mir.

K Heute morgen – *er unterbricht sich.*

DER DIREKTOR Ja –

K steht verstummt.

Ja – Sie kamen zu spät. Sehn Sie, so kann es anfangen. Wer einmal zu spät aufwacht, der kann ganz weggezogen werden von seinem Platz – *Er schiebt seinen Arm unter Ks Arm, geht langsam, schief an ihm hängend, mit K hin und her.* Es ist schön, wenn man morgens alles so wiederfindet, wie es am Abend war. Ja, es gehört schon viel Geistesgegenwart dazu, um mit dem Augenöffnen alles so zu fassen, wie man es abends losgelassen hat. Das Aufwachen ist deshalb auch der riskanteste Augenblick im Tag. Ist er einmal überstanden – und es hat sich nichts verändert – so können wir den ganzen Tag über getrost sein –

K Und ich –

DER DIREKTOR Und Sie?

K Nein! Besondre Möglichkeiten sehe ich jetzt! Große Möglichkeiten!

DER DIREKTOR So ist es recht! Sie befinden sich noch am Anfang Ihrer Laufbahn. Sie streben nach Höherem. Das schätze ich sehr an Ihnen. Sie sind eine unsrer besten Kräfte. *Er bleibt stehn, greift K an beiden Armen, hält ihn von sich ab und blickt ihn an.* Ich erwarte noch viel von Ihnen. *Er wendet sich ab, geht nach links, dreht sich noch einmal um.* Und kommen sie bald abends zu uns.

K verbeugt sich.

Kullich und Kaminer kommen dem Direktor entgegen. Sie stützen ihn an den Armen. Führen ihn links hinauf. Die Kunden erheben sich von den Stühlen, verneigen sich.

K bleibt noch einige Augenblicke stehn, geht dann schnell nach rechts zum Waschtisch, zieht seine Jacke aus, beugt sein Gesicht tief über die Schüssel, überschüttet es mit Wasser. Die Büroräume im Hintergrund werden verdunkelt.

3. In der Pension

Mittelbühne: Hier ist nur der Tisch beleuchtet, an dem Frau Grubach sitzt, bei einer Strickarbeit. Vor ihr ein Haufen Strümpfe.

Vorn trocknet sich K das Gesicht vorm Waschtisch ab, zieht seine Jacke an. Wendet sich dann Frau Grubach zu.

K Es wird bestimmt nicht wieder vorkommen.

FRAU GRUBACH *von der Arbeit aufblickend, leise:* Nein, das kann nicht wieder vorkommen.

K geht auf sie zu.

K Meinen Sie das ernstlich? *Er stellt sich ihr gegenüber an den Tisch.*

FRAU GRUBACH Ja. Sie dürfen es nicht zu schwer nehmen. Was geschieht nicht alles in der Welt! Nun ja, die Wärter haben mir ja einiges erzählt. Es handelt sich ja um Ihr Glück, und das liegt mir wirklich am Herzen. Ich habe also einiges gehört. Aber es war nichts Schlimmes. Sie sind zwar verhaftet, aber nicht so wie ein Dieb verhaftet wird. Diese Verhaftung – entschuldigen Sie, wenn ich etwas Dummes sage – es kommt mir wie etwas Gelehrtes vor, das ich nicht verstehe, das man aber auch nicht verstehn muß.

K Es ist gar nichts Dummes, was Sie da sagen, Frau Grubach. Zum Teil bin ich auch Ihrer Meinung. Nur urteile ich über das Ganze noch schärfer als Sie. Ich halte es nicht mal für etwas Gelehrtes, sondern überhaupt für nichts. Ich wurde überrumpelt, das war es. Ich wollte eigentlich auch gar nicht mehr drüber sprechen. Nur Ihr Urteil wollte ich hören. Ich bin froh, daß Sie mit mir übereinstimmen.

Er beugt sich über den Tisch, streckt ihr seine Hand entgegen. Frau Grubach aber blickt nicht auf. Sie schweigt eine Weile, in tiefem Ernst.

FRAU GRUBACH *als hielte sie ein Weinen zurück:* Nehmen Sie es doch nicht so schwer.

K Ich wüßte nicht, daß ich es schwer nehme.

Er richtet sich auf, zieht die Hand zurück.

Ist der Hauptmann zu Hause?

FRAU GRUBACH *gedankenverloren:* Er war so enttäuscht heute morgen, als Sie nicht die Übungen mit ihm machten –

K Ist er noch in der Garnison?

FRAU GRUBACH *immer noch abwesend:* Glauben Sie, daß wir mobilisieren werden?

K Ist Fräulein Bürstner da?

FRAU GRUBACH *jetzt aufblickend:* Nein. Wollen Sie etwas von ihr?

K Ich wollte nur ein paar Worte mit ihr reden.

FRAU GRUBACH Ich weiß nicht, wann sie kommt.

K Ich wollte mich nur bei ihr entschuldigen, daß ich ihr Zimmer in Anspruch genommen habe.

FRAU GRUBACH Das ist nicht nötig. Das Fräulein weiß ja von gar nichts. Es ist auch alles in Ordnung gebracht. Sehn Sie selbst.

Sie steht auf, geht zu Fräulein Bürstners Zimmerecke. Gedämpftes Licht über den Möbeln.

K *vorwurfsvoll, als trage Frau Grubach die Verantwortung dafür:* Daß sie so spät nach Hause kommt!

FRAU GRUBACH Wie eben junge Leute sind.

K Es kann aber zu weit gehn.

FRAU GRUBACH Wie recht Sie haben. Ich will Fräulein Bürstner nichts nachsagen. Sie ist ein gutes, liebes Mädchen, freundlich, ordentlich, arbeitsam. Aber eins ist wahr, sie sollte stolzer, zurückhaltender sein. Ich habe sie öfter in entlegenen Straßen gesehn – und immer mit einem andern Herrn –

K *in plötzlicher Wut:* Sie haben mich mißverstanden! Ich kenne das Fräulein sehr gut. Es ist nichts davon wahr, was Sie sagen.

Er wendet sich ab. Geht zurück nach links. Frau Grubach eilt ihm nach. Ihre Schürze ist aufgegangen, die Bänder flattern.

FRAU GRUBACH Herr Prokurist! Ich habe es ja auch nur Ihnen anvertraut! Schließlich muß es doch im Sinn meiner Mieter sein, wenn ich die Pension rein zu halten suche.

K Reinheit! Wenn Sie die Pension rein halten wollen, müssen Sie zuerst mir kündigen! *Er läuft die Stufen hinab nach vorn. Wirft sich auf sein Bett. Springt nach einigen Augenblicken auf, geht hin und her.*

Frau Grubach packt ihre Handarbeit zusammen, geht ab.

K legt sich wieder auf das Bett.

Ein leises Singen ist zu hören. Aus dem dunklen Hintergrund tritt langsam Fräulein Bürstner vor. Sie geht summend, im großen Halbkreis, auf ihr Zimmer zu.

K richtet sich vom Bett auf.

Fräulein Bürstner tritt in ihr Zimmer ein. Sie nimmt einen großen seidnen Schal von den Schultern, beginnt, vor dem Schrankspiegel, ihr Kleid aufzuknöpfen. Ihren Hut hat sie noch nicht abgenommen.

Sie trägt die gleichen Kleidungsstücke, mit denen Kullich sich kostümierte.

K springt vom Bett auf, rückt den Schlips zurecht, läuft die linke Treppe hinauf, geht, an den dunklen Möbelkuben vorbei, auf Fräulein Bürstner zu.

K *flüsternd:* Fräulein Bürstner.

FRÄULEIN BÜRSTNER *sich umwendend:* Ist jemand hier?

K *vortretend:* Ich bin es.

FRÄULEIN BÜRSTNER Ach Sie?

K Ich wollte ein paar Worte mit Ihnen sprechen –

FRÄULEIN BÜRSTNER Jetzt? Muß das jetzt sein?

K Ja.

FRÄULEIN BÜRSTNER Ich bin zum Hinfallen müde. Aber kommen Sie.
Sie tritt zurück zum Bett. K steht einige Schritte von ihr entfernt.
Was wollen Sie also? Ich bin wirklich neugierig.

K Sie werden vielleicht sagen, daß die Sache nicht so dringend ist, um jetzt besprochen zu werden, aber –

FRÄULEIN BÜRSTNER Einleitungen überhöre ich immer.

K Das erleichtert meine Aufgabe. Ihr Zimmer ist heute früh, durch meine Schuld, in Unordnung gebracht worden.
Fräulein Bürstner sieht statt des Zimmers K prüfend an.

FRÄULEIN BÜRSTNER Mein Zimmer?

K Ja, es war eine Untersuchungskommission hier.

FRÄULEIN BÜRSTNER *legt die Hände tief an die Hüften:* Ihretwegen?

K Ja. *Er zeigt auf die Photographien auf dem Nachttisch.* Zum Beispiel Ihre Photographien –

FRÄULEIN BÜRSTNER *jetzt auf die Fotos blickend:* Sie sind durcheinander gebracht – Ja! Ein Bild fehlt!

K So waren diese Leute! Und dann haben sie mich verhört!

FRÄULEIN BÜRSTNER Nein!

K Doch! Glauben Sie denn, daß ich schuldlos bin?

FRÄULEIN BÜRSTNER Nun, schuldlos – das kann ich nicht sagen. Ich kenne Sie doch nicht. Es muß schon ein schwerer Verbrecher sein, dem man gleich eine Untersuchungskommission auf den Leib schickt. Aber Sie sind doch frei – ich schließe jedenfalls aus Ihrer Ruhe, daß Sie nicht aus dem Gefängnis entlaufen sind. So können Sie doch kein solches Verbrechen begangen haben.

K Die Kommission hat vielleicht eingesehn, daß ich unschuldig bin.

FRÄULEIN BÜRSTNER Worum handelt es sich denn?

K Das ist eben der Haken. Das weiß ich selbst nicht.

FRÄULEIN BÜRSTNER *enttäuscht:* Dann war es höchst unnötig, mich so spät in der Nacht zu besuchen.

K Was ich weiß, habe ich Ihnen gesagt. Es war eigentlich auch keine Untersuchungskommission. Ich nenne es nur so, weil ich keinen andern Namen dafür habe. Es wurde gar nichts untersucht. Ich wurde nur verhaftet.
Fräulein Bürstner lacht. Sie setzt sich auf das Bett.

FRÄULEIN BÜRSTNER Wie war es denn?

K Schrecklich.

FRÄULEIN BÜRSTNER Das ist zu allgemein.

K Soll ich Ihnen zeigen, wie es gewesen ist?

FRÄULEIN BÜRSTNER Ich bin zu müde. Ich hätte Sie nicht mehr hereinlassen sollen.

K Darf ich den Tisch vor Ihr Bett rücken?

FRÄULEIN BÜRSTNER Was fällt Ihnen ein?

K Ich kann es Ihnen sonst nicht zeigen. *Er hat den kleinen Tisch schon vor sie hingeschoben. Stellt sich davor. Auf Fräulein Bürstner weisend.* Da sitzt der Aufseher. Und da – *er zeigt herum* – steht ein Wächter – und da am Schrank stehn die Gehilfen. Einer von diesen Lümmeln hat sich Ihr Kleid angezogen, eben dieses Kleid, und diesen Hut –

FRÄULEIN BÜRSTNER Bitte, nicht so laut, Sie wecken ja das ganze Haus.

K Der Aufseher ruft, er schreit geradezu. Ich muß leider, wenn ich es Ihnen begreiflich machen will, auch schreien. Er ruft meinen Namen.

Fräulein Bürstner legt den Finger vor ihren Mund.

Josef, schreit er –

FRÄULEIN BÜRSTNER Ach, Josef heißen Sie?

K *schreit:* Josef! *Noch lauter.* Josef!

Ein hartes Klopfen, von den Seiten her. Fräulein Bürstner erschrickt, legt die Hand aufs Herz.

Wer hat da geklopft?

FRÄULEIN BÜRSTNER Sicher der Hauptmann. Daß Sie so schreien mußten.

K stellt den Tisch an seinen Platz zurück. Fräulein Bürstner nimmt ihren Hut ab. Ihr rötliches Haar ist in der Mitte gescheitelt und im Nacken fest zusammengehalten.

K faßt sie bei der Hand, dann beim Handgelenk. Er küßt sie auf die Stirn.

Weg! Weg! Gehn Sie doch! Was wollen Sie! Er hört doch alles. Wie Sie mich quälen.

Sie steht auf. K hält sie immer noch am Handgelenk.

K Sind Sie mir böse?

FRÄULEIN BÜRSTNER Nein, ich bin niemals und niemandem böse.

K geht neben ihr, hält sie am Handgelenk. Dann umarmt er sie plötzlich, mit überraschender Heftigkeit, küßt sie auf den Mund, über das ganze Gesicht, auf den Hals, die Gurgel.

Es wird wieder geklopft, diesmal verhaltner, dazu ist das Räuspern des Hauptmanns zu hören.

K eilt davon. Fräulein Bürstner bleibt stehn. Ihr Kleid ist vorn aufgerissen, das Korsett ist sichtbar.

Links hinter dem großen Tisch taucht der Hauptmann auf.

K ist am Tisch vorbeigelaufen, springt die Stufen links nach unten.

Der Hauptmann folgt ihm. Er ist in den Schlafanzug gekleidet, dessen Jacke er sich abstreift. Vorn öffnet K seinen Schlips, seinen Kragen. Der Hauptmann wirft die Jacke auf den Bo-

den, steht geduckt, in Kampfhaltung, auf den Stufen. Er knipst mit den Fingern. K dreht sich erschreckt um, hebt die Hände zur Abwehr.

Mit einem Satz springt der Hauptmann, breit grinsend, auf K zu, wirft ihn zu Boden. K wehrt sich kaum.

Der Hauptmann kniet sich auf ihn, preßt seine ausgebreiteten Arme nieder.

DER HAUPTMANN *schnaufend:* Um die Morgengymnastik haben Sie sich gedrückt – wenigstens die Abendübung müssen Sie mir gönnen!

Über ihnen, im Hintergrund, hat sich Fräulein Bürstner das Kleid ausgezogen und das Korsett aufgeknöpft. Dabei singt sie wieder leise.

Dann springt der Hauptmann auf, macht ein paar Kniebeugen, protzt mit seinen Armmuskeln. Mit federnden Schritten läuft er links die Stufen hinauf, verschwindet.

Während K mit ausgebreiteten Armen auf dem Rücken liegen bleibt, streift Fräulein Bürstner den Unterrock ab. Sie steht nackt, summend, mit hochgehobenen Armen, öffnet ihr Haar zu einem großen Schwall.

Dunkel.

4. *In der Bank*

Schlagartig einsetzende Geräusche aus den Büroräumen. Dazu ein schrilles Telephonsignal.

K richtet sich vom Fußboden auf.

Rabensteiner ist zum Telephon gelaufen, hat den Hörer abgenommen, steht dort nickend.

K richtet seine Kleidung her.

RABENSTEINER Herr Prokurist! Ein Gespräch für Sie!

Rabensteiner steht mit hoch erhobenem Telephonhörer. K läuft auf ihn zu. Er nimmt den Hörer, nickt, verbeugt sich ein paar Mal, hängt dann den Hörer auf. Bleibt in sich versunken am Telephon stehn.

Der Direktor-Stellvertreter tritt von hinten an ihn heran.

DIREKTOR-STELLVERTRETER Schlechte Nachrichten?

K *erschreckt:* Nein, nein. *K geht hinunter zum Vordergrund. Der Direktor-Stellvertreter folgt ihm.*

DIREKTOR-STELLVERTRETER Eine Frage – möchten Sie am Sonntag eine Partie auf meinem Segelboot mitmachen? Es wird eine größere Gesellschaft sein. Ich habe auch Ihren Bekannten schon eingeladen, Herrn Hasterer – *Er wendet sich zurück nach oben, wo eben der Staatsanwalt erschienen ist. Dieser kommt mit schnellen Schritten hinunter.*

K Herr Staatsanwalt!

Der Staatsanwalt tritt auf K zu, begrüßt ihn freundschaftlich.

DIREKTOR-STELLVERTRETER Nun – wollen Sie kommen? Kommen Sie doch!

K Vielen Dank – aber ich habe leider morgen keine Zeit. Ich habe schon eine Verpflichtung.

DIREKTOR-STELLVERTRETER Schade.

Der Direktor-Stellvertreter geht schon ab. K hält ihn zurück.

K *sich entschuldigend:* Ich bin eben antelephoniert worden, ich soll irgendwohin kommen, aber man hat vergessen, mir zu sagen, zu welcher Stunde.

DIREKTOR-STELLVERTRETER Fragen Sie doch noch einmal an.

K Es ist nicht so wichtig.

DIREKTOR-STELLVERTRETER Dann können Sie doch –

K Nein, es ist unmöglich. Ich muß unbedingt –

DIREKTOR-STELLVERTRETER *abgehend:* Dann auf ein andres Mal –

Der Staatsanwalt legt den Arm um K. Er ist breit, kräftig. Das Haar pomadisiert, in der Mitte gescheitelt. Kleiner bürstenartiger Schnurrbart.

DER STAATSANWALT Ich hoffe, ich störe Sie nicht, Herr Kollege.

K Aber bitte, bitte –

DER STAATSANWALT Ich muß mich wieder einmal aussprechen. Mit einem verständnisvollen Menschen.

K vollzieht eine wegwerfende Handbewegung. Entzieht sich der Umarmung des Staatsanwalts.

Bleibt dann, leicht vorgebeugt, ihm gegenüber stehn.

Mit gepreßter Stimme, mit den Armen seitwärts ausholend, als wolle er eine Last vor sich herwälzen. Da laufe ich von Verhandlung zu Verhandlung und versuche, alle Verstellung und Lüge unter wirksame Anklage zu setzen. Ich arbeite die Nächte hindurch. Das Material, all diese Schriftsätze, Zeugenaussagen, Verhandlungsprotokolle, Entscheidungsgründe – von fast undurchdringlicher Fülle! Zehnmal, zwanzigmal schreibe ich meinen Antrag. Jedesmal denke ich, jetzt wird dir endlich Genugtuung zuteil werden. Und dann, wenn ich vor dem Angeklagten stehe – wo kommt er denn her, aus welcher Unterwelt kommt er denn herauf – dann, sehn Sie, dann zerplatzt plötzlich der gesamte Tatbestand, verpufft, verflüchtigt sich – meine Beurteilung wird zu etwas Nebensächlichem, ich müßte völlig neu beginnen –

K Und doch –

DER STAATSANWALT Und doch?

K Und doch! Das Gericht, das Sie vertreten, ist greifbar! Was Sie aufgefunden haben, kann nicht zurückgenommen werden.

DER STAATSANWALT Wie meinen Sie das?

K Mit Ihrem Rechtsspruch – selbst wenn Sie ihn für unzureichend halten – und er muß immer unzureichend sein – gliedern Sie den Angeklagten in eine Ordnung ein. Auch wenn Sie ihm die härteste Strafe beimessen, begnadigen Sie ihn. Das ist Ihre Genugtuung!

DER STAATSANWALT Gut, wir haben unsre Normen, daran müssen wir festhalten, wo kämen wir denn sonst hin. Wir haben unsre Grundsätze, schön, sehr schön. Aber dann, wenn wir eine Schuld aufgezeigt und eine Sühne gefordert haben, und plötzlich diese anderen Mächte auftreten, diese Mächte, für die wir nicht mehr zuständig sind, was dann? Da greift etwas um sich, da stehn Massen auf, der einzelne Fall entzieht sich, da setzt etwas Dumpfes, Gewaltsames ein –

K *emphatisch:* Sie dürfen den Angeklagten nicht im Stich lassen!

DER STAATSANWALT Andre machen sich jetzt zu Richtern –

K Wie, wenn es kein Verständnis mehr gäbe? Wenn sich nichts Gemeinsames mehr finden ließe?

Der Staatsanwalt ist einige Schritte hin und hergegangen. Er bleibt stehn, mit machtlos erhobenen Armen.

DER STAATSANWALT Über diese Dinge wollte ich gar nicht mit Ihnen sprechen. Sondern über Helene. Sie haben sie getroffen, zu Hause bei mir. Was denken Sie von ihr?

K *gepeinigt:* Herr Staatsanwalt, es steht mir nicht zu –

DER STAATSANWALT Sagen Sie es nur!

K *stotternd:* Vielleicht ihre Kleidung – etwas zu auffallend –

DER STAATSANWALT Sie ist zu fett für den tiefen Ausschnitt im Rücken. Dieses alte Ballkleid! All diese Fransen! Ich weiß, Sie wagen es nicht einmal, sie anzusehn! Den ganzen Tag liegt sie im Bett. Liest diese Fortsetzungsromane. Gähnend, ungepflegt, schamlos erwartet sie mich. Nie kämmt sie ihr Haar. Wie verklebt diese schwarzen Locken sind!

K Herr Staatsanwalt! Denken Sie, wie verloren wir wären, wenn jede Anklageschrift fehlte, und wenn auch keine Verteidigung mehr erbracht werden könnte, weil es unmöglich ist, zu urteilen, unmöglich überhaupt, zu leben –

DER STAATSANWALT *wieder auf K zutretend, seine Schultern fassend:* Das sagen Sie, Josef? Als nüchternen Geschäftsmann kenne ich Sie! Als einen Menschen der Pflicht! Der nach einem erfüllten Leben trachtet!

K Ich bin ein elender, unfähiger –

DER STAATSANWALT *K wieder umarmend:* Josef! Nenne mich Herbert! Mach dich frei, mein Freund! Komm morgen! Stell dir vor – dahinsegeln auf dem Fluß – hinaus in die Sonne – an den Weinbergen entlang!

K entzieht sich ihm, schüttelt den Kopf.

Beim Abgehn: Wir erwarten dich!

Der Staatsanwalt verschwindet im Hintergrund. K bleibt reglos stehn. Die Geräusche in den Büroräumen wachsen an. Rabensteiner, Kullich, Kaminer kommen herbei. Sie ordnen die Papiere auf dem Schreibtisch, rücken die Stühle zurecht, füllen frisches Wasser in die Kanne auf dem Waschtisch, entleeren die Schüssel in einen Eimer, tragen den Eimer hinaus. Während ihrer Handhabungen wenden sie sich an K.

KAMINER Sie haben die Adresse erhalten?

K blickt fragend auf.

Man hat Ihnen die Nummer des Hauses genannt?

K Was wollen Sie?

RABENSTEINER Wir wissen, wohin Sie morgen sollen. Zu einer ersten kleinen Untersuchung in Ihrer Angelegenheit.

KULLICH Immerhin rücksichtsvoll, die Verhandlung auf den Sonntag zu legen. Da stört man Sie nicht in der beruflichen Arbeit.

RABENSTEINER Es wär ja auch in der Nacht möglich. Aber da wären Sie wohl nicht frisch genug.

KULLICH Am besten, Sie sind gleich um neun Uhr früh da.

KAMINER In der Juliusstraße. Es ist ein langer Weg. In der Vorstadt, beim Güterbahnhof.

K scheucht die Beamten mit einer Armbewegung zurück. Steht dann, als sei er bereit zu einem Sprung.

5. Vor dem Gericht

Während die Vorderbühne unverändert bleibt, wird die übrige Bühne, mit der plötzlich einsetzenden Bewegung des Wegtragens, Verschiebens und Umstellens, mit den Drehungen und Wendungen der Bauelemente, zu einer weitverschachtelten Räumlichkeit.

Mittelbühne: Von den Seiten her, und aus dem Hintergrund, drängen sich Menschen hinein in vielfältig verkeilte Lebensbezirke, Kammern, Schuppen gleich. Sie bilden Gruppen, auf den Abstufungen, um Tische, Kisten, Betten. Die Männer in Hemdsärmeln, die Frauen oft im Unterrock, mit Kindern im Arm. Manche liegen halbbekleidet, ein umschlungenes Paar ist zu sehn, ein Mann sitzt barfüßig, liest eine Zeitung, Körbe, Eimer werden hin und her getragen, Wäsche wird über Kübeln gewaschen und zum Trocknen auf Leinen ausgespannt. Bettlaken werden ausgeschüttelt, Decken hochgeschwungen.

Hinterbühne: Auch hier Räumlichkeiten, doch Estraden, Galerien gleich, Leitern werden angelegt, Menschen klettern hinauf, kaum sichtbar regen sie sich hinter den Baukonstruktionen.

Gleichzeitig mit der Einrichtung der Szenerie setzt der Lärm von Stimmen ein, von Rufen, Pfeifen, Gesang, dazu die harten Stöße des Bauens, Hammerschläge, auch undeutliche Musik von Ziehharmonika oder Flöte.

Das dichte Gewühl ist jedoch ohne Hektik, eher ruhig, träge, nachlässig, gleichgültig.

Einige Bewohner dieses Gebiets gehn vorn an K vorbei, der in seiner zum Sprung ansetzenden Haltung dasteht.

K hält einen jungen Mann in Arbeitskleidung am Arm fest.

K Hier sollen irgendwo Verhandlungen stattfinden?

Der Arbeiter Verhandlungen?

K Gerichtsverhandlungen.

Der Arbeiter Davon weiß ich nichts.

Der Arbeiter entfernt sich. Eine Frau mit einem großen Bündel Bettzeug geht an K vorbei, stößt ihn an. Er tritt zur Seite, blickt sich suchend um. Wendet sich dann an eine andre Frau. Diese ist in ein lockeres, schürzenartiges Hemd gekleidet und trägt einen Eimer voller Wäsche.

K Finden hier Verhandlungen statt?

Die Frau stellt den Eimer ab, wischt sich mit dem nassen Arm über die Stirn.

Die Frau Ja. *Sie zeigt hinauf zum Hintergrund.* Aber der Raum ist schon voll.

K Ich werde erwartet.

Die Frau Dann gehn Sie. Folgen Sie mir. Nach Ihnen muß ich schließen. Es darf niemand mehr hinein.

Sie gehn zusammen links die Stufen hinauf in das Gedränge. Hier bewegt sich alles wieder neuen Veränderungen entgegen. Die Wäscheleinen werden abgenommen, die Betten überdeckt. Aus den Kuben werden Podeste, Ränge, Galerien. Anstelle der Bewohner der Kammern sind jetzt Männer zu sehn, die in lange schwarze Jacken und Röcke gekleidet sind. Diese Kleidungsstücke sind von altertümlichem Schnitt, sie hängen zumeist weit und lose an den Körpern. Viele der Anwesenden, die sich wie zu einer Versammlung reihenweise hinsetzen, haben weiße Bärte, doch hat ihr patriarchenhaftes Aussehn etwas Steifes, Künstliches. In angestrengter Würde sitzen sie in zwei großen Gruppen, rechts und links. Einige sind bis auf die Vorderbühne gekommen, und haben rechts auf dem Bett Platz genommen. Auch links, hinter dem Schreibtisch, sitzt eine Gruppe, und die Stufen der linken Treppe werden als Sitzplätze benutzt.

Manche haben Polster, Kissen mitgebracht, bereiten sich scheinbar auf eine lange Verhandlung vor. Sie tragen alle kleine runde Abzeichen am Rockaufschlag.

Das Raunen und Brodeln der Stimmen hält an.
Von rechts kommen einige Herren in strengerer schwarzer Kleidung herbei. Sie scharen sich um den Schreibtisch, breiten dort schäbige, aufgelöste Schreibhefte, zerfledderte Bücher um sich aus.
Der Untersuchungsrichter, klein und schnaufend, setzt sich auf den Schreibtischsessel, die Rückenlehne gegen den Schreibtisch gedreht. Er läßt den Blick rings über die Versammelten gleiten, schlägt mit der flachen Hand hinter sich auf die Schreibtischplatte.
Es wird still.
Von rechts oben tritt nun die Wäscherin vor.
K folgt ihr.
Sie gehn beide die Stufen rechts hinab.
Der Untersuchungsrichter zieht eine Uhr aus der Westentasche. Er blickt K an.

DER UNTERSUCHUNGSRICHTER Sie hätten vor einer Stunde und fünf Minuten erscheinen sollen.
Ein kurzes Murmeln und Murren der Versammelten.

K Selbst wenn ich zu spät komme – jetzt bin ich hier.
Von rechts, vorn und im Hintergrund, ein kurzes Beifallklatschen.

DER UNTERSUCHUNGSRICHTER Ja, aber ich bin nicht mehr verpflichtet, Sie zu verhören.
Von links ein Murren.
Trotzdem will ich es ausnahmsweise tun. Treten Sie vor.
Ein paar vor ihm Sitzende rücken auseinander, lassen K hindurch.
Der Untersuchungsrichter blättert in einem der Hefte. Ein paar zerknitterte, verschmierte Seiten fallen heraus.
Also, Sie sind Zimmermaler?

K Nein. Sondern erster Prokurist in einer großen Bank.
Die Versammelten, die rechts hinter K sitzen, beginnen ein Gelächter, das so herzlich ist, daß K mitlachen muß. Die Leute schlagen sich vor Lachen auf die Knie, schütteln sich wie unter Hustenanfällen. Auch oben auf den höchsten Galerien rechts vereinzeltes schallendes Gelächter.
Auf der linken Seite aber verhalten sich die Zuhörer still.
Ihre Frage, Herr Untersuchungsrichter, ob ich Zimmermaler bin, ist bezeichnend für die ganze Art des Verfahrens, das gegen mich geführt wird. Sie können einwenden, daß es ja überhaupt kein Verfahren ist. Aber ich erkenne es für den Augenblick an, aus Mitleid sozusagen.
Er blickt sich um als warte er wieder auf Beifall. Es herrscht jetzt jedoch gespannte Stille. In dieser Stille tritt die Wäscherin zwischen ihn und den Untersuchungsrichter. Sie stellt den

Eimer ab, nimmt die Wäschestücke heraus, läßt sie knallend ausschwingen, legt sie über den nackten Arm. Alle Blicke sind auf sie gerichtet. Auch der Untersuchungsrichter hat sich halb vom Sessel erhoben, verfolgt jede ihrer Bewegungen. Dann ergreift sie den Eimer und geht links die Stufen hinauf, zurück zum Hintergrund, wo sie verschwindet.

Jetzt wenden sich alle wieder K zu. Der Untersuchungsrichter lehnt sich weit zurück. Er liegt fast, seine Beine baumeln in der Luft.

K Es hilft nichts! Auch Ihr Heftchen, Herr Untersuchungsrichter, bestätigt, was ich sage. *Er tritt auf den Untersuchungsrichter zu, nimmt ihm das Heft aus der Hand und hält es mit den Fingerspitzen hoch, an einem mittleren Blatt, so daß beiderseits die engbeschriebenen, verschmierten Blätter hinunterhängen.* Das sind die Akten des Untersuchungsrichters. Lesen Sie darin ruhig weiter, Herr Untersuchungsrichter. Vor diesem Schuldbuch fürchte ich mich nicht!

Mit großer Aufmerksamkeit strecken sich ringsum die Zuhörer K entgegen.

Was mir geschehn ist, ist ja nur ein einzelner Fall, und als solcher nicht sehr wichtig. Ich nehme es nicht schwer. Aber es ist Beispiel für ein Verfahren, wie es gegen viele geübt wird. Für diese Vielen stehe ich hier ein, nicht für mich.

Aus den hinteren Reihen rechts vereinzeltes Klatschen, mit hoch erhobenen Händen. Dazu ein paar Rufe:

ERSTE STIMME Warum denn nicht?

ZWEITE STIMME Bravo!

DRITTE STIMME Und wieder Bravo!

K Ich will nicht Erfolg als Redner. Will nur die öffentliche Besprechung eines öffentlichen Mißstands. Hören Sie – ich bin vor zehn Tagen verhaftet worden. Über die Tatsache der Verhaftung selbst lache ich, aber das gehört jetzt nicht hierher. Ich wurde im Bett überfallen. Die Wächter, dieses demoralisierte Gesindel, wollten sich bestechen lassen. Sie wollten mir unter Vorspiegelung Wäsche und Kleider herauslocken. Außerdem beschmutzten sie das Zimmer einer Dame, die ich sehr schätze –

Von links einige Rufe der Empörung: Oh! Pfui! Dazu ein Zischen.

Und diese Herren hatten nicht nur meine Vermieterin ins Vertrauen gezogen, sie hatten auch drei Angestellte meiner Bank mitgebracht. Warum? Um mein Ansehen zu schädigen! Um meine berufliche Stellung zu erschüttern!

Der Untersuchungsrichter blickt, mit kurzem Kopfnicken, zur linken Zuhörerseite hinüber.

K Und hier gibt neben mir der Herr Untersuchungsrichter jemandem von Ihnen ein geheimes Zeichen. Da sind also Leute, die dirigiert werden. Ich weiß nicht, ob das Zeichen jetzt Zischen oder Beifall bewirken soll. Es ist mir auch völlig gleichgültig. Ich ermächtige den Herrn Untersuchungsrichter, seinen bezahlten Angestellten laut zu befehlen: Jetzt zischt! oder jetzt klatscht!

Der Untersuchungsrichter wendet sich ungeduldig seinen Beisitzern zu. Sie stecken die Köpfe zusammen. K tritt auf den Tisch zu. Schlägt hart mit der Faust auf die Tischplatte.

Ich bin gleich zu Ende. Ihre Besprechungen können Sie später abhalten!

Die Herren am Schreibtisch horchen auf. Sie wenden sich K wieder aufmerksam entgegen. Im Hintergrund ist jetzt ein leises Summen und Sausen entstanden, ungewiß, ob es von Stimmen kommt.

Gegen das anwachsende Sausen ansprechend.

Es ist kein Zweifel, daß hinter diesem Gericht eine große Organisation steht. Eine Organisation, die nicht nur bestechliche Wächter und läppische Untersuchungsrichter beschäftigt, sondern auch eine Richterschaft hohen und höchsten Grads unterhält – vielleicht sogar Henker – ich scheue vor diesem Wort nicht zurück. Und der Sinn dieser großen Organisation, meine Herrn? Er besteht darin, daß unschuldige Personen verhaftet werden, daß gegen sie ein sinnloses, ergebnisloses Verfahren eingeleitet wird.

Links im Mittelgrund das Kreischen einer grellen Männerstimme. Hinter zurückweichenden Zuhörern ist die Wäscherin zu sehn, umschlungen von einem Mann von kleinem Wuchs und mit schütterem rotem Vollbart. Die beiden werden nach vorn gestoßen. Kichernd hält er noch die Frau umklammert. Viele springen auf, drängen sich um sie. Das Sausen ist zu einem Dröhnen angewachsen.

Auch K will die linken Stufen hinauf zu dem Paar eilen. Die Frau hat ihm die Hand entgegengestreckt. Er ist schon nah vor ihr, will die Hand greifen. Einige der Alten aber halten ihn zurück. Seine Finger fahren in ihre Bärte.

Wer seid ihr alle? Was tragt ihr da für Abzeichen! Ihr seid ja alle Beamte! Ihr gehört ja alle zu diesem Gericht! Ihr habt euch hier um mich gedrängt, als Zuhörer und Schnüffler! Ihr wollt lernen, wie man Unschuldige entwürdigen soll. Laßt mich – oder ich schlage!

Er will nach vorn fliehen. Der Untersuchungsrichter aber ist vom Sessel aufgesprungen und stellt sich ihm in den Weg.

DER UNTERSUCHUNGSRICHTER Einen Augenblick! Ich muß Sie drauf aufmerksam machen, daß Sie sich heute des Vorteils beraubt haben, den ein Verhör für den Verhafteten bedeutet.

K Ihr Lumpen! Ich schenke auch alle Verhöre! *Er schnellt herum, mit den Armen zu den Seiten ausstoßend, rast einige Male hin und her, wirft sich dann rechts auf sein Bett, die Arme über den Kopf gedrückt, während das fluchtartige Abräumen der Szenerie und der Lärm des Umbaus einsetzen.*

6. In der Pension

Nach der mit schweren Stößen, dröhnenden Schlägen akzentuierten Raumveränderung ist Stille eingetreten.
K liegt auf dem Bett, die Arme über dem Kopf.
Mittelbühne: Frau Grubach sitzt wieder über ihrem Strickstrumpf am Tisch. In der Wohnecke des Fräulein Bürstner lehnt der Hauptmann sich in die Kissen des Betts. Er trägt Uniform und Stiefel. Er raucht eine lange Pfeife.
Ein junges Mädchen ist mit dem Auspacken eines Koffers beschäftigt. Fräulein Bürstner nimmt die Kleidungsstücke entgegen, hängt sie in den geöffneten Schrank, ordnet sie in die Fächer ein. Dann richtet das Mädchen eine Ottomane zur Schlafstätte. Sie hinkt, ihr Gang ist schleppend. Möbel werden hin und her gerückt.

K *erhebt sich vom Bett. Wischt sich mit den Händen über das Gesicht. Er geht auf Frau Grubach zu:* Was geschieht denn in Fräulein Bürstners Zimmer?

FRAU GRUBACH Fräulein Montag schafft ihre Sachen zu Fräulein Bürstner hinüber.
Im Hintergrund zieht Fräulein Montag einen großen Koffer hinter sich her. Frau Grubach wendet sich nach ihr um.
Seufzend: Ich wollte ihr helfen, aber sie ist eigensinnig, sie will alles selbst rüberschleppen. Ich wundre mich über Fräulein Bürstner. Mir war es schon lästig, dieses Fräulein Montag in Miete zu haben, und jetzt nimmt Fräulein Bürstner sie sogar zu sich ins Zimmer.

K Haben Sie Ihren früheren Verdacht wegen Fräulein Bürstner aufgegeben?

FRAU GRUBACH *hebt ihm die gefalteten Hände entgegen:* Herr Prokurist, Sie haben meine Bemerkung so schwer genommen. Ich wollte doch niemanden kränken. Sie wissen gar nicht, wie ich die letzten Tage gelitten habe! Ich sollte meine Mieter verleumden! Und Sie glaubten es, und sagten, ich solle Ihnen kündigen! Ihnen kündigen! *Sie beginnt zu weinen, hebt schluchzend die Schürze vor ihr Gesicht.*

K Weinen Sie doch nicht. Es war nicht so schlimm gemeint. Wir haben eben einander mißverstanden. Glauben Sie denn wirklich, daß ich mich wegen eines fremden Mädchens mit Ihnen verfeinden könnte?

FRAU GRUBACH Das ist es ja eben. Ich fragte mich immerfort: warum kümmert sich der Herr Prokurist so sehr um Fräulein Bürstner? Warum zankt er ihretwegen mit mir, wenn er doch weiß, daß mir jedes böse Wort von ihm den Schlaf nimmt?

Ein Poltern ist zu hören, da Fräulein Montag den Koffer abstellt.

K Hören Sie es?

FRAU GRUBACH *steht auf:* Soll ich um Ruhe bitten?

K Aber sie will doch übersiedeln.

FRAU GRUBACH *verständnislos:* Ja –

K Nun also, dann muß sie doch ihre Sachen hinübertragen.

Er wendet sich gereizt um, geht zum Vordergrund zurück. Fräulein Montag kommt langsam, hinkend auf Frau Grubach zu, die ihre Handarbeit zusammenpackt. Sie bleibt neben ihr stehn, flüstert etwas und weist mit der Hand auf K, der ihr den Rücken zuwendet.

FRAU GRUBACH *ruft:* Herr Prokurist! Fräulein Montag möchte gerne ein paar Worte mit Ihnen sprechen. Aber Sie wollen doch jetzt bestimmt nicht mehr empfangen?

K *wendet sich heftig um:* Doch! Natürlich! Ich erwarte ihren Besuch.

K fingert nervös an seiner Krawatte. Frau Grubach zieht sich zurück. Im Hintergrund wird es dunkel. Nur über Fräulein Bürstners Wohnecke ist es hell. Der Hauptmann streckt sich aus. Fräulein Bürstner setzt sich neben ihn auf den Bettrand.

Fräulein Montag nähert sich K. Mit den schiefen Bewegungen ihres Oberkörpers, ihren rudernden Armen, gleicht sie einer Schwimmerin, oder einem Menschen, der zu fliegen versucht.

FRÄULEIN MONTAG Ich weiß nicht, ob Sie mich kennen.

K Gewiß. Sie wohnen doch schon längere Zeit hier.

FRÄULEIN MONTAG Sie kümmern sich aber nicht viel um die Pension.

K Nein. – Wollen Sie sich nicht setzen?

Er bietet ihr den Schreibtischstuhl an. Zieht selbst den andern Stuhl heran, setzt sich, in größerer Entfernung von ihr.

FRÄULEIN MONTAG Ich möchte nur im Auftrag meiner Freundin ein paar Worte mit Ihnen sprechen. Sie bittet Sie, sie zu entschuldigen und mich statt ihrer anzuhören. Sie hätte Ihnen auch nichts andres sagen können, als was ich Ihnen sagen werde. Im Gegenteil, ich kann Ihnen sogar mehr sagen, da ich unbeteiligt bin. Glauben Sie nicht auch?

K Was wäre denn zu sagen? *Er rückt unruhig auf dem Stuhl hin und her.* Fräulein Bürstner will mir offenbar die persönliche Aussprache, um die ich sie gebeten habe, nicht bewilligen.

FRÄULEIN MONTAG Das ist es. Oder vielmehr, so ist es gar nicht. Sie sagen das so sonderbar scharf. Im allgemeinen werden doch Aussprachen weder bewilligt noch geschieht das Gegenteil. Aber es kann geschehn, daß man Aussprachen für unnötig hält, und so ist es eben hier. Meine Freundin weiß, worum es in dieser Unterredung gehn soll. Deshalb ist sie überzeugt, daß es niemandem Nutzen bringen würde, wenn die Unterredung zustande käme. Sie hat mir übrigens erst gestern davon erzählt, und nur ganz flüchtig. Sie sagte, es könne auch Ihnen nicht viel an der Unterredung liegen. Sie wären nur durch einen Zufall auf einen derartigen Gedanken gekommen und würden auch ohne Erklärung bald die Sinnlosigkeit des Ganzen erkennen.

K steht auf. Er steht einige Augenblicke lang unschlüssig.

K Ich danke Ihnen. *Er verbeugt sich.*

Fräulein Montag bleibt aber noch sitzen.

Fräulein Bürstner hat die Bedeutung der erbetnen Aussprache übertrieben.

FRÄULEIN MONTAG So?

K Was sollte ich von ihr schon wollen.

Fräulein Montag erhebt sich.

Was glaubt denn Fräulein Bürstner eigentlich – ein Schreibmaschinenmädchen –

FRÄULEIN MONTAG Das sagen Sie!

Sie speit vor ihm aus. Geht humpelnd nach links hinauf.

K *ihr nachrufend:* Fräulein Montag. So ist es doch nicht! Ich wollte ihr antragen – so habe ich es ihr auch geschrieben – ich wollte sie bitten –

Fräulein Montag schwimmt davon.

Fräulein Bürstner sitzt leise singend auf dem Bettrand.

Dann beugt sie sich über den Hauptmann. Gleichzeitig wird es dunkel.

Ein Stöhnen und Seufzen, gedämpfte Hiebe, unterdrückte Schreie sind zu hören.

7. In der Bank

Der gesamte Raum hinter der Vorderbühne liegt im Dunkeln. Auch die Vorderbühne ist nur schwach beleuchtet. Aus den Spalten des breiten Schranks in der Mitte dringt Licht. Aus diesem Schrank kommen die Geräusche des Wimmerns, des Schlagens.

K tritt nah an den Schrank heran, steht lauschend, reißt dann die beiden Schranktüren zu den Seiten hin auf.

Es zeigt sich ein niedriger langgestreckter Raum. Die Seiten sind mit Aktenstößen angefüllt. Vorn, zwischen Papieren und Rechenschaftsbüchern, liegen zwei völlig entkleidete Männer. Es sind die Wächter Franz und Willem. Sie liegen auf dem Bauch, die Arme vor sich ausgestreckt. Über ihnen steht ein Mann in schwarzer Lederkleidung, die den Hals bis tief zur Brust und die Arme nackt läßt. Er hebt eben ein Rutenbündel zu neuem Schlag hoch.

K *erregt:* Was treibt ihr hier?

FRANZ *sich aufrichtend:* Herr! Wir werden geprügelt, weil du dich beim Untersuchungsrichter über uns beklagt hast.

K Beklagt habe ich mich nicht. Habe nur gesagt, was sich in meiner Wohnung zugetragen hat.

WILLEM *sich auf die Ellbogen stützend:* Herr! Wenn Ihr wüßtet, wie schlecht wir bezahlt sind, Ihr würdet besser über uns urteilen. Ich habe eine Familie zu ernähren, und Franz hier will heiraten. Man sucht sich zu bereichern, wie es eben geht. Durch bloße Arbeit gelingt es nicht. Das mit der Wäsche hat uns verlockt, das war unrecht. Aber Tradition ist es, daß die Wäsche den Wächtern gehört. Was bedeuten denn noch solche Dinge für den, der verhaftet worden ist!

K Ich habe keineswegs eure Bestrafung verlangt. Es ging mir nur um ein Prinzip.

WILLEM Franz, sagte ich dir nicht, daß der Herr unsre Bestrafung nicht verlangt hat? Jetzt hörst du, er hat nicht einmal gewußt, daß wir bestraft werden müssen.

Der Prügler läßt die Rute auf Willems Rücken niederfahren. Willem stöhnt auf.

DER PRÜGLER *wendet sich an K:* Kümmere dich nicht um solche Reden. Die Strafe ist ebenso gerecht wie unvermeidlich.

WILLEM Nein. Wir werden nur bestraft, weil du uns angezeigt hast. Sonst wäre uns nichts geschehn, selbst wenn man erfahren hätte, was wir getan haben. *Er erhält einen neuen Hieb. Jammernd.* Ist das Gerechtigkeit? Wir zwei, besonders ich, haben uns als Wächter lange Zeit bewährt. Wir hatten Aussicht, vorwärts zu kommen. Wären gewiß bald auch Prügler geworden, wie dieser, der eben das Glück hatte, von niemandem angezeigt zu werden. *Er wälzt sich herum, zeigt auf den Prügler, der ihm jetzt einen Schlag über das Gesicht versetzt.*

K *streckt die Hand nach der Rute aus. Befühlt die langen dünnen Gerten:* Verursacht denn die Rute solche Schmerzen? Gibt es keine Möglichkeit, den beiden die Prügel zu ersparen?

DER PRÜGLER Nein! Du mußt ihnen nicht alles glauben. Sie sind vor Angst

schon halb schwachsinnig. Sieh an, wie fett er ist. Die Schläge gehn überhaupt im Fett verloren. Und wodurch ist er so fett geworden? Weil er allen Verhafteten das Frühstück wegfrißt.
Der Prügler versetzt Willem gleich zwei Schläge, über die Brust, und – da er sich zurückdreht – über den Rücken.
Willem heult auf.
Muß denn so geschrien werden? Es kostet mich die Stellung, wenn das jemand erfährt!
Willem versucht, sein Heulen in den Händen zu ersticken.

FRANZ Du siehst, wir versuchen, nicht zu schrein.

K *zum Prügler:* Ich würde dich gut belohnen, wenn du sie laufen läßt. *Er zieht seine Brieftasche hervor.*

DER PRÜGLER Du willst wohl dann auch mich anzeigen. Und auch noch mir Prügel verschaffen.

K Sei doch vernünftig. Wenn ich gewollt hätte, daß diese beiden bestraft werden, würde ich sie doch jetzt nicht loskaufen wollen. Ich halte sie gar nicht für schuldig. Nein! Schuldig ist die Organisation! Schuldig sind die hohen Beamten!

WILLEM UND FRANZ So ist es!

K *packt die Rute, die der Prügler wieder hochgehoben hat.*
Hättest du hier unter deiner Rute einen hohen Richter, ich würde dich nicht hindern, loszuschlagen. Würde dir sogar noch Geld geben, damit du noch kräftiger schlägst!

DER PRÜGLER Ich lasse mich nicht bestechen. Ich bin zum Prügeln angestellt, also prügle ich.

FRANZ *kriecht vor, klammert sich an Ks Beinen fest.*
Herr, wenn du für uns beide nicht Schonung durchsetzen kannst, so versuche wenigstens, mich zu befreien. Willem ist älter als ich. Er ist weniger empfindlich. Er hat auch früher schon mal Prügel bekommen. Aber ich schäme mich ja so. Unten auf der Straße wartet meine Braut!
Er trocknet sich die Tränen an Ks Hose ab. Der Prügler reißt Franz zurück, packt dann das Rutenbündel mit beiden Händen.

DER PRÜGLER Schluß jetzt!
Mit großer Wucht schlägt er mehrmals auf Franz ein. Willem kriecht zur Seite und sieht mit weit aufgerißnem Mund zu. Franz stößt einen gellenden, lange nachhallenden Schrei aus.

K *sich die Ohren zuhaltend:* Schrei nicht! Schrei nicht! Das ganze Haus muß es ja hören! *Er stößt Franz, der zusammengebrochen ist, mit den Füßen in das Innre des Schranks, drückt die Türflügel zu. Der Kopf, die Schultern des Gepeinigten aber stemmen sich noch dagegen.*
Von weit oben her kommen, mit hocherhobnen Laternen, Kaminer, Kullich und Rabensteiner angelaufen. K drängt

sich mit dem Rücken gegen den Schrank, schließt mit Gewalt die Türen, schlägt mit den Händen auf das Holz.

KAMINER Was ist? Wer ist hier?

K Ich bin es!

KAMINER Ist was geschehn, Herr Prokurist?

K Nein, nein, es schreit nur ein Hund auf dem Hof.

KULLICH Aber da ist kein Hund auf dem Hof.

RABENSTEINER Ist etwas mit dem Schrank?

K Nein, da liegt nur alles durcheinander. Sie müssen morgen den Schrank aufräumen! Da versinkt man ja im Schmutz.

RABENSTEINER *zum Schrank gehend, um ihn zu öffnen:* Sollen wir es nicht gleich tun?

K *stößt ihn zurück:* Nein, nein! Jetzt nicht! Jetzt nicht!

Er lehnt sich mit dem Rücken an den Schrank, schlägt noch ein paar Mal mit den Händen auf die Tür.

Geht! Geht!

Die drei Beamten ziehn sich langsam links zurück, bleiben dann aber oberhalb des Schranks stehn, zwei von ihnen links, einer rechts. So verharren sie, lauschend, die Lampen hochgehoben.

Von innen wird gegen die Schranktüren gedrückt, die Lichtspalten erweitern sich.

K stemmt sich mit aller Kraft gegen die Türen.

Es wird still.

Dunkel.

Zweiter Akt

8. Vor dem Gericht

Die Raumverschachtelungen der oberen Bühne, mit Sitzreihen, Podien, Galerien, wie zuvor, doch jetzt leer.

Mittelbühne: Nur hier sitzen links, auf einer langen Holzbank, Wartende, in ähnlicher Anordnung wie die Kunden und Bittsteller in der Bank. Sie sind dunkel gekleidet, manche fast vornehm, wenn auch eine leichte Vernachlässigung zu erkennen ist. Ihre schwarzen Hüte haben sie unter die Bank gestellt. Sie sitzen abgesondert voneinander, sprechen nicht miteinander, wenden sich einander nicht zu. Ein paar halten Aktenmappen auf den Knien, ein andrer ein Papierbündel, in dem er blättert. Sie blicken manchmal nach vorn, um zu sehn, was geschieht, oder sitzen nur in sich versunken.

Auf dem Schreibtisch vorn liegen einige der verschmierten Hefte und Bücher des Untersuchungsrichters. Eines liegt auch zerknittert, aufgeschlagen auf dem Boden.

K lehnt den Rücken gegen den Schrank, in der Mitte, auch die flachen Hände drückt er seitwärts gegen die Türen.

Von rechts die Stufen hinunter kommt die Frau, die sich voriges Mal mit dem Wäscheeimer gezeigt hatte. Sie trägt jetzt ein dunkles hochgeschloßnes Kleid aus schwerem groben Tuch.

Bei ihrem Erscheinen richtet sich K auf.

DIE FRAU Hat man Sie gerufen?

K Nein. Ich bin trotzdem gekommen.

DIE FRAU Es ist heute keine Sitzung.

K Ist nicht jeden Sonntag Sitzung?

Die Frau schüttelt den Kopf. K geht vor zum Schreibtisch. Nimmt eine der Gerichtsschriften.

Kann ich mir die Bücher ansehn?

DIE FRAU Nein, das ist nicht erlaubt.

K So läßt der Richter seine Gesetzbücher rumliegen.

DIE FRAU Und wenn schon.

K *sich abwendend:* Dann geh ich wieder.

DIE FRAU Soll ich dem Untersuchungsrichter was melden?

K Sie kennen ihn?

DIE FRAU Natürlich. Mein Mann ist ja Gerichtsdiener.

K *erstaunt:* Sie sind verheiratet?

DIE FRAU Ach, Sie meinen den Vorfall neulich?

K Das ist vergessen.

DIE FRAU Es war übrigens gut, daß ich Sie unterbrach.

K Warum?

DIE FRAU Der Eindruck, den Sie machten, war schlecht genug.

K Und Sie lassen sich einfach –

DIE FRAU Es gibt ja keinen Schutz. Auch mein Mann hat sich damit abgefunden. Will er seine Stellung behalten, muß er es dulden. Es ist ein Student, der da hinter mir her ist. Die Gerichtsleute halten viel von ihm. Er wird bald zu größerer Macht kommen.

K Das paßt zu allem andern.

DIE FRAU Sie wollen hier wohl einiges ändern? Ich habe das schon aus Ihrer Rede geschlossen, die mir gut gefallen hat. Ich habe allerdings nur einen Teil hören können. *Sie ergreift plötzlich seine Hand.* Glauben Sie, daß es Ihnen gelingen wird, etwas zu verbessern?

K Eigentlich bin ich nicht hier, um Besserungen zu erreichen. Wenn Sie das dem Untersuchungsrichter sagten, er würde Sie auslachen oder bestrafen. Ich hätte mich aus freiem Willen in diese Dinge nie eingemischt. Ich bin nur durch meine Verhaftung gezwungen worden, hier einzugreifen – um meinetwillen. Wenn ich dabei auch Ihnen nützlich sein kann, werde ich es natürlich tun. Nicht etwa nur aus Nächstenliebe, sondern weil auch Sie mir helfen können.

DIE FRAU Wie könnte ich denn das?

K Indem Sie mir jetzt die Bücher da zeigen.

DIE FRAU Aber gewiß.

Sie hebt das Buch vom Fußboden auf, dessen Einbanddeckel zerbrochen ist, wischt es mit dem Ärmel ab, reicht es K. Der schlägt es auf. Eine Abbildung ist zu sehn, eine unbeholfene Zeichnung: ein Mann und eine Frau nackt auf einem Kanapee. Er schlägt das Buch zu.

K Ein gemeines, unanständiges Bild!

DIE FRAU Ein Liebespaar.

K Mit solchen schweinischen Bildern vertreiben die Richter ihre Zeit.

Die Frau lacht. Sie nimmt noch ein zweites Buch, vom Schreibtisch, reicht es K.

K das Titelblatt lesend.

Die Plagen, welche Grete von ihrem Mann Hans zu erleiden hatte! Das sind die Gesetzbücher, die hier studiert werden. Von solchen Menschen soll ich gerichtet werden.

DIE FRAU Ich werde Ihnen helfen.

K Können Sie das wirklich, ohne sich selbst in Gefahr zu bringen?

DIE FRAU Kommen Sie, wir müssen es besprechen.

Sie zieht ihn zum Bett, setzt sich. Hält seine Hand.

Sie haben schöne Augen. Man sagt mir, ich hätte auch schöne Augen, aber Ihre sind schöner. Sie fielen mir gleich auf, als Sie zum ersten Mal kamen.

K entzieht ihr die Hand. Tritt ein paar Schritte zurück.

K Ich glaube nicht, daß Sie mir helfen können. Um mir wirklich zu helfen, müßte man Beziehungen zu hohen Beamten haben. Sie kennen sicher nur die niedrigen Angestellten, die sich hier herumtreiben. Sie gefallen mir schon, aber Sie gehören zu der Gesellschaft, die ich bekämpfen muß.

Die Frau springt auf, ergreift wieder seine Hand.

DIE FRAU Sie dürfen so nicht weggehn. Mit einem falschen Urteil über mich.

Sie zieht ihn zum Bett zurück. Er setzt sich neben sie.

K Wenn Ihnen wirklich dran liegt, daß ich bleibe, bleibe ich gern. Ich habe ja Zeit. Aber unternehmen Sie nichts für mich, in meinem Prozeß. Es liegt mir nichts an seinem Ausgang. Über eine Verurteilung werde ich nur lachen. Wenn es überhaupt zu einem Abschluß des Prozesses kommt. Was ich bezweifle. Ich glaube vielmehr, daß das Verfahren infolge Faulheit und Vergeßlichkeit der Beamten abgebrochen wird.

DIE FRAU Soll ich mich nicht doch für Sie einsetzen? Der Untersuchungsrichter ist nicht so faul, wie Sie meinen. Er schreibt sehr viel. Nach dem Verhör mit Ihnen hat er auch die ganze Nacht geschrieben. Er kommt dann immer an mein Bett und zeigt mir, wieviel er geschrieben hat. Es liegt ihm viel an mir, dafür habe ich Beweise. Hier, sehn Sie – *sie steht auf, zieht den Rock bis über die Knie empor und zeigt ihm die Strümpfe* – die hat er mir geschenkt. Es sind schöne Strümpfe. Viel zu fein für mich. *Sie unterbricht sich und legt die Hand auf Ks Knie, den Rock immer noch hochgezogen.* Still! Bertold sieht uns zu.

Auf einem Podium ist der Student erschienen. Er wühlt mit den Fingern in seinem dünnen roten Bart. K blickt zu ihm hinüber. Erst jetzt läßt die Frau den Rock herabfallen.

Ich muß jetzt zu ihm. Ich komme gleich zurück. Dann geh ich mit Ihnen, wenn Sie mich mitnehmen.

Sie streicht über Ks Hand. Der Student klopft mit dem Fuß auf den Boden. Sie läuft zu ihm, wirft sich dem Studenten in die Arme.

DER STUDENT *die Frau umschlungen haltend, an ihr vorbei auf K blickend:* Man hätte ihn nicht so frei herumlaufen lassen sollen. Es war eine Fehlentscheidung. Ich hab es dem Untersuchungsrichter gesagt. Man hätte ihn zwischen den Verhören zumindest in seinem Zimmer halten sollen.

K *streckt die Hand nach der Frau aus.* Kommen Sie!

DER STUDENT *mit schriller Stimme:* Nein, nein! Die bekommen Sie nicht! *Mit überraschender Stärke packt er die Frau und trägt sie weg. K will ihnen nacheilen und die Frau losreißen.*

DIE FRAU Nein, lassen Sie ihn! Er muß mich zum Untersuchungsrichter tragen.

K wendet sich ab. Die Wartenden haben, ohne besonderes Interesse zu zeigen, zugesehn, sitzen jetzt wieder gebeugt und starr.

Der Gerichtsdiener erscheint, in einem langen, zerschlissenen Gehrock. Zwischen den gewöhnlichen Knöpfen ein paar große vergoldete Knöpfe: das einzige Zeichen seiner Würde.

DER GERICHTSDIENER Haben Sie hier eine Frau gesehn?

K Sie sind der Gerichtsdiener?

DER GERICHTSDIENER Ja – und Sie sind der Angeklagte – *als versuche er, sich eines Namens zu erinnern* – ja, jetzt erkenne ich Sie auch. Aber es ist heute keine Sitzung.

K Ich weiß. Ich habe mit Ihrer Frau gesprochen. Der Student hat sie zum Untersuchungsrichter getragen.

DER GERICHTSDIENER Sehn Sie. Immer trägt man sie mir weg. Man gibt mir irgendeinen Auftrag, ich laufe so schnell ich kann, und wenn ich zurückkomme ist sie weg. Wäre ich nicht so abhängig, ich hätte den Studenten längst an der Wand zerdrückt. Davon träume ich immer. Hier an der Wand klebt er, die Arme gestreckt, die Finger gespreizt, die Beine verdreht, und ringsherum Blutspritzer. Aber es ist nur ein Traum.

K Eine andre Hilfe gibt es nicht?

DER GERICHTSDIENER Ich wüßte keine.

K Was die sich herausnehmen! Ich habe mir schon gedacht – hier laden sie mich in solche Buden, solche Schuppen – und was habe ich ihnen gegenüber für ein Büro! Ein großer Raum mit Vorzimmer! Fenster über einem Platz mitten in der Stadt.

DER GERICHTSDIENER Ja, ihrer Stellung nach sind Sie alle den Richtern überlegen. *Er zeigt auf die Wartenden.* Aber sehn Sie, wie sie dasitzen. Das hier – *er zeigt rücksichtslos von einem zum andern* – ist ein Zolldirektor. Das ein Großkaufmann, weitgereist. Hier ein Regierungsrat –

K Es sind Angeklagte?

DER GERICHTSDIENER Ja, alle, alle, die Sie hier sehn, sind Angeklagte.

K sieht die Sitzenden einige Augenblicke an, wendet sich dann an den als Großkaufmann bezeichneten Herrn. Er ist grauhaarig. Der Anzug von elegantem Schnitt. Doch der Kragen ist aufgerissen. Er hält ihn mit der Hand zusammen.

K Worauf warten Sie, wenn ich fragen darf.

Der Herr springt verwirrt auf.

DER GERICHTSDIENER *fährt ihn an:* Der Herr fragt ja nur, worauf Sie warten. Antworten Sie doch!

DER KAUFMANN Ich warte – *er stockt.*

Einige der andern erheben sich, treten hinzu.

DER GERICHTSDIENER Weg! Aus dem Weg!

Sie weichen zurück.

DER KAUFMANN Ich habe vor einem Monat wieder einen Beweisantrag in meiner Sache gemacht.

K Sie geben sich ja viel Mühe.

DER KAUFMANN Ja – es ist ja meine Sache.

K Ich bin auch angeklagt, aber ich habe weder einen Beweisantrag gestellt, noch sonst etwas Derartiges unternommen.

DER KAUFMANN *zögert mißtrauisch:* Ich jedenfalls habe Beweisanträge gestellt.

K Sie glauben wohl nicht, daß ich angeklagt bin?

DER KAUFMANN *geängstigt:* O bitte, gewiß.

K faßt den Herrn leicht beim Arm. Der bricht sofort in einen gellenden Schrei aus. K stößt ihn heftig auf die Bank zurück. Er bleibt dort zusammengesunken hocken. Auch die andern haben wieder Platz genommen. Ein Wächter, in einem ärmlichen dunklen Anzug, doch mit einem langen über den Boden schleifenden Säbel, erscheint, steifbeinig, mit kurzen Schritten.

DER GERICHTSDIENER Es ist nichts. Da ist nur einer wieder unruhig geworden.
Der Wächter bleibt noch eine Weile stehn, die Hände auf dem Rücken, und beobachtet scharf die Wartenden.
Der Gerichtsdiener geht mit K nach vorn.

K Nun weiß ich, wie es hier aussieht. Ich will jetzt weg.

DER GERICHTSDIENER Sie haben noch nicht alles gesehn.

K Ich will nicht alles sehn. Wo ist der Ausgang?
K wendet sich nach verschiednen Richtungen. Er geht unsicher, bleibt schwankend stehn, legt die Hand an die Stirn.
Wieder, wie beim ersten Besuch vor dem Gericht, setzt ein gedämpftes Sausen ein.
Es gibt hier so viele Gänge. Helfen Sie mir.

DER GERICHTSDIENER Schreien Sie nicht. Hier sind überall Büros. Da wird gearbeitet.

K Sie müssen mir den Weg zeigen!
Das Geräusch wird stärker. K stützt sich auf einen Stuhl.

DER GERICHTSDIENER Ist Ihnen nicht wohl? Haben Sie Schwindel? Wollen Sie sich setzen?
K setzt sich.
Das ist nichts Ungewöhnliches. Jeder bekommt zu Beginn einen solchen Anfall. Es ist etwas drückend hier. Beim nächsten Mal haben Sie sich dran gewöhnt.
K versucht, aufzustehn, sinkt aber zurück.
Soll ich Sie ins Krankenzimmer führen?

K *mit Mühe aufstehend:* Nein, nicht ins Krankenzimmer! Ich kann schon gehn. Wenn ich hinauskomme, wird mir bestimmt sofort besser. Wenn Sie mich nur ein wenig stützen wollen.
Das Summen und Sausen ist in ein Dröhnen übergegangen. Die Räumlichkeiten des Hintergrunds füllen sich nun mit Menschen. Es zeigen sich wieder die kleinen ärmlichen Haushalte.
Frauen in einfachen Röcken und Schürzen. Männer in Hemdsärmeln, Arbeitsjacken. Auch vorn von den Seiten kommen sie hinzu.
Im Gedränge haben sich die Wartenden von der Bank erhoben und sind, wie auch der Gerichtsdiener, verschwunden.
Rechts die Treppe hinab kommt eine Gruppe: ein paar Männer, große Bündel von Bettzeug auf der Schulter tragend, ein

paar Frauen mit Körben voller Hausgerät, mit Eimern und Paketen.

Eine Frau trägt einen eingewickelten Säugling im Arm.

ERSTE FRAU *auf K zeigend:* Ist das der Verwalter?

Die Menschen versammeln sich um K, der mit gesenktem Kopf auf dem Stuhl sitzt.

ZWEITE FRAU *aus dem Hintergrund:* Da ist der Verwalter!

ERSTER MANN *weit oben:* So bittet ihn doch!

ZWEITER MANN *unten, mit Werkzeugen unterm Arm:* Fragt ihn, ob er von der Bank ist!

ERSTE FRAU *an K herantretend:* Sind Sie von der Bank?

DRITTE FRAU *von oben:* Ein Bevollmächtigter der Bank!

K blickt verwirrt auf.

ERSTE FRAU Herr, laßt uns noch!

DRITTER MANN Wir werden die Miete zahlen, wenn wir nur wieder Arbeit haben!

VIERTER MANN *von weit oben:* Werft ihn doch raus!

VIERTE FRAU Es ist sein Haus!

K erhebt sich schwankend, stützt sich auf die Stuhllehne.

FÜNFTE FRAU *vorn:* Er tut, als höre er nichts.

ZWEITER MANN Das ist leicht!

DIE FRAU MIT DEM SÄUGLING *vor K in die Knie sinkend:* Herr, wo sollen wir denn hin?

Sie ergreift seine Hand, küßt sie.

K geht ein paar Schritte, wie ein Blinder, mit tastenden Händen.

ERSTE FRAU Gewähren Sie uns Aufschub!

K springt zur Seite. Ein Mann in einfacher Kleidung, der gleiche, der sich am ersten Morgen in der Pension zeigt, tritt an ihn heran, stützt ihn unterm Arm, führt ihn nach rechts, auf das Bett zu. Die Gruppe mit ihrem Hausrat zieht weiter nach links.

VIERTER MANN Ihr hättet ihn nicht einlassen sollen!

Im Hintergrund, im Dröhnen, unter Poltern und krachenden Stößen, beginnt die Umwandlung der Räumlichkeiten.

Der Mann hat K zum Bett geleitet. K setzt sich auf den Bettrand.

K Ich leide sonst gar nicht unter solchen Anfällen. Es kommt mir selbst überraschend.

K legt sich auf das Bett. Der Mann hilft ihm dabei.

Danke, vielen Dank. Es ist schon wieder gut.

Der Lärm im Hintergrund läßt nach. Langsam geht der Mann zurück.

Die gesamte obere Bühne verdunkelt sich.

9. *In der Pension*

K auf dem Bett ausgestreckt.
Über ihm, in ihrer Wohnecke, Fräulein Bürstner, in Abendtoilette, vor dem Schrankspiegel. Sie richtet ihre Frisur her.
Fräulein Montag hält ein Cape bereit, um es ihr umzulegen.
Links oben am Tisch putzt Frau Grubach Bestecke.
Zwischen ihr und den Stufen zur Vorderbühne der Hauptmann, in Hemdsärmeln, Uniformhose, Hosenträgern.
K springt plötzlich auf.

K *nach rechts hinaufrufend:* Fräulein Bürstner! Gnädiges Fräulein! Hören Sie mich an! *Er läuft die Stufen rechts herauf. Steht mit erhobener Hand, als wolle er auf eine unsichtbare Tür einschlagen.* Ich muß Ihnen erklären – ich möchte Ihnen sagen –

FRÄULEIN BÜRSTNER Wenn Sie mich wieder belästigen, rufe ich um Hilfe.

K Lassen Sie mich ein!

FRÄULEIN MONTAG Frau Grubach! Herr Lanz!

Frau Grubach blickt auf. Der Hauptmann geht gebückt, in Kampfstellung, langsam links die Treppe hinunter.
K wendet sich ab, eilt zum Waschtisch, beugt sich über die Schüssel, schlägt sich das Wasser ins Gesicht.
Der Hauptmann klatscht in die Hände. K schnellt herum.

DER HAUPTMANN Wie wärs?

K *abwehrend:* Nein! Nein!

Im Hintergrund ist ein Herr erschienen, mit breitem Panamahut, Spitzbart und Pincenez. Er geht auf Frau Grubach zu. Diese erhebt sich, zeigt auf K.

FRAU GRUBACH Sie bekommen Besuch, Herr Prokurist! Ihr Onkel!

Der Herr geht schnell auf K zu, während sich der Hauptmann zurückzieht.

DER ONKEL Was habe ich gehört, Josef!

K *sich abtrocknend:* Willst du dich nicht setzen? Was ist denn?

DER ONKEL Um Himmels willen, Josef, ist es wahr? Kann es denn wahr sein?

K *unruhig umherblickend:* Ich weiß gar nicht, was du von mir willst.

DER ONKEL Josef, du hast mir immer die Wahrheit gesagt.

K Ich ahne ja, was du willst. Du hast wahrscheinlich von meinem Prozeß gehört.

DER ONKEL So ist es. Ich habe von deinem Prozeß gehört.

K Leise! Von wem hast du es denn gehört?

Der Hauptmann und Frau Grubach haben sich inzwischen links oben lauschend aufgestellt. Rechts sind auch Fräulein Bürstner und Fräulein Montag herangetreten. Sie stehn alle reglos.

DER ONKEL *ohne die Stimme zu dämpfen:* Ich war zuerst in deinem Büro. Da sagten mir ein paar Beamte, daß du jetzt immer bei den Verhandlungen wärest. Bei welchen Verhandlungen, frage ich. Nun, in dem Prozeß, der gegen den Herrn Prokuristen geführt wird, sagen sie. Was denn für ein Prozeß, frage ich. Eben ein Prozeß, sagen sie, und zwar ein schwerer Prozeß, mehr wüßten sie nicht. Herrgott, was ist denn das für ein Prozeß, Josef? Doch nicht ein Strafprozeß?

K Ein Strafprozeß.

DER ONKEL Und du stehst ruhig hier und hast einen Strafprozeß auf dem Hals?

K *müde:* Je ruhiger ich bin, desto besser ist es für den Ausgang.

DER ONKEL Josef! Denke an dich, an deine Verwandten, an deinen guten Namen. Du warst bisher unsre Ehre, du darfst nicht unsre Schande werden!

K Sprich nicht so laut, man kann uns hören.

Frau Grubach und der Hauptmann sind noch weiter, bis an den Rand der Stufen, vorgetreten. Fräulein Montag hat den Arm um Fräulein Bürstner gelegt.

DER ONKEL *aufgeregt hin und her gehend:* Ach, deine arme Mutter! Sie würde es nicht überleben!

K Schweig doch!

DER ONKEL Mir ist es völlig unbegreiflich! Jetzt sag mir nur, was soll denn daraus werden? Sag mir offen, was das für ein Prozeß ist.

K Es ist kein Prozeß vor dem gewöhnlichen Gericht.

DER ONKEL Das ist schlimm.

K Wie?

DER ONKEL Daß das schlimm ist, meine ich. Aber wie ist es dazu gekommen? Solche Dinge kommen doch nicht plötzlich. Du weißt, daß ich alles für dich tue. Ich bin ja gewissermaßen noch dein Vormund und war bis heute stolz darauf. Ich werde dir natürlich auch jetzt helfen. Komm zu uns aufs Land. Du mußt dich erholen.

K Ich messe dem Ganzen überhaupt keine Bedeutung bei.

DER ONKEL Josef, du bist wie verwandelt. Du hattest doch sonst immer ein klares Auffassungsvermögen. Willst du denn den Prozeß verlieren? Weißt du, was das bedeutet? Das bedeutet, daß du einfach gestrichen wirst. *Er reißt sich den Hut ab, rauft sich das Haar.* Josef, deine Gleichgültigkeit bringt mich um den Verstand! Wenn man dich ansieht, möchte man fast dem Sprichwort glauben: Einen solchen Prozeß haben, heißt ihn schon verloren zu haben!

K Lieber Onkel, deine Aufregung ist unnütz.

DER ONKEL Das Wichtigste ist jetzt, keine Zeit zu verlieren. Wir fahren gleich zum Advokaten Huld. Er war mein Schulkollege. Du kennst den Namen sicher auch.

K schüttelt den Kopf.

Nicht? Das ist aber merkwürdig. Er hat doch als Verteidiger einen bedeutenden Ruf.

K *gleichgültig:* Mir ist alles recht, was du unternimmst.

Der Onkel schiebt seinen Arm unter Ks Arm. Er setzt sich den Hut wieder auf, geht mit K, den er eng an sich zieht, hin und her.

Der Hauptmann, Frau Grubach, Fräulein Bürstner, Fräulein Montag ziehn sich zurück.

Der Hauptmann zieht seine Uniformjacke an. Fräulein Montag begleitet Fräulein Bürstner zum Hintergrund. Dort tritt der Hauptmann auf Fräulein Bürstner zu, bietet ihr den Arm, geht mir ihr ab. Auch Frau Grubach und Fräulein Montag verschwinden.

Der Hintergrund verdunkelt sich.

DER ONKEL Und nun erzähl mir, was geschehn ist.

K schweigt.

Sind es Frauengeschichten?

Während sich die obere Bühne verdunkelt, legt eine Frau, in einer langen weißen Schürze, rechts auf das Bett eine riesige Daunendecke. Ein älterer Mann mit weißem Bart kriecht unter die Decke. Er lehnt sich in ein paar große Kissen zurück.

Es wird sich alles klären. Der Advokat wird dir bestimmt helfen.

10. Beim Advokaten

Die Frau in der Pflegerinnen-Schürze, Leni, stellt sich schützend vor das Bett.

Der Onkel hat K losgelassen und tritt auf das Bett zu. K bleibt in einigem Abstand stehn.

DER ONKEL Es ist zwar etwas spät, aber Herr Huld läßt uns sicher zu sich.

LENI Der Herr Advokat ist krank.

DER ONKEL Ist es das Herzleiden?

LENI Ich glaube wohl.

DER ADVOKAT Leni, wer kommt denn?

DER ONKEL Albert, dein alter Freund ist es.

DER ADVOKAT Ach, Albert.

DER ONKEL *schiebt Leni zur Seite, tritt auf den Advokaten zu:* Steht es wirklich so schlecht?

DER ADVOKAT Ärger als je. Ich schafe gar nicht, verliere täglich an Kraft.

DER ONKEL Hast du denn die richtige Pflege?

DER ADVOKAT Ich brauche vor allem Ruhe. Leni pflegt mich gut.

DER ONKEL *wendet sich an Leni:* Fräulein, bitte lassen Sie uns allein, ich habe mit meinem Freund eine dringende Angelegenheit zu besprechen.

LENI Sie sehn, der Herr ist so krank, er kann keine Angelegenheiten besprechen.

DER ONKEL *hebt die Hand, als wolle er sie schlagen:* Scher dich weg!

DER ADVOKAT *richtet sich schnell auf:* Du kannst vor Leni alles sagen!

DER ONKEL Es betrifft nicht mich. Es betrifft meinen Neffen, Josef.

Er zeigt auf Josef, der vortritt und sich verbeugt.

DER ADVOKAT Oh. Ich habe Sie gar nicht bemerkt. Geh, Leni.

Leni zieht sich zurück, K anblickend.

DER ADVOKAT Was die Sache deines Herrn Neffen betrifft, so würde ich mich glücklich schätzen, wenn meine Kraft für diese äußerst schwierige Aufgabe ausreichen könnte. Hält es mein Herz nicht aus, wo wird es doch wenigstens hier eine würdige Gelegenheit finden, gänzlich zu versagen.

K Wie denn? Woher wissen Sie denn etwas über meinen Prozeß?

DER ADVOKAT Ich bin doch Advokat, ich verkehre in Gerichtskreisen, man spricht über verschiedne Prozesse, und auffallendere, besonders wenn es den Neffen eines Freundes betrifft, behält man im Gedächtnis.

K Sie verkehren in diesen Gerichtskreisen?

DER ONKEL Du fragst wie ein Kind.

DER ADVOKAT Mit wem sollte ich denn verkehren, wenn nicht mit Leuten meines Fachs?

K Sie arbeiten doch im Justizpalast, und nicht bei dem Gericht –

DER ADVOKAT Sie müssen bedenken, daß ich bei einem solchen Verkehr auch große Vorteile für meine Klientel ziehe. Natürlich bin ich jetzt durch meine Krankheit etwas behindert, aber gute Freunde kommen zu mir, und da erfahre ich doch einiges.

Links hinterm Schreibtisch, ein leichtes Klirren wie von zerbrechendem Porzellan.

K *wendet sich um:* Ich will nachsehn, was geschehn ist.

Er entfernt sich, ohne Eile, vom Bett. Der Onkel setzt sich auf den Bettrand, beugt sich über den Advokaten.

DER ONKEL Du siehst schon viel gesünder aus, seit diese Pflegerin weg ist.

*Der Advokat lacht. Er flüstert etwas. Beide lachen. Der Advokat gräbt eine dicke Weinflasche aus den Bettdecken hervor, erhebt sich. Der Onkel hilft ihm beim Umlegen eines großen grauen Nachtrocks. Sie gehn beide flüsternd, leise *lachend, ab. Die Weinflasche schlenkert in der herabhängenden Hand des Advokaten.*

Leni ist links hinter dem Schreibtisch aufgetaucht. Sie hat den weißen Kittel abgenommen, trägt jetzt eine weiße Bluse zum langen Rock.

LENI Es ist nichts. Ich habe nur einen Teller fallen gelassen, um Sie herzuholen.

K Ich habe auch an Sie gedacht.

LENI Desto besser. Kommen Sie.

Sie zieht ihn zum Schreibtischsessel. K setzt sich dort nieder, während sie sich vor ihm auf den Boden gleiten läßt.

LENI Ich dachte, Sie würden von selbst kommen, ohne daß ich Sie erst rufen müßte. *Sie legt die Arme auf seine Knie.* Gefalle ich Ihnen?

K Gefallen wäre ja nicht viel.

LENI Oh!

K wird auf ein großes Bild aufmerksam, das über dem Schrank in der Mitte aufgerichtet worden ist. Es stellt einen Mann im Richtertalar dar. Er sitzt auf einem hohen vergoldeten Thronsessel, doch nicht in Ruhe und Würde, sondern mit den Händen auf den Seitenlehnen, als wolle er im nächsten Augenblick mit einer heftigen Wendung aufspringen. Ein paar Stufen führen zum Thron hinauf.

K *auf das Bild zeigend:* Vielleicht ist das mein Richter.

LENI Ich kenne ihn. Er kommt öfter hierher.

K Was für einen Rang hat er?

LENI Er ist Untersuchungsrichter.

K Wieder nur Untersuchungsrichter. Die hohen Beamten verstecken sich. Aber er sitzt doch auf einem Thronsessel.

LENI Das ist alles Erfindung. In Wirklichkeit sitzt er auf einem Küchenstuhl, auf dem eine alte Pferdedecke liegt. Aber müssen Sie denn immer an Ihren Prozeß denken?

K Ich denke zu wenig an ihn.

LENI Das ist nicht der Fehler, den Sie machen. Sie sind zu unnachgiebig, so habe ich es gehört.

K Wer hat das gesagt?

LENI Seien Sie nicht so unnachgiebig. Gegen dieses Gericht kann man sich ja nicht wehren, man muß das Geständnis machen. Machen Sie doch bei nächster Gelegenheit das Geständnis. Erst dann können Sie vielleicht loskommen, erst dann. Doch selbst das ist ohne fremde Hilfe nicht möglich. Ich will Ihnen helfen.

K Sie verstehn viel von diesem Gericht, und von den Betrügerein, die hier nötig sind.

Leni drängt sich an ihn, K zieht sie auf seinen Schoß. Sie glättet ihren Rock, rückt die Bluse zurecht. Dann hängt sie sich mit beiden Händen an seinen Hals, lehnt sich zurück, sieht ihn an.

K Und wenn ich das Geständnis nicht mache, dann können Sie mir nicht helfen?

LENI Nein, dann kann ich Ihnen nicht helfen. Aber sie wollen ja meine Hilfe gar nicht. Es liegt Ihnen nichts daran. – Haben Sie eine Geliebte?

K Nein.

LENI O doch.

K Ja, wirklich. Denken Sie nur, ich habe sie verleugnet, und trage doch sogar ein Foto bei mir.

LENI Zeigen Sie es.

K nimmt die zerknitterte, zusammengefaltete Photographie aus seiner Brusttasche.

Leni, zusammengekrümmt auf seinem Schoß, studiert das Bild. Auf das Foto zeigend: Sie ist stark geschnürt. Sie gefällt mir nicht. Sie wirkt sanft und freundlich. Aber würde sie etwas für Sie tun können?

K Sie ist weder sanft und freundlich, noch würde sie etwas für mich tun.

LENI Es liegt Ihnen also gar nicht viel an ihr. Sie ist also gar nicht Ihre Geliebte?

K Doch.

LENI Sie würden sie aber nicht sehr vermissen, wenn sie von Ihnen ginge – oder wenn Sie sie für jemand andern, zum Beispiel für mich eintauschten?

K Das wäre denkbar. Aber sie hat einen großen Vorteil Ihnen gegenüber. Sie weiß nichts von meinem Prozeß.

LENI Das ist kein Vorteil. Sie ist Ihnen eben noch nicht nah genug gekommen. Hat sie keine andern Vorteile?

K *nachsinnend:* Nein –

LENI Hat sie irgendeinen körperlichen Fehler?

K Einen körperlichen Fehler?

LENI Ja. Ich habe nämlich einen solchen Fehler. Sehn Sie – *sie spannt die Hand aus* – hier – zwischen Mittelfinger und Ringfinger – eine Haut –

K Eine Schwimmhaut – *geängstigt* – Was für eine Kralle!

Er zieht mehrmals ihre Finger auseinander und legt sie wieder zusammen, beugt sich darüber, küßt sie, unsicher, widerwillig.

LENI Oh! Sie haben mich geküßt! *Auf ihren Knien klettert sie höher an ihm empor. Küßt und beißt ihn.* Sie haben mich eingetauscht! Sehn Sie, nun haben Sie mich eingetauscht! *Sie zieht ihn vom Stuhl, zieht ihn, mit lautem Lachen, hinter den Schreibtisch.*

Gleichzeitig kommt von rechts der Onkel wieder hervor, im Panamahut. Er geht suchend umher, die Arme hoch erhoben. Rufend geht er bis zur linken Ecke des Vorraums, dann hinauf zum Hintergrund.

DER ONKEL Josef! Josef! – Wo steckt denn der Junge? – Jetzt wo die Rettung am nächsten ist, läuft er davon! – Aber Josef, so komm doch! Der Advokat erwartet dich! Er sitzt bereit für dich! Er hat schon begonnen, eine Eingabe für dich zu schreiben! – Josef! Josef!

Im Hintergrund beginnt schon das Rollen und Pochen des Szenenwechsels.

11. In der Bank

Lebhafter Betrieb in den Räumlichkeiten. Kullich, Kaminer und Rabensteiner gehn ein und aus, legen Akten auf den Schreibtisch, legen die Lederdecke über das Bett, von dem während der Raumveränderung die Steppdecke genommen wurde, leeren das Wasser in der Waschtischschüssel in einen Kübel, füllen den Krug, tragen den Kübel hinaus. Dies alles, ohne K zu beachten, der auf dem Boden unter dem Schreibtisch hockt. Mehrmals gehn sie so nah an ihn heran, treten ihn fast auf Hände und Füße, als wollten sie bekunden, daß sie nur vorgeben, ihn nicht zu sehn.

Der Direktor-Stellvertreter und ein Fabrikant, Kunde der Bank, treten gestikulierend ein, von oben links kommend.

Der Direktor-Stellvertreter sieht sich während des Sprechens suchend nach K um, entdeckt ihn aber nicht.

DER FABRIKANT Aufstände! Revolutionen! Ja, wo sind denn Anlagen noch sicher?

DIREKTOR-STELLVERTRETER Waffen, sage ich Ihnen, Waffen! Da werden Ihnen die höchsten – *er entdeckt K, zeigt auf ihn* – Dividenden ausgeschüttet! Aber Herr Prokurist! Was tun Sie denn da?

K *verlegen hervorkriechend:* Der Windzug. Es sind mir Papiere vom Tisch geflogen. *Er erhebt sich, in der Hand ein paar zerknitterte Blätter, die er auf den Tisch legt.*

DIREKTOR-STELLVERTRETER Der Herr Fabrikant hat hier eine sehr wichtige Sache –

Der Fabrikant hat schon ein paar Dokumente aus seiner Aktenmappe genommen und auf dem Schreibtisch ausgebreitet. Der Direktor-Stellvertreter beugt sich darüber. Sein Blick fällt auf die von K beschriebnen Papiere. Er hebt ein Blatt auf.

DIREKTOR-STELLVERTRETER *liest:* Eingabe! An das hohe Gericht! Wen verklagen Sie da?

K Nein – eine Verteidigung – *Er unterbricht sich.*

DIREKTOR-STELLVERTRETER Ich hoffe, zugunsten der Bank –

Der Fabrikant beschäftigt sich schon mit seinen Dokumenten.

DER FABRIKANT Es handelt sich hier um Ihre Berechnungen im Zusammenhang mit dem letzten Aktieneinkauf, den Sie für mich besorgten. Sehn Sie, da sind ein paar Posten, über die ich mir nicht im klaren bin, vielleicht ist Ihnen da ein kleiner Fehler unterlaufen, das ist ungewöhnlich, Sie haben sich noch nie verrechnet – aber Sie hören mir ja gar nicht zu –

K Doch, doch!

DER FABRIKANT *nicht unfreundlich:* Nein, Sie denken an etwas ganz andres.

K Ich rechne – es ist schwierig –

DIREKTOR-STELLVERTRETER Die Sache verlangt ruhige Überlegung. Sie scheinen heute überlastet zu sein. Am besten, ich nehme Ihnen die Angelegenheit ab. Es warten ja auch schon Leute im Vorzimmer auf Sie.

K Nein, nein, ich werde gleich –

Der Direktor-Stellvertreter hat die Dokumente schon an sich genommen. Er wendet sich an den Fabrikanten.

DIREKTOR-STELLVERTRETER Kommen Sie, wir werden es klären –

Während er links die Stufen hinaufgeht, bleibt der Fabrikant noch einen Augenblick stehn, sieht K prüfend an.

DER FABRIKANT Ein häßlicher Herbst. Sie leiden wohl unter dem Wetter?

K Ja – Kopfschmerzen – Familiensorgen –

DER FABRIKANT Sehr richtig. Jeder hat sein Kreuz zu tragen.

Dann geht auch er ab. Rabensteiner tritt ein.

RABENSTEINER Kann ich jetzt –

K Nein! Sie lassen niemanden ein!

Rabensteiner ab, die Schultern hochziehend, die Hände in einer Geste, als gäbe er alles auf. K beginnt, hin und her zu gehn. Wendet sich an das leere Bett.

Herr Advokat! Was unternehmen Sie eigentlich? Sind Sie für meine Angelegenheit noch zuständig? Sie haben mich ja noch nicht einmal befragt. Und hier ist doch so viel zu fragen. Fragen ist die Hauptsache. Statt zu fragen, erzählen Sie selbst. Was für endlose langweilige Reden! Wieviele ähnliche Prozesse Sie schon ganz oder teilweise gewonnen haben. Sie haben eine große Erfahrung, sagen Sie. Ihre erste Eingabe sei schon fast fertig. Und dann wieder teilen Sie mit, daß die ersten Eingaben bei Gericht gar nicht gelesen würden. Man legt sie einfach zu den Akten. Wie? Ach so! Gewöhnlich werden sie sogar verlegt, oder gehn gänzlich verloren. Ja, ja, das sei bedauerlich. Und nicht ganz ohne Berechtigung. Wieso? Die Verteidigung ist eigentlich gar nicht gestattet. Aha! Nur geduldet. So, so. Es gibt gar keine vom Gericht anerkannten Advokaten. Man will die Verteidigung möglichst ausschalten. Alles soll auf den Angeklagten gestellt sein. Kein schlechter Standpunkt im Grund. – Trotzdem halten Sie sich nicht für überflüssig, Herr Advokat. Herr Advokat Huld. Warum? Sie sind bei den Verhandlungen nicht zugelassen. Sie wissen nichts, nichts vom Verfahren! Kommen Sie mir nicht immer mit Ihren persönlichen Beziehungen! Aha! Darin liegt der Hauptwert der Verteidigung. Sie schnüffeln und bestechen und horchen aus. Aber von mir wollen Sie nichts hören. Wie? Was ich denke, sei nicht wichtig? Wichtig sei nur, was Sie von andern über mich zu hören bekommen? Und da soll ich Ihnen weiter vertrauen! Wie? Sonst wird Ihnen der Prozeß entzogen? Nein, nein, nicht durch mich, das kommt nicht vor! Hat ein Angeklagter einmal einen Advokaten genommen, muß er bei ihm bleiben, geschehe was immer! Was sagen Sie? Es geschieht manchmal, daß der Prozeß eine Richtung nimmt, wo der Advokat nicht mehr mitkommen darf. Die Vertretung entfällt ihm einfach. Sehn Sie! Da können ihm auch die besten Beziehungen nicht mehr helfen. Ausgezeichnet! Der Prozeß tritt in ein Stadium, wo keine Hilfe mehr gegeben werden kann. Solche Fälle sind Ausnahmen, sagen Sie. Glücklicherweise Ausnahmen. Im ganzen ist das Ergebnis noch sehr erfreulich. Sehr erfreulich! *Er nickt ein paar Mal.* Der Prozeß ist durchaus nicht verloren. Sie sind immer noch dabei, einen Untersuchungsrichter für mich zu gewinnen, und dann – wie sagen Sie – dann ist das ganze eine rein chirurgische Wunde – dann kann man getrost auf das Folgende warten! *Er eilt zum Schreibtisch, setzt sich, blättert in den Papieren, wendet sich wieder dem Bett zu.* Wie? Sie haben noch nie einen so großen Prozeß geführt? Und dabei sind Sie vielleicht nur angestellt vom Gericht, um eine für mich ungünstige Wendung zu erzielen! Was? *Er springt auf, eilt wieder auf das Bett zu. Spöttisch.* Ja, ja – ein sehr schwieriger, also wichtiger Prozeß ist es. Ja, ja – hat bei Gericht gleich große Aufmerksamkeit erregt. Und Sie haben noch nicht einmal die erste Eingabe überreicht. Es ist nötig, daß ich jetzt selbst eingreife! *Er läuft zum Schreibtisch zurück. Hält inne, als sei ihm nachgerufen worden.* Ob ich mit andern über den Prozeß gesprochen habe? Wer schon alles darüber wisse? Nun, ja, mein Onkel. Fräulein Bürstner? Nein! Sie weiß, daß ich verhaftet worden bin, aber sonst – wie? Alle wissen es? Der Direktor-Stellvertreter auch? Meine Stellung ist bedroht? Ich kann Ihnen nur sagen, ich werde meine Stellung halten! Ich lehne jeden Gedanken an Schuld von vornherein ab! Der Prozeß, der ist nichts andres als ein Geschäft, ja ein Geschäft, wie ich es oft mit Vorteil für die Bank abgeschlossen habe. Nein, Herr Advokat! Abschütteln werde ich Sie! Ich selbst werde eine Eingabe überreichen! Ich brauche Sie nicht! Nein! Nein!

Während seiner letzten Worte ist der Fabrikant von links oben her eingetreten. Er geht auf Zehenspitzen auf K zu. Bei der leisen Anrede schnellt K herum.

DER FABRIKANT Ich hätte, Herr Prokurist, noch eine kleine Mitteilung für Sie. Sie haben einen Prozeß, nicht wahr?

K Das hat Ihnen der Direktor-Stellvertreter gesagt.

DER FABRIKANT Ach nein, woher sollte denn der es wissen?

K Und Sie?

DER FABRIKANT Ich erfahre hier und da etwas von dem Gericht.

K So viele sind mit dem Gericht in Verbindung –

DER FABRIKANT Von Ihrem Prozeß weiß ich durch einen gewissen Titorelli. Er ist Maler. Titorelli ist nur sein Künstlername, seinen wirklichen Namen kenne ich nicht einmal. Er kommt von Zeit zu Zeit in mein Büro und bringt mir kleine Bilder mit – für die gebe ich ihm eine Art Almosen. Es sind übrigens hübsche Bilder. Heidelandschaften und dergleichen. Er arbeitet für das Gericht. Seine Haupteinnahmequelle ist das Portraitmalen. Er malt die Richter. Vielleicht kann er Ihnen ein wenig behilflich sein. Wenn er selbst auch keinen großen Einfluß hat, so kann er Ihnen doch Ratschläge geben. Aber die brauchen Sie wohl gar nicht. Sie sind ja fast ein Advokat. Ich sage immer, der Herr Prokurist ist fast ein Advokat. Ich habe keine Sorgen wegen Ihres Prozesses. Sie sollten aber doch einmal zu Titorelli gehn. Ich gebe Ihnen hier ein Empfehlungsschreiben, und die Adresse.

K Ich werde hingehn.

DER FABRIKANT Es muß nicht heute sein –

Der Direktor-Stellvertreter ist eingetreten. Er legt lachend den Arm um die Schulter des Fabrikanten.

DIREKTOR-STELLVERTRETER Der Herr Fabrikant hat Ihnen schon alles erzählt? Wir haben Ihre Versehen berichtigt. Und was die Aktien betrifft, haben wir es zu einem guten Geschäftsabschluß gebracht. Sie wollen die Papiere doch wohl nicht mehr sehn –

Er leitet den Fabrikanten hinaus.

K hat eilig den Brief in die Tasche gesteckt. Er nimmt den Mantel vom Kleiderhaken. Einen Wintermantel. Schlägt den Kragen hoch.

Der Direktor-Stellvertreter wendet sich nach ihm um.

DIREKTOR-STELLVERTRETER Sie wollen jetzt weggehn?

K Es ist dringend.

DIREKTOR-STELLVERTRETER Und die Kunden draußen?

K bleibt stehn, beginnt, den Mantel wieder auszuziehn. Der Direktor-Stellvertreter wehrt mit einer Handbewegung ab.

DIREKTOR-STELLVERTRETER Ich werde mich auch darum kümmern. *Er geht zu Ks Schreibtisch, nimmt die Papiere, die dort liegen, öffnet auch eine Schublade, nimmt einen Stoß Briefschaften hervor.*

K *machtlos:* Aber Herr Vorsteher –

DIREKTOR-STELLVERTRETER Ich brauche natürlich alle Unterlagen. *Er geht schon an K vorbei.*

Die Wartenden, neben denen auch Rabensteiner, Kaminer und Kullich stehn, umringen ihn. Sie gehn alle dem Hintergrund zu, der sich verdunkelt.

K zieht den Mantel wieder an, knöpft ihn zu, setzt den Hut auf, drückt ihn tief in die Stirn. Die Unruhe im Hintergrund hält an, ändert aber den Charakter. Ein Tuscheln, Flüstern und Kichern im Dunkeln. Ein Vorbeihuschen von Gestalten.

K geht mit ein paar schnellen Schritten auf den Schrank zu. Schlägt mit der Faust an die Tür.

12. Beim Maler

Nur der Raum vor dem Schrank erhellt.

Im völlig verdunkelten Hintergrund weiter das Flüstern, Kichern und Umherhuschen.

K steht vor dem Schrank. Nach den Schlägen auf die Tür hat er die Hände in die Taschen seines langen Mantels gesteckt.

Langsam, knarrend, öffnen sich die breiten Türflügel des Schranks. Auf der Innenseite der einen Türhälfte ist der Name Titorelli zu sehn: gemalt mit breitem Pinsel und in roter Farbe.

Der langgestreckte enge Raum drinnen ist überladen mit Keilrahmen, Leinwandrollen, Bündeln von Zeichenpapier, Pinseln, Flaschen und kleinen Bildern, die alle speckig düstre Heidelandschaften darstellen.

Titorelli tritt aus dem Gerümpel der Kammer hervor. Er hat einen gezwirbelten Knebelbart. Auf dem Kopf ein weites, violettrotes Samtbarett. Trägt eine Staffelei, die er draußen aufstellt. Er lehnt ein begonnenes Bild darauf: das Portrait eines schwarzbärtigen Mannes im Richtertalar.

Sein Nachthemd, das ihn umschlottert, stopft er in seine weite gelbliche Leinenhose, die mit einem Strick zusammengehalten wird.

TITORELLI *sich vor K verbeugend:* Kunstmaler Titorelli.

K *rings ins Dunkel blickend:* Sie leben hier nicht allein?

TITORELLI Ach diese Fratzen! Aus der ganzen Nachbarschaft kommen die Mädchen hierher!

Im Hintergrund Gekicher.

TITORELLI Ich habe eine von ihnen einmal gemalt – seitdem rennen mir alle nach.

K zieht den Empfehlungsbrief aus der Tasche, reicht ihn dem Maler.

K Ich habe durch diesen Herrn von Ihnen erfahren und bin auf seinen Rat hierher gekommen.

Der Maler liest den Brief flüchtig und wirft ihn in die Kammer.

TITORELLI Wollen Sie Bilder kaufen, oder sich malen lassen?

K *verwirrt:* Wieso? – *Er betrachtet das Bild auf der Staffelei.* Sie arbeiten grade an einem Bild?

TITORELLI Ein Portrait. Noch nicht ganz fertig.

K Es ist ein Richter? Ich sehe, er sitzt auf einem Thronsessel –

TITORELLI Das ist Erfindung.

K Sitzt er nicht auf einem Richterstuhl?

TITORELLI Er hat nie auf einem solchen Thron gesessen.

K Und läßt sich doch in so feierlicher Haltung malen? Er sitzt ja da wie ein Gerichtspräsident.

TITORELLI Ja, eitel sind die Herren.

K Wie heißt denn der Richter?

TITORELLI Das darf ich nicht sagen.

K Sie sind wohl ein Vertrauensmann des Gerichts?

TITORELLI *ein verschmiertes Hemd über das Bild der Staffelei werfend:* Nur immer gleich mit der Wahrheit heraus. Sie wollen etwas über das Gericht erfahren. Ich nehme es Ihnen nicht übel. Ja, Sie haben recht: Ich bin ein Vertrauensmann des Gerichts.

K Ist das eine offizielle Stellung?

TITORELLI Nein. Aber solche nicht anerkannten Stellungen sind oft einflußreicher als die anerkannten. – Wollen Sie nicht den Mantel ablegen?

K zieht den Mantel aus und legt ihn über einen Stuhl. Den Hut behält er auf.

K Ich werde nur kurz bleiben.

TITORELLI Aber setzen Sie sich doch. *Er zeigt auf das Bett.*

K setzt sich dort auf die Kante. Titorelli zieht den Schreibtischsessel an die Staffelei, nimmt dort Platz.

TITORELLI Sie sind unschuldig?

K *freudig:* Ja!

TITORELLI So. Wenn Sie unschuldig sind, dann ist ja die Sache sehr einfach.

K *lachend:* Aber das Gericht zieht dann doch von irgendwoher eine Schuld hervor.

TITORELLI Sie sind aber unschuldig?

K Nun ja –

TITORELLI Das ist die Hauptsache.

K Sie kennen das Gericht viel besser als ich. Ich habe nur von andern darüber gehört. Die stimmen aber alle überein, daß das Gericht, wenn es einmal anklagt, fest von der Schuld des Angeklagten überzeugt ist.

TITORELLI Und von dieser Überzeugung ist das Gericht niemals abzubringen.
Verstärktes Gekicher.
Verzeihn Sie. Auch diese Mädchen gehören zum Gericht. *Scherzhaft.* Es gehört ja alles zum Gericht!

K Ich habe noch keinen Überblick. –

TITORELLI Brauchen Sie auch nicht. Sie sind ja unschuldig. Ich allein hole Sie heraus.

K Aber Sie haben doch eben gesagt, daß das Gericht für Beweisgründe unzugänglich ist.

TITORELLI Unzugänglich nur für Beweisgründe, die man vor Gericht vorbringt. Anders verhält es sich mit dem, was man hinter dem Gericht versucht, in den Korridoren, oder zum Beispiel hier, im Atelier.

K Ja, das stimmt. Das stimmt völlig überein mit meinen bisherigen Erfahrungen.
Wie sind Sie mit den Richtern in Verbindung gekommen?

TITORELLI Das war sehr einfach. Ich habe diese Verbindung geerbt. Schon mein Vater war Gerichtsmaler. Man kann dafür neue Leute nicht brauchen. Man muß alle geheimen Regeln kennen. Und jeder Richter will doch so gemalt werden, wie die alten, großen Richter gemalt worden sind. Das kann nur ich.

K Ihre Stellung ist also unerschütterlich?

TITORELLI Ja, unerschütterlich. Deshalb kann ich es auch wagen, hier und da einem armen Mann, der einen Prozeß hat, zu helfen.

K Und wie tun Sie das?

TITORELLI Zunächst muß ich Sie fragen, welche Art der Befreiung Sie wünschen. Es gibt nämlich drei Möglichkeiten. Die wirkliche Freisprechung, die scheinbare Freisprechung und die Verschleppung. Die wirkliche Freisprechung ist natürlich das Beste. Nur habe ich auf diese Art der Lösung nicht den geringsten Einfluß. Ich habe auch noch nie einen wirklichen Freispruch erlebt.

K Keinen einzigen Freispruch. Das bestätigt die Meinung, die ich von dem Gericht habe. Es ist also zwecklos. Ein einziger Henker könnte das ganze Gericht ersetzen.

TITORELLI Sie dürfen nicht verallgemeinern. Ich spreche nur von meinen eignen Erfahrungen.

K Sie erwähnten noch zwei andre Möglichkeiten –
Er wischt sich die Stirn.

TITORELLI Die scheinbare Freisprechung und die Verschleppung. – Aber wollen Sie nicht auch die Jacke ausziehn? Es ist Ihnen heiß?

K knöpft die Jacke auf, zögert, zieht sie dann aus. Er legt die Jacke auf seinen Schoß.

K Wie nannten Sie noch die zwei Möglichkeiten –

TITORELLI Die scheinbare Freisprechung und die Verschleppung.

K nickt.

Beides ist durch meine Hilfe erreichbar. Natürlich nicht ohne Mühe. Also zunächst die scheinbare Freisprechung. Wenn Sie diese wünschen, schreibe ich auf einen Bogen Papier die Bestätigung Ihrer Unschuld. Mit dieser Bestätigung mache ich einen Rundgang bei den mir bekannten Richtern. Ich fange bei dem Richter an, den ich jetzt male. Ich erkläre ihm, daß Sie unschuldig sind. Ich verbürge mich für Ihre Unschuld.

K Und der Richter würde Ihnen glauben? Und mich trotzdem nicht wirklich freisprechen?

TITORELLI Mir zu Gefallen würde er seinen Namen unter meine Bürgschaft setzen. Habe ich erst seinen Namen, werde ich auch noch andre Namen gewinnen.

K *zögernd:* Und dann wäre ich frei?

TITORELLI Ja. Aber nur scheinbar frei, oder besser, zeitweilig frei. Die untersten Richter, zu denen meine Bekannten gehören, haben nicht das Recht, endgültig freizusprechen. Dieses Recht hat nur das oberste, für uns alle ganz unerreichbare Gericht.

K Und wenn ich von den untern Richtern freigesprochen werde?

TITORELLI Dann sind Sie für den Augenblick der Anklage entzogen. Aber sie schwebt auch weiterhin über Ihnen und kann, sobald der höhere Befehl kommt, sofort wirksam werden.

K Und der Prozeß beginnt von neuem.

TITORELLI Allerdings. Es besteht aber wieder die Möglichkeit, einen scheinbaren Freispruch zu erwirken. Man muß wieder alle Kräfte zusammennehmen.

K ist in sich zusammengesunken. Der Maler geht auf ihn zu. Er faßt ihn unter das Kinn, hebt seinen Kopf hoch.

TITORELLI Man darf sich nicht ergeben!

K *mutlos:* Und der zweite Freispruch ist schwieriger zu erreichen als der erste –

TITORELLI Und er ist wieder nicht endgültig. Dem zweiten Freispruch folgt die dritte Verhaftung, dem dritten Freispruch die vierte Verhaftung, und so fort.

K senkt wieder den Kopf. Der Maler geht zum Sessel zurück, setzt sich dort.

Der scheinbare Freispruch scheint Ihnen nicht vorteilhaft zu sein. Vielleicht entspricht Ihnen die Verschleppung besser.

Soll ich Ihnen das Wesen der Verschleppung erklären?
K nickt. Der Maler lehnt sich weit im Sessel zurück. Sein Nachthemd ist offen. Er schiebt die Hand drunter, kratzt sich die Brust und die Seiten.
Die Verschleppung besteht darin, daß der Prozeß dauernd im niedrigsten Stadium gehalten wird. In regelmäßigen Zwischenräumen geht man zu dem betreffenden Richter. Man sucht ihn auf jede Weise freundlich zu erhalten. Versäumt man in dieser Hinsicht nichts, so kann man annehmen, daß der Prozeß nicht über sein erstes Stadium herauskommt. Der Prozeß hört zwar nicht auf, aber der Angeklagte ist vor einer Verurteilung gesichert. Gegenüber dem scheinbaren Freispruch hat die Verschleppung den Vorteil, daß die Zukunft des Angeklagten weniger unbestimmt ist. Er bleibt vorm Schrecken der plötzlichen Verhaftung bewahrt.
K erhebt sich und beginnt, seine Jacke anzuziehn.
Sie wollen gehn?

K O ja –

TITORELLI *auch aufstehend, an K herantretend:* Sie haben sich wohl hinsichtlich meiner Vorschläge noch nicht entschieden. Ich hätte Ihnen auch davon abgeraten, sich sofort zu entscheiden. Die Vorteile und Nachteile sind haarfein. Man muß alles genau abschätzen.
K zieht den Mantel an.
Wollen Sie nicht noch ein Bild sehn, das ich Ihnen verkaufen könnte?

K *ungeduldig:* Ja, bitte –
Der Maler zieht aus dem Gerümpel eines der kleinen ungerahmten Bilder hervor, hebt es vor K hoch: düstere Heide mit zwei Birken, dahinter brennend roter Sonnenuntergang.

TITORELLI Eine Heidelandschaft.

K Schön. Ich kaufe es. *Er zieht die Brieftasche hervor.*
Der Maler holt ein zweites Bild, von genau gleichem Aussehn.

TITORELLI Hier ist ein Gegenstück.

K Ich kaufe beide.

TITORELLI Das Motiv scheint Ihnen zu gefallen. *Er holt ein drittes Bild von gleichem Aussehn herbei.* Es trifft sich gut, daß ich noch ein ähnliches Bild habe.

K Ich nehme auch dieses noch. Wieviel kosten die drei Bilder?

TITORELLI Darüber sprechen wir das nächste Mal. Sie haben jetzt Eile. Wir bleiben in Verbindung. Es freut mich wirklich, daß Ihnen die Bilder gefallen. Ich gebe Ihnen alle mit, die ich hier habe! Es sind lauter Heidelandschaften, ich habe viele Heidelandschaften gemalt, manche weisen solche Bilder ab, sie sind ihnen zu düster. Aber Sie – Sie mögen sie –

K hat während Titorellis Rede seine Brieftasche entleert und die Scheine in die Hand des Malers gedrückt. Dieser winkt abwehrend, nimmt das Geld aber an.

Titorelli steckt ihm einen Haufen Bilder unter den Arm.

K geht mit den Bildern auf den Schreibtisch zu. Titorelli nimmt die Staffelei und tritt zurück in die Schrankkammer, schließt die Türflügel hinter sich.

K zieht eine Schublade im Schreibtisch auf, verstaut die Bilder darin, läßt die Lade krachend zurückfahren.

Das Kichern und Umherjagen nimmt einige Augenblicke lang noch zu. Während einer kurzen Verdunklung der ganzen Bühne ist im Hintergrund Gekreisch und Gelächter zu hören.

13. In der Pension

Die obere Bühne bleibt dunkel. Nur die vordere Bühne erhellt. Rechts auf dem Bett sitzt Leni. Am Fuß des Betts steht der Onkel. K kniet, noch in Mantel und Hut, vor dem Schreibtisch links.

DER ONKEL Josef! Josef!

K wendet sich überrascht um.

Hingeschmissen hast du dem Advokaten die Vertretung! Als sei sie ein Dreck! Josef! Wie falsch, wie falsch schätzt du die Lage ein! Deine Arbeit vernachlässigst du! Der Direktor-Stellvertreter beschwert sich über dich! Auch dein Freund, der Staatsanwalt – ich hab mit ihm gesprochen – er hält dich für verloren! Und deine arme Mutter – seit mehr als zwei Jahren hast du sie nicht besucht – fast blind ist sie – sie ruft nach dir – du kommst nicht!

K *verwirrt aufstehend:* Wie denn? Worum geht es denn? *Er streift den Mantel rückwärts ab. Die Arme bleiben eine Weile feststecken in den Ärmeln. Er verharrt so, vorgebeugt, wie in einer Zwangsjacke.*

DER ONKEL *einen Schritt auf K zutretend:* Ich beschwöre dich, Josef! Nimm die Kündigung des Advokaten zurück! Laß dir erklären *Er streckt den Arm aus.* –

Leni klatscht in die Hände.

Ganz von links kommt ein Mann hervorgekrochen, in ehemals eleganter Kleidung, die jetzt äußerst vernachlässigt ist.

Laß dir erklären von diesem Herrn, einem Klienten des Advokaten, wie nötig jetzt deine Verteidigung ist –

K *zornig:* Ich setze meine Verteidigungsschrift selbst auf! Ich werde ins Gericht gehn und sie dort vorlegen!
Er schüttelt den Mantel ab, läßt ihn auf den Boden fallen. Auch den Hut wirft er ab. Der Mann ist geduckt, halb kriechend, in die Nähe des Betts gelangt.

DER ONKEL Hier, laß dir sagen von Herrn Block, wie wenig dir deine Eingaben nützen!

BLOCK *wendet sich demütig an K:* Wir sind uns bereits im Warteraum begegnet, vorm Gericht.

K Möglich.

BLOCK Sie hielten sich abseits.

K Ihr Warten kam mir so nutzlos vor.

BLOCK Das Warten ist nicht nutzlos. Nutzlos ist nur das selbständige Eingreifen.

K Meinen das alle, die da sitzen?

BLOCK Wir sprechen nicht miteinander. Es gibt keine gemeinsamen Interessen.

K Gemeinsam kann man also nichts durchsetzen?

BLOCK Nur ein einzelner erreicht manchmal etwas, im geheimen.

DER ONKEL Und dazu brauchst du Herrn Huld, Josef!

K *wendet sich an Block:* Und hat Herr Huld eine Eingabe für Sie eingereicht?

BLOCK Verschiedne Eingaben.

K Verschiedne?

BLOCK Ja, gewiß.

K Was stand denn darin?

BLOCK *unbeholfen, krumm an K herantretend, den Mund mit der Hand beschirmend:* Viel Gelehrtes. Vor allem viel Latein, das ich nicht verstehe. Dann seitenlange allgemeine Anrufungen des Gerichts. Schmeicheleien für einzelne Beamte. Dann Selbstlob des Advokaten –

LENI *scharf:* Rudi! Schweif nicht ab!

K Und dieser Herr will mir raten –

LENI Er weiß, warum er beim Advokaten bleiben muß. Er weiß es. So viel länger als Sie hat er seinen Prozeß!

BLOCK Ja, seit fünf Jahren wälze ich diesen Prozeß vor mir her. Oh, auch ich war ungeduldig. Mein Prozeß kam nicht vorwärts, und da –

K Ja, ja – und da?

BLOCK *flüsternd:* Da ging ich zu andern Advokaten. Noch fünf andre Advokaten hab ich mir genommen.

K Fünf?

BLOCK Ich war in dem Stadium des Prozesses, in dem Sie sich befinden. Ein halbes Jahr alt war mein Prozeß. Ich wollte Fortschritte sehn. Greifbare Fortschritte –

DER ONKEL Höre Josef! Höre!

BLOCK Ich tat, was am wenigsten erlaubt ist, neben meinem Advokaten nahm ich mir Winkeladvokaten. Ich wollte meinen Prozeß nicht verlieren. Ich verwendete alles, was ich besaß, auf den Prozeß. Früher füllten die Büroräume meines Geschäfts ein ganzes Stockwerk. Heute habe ich nichts mehr. Nur noch eine kleine Kammer in einem Hinterhaus –

DER ONKEL So wird es auch dir ergehn, Josef!

BLOCK Ich wollte zu einem Ende kommen. Gerüchte über meinen Prozeß hatten sich verbreitet, unter meinen Geschäftsfreunden, meinen Verwandten. Verdächtigungen, Schädigungen von allen Seiten. Wenn nur die erste Gerichtsverhandlung stattfinden würde!

DER ONKEL Ruiniert ist er! Hörst du, Josef? Sein Familienleben ist zerrüttet!

BLOCK Und da betrog ich meinen Advokaten.

LENI *sich mit der Hand auf die Knie schlagend:* Zeig ihm, Rudi, wie du den Advokaten um Verzeihung bittest, wie du ihn anflehst –

Block läßt sich in die Knie fallen. Er kriecht auf den Knien zu Leni. Er küßt ihre Schuhe, küßt den Boden vor ihr, leckt, küßt ihre Hand. Leni stellt ihre Füße auf ihn, stößt ihn dann mit einem Tritt zurück.

BLOCK *auf allen Vieren:* Er ist mein großer Advokat. Ich nenne ihn meinen großen Advokaten, denn er ist der größte von den kleinen Advokaten –

K Gibt es denn größere?

BLOCK *leise:* O ja, die wahren großen Advokaten –

K Wer sind die? Wie kommt man zu ihnen?

BLOCK Es gibt kaum einen Angeklagten, der nicht, wenn er von ihnen erfährt, von ihnen träumen würde. Lassen Sie sich nicht dazu verführen! Wer die großen Advokaten sind, weiß ich nicht. Zu ihnen kommen kann man wohl gar nicht. Ich kenne keinen Fall, von dem sich sagen ließe, daß sie eingegriffen hätten. Es ist besser, nicht an sie zu denken – sonst kommen einem die Besprechungen mit den andern Advokaten so widerlich vor, daß man am liebsten alles wegwerfen, sich ins Bett legen und von nichts mehr hören wollte!

K Und Sie dachten damals doch an die großen Advokaten.

BLOCK Vollständig vergessen kann man sie leider nie.

Eine Weile Schweigen.

LENI *schnell und hart:* Wer ist dein Advokat?

BLOCK Huld ist mein Advokat.

LENI Und außer ihm?

BLOCK Niemand außer ihm.

DER ONKEL Josef, sieh doch! Schon fast vernichtet war er, und der Advokat schenkte ihm seine Gnade!

Block ist auf Leni zugekrochen. Er legt seinen Kopf in ihren Schoß. Sie fährt ihm mit den Fingern durch das Haar.

K Jetzt hast du diesen hier gewählt?

LENI Er ist ja immer beim Advokaten. Er wohnt ja fast bei uns.

K Er schläft wohl auch bei dir?

LENI Ja, er schläft unterm Tisch in meinem Zimmer.

Block hat Lenis Hand ergriffen. Er zieht ihren Mittelfinger und Ringfinger auseinander, so wie K es früher getan hat. Er küßt ihre Finger. Leni zieht seinen Kopf am Haar hoch.

Ist er nicht schön?

BLOCK *sich an K wendend:* Leni findet die meisten Angeklagten schön. Sie hängt sich an alle, liebt alle. Und sie scheint auch von allen geliebt zu werden. Sie erzählt mir manchmal davon –

LENI *K anblickend:* Es gibt unter den Schönen auch besonders schöne. Aber schön sind alle, selbst dieser –

Sie stößt Block wieder mit einem Fußtritt zurück.

K Kann die Schuld denn schön machen –

LENI Nein, nicht die Schuld. Es ist das Verfahren, das ihnen anhaftet –

Der Onkel tritt auf K zu, er legt seine eine Hand auf dessen Schulter.

Gleichzeitig sind ganz vorn, auf dem Absatz zur Mittelbühne, links Frau Grubach und Fräulein Montag, rechts der Hauptmann und Fräulein Bürstner erschienen. Frau Grubach und Fräulein Montag stehn Hand in Hand. Der Hauptmann hat den Arm um Fräulein Bürstners Leib gelegt.

Reglos sehn sie auf K hinunter.

DER ONKEL Josef! Und jetzt kommst du mit mir zum Advokaten. Du sagst ihm, daß du übereilt gehandelt hast. Er hat mir versprochen, deinen Fall weiterzuführen. Ja, die ganze Zeit über hat er für dich gearbeitet, so großzügig ist er! Komm, Josef, komm!

K reißt sich von ihm los.

K Nein, meine Entscheidung steht fest.

Leni ist vom Bett aufgestanden, sie geht nach rechts ab. Block folgt ihr, auf allen Vieren. Der Onkel schließt sich ihnen an.

K geht langsam zum Schreibtisch.

Dunkel.

14. In der Bank

Mit einem Krachen setzt der Betrieb in den Büroräumen ein, mit dem Knattern von Schreibmaschinen, mit hin und her eilenden Angestellten.

Kaminer, Kullich, Rabensteiner bringen den Raum im Vordergrund in Ordnung.

K sitzt mit aufgerissenem Hemdkragen am Schreibtisch. Seine Hände hat er vor sich flach ausgestreckt.

Über dem Schrank ist ein großes Bild zu sehn: eine überdimensionierte Kopie der bekannten Heidelandschaft.

Der Direktor-Stellvertreter tritt ein, geht langsam an K vorbei, der ihn nicht bemerkt. Er betrachtet ihn mit seinem spöttischen Lächeln. Bleibt einige Augenblicke unterhalb des großen Bilds stehn, nickt, wendet sich dann K zu.

DIREKTOR-STELLVERTRETER Wir haben heute einen besondren, einen ganz besondren Auftrag für Sie. Einen Auftrag, der Ihnen nicht Mühe, o nein, nicht die gewöhnliche Mühe, sondern Zerstreuung, Vergnügen bereiten wird.
K blickt auf, mit abwesendem Ausdruck.
Ein italienischer Geschäftsfreund ist zu Besuch in der Bank. Er ist äußerst kunstinteressiert, möchte sich gern die Kulturschätze der Stadt ansehn. Sie, Herr Prokurist, sind der geeignete Mann, ihn zu führen.

K *leise:* Ich habe zu viel zu tun –

DIREKTOR-STELLVERTRETER Sie sind doch sonst immer bereit, das Büro zu verlassen.

K Meine Kenntnisse des Italienischen –

DIREKTOR-STELLVERTRETER Sie schreiben ausgezeichnete Geschäftsbriefe in dieser Sprache.

K Meine kunsthistorischen Kenntnisse –

DIREKTOR-STELLVERTRETER Sie sind Mitglied des Vereins zur Erhaltung der städtischen Denkmäler.

K Längst nicht mehr. War es auch nur aus geschäftlichen Gründen.

DIREKTOR-STELLVERTRETER Sie wollen doch nicht den ausdrücklichen Wunsch des Herrn Direktors abweisen?

K *erhebt sich:* O nein, nein –

DIREKTOR-STELLVERTRETER Dann bereiten Sie sich vor. Ruhen Sie sich noch eine Weile aus. Sie sind müde? *Er zieht an Ks Hemdkragen.* Und richten Sie Ihre Kleidung her! Wollen Sie so die Kunden empfangen?
K knöpft resigniert seinen Kragen zu, rückt den Schlips zurecht. Der Direktor-Stellvertreter hat sich auf die Schreibtischkante gesetzt. Er drückt an der Leiste am Rand der Tischplatte herum.
Und Ihr Schreibtisch – haben Sie das noch nicht bemerkt *Er*

bricht die Leiste am Rand der Platte ab – Ihr Schreibtisch ist am Zerfallen – er wird *Er zieht ein Taschenmesser hervor, läßt die große Klinge aufklappen, bohrt sie in die Tischplatte, hebt die Platte an, spaltet ein Brett ab* – er wird bald zusammenbrechen!

Inzwischen ist von links oben der Direktor, begleitet vom italienischen Geschäftsfreund, die Stufen hinuntergekommen. Der Direktor ist bleich, er geht gebeugt, stützt sich auf einen Stock. Der Italiener ist äußerst elegant gekleidet, trägt einen graublauen buschigen Schnurrbart.

DIREKTOR-STELLVERTRETER *sich zum Direktor umwendend:* Sehn Sie, wie der Herr Prokurist mit dem Eigentum der Firma umgeht!

Der Direktor-Stellvertreter lacht, wie über einen Witz. Der Italiener fällt in das Gelächter ein, doch offensichtlich ohne die Worte verstanden zu haben. Der Direktor zeigt auf K. Der Italiener nickt lachend.

Er wird auf das Bild der Heidelandschaft aufmerksam, stellt sich bewundernd unterhalb des Bildes auf.

DER ITALIENER Ah! Un conoscitore! Un specialista! Un mecenate!

K *mit wegwerfender Handbewegung:* Es ist nicht –

DER ITALIENER Quale capolavoro!

Der Direktor-Stellvertreter zieht einige Schubladen aus dem Schreibtisch, entleert sie: zahllose kleine Bilder von Heidelandschaften fallen auf den Boden.

Der Italiener eilt hinzu, hebt ein paar Bilder auf.

DIREKTOR-STELLVERTRETER Kunst, sehn Sie, nur noch mit Kunst beschäftigt sich der Herr Prokurist.

DER ITALIENER Ah! Variazioni!

DIREKTOR-STELLVERTRETER Nein, immer das gleiche! Immer das gleiche!

DER ITALIENER Geniale!

Der Direktor, der schweigend zugesehn hat, auf den Stock gestützt, tritt nun auf K zu, zieht ihn beiseite.

DER DIREKTOR *mit leidender Stimme:* Ich bitte Sie sehr, unsern Freund um drei Uhr im Dom zu erwarten. Ein Spaziergang an diesem Nachmittag – es ist doch Frühling – wird auch Ihnen – so dachte ich mir – angenehm sein –

K Natürlich, Herr Direktor, natürlich. Ich werde mein Möglichstes tun.

DER DIREKTOR Unser Gast will auch keinesfalls in Eile alle Sehenswürdigkeiten ablaufen. Er möchte vor allem den Dom, diesen aber gründlich, kennenlernen. Er freut sich so darauf, die Besichtigung mit einem so gelehrten und liebenswürdigen Mann vornehmen zu können – *Er geht langsam, mit schleppenden Schritten, zu dem Italiener zurück. Wendet sich noch einmal um.* Und sein Italienisch werden Sie sicher bald verstehn. Sie müssen nur genau zuhören – *die drei Herren ziehn sich zurück.*

DER ITALIENER *K zuwinkend:* A reviderci in duomo!

Kaum sind sie links die Stufen hinaufgegangen, eilt K zum Schrank. Kramt dort zwischen den Akten, zieht ein geheftetes Buch hervor. Geht mit dem Buch zum überdeckten Bett, legt sich nieder, blättert in den Seiten.

Rabensteiner, Kaminer und Kullich kommen von oben herbei. Sie packen die Bilder in die Schubladen des Schreibtischs ein, blicken dabei, vorwurfsvoll grimassierend, kopfschüttelnd, zu K hinüber. Sie befestigen die losgebrochenen Bretter der Tischplatte mit harten Hammerschlägen. Ziehn dann den Schreibtisch ganz nach links zur Seite.

K legt das Buch nieder, drückt die Arme über den Kopf.

Nach dem Abgang der drei Beamten legt er sich auf die Seite, zieht die Knie an den Leib.

Es wird still.

Der Hintergrund verdunkelt sich.

K liegt mit geschlossenen Augen.

Plötzlich erscheint rechts neben dem Bett Leni. Sie stützt sich auf die Bettkante, neigt sich steil über K, mit gespanntem Körper.

LENI *flüsternd:* Sie hetzen dich!

K fährt auf. Leni ist schon wieder verschwunden.

15. Im Dom

Im selben Augenblick, in dem K aufschreckt, ertönen drei starke, helle Glockentöne. Gleichzeitig weht, mit mächtigem Schwung, von rechts hinterm Bett ein goldner Vorhang hinein, der den ganzen Hintergrund, noch vor dem Schrank, abdeckt.

Langsam kommt von links ein Mann in einem langen schwarzen Gewand, bleibt in der Mitte des Raums stehen. K springt aus dem Bett, das Buch in der Hand.

DER KAPLAN Du bist Josef K.

K Ja.

DER KAPLAN Du bist angeklagt.

K Ja.

DER KAPLAN Ich bin der Gefängniskaplan.

K Ja –

DER KAPLAN Ich habe dich hierher rufen lassen, um mit dir zu sprechen.

K Ich bin gekommen, um einem Italiener den Dom zu zeigen.

DER KAPLAN Laß das Nebensächliche. Was hältst du in der Hand? Ein Gebetbuch?

K Es ist ein Album der städtischen Sehenswürdigkeiten.

DER KAPLAN Leg es aus der Hand.
K schleudert das Buch weit von sich.
Weißt du, daß dein Prozeß schlecht steht?

K Es scheint mir auch so. Ich habe mir alle Mühe gegeben, aber ohne Erfolg. Habe auch die Eingabe noch nicht fertig.

DER KAPLAN Wie stellst du dir das Ende vor?

K Früher dachte ich, es müsse gut enden. Jetzt zweifle ich. Ich weiß nicht, wie es enden wird. Weißt du es?

DER KAPLAN Nein. Ich fürchte, es wird schlecht enden. Man hält dich für schuldig.

K Aber ich bin nicht schuldig. Es ist ein Irrtum.

DER KAPLAN So pflegen die Schuldigen zu reden.

K Wie kann denn ein Mensch überhaupt schuldig sein?

DER KAPLAN Was willst du in deiner Sache tun?

K Ich will noch Hilfe suchen.

DER KAPLAN Du suchst zuviel fremde Hilfe.

K Weißt du denn eigentlich, was für einem Gericht du dienst?
Der Kaplan antwortet nicht.
Verzeih mir. Ich wollte dich nicht beleidigen.

DER KAPLAN *mit schneidender Stimme:* Siehst du denn nicht zwei Schritte weit!
Einige Augenblicke stehn sie einander schweigend gegenüber.

K So gib mir einen Rat, wie ich aus dem Prozeß ausbrechen – wie ich außerhalb des Prozesses leben könnte. Eine solche Möglichkeit muß doch bestehn.
Der Kaplan schweigt.
Hast du Zeit für mich?

DER KAPLAN Soviel Zeit, wie du brauchst.

K Ich habe Vertrauen zu dir. Mit dir kann ich offen reden.

DER KAPLAN Täusche dich nicht.

K Worin sollte ich mich denn täuschen?

DER KAPLAN In dem Gericht täuschst du dich.

K Dann sage mir, was für ein Gericht es ist.

DER KAPLAN Nur du kannst es finden.

K Viele sprechen von dem Gericht. Aber es hat sich mir noch nie gezeigt.

DER KAPLAN Es ist die Aufgabe derer, die mit dem Gericht zu tun haben, über das Gericht zu sprechen. Was auch immer können sie darüber aussagen. Sie können dir das Gesetz auslegen, wie sie wollen.

K Wie können sie mich schuldig befinden?

DER KAPLAN Es steht ihnen frei, dir jede Schuld zuzusprechen.

K Sie wissen oft nicht einmal meinen Namen.

DER KAPLAN Dein Name ist dir ja auch eine Last.

K Sie verwechseln mich mit andern.

DER KAPLAN Sie können dich nennen, wie es ihnen gefällt. Sie können dich mit einem Buchstaben, einer Ziffer bezeichnen.

K Dann nehmen Sie mir auch das Recht, zu leben –

DER KAPLAN Sie können dir nach eignem Gutdünken das Recht dazu nehmen.

K Und wenn ich mich weigre, ihre Richtsprüche anzuerkennen?

DER KAPLAN Auch ohne ihre Richtsprüche besteht das Gesetz.

K Wie finde ich Eingang in das Gesetz?

DER KAPLAN Das Tor zum Gesetz steht immer offen. Du kannst, wann immer du willst, den Türhüter um Einlaß bitten. Du kannst eintreten in das Gesetz, auch wenn der Türhüter es dir verbietet. Doch merke: er ist nur der niedrigste Türhüter. Von Saal zu Saal stehen Türhüter, einer mächtiger als der andre. Schon den Anblick des dritten kannst du nicht mehr ertragen.

K Aber andre werden hier Einlaß begehren wie ich.

DER KAPLAN Niemand kann Einlaß erhalten als der, für den dieser Eingang bestimmt ist.

K So gibt es für jeden nur einen einzigen Eingang in das Gesetz?

DER KAPLAN So ist es. So steht es in der Schrift.

K Und wenn ich die Macht der Türhüter bezweifle?

DER KAPLAN Die Türhüter sind da. Sie sind zum Gesetz gehörig. Du kommst erst zum Gesetz.

K Und wenn ich das Gesetz nicht für wahr halte?

DER KAPLAN Man muß nicht alles für wahr halten. Man muß es nur für notwendig halten.

Schweigen.

K So wird die Lüge zur Weltordnung gemacht.

Langsam wendet sich der Kaplan ab, geht nach links zurück.

Warte noch!

Der Kaplan bleibt stehn, wendet sich um.

DER KAPLAN Ich warte.

K Willst du nicht noch etwas von mir?

DER KAPLAN Nein.

K Du warst freundlich zu mir. Jetzt aber entläßt du mich, als läge dir nichts mehr an mir.

DER KAPLAN Du weißt, wer ich bin.

K Du bist der Gefängniskaplan.

DER KAPLAN Ich gehöre also zum Gericht. Warum sollte ich also etwas von dir wollen. Das Gericht will nichts von dir. Es nimmt dich auf, wenn du kommst, und es entläßt dich, wenn du gehst.

Der Kaplan wendet sich wieder ab.
Gleichzeitig ein einziger, lange nachhallender Glockenschlag, bei einsetzender Dunkelheit.
Der goldne Vorhang rauscht zurück.

16. Vor dem Gericht

Die ärmlichen Behausungen, mit ihren Bewohnern, wie beim ersten Besuch vorm Gericht. Die Menschen in ihren Kammern, an den Tischen, auf den Betten. Aufgehängte Wäsche. Gemächliche, alltägliche Bewegungen. Kinderstimmen, Gesang, ein Pfeifen, entfernte Musik. An der rechten Treppe zur Mittelbühne sitzen ein paar Männer, in Arbeitskleidung.
K steht in der Mitte der Vorderbühne.
Von oben links kommt eine andre Gruppe von Hausbewohnern. K wendet sich ihnen zu.

K Ich suche nach dem Gericht. Tagt hier das Gericht?
ERSTE FRAU Was für ein Gericht?
K Hier finden Verhandlungen statt.
ZWEITE FRAU Wovon redet er?
ERSTER MANN Von einem Gericht.
Oberhalb der rechten Treppe sind einige Bewohner vorgetreten.
DRITTE FRAU *von rechts oben:* Es ist der Verwalter!
VIERTE FRAU *in der linken Gruppe:* Der Mann von der Bank.
DRITTE FRAU Was will er denn hier?
K Ich muß vor das Gericht.
Die Gruppe unten geht weiter nach rechts. Der Mann, der K bei seinem vorigen Besuch vorm Gericht behilflich war, tritt aus der Gruppe hervor.
DER MANN Wer hat dich denn gerufen?
K Ich muß mich stellen.
DER MANN Wer befiehlt dir denn? Wer beherrscht dich so?
K Ich gehe freiwillig.
DER MANN Du hast das Urteil schon anerkannt?
K Ja.
DER MANN Du setzt dich nicht zur Wehr?
K Es ist nutzlos.
DER MANN Du findest keine Einwände mehr?
K Nein.
ZWEITER MANN *unten, im Vorbeigehn, zu Ks Helfer:* Rede doch nicht mit ihm!
DRITTE FRAU *von rechts oben:* Laß ihn doch zu seinen eignen gehn!
VIERTE FRAU *unten:* Da kommen immer solche Herren daher. Was geht uns deren Gericht an.

ZWEITER MANN *unten:* Sollen sie sich doch verurteilen lassen!

K faßt den Mann, seinen früheren Helfer, am Arm.

K Seid ihr meine Richter?

DER MANN Deine Richter? Vielleicht.

ZWEITER MANN *unten:* Halte dich nicht auf!

DER MANN *zu K:* Bleibe hier. Sprich dir ein andres Urteil.

K Es ist zu spät. Es gibt für mich keinen neuen Anfang mehr.

VIERTE FRAU *unten, im Vorbeigehn:* Nein, für ihn nicht.

Die Gruppe ist zur rechten Treppe gekommen. Die Männer dort erheben sich. Langsam gehen alle rechts hinauf.

Ks früherer Helfer, der noch einige Augenblicke gewartet hatte, folgt jetzt der Gruppe, die sich hinauf zur Mittelbühne begibt.

Die Geräusche oben nehmen zu.

Unter Singen, Pfeifen, dröhnenden Stößen verändert sich der Raum.

Die obere Bühne verdunkelt sich.

K steht in der Mitte der Vorderbühne.

17. In der Pension

Mittelbühne: Links am Tisch der Hauptmann. Hemdsärmel, Hosenträger. Er hat die Zeitung vor sich ausgebreitet. Ihm gegenüber Frau Grubach, mit ihrer Strickarbeit.

Rechts in ihrer Wohnecke Fräulein Bürstner und Fräulein Montag. Fräulein Bürstner setzt sich ihren großen, mit Blumen überladenen Hut auf.

Der obere Hintergrund der Bühne ist verdunkelt.

K geht nach rechts.

Der Hauptmann schlägt mit der flachen Hand auf die Zeitung.

FRAU GRUBACH *entsetzt aufblickend:* Krieg?

DER HAUPTMANN Krieg, sage ich! Es gibt Krieg!

K *unterhalb der Stufen rechts, hinaufrufend:* Fräulein Bürstner! Gnädiges Fräulein!

Fräulein Montag schiebt sich schräg, humpelnd, auf ihn zu.

K zieht aus der Brusttasche die zerknitterte Photographie hervor. Er streckt sie Fräulein Montag entgegen.

Geben Sie dies Fräulein Bürstner. Ich bitte sie, mir zu verzeihn.

Fräulein Montag beugt sich ihm entgegen, nimmt das Foto, geht zurück zu Fräulein Bürstner.

K starrt zu ihnen hinauf.

Fräulein Bürstner betrachtet das Foto, lacht kurz auf, zerreißt das Papier, läßt die Fetzen auf den Boden fallen.

K geht zum Waschtisch, zieht die Jacke aus, gießt Wasser in die Schüssel, wäscht sich.
Der Hauptmann faltet die Zeitung zusammen. Er erhebt sich.
Frau Grubach legt die Strickarbeit nieder, rollt ein Garnknäuel auf.
Der Hauptmann zieht seine Uniformjacke an.

DER HAUPTMANN *leise:* Jetzt beginnt es. *Er knöpft die Jacke zu.*
Fräulein Montag spannt einen Sonnenschirm aus. Sie hält den Schirm über Fräulein Bürstner.
Beide gehn langsam nach vorn.
Frau Grubach ist vom Tisch aufgestanden. Auch sie und der Hauptmann treten langsam vor.
Das Licht über der Mittelbühne stark gedämpft.

18. Das Ende

Mittelbühne: Ganz vorn, in der schwachen Beleuchtung, stehn der Hauptmann und Frau Grubach, Fräulein Montag und Fräulein Bürstner. Sie beobachten die Vorgänge auf der vorderen Bühne.
Fräulein Bürstner summt, singt, mit verhaltner hoher Stimme.
K ordnet sorgfältig Kragen und Schlips, geht zum Schrank, holt eine vornehme schwarze Jacke hervor, kleidet sich fertig an. Er setzt sich den Hut auf, rückt einen Stuhl rechts vor das Bett, setzt sich, steif aufrecht, die Hände auf den Knien, starrt hinüber zur linken Treppe.
Aus dem dunklen Hintergrund oben links kommen zwei Männer, in prall anliegendem Frack, Zylinderhut auf dem Kopf. Es sind die Wächter Franz und Willem.
Sie gehn langsam die linke Treppe hinunter, im Gleichschritt.
In genau berechneter Wendung gehn sie auf K zu.
K erhebt sich.
Die beiden stellen sich rechts und links neben ihn, ergreifen Ks Arme, drängen sich mit den Schultern eng an ihn.

K Warum hat man grade euch geschickt?
Keine Antwort.
Ihr seid wieder zu Ehren gekommen?
Keine Antwort.
Schön habt ihr euch ausstaffiert. Wie Tenöre.
Keine Antwort.
Und pünktlich kommt ihr. Morgen ist mein Geburtstag.
Die beiden gehn ein paar Schritte mit K vor. Sie tragen ihn mehr, als daß er mit ihnen ginge.
Ein kurzer Prozeß. Ein Jahr.

Sie gehn bis zur Mitte der Vorderbühne. Wenden sich dann nach vorn.

An der gleichen Stelle, an der sie sich mit K am Morgen der Verhaftung befanden, bleiben sie stehn. Sie nehmen K den Hut ab, ziehn ihm die Jacke, die Weste, das Hemd aus.

Das leise Summen und Singen des Fräulein Bürstner versiegt.

Franz beugt das Knie. Willem legt K rücklings über das gebeugte Knie. Ks Arme sind steif zu den Seiten ausgestreckt.

Willem kniet sich neben Franz nieder. Er öffnet seine Frackjacke und nimmt aus einer Scheide, die an einem über die Weste gespannten Gürtel hängt, ein langes dünnes Fleischermesser, hält es hoch, prüft dessen Schärfe im Licht.

K Wo sind die Richter? Wo ist das hohe Gericht?

Die Mittelbühne erhellt sich.

Neben den Hauptmann und Frau Grubach tritt der Onkel mit dem Panamahut.

Weiter zurück, unregelmäßig verteilt, mehr und mehr erhöht, stehn der Staatsanwalt, der Direktor-Stellvertreter, der Direktor, der Fabrikant, der italienische Geschäftsfreund, Rabensteiner, Kaminer und Kullich. Während alle andern auf ihrem Platz verweilen und mit großer Aufmerksamkeit dem Geschehnis vorn zusehn, schleichen sich die drei Bankangestellten auf Zehenspitzen, mit übertriebenen Bewegungen der Vorsicht, den Finger auf den Mund legend, bis zum Ansatz der Vorderbühne, sie hocken sich dort nieder und beobachten die Vorgänge gebückt und lauernd.

Neben Fräulein Montag und Fräulein Bürstner, die den Sonnenschirm über sich halten, stehn Leni, Block, die Frau des Gerichtsdieners. Hinter ihnen, ebenso unregelmäßig verteilt wie links, haben sich der Advokat, der Gerichtsdiener, der Untersuchungsrichter und der Maler Titorelli aufgestellt.

Weiter hinten sind der Student, die Teilnehmer am ersten Verhör, mit ihren weißen Bärten, ihren Bratenröcken zu sehn sowie der Prügler und eine Gruppe von Wächtern, in dem gleichen, eng anliegenden schwarzen Schnallenanzug, den Franz am ersten Morgen trug.

Willem reicht Franz, über K hinweg, langsam das Messer. Dieser nimmt das Messer entgegen, läßt es niedrig über Ks Hände, Arme und Brust gleiten, als wollte er ihn auffordern, das Messer selbst zu ergreifen. Dann reicht er das Messer an Willem zurück.

Willem legt die gespreizte Hand auf Ks Brust, tastet die Haut über dem Herzen ab.

Franz umfaßt mit seiner Hand Ks Gurgel.

Da Willem mit der rechten Hand das Messer hebt, dreht K

den Kopf und starrt schräg zum Hintergrund hinauf. Dort ist, über dem Schrank, abgesondert von allen andern, der Mann, der sich K als Helfer angeboten hatte, erschienen.

Er hebt die Hand und vollzieht eine leichte, winkende Bewegung, als wollte er K zu sich rufen.

Doch K dreht den Kopf schon zurück.

Willem stößt ihm das Messer, zwischen den gespreizten Fingern seiner linken Hand hindurch, in die Brust.

K *leise:* Wie ein Hund.

Willem dreht das Messer zweimal um.

Dunkel.

Copyright-Vermerke

Spectaculum 39

Sechs moderne Theaterstücke und Materialien
Etwa 280 Seiten. Gebunden. DM 24,–
im Abonnement: DM 20,–
ISBN 3-518-09125-5

Samuel Beckett
Was Wo

Deutsch von Elmar Tophoven
Die Regieanweisungen in Becketts letztem Theaterstück sind kurz und präzise.
»Personen:

BAM / BEM / BIM / BOM

Stimme von BAM (S)

Spielfeld: Rechteck 3 m × 2 m, schwach beleuchtet, von Dunkel umgeben, vom Zuschauerraum aus gesehen größtenteils rechts von der Bühnenmitte. Auf der Vorderbühne links, schwach beleuchtet, von Dunkel umgeben: der Platz von S.« Die letzten Theaterstücke von Samuel Beckett demonstrieren letzte Konsequenz, stellen Fragen, auf die Antwort nicht mehr gegeben wird. Die Abläufe, man mag von Handlung kaum sprechen, sind von geradezu mathematischer Präzision, minimalste Veränderungen in den Wiederholungen des Verlaufs, eine Gleichförmigkeit, die darauf deutet, daß Veränderung nicht mehr stattfindet oder, wie Beckett es selbst formuliert: »Die Zeit vergeht.
Das ist alles.
Verstehe, wer kann.
Ich mach' aus.«

Thomas Bernhard
Der Schein trügt

Ein Artist und ein Schauspieler, Karl und Robert, zwei Brüder, beide alt, die sich dienstags bei Karl und donnerstags bei Robert treffen. Die gegenseitigen Besuche verlaufen wie ein Ritual:

Man erinnert sich, und diese Erinnerungen kreisen immer um das gleiche: die unterschiedlichen Berufe, denen beide nachgegangen sind. Die Arbeit des Artisten, ein ehrliches Handwerk, dessen Ehrlichkeit jeder per Augenschein überprüfen kann; dagegen der Schauspieler, der gar nicht ist, was er vorgibt zu sein, der aber, das gibt Karl nur ungern zu, mehr sein kann als ein Handwerker: ein Schauspielkünstler.
Mathilde, die gescheiterte Pianistin, Karls langjährige Lebensgefährtin, ist vor einiger Zeit gestorben. Was mag es gewesen sein, das sie zu Robert hingezogen hat? Karl irritiert es, jetzt nach Mathildes Tod, daß Robert und nicht er das Wochenendhäuschen Mathildes geerbt hat. Irritiert ihn? Irritiert ihn!

Harald Kuhlmann
Wünsche und Krankheiten der Nomaden

Deutschland zur Stunde Null, das ist etwas, das sich für Harald Kuhlmann, den Nachgeborenen, in keine Perspektive übergeordneten Sinns bringen läßt.
»Wir sind Nomaden geworden, leider. / Dies, kurz gesagt, sind die Aussichten für unser Volk, unsere Herrenrasse«, so hadert Jockel, ein junger Nazisoldat, der es nicht verwinden kann, daß der Führer tot und der Krieg verloren sein soll; als Werwolf streift er durch den Harz. »Ich kann Sinn nur noch in kleinen Häppchen zu mir nehmen«, sagt der Gutsherr Lütjohann, als er, aus Rußland und britischer Gefangenschaft zurück, von der Judenvernichtung hört. An seiner Stelle hat Margot, seine Frau, einen desertierten SS-Sturmbannführer ins Haus genommen. »Welcome to the Harz Mountains«: Trautchen, die Dienstmagd auf dem Hof, lernt Englisch für die heranrückenden Amerikaner.
Harald Kuhlmanns neues Stück gehorcht einer Dramaturgie des Aberwitzes, seine Figuren sind alle Schwerversehrte, Traumatisierte, auch da, wo sie sich scheinbar gewitzt durchschlagen. »Wünsche und Krankheiten der Nomaden« ist der Versuch, ein geschichtliches Trauma heraufzuholen, über das die Toten nicht reden können, über das die Überlebenden schweigen.

Heiner Müller
Verkommenes Ufer

Der vollständige Titel des neuen Stückes von Heiner Müller lautet »Verkommenes Ufer Medeamaterial Landschaft mit Argonauten«. Im Umkreis der antiken Argonautensage, mit dem Medeathema findet Heiner Müller das Material, mit dem er eine Welt der Verzweiflung beschreibt, eine zerstörte und zerstörende, mörderische und ermordete Welt. Die Menschen, die aus dem antiken Mythos in unsere Geschichte hineinragen, haben ihre Identität längst verloren: der Mythos vom goldenen Vlies, einst Mittel zur Welterklärung, ist nur noch Versatzstück im Prozeß der Entmenschlichung. »Es ist möglicherweise die erste Heiner-Müller-Aufführung, in der eine völlige Kongruenz der Sprache und der szenischen Bilder erreicht ist, und zwar bei einem Stückentwurf, der sicherlich zu Müllers radikalsten zählt.« (Heinrich Vormweg, Süddeutsche Zeitung, anläßlich der Uraufführung am 22. 4. 1983 im Schauspielhaus Bochum)

Franz Xaver Kroetz
Nicht Fisch nicht Fleisch

Im Mittelpunkt dieses Theaterstückes von Kroetz stehen zwei Paare, die in den Produktionsprozeß mit all seinen Konsequenzen integriert sind: die beiden Schriftsetzer Edgar und Hermann und ihre Ehefrauen Emmi und Helga. Als Konsequenz des Fortschritts, der Maschinensetzer überflüssig macht, sollen die beiden Männer zu Fotosetzern umgeschult werden. Während Edgar kündigt, weil er sich als Fotosetzer unnütz vorkommt, verteidigt Hermann den »Fortschritt« als einen, der auch den Arbeitern zugute kommt, und versucht dafür die Solidarität der Kollegen zu gewinnen.

Kroetz ist auch in diesem Stück genauester Beobachter der sozialen Realität. Er beschreibt, wie hier Privat- und Arbeitswelt einander korrespondieren, wie der Druck der Verhältnisse den Drang auszubrechen entstehen läßt und ihn doch zugleich unter-

drückt. »Erst die Arbeit macht den Menschen« heißt es im Stück, aber sie macht ihn zu einem unfreien, eine Alternative ist nicht gegeben, die Freiheit zu wählen ist keine.
Beim Abdruck handelt es sich um eine vom Autor revidierte Fassung.

Lukas B. Suter
Schrebers Garten

»Schrebers Garten« ist das erste Stück des jungen Schweizer Dramatikers Lukas B. Suter. Es behandelt einen der berühmtesten Fälle in der Geschichte der Psychiatrie, dem Sigmund Freud wichtige Einsichten in die Paranoia verdankte und dem er eine Abhandlung gewidmet hat. Daniel Paul Schreber mußte sich nach kurzer Tätigkeit als Senatspräsident beim Oberlandesgericht Dresden in einer psychiatrischen Anstalt internieren lassen, wo er zwölf Jahre lang blieb. Während dieser Zeit legte er sein »Wahnsystem« schriftlich nieder und veröffentlichte diese Aufzeichnung 1903 unter dem Titel »Denkwürdigkeiten eines Nervenkranken«.
»Der Fall Schreber«, darauf hat Canetti hingewiesen, ist jedoch nicht allein als psychiatrischer Fall von Bedeutung, sind in dem Wahnsystem doch Elemente vorgebildet, die später im Nationalsozialismus kollektiv explodierten. Lukas B. Suter hat das Theater gerade als den Ort erkannt, an dem sich die Differenz von Wahn und Wirklichkeit aufhebt. »Schrebers Garten« – ein Blick in die geheime Triebgeschichte der (destruktiven) bürgerlichen Welt, die noch nicht aufgehört hat, die unsere zu sein.